Eishockey-Jahrbuch 1988

KLAUS-PETER KNOSPE

Eishockey-Jahrbuch 1988

Offizielles Jahrbuch des
Deutschen Eishockey-Bundes
in Zusammenarbeit mit der
Redaktion des SPORT-Kurier

COPRESS VERLAG MÜNCHEN

Copyright © 1988 by Copress Verlag
Druckhaus München GmbH
Schellingstraße 39–43, 8000 München 40

REDAKTIONELLE GESAMTLEITUNG
Klaus-Peter Knospe

UMSCHLAGENTWURF UND LAYOUT
Franz Hornauer

PRODUKTION
Druck+Werbung Hornauer GmbH

GESAMTHERSTELLUNG
Druckhaus München GmbH
Printed in Germany

ISBN 3-7679-0285-0

MITARBEITER
Hans-Rüdiger Bein
Erhard Füsser
Sven Goldmann
Bernhard Heck
Hans-Joachim Kästle
Günter Klein
Gerhard Kuntschik
Theo Mai
Ullrich May
Hermann Pedergnana
Tom Ratschunas
Franz Sinn
Peter Telek
Horst Wiedmaier

STATISTIK
Walter Bucher
Willibald Fischl
Ernst Martini
Willi Penz (DEB)
Tom Ratschunas
Peter Telek
Claus-Dieter Wotruba

FOTOS
Athletik Presse Service
Lorenz Baader
Bongarts
Helmut Bucher
Peter Deininger
Direvi
Reinhold Eheim
Horst Eltner
Thomas Fehrenbach
Brian Gavriloff
(Edmonton Journal)
Roderich Gebel
Raimund Hackl
Ferdi Hartung
Horstmüller
Ingo Jensen
Johannes Kösegi
Walter Kraus
Hanno Kroos
Maria Kübler
Sven Kukulies
Herbert Liedel
Peter Mularczyk
Karel Novak
Günter Passage
Charlotte Pedergnana
Hans Rauchensteiner
H. A. Roth
Norbert Rzepka
Michael Sauer
Thomas Schreyer
Bernd Schweiz
Sven Simon
Stefan Trux
Gerhard Uhl
Anne Wall
Bernd Wende
Werek
Petra Wienen
Hans-Jürgen Ziegler

INHALT

EISHOCKEY NATIONAL
- 7 Vorwort
- 8 Meister Kölner EC: Die Play-Off-Könige
- 13 Rosenheim auf der Suche nach dem Glück
- 17 Play-Off-Finale in Farbe
- 21 Mannheim: Ein Mark und wenig Märker
- 24 DEG: Verkehrte Welt an der Brehmstraße
- 28 Landshut: Höhenflug der Himmelsstürmer
- 32 Schwenningen: Ein Weltstar in der Provinz
- 36 »Fall Iserlohn«: Grünes Buch und dickes Ende
- 40 Berlin mit 0(e)st-Wind
- 45 Bundesliga 87/88 in Farbe
- 53 Freiburg: Großen Worten folgten große Taten
- 56 I. Bundesliga: Beste Unterhaltung für die Fans
- 64 II. Bundesliga: Die Schuldenliga
- 70 Oberligen: Vom Notfall zum Glücksfall
- 72 Die Damen verlieren ihre Unschuld!
- 74 Nachwuchs: Ein Jahr für die Geschichte?
- 76 Verbandstag: Die Bundesliga war der Sieger

INTERNATIONALE MEISTERSCHAFTEN
- 78 NHL: Flammen gelöscht, Flügel gestutzt, Bären erlegt
- 85 Stanley-Cup-Finale in Farbe
- 89 NHL-Meisterschaft: Tabellen und Statistiken
- 94 UdSSR: Ein Jahr der Superlative
- 95 CSSR: Das Eishockey ist krank
- 96 Schweden: Das war noch Olle Oests Werk!
- 97 Finnland: War das erst der Anfang?
- 98 DDR: Kampf kam vor Spiel
- 99 Italien: »Magic man« Kent Nilsson
- 100 Österreich: Kurze Spielzeit, große Schulden
- 101 Schweiz: Meister Lugano setzt Akzente

INTERNATIONALE TURNIERE
- 102 Olympia in Calgary: Das Turnier der heißen Herzen
- 108 Olympisches Eishockey-Turnier in der Statistik
- 112 Nationalmannschaft betrieb Werbung in eigener Sache
- 121 Das Olympia-Turnier in Farbe
- 129 Udo Kießling: Schon heute eine deutsche Verteidiger-Legende!
- 134 Iswestija-Cup: Raunen auf Moskauer Eis
- 135 Deutschland-Cup: Der DEB hat sein Turnier
- 136 Canada Cup: Kanadas unheimliches Duo

STATISTIKEN
- 138 Alle Spieltage der I. Bundesliga 1987/88
- 155 I. Bundesliga: Tabellen und Skorerlisten
- 158 I. Bundesliga: Alles über alle Spieler
- 162 Die Besten der Saison: Rangliste der I. Bundesliga
- 164 Die Stars der Vereine
- 166 Die Spieler des Monats
- 168 Spieler des Jahres 1988
- 170 Abschlußtabellen der Saison 1987/88
- 177 Internationale Turniere und nationale Meisterschaften Europas
- 182 Bundesliga-Terminliste 1988/89
- 184 Anschriften

Internationale Erfolge ebnen den Weg

Das Spieljahr 1987/88 war für das deutsche Eishockey sicherlich eine besondere Saison. Mich als Bundestrainer freuten die Erfolge bei den Olympischen Spielen in Calgary natürlich besonders. Mit dem Einzug in die Finalrunde, vor allem aber mit großartigen Leistungen hat meine Mannschaft den internationalen Durchbruch geschafft. Unser Eishockey hat über die Grenzen Deutschlands hinaus einen guten Ruf!

Diese Erfolge wären natürlich nicht möglich gewesen, wenn die Vereine nicht die Basis dafür geschaffen hätten. Aber das ist quasi unser »Dankeschön« an die Klubs: Internationale Erfolge ebnen den Weg zur nationalen Popularität.

In dieser Hinsicht muß sich für das deutsche Eishockey sicherlich noch viel tun. Das Eishockey-Jahrbuch ist ein Weg dahin, unsere Sportart populär zu machen und aufzuzeigen, was sich überhaupt beim Verband und bei den Vereinen tut. Aber erst der Blick über die Grenzen macht deutlich, welch wertvolle Arbeit bei uns geleistet wird. So wird das Eishockey-Jahrbuch zu einer Fundgrube für die Fans, aber auch für die Funktionäre und für uns Trainer. Allein die Statistiken sind von enormer Wichtigkeit und, wie jeder weiß, im Eishockey ein unentbehrlicher Bestandteil. Es machte bisher schon jedes Jahr Spaß, im Eishockey-Jahrbuch zu blättern. 1988 brachte wieder einen Fortschritt, und da möchte ich Klaus-Peter Knospe und seinem Autoren-Team, dem SPORT-Kurier und dem Copress Verlag wünschen, auf diesem Wege fortzufahren. Unsere Aktivitäten finden da einen gemeinsamen Nenner: Das deutsche Eishockey nach oben zu führen!

XAVER UNSINN
DEB-Bundestrainer

Meister Kölner EC

Vor dem Start in die Saison 1987/88, da galten sie schon als die großen Favoriten, die »Haie« vom Kölner EC. Wo man auch hinhörte, was man auch in den Vorbetrachtungen las – überall wurde dem Team aus der Domstadt die Titelverteidigung und damit der seit Eishockey-Urzeiten – zuletzt von 1963 bis 65 vom legendären EV Füssen – nicht mehr erreichte Meisterschafts-Hattrick zugetraut. Die Betroffenen selbst, die hochkarätige Truppe aus dem Rheinland (die natürlich zum großen Teil in anderen Flecken dieser Erde mit Taufwasser in Verbindung getreten ist), war eigentlich auch recht zuversichtlich. Aber da waren die schwächeren Momente in der Liga, schließlich das ungläubige Staunen über die Kraft des Sportbund Rosenheim in den Finals.

Am Ende, am 6. April 1988, als doch schon einige Zweifel aufgekommen waren, doch noch der alles überstrahlende Triumph: Ein grandioser 4:1-Sieg in der Rosenheimer Marox-Halle, sozusagen in der Höhle des Löwen, dessen Krallen an diesem Tage jedoch nicht zuzupacken vermochten.

Der Titelgewinn 1988 ging den »Haien« doch unter die Haut. Keine Spur von Freudenroutine beispielsweise bei Udo Kießling, der alle sechs Meisterschaftsgewinne mitgestaltet hat. Der mittlerweile 33 Jahre alte deutsche Rekordnationalspieler verleiht dem Geschehen dieses Jahres einen hohen Stellenwert: »Ich habe mich wohl selten über einen Erfolg so gefreut wie diesmal.« Klar, sein erster Titel 1977, das sei auch etwas ganz Besonderes gewesen, »weil jeder Spieler unbedingt einmal Meister wer-

Meister Kölner EC

den will, und ich habe es damals schon als junger Spieler geschafft«.

1979 war der zweite Kölner Titel schon eine absolute Selbstverständlichkeit, zu überlegen war das Team um den Kapitän Kühnhackl damals besetzt; dementsprechend hielt sich der Jubel damals in Grenzen, zumal noch am Abend der Meisterfeier der Präsident und Mäzen Dr. Erlemann seinen Abgang verkündete – und damit waren die ersten herrlichen Zeiten des KEC fürs erste vorbei. Die Meisterschaft Nummer drei, sie ließ schon etwas auf sich warten, obwohl die Verhältnisse bereits längst wieder in Richtung Top-Eishockey gerichtet waren. Gerd Truntschka, dem überragenden Regisseur, den der KEC 1979 in einem geschickten Tauschgeschäft mit Landshut (für Erich Kühnhackl) an Bord genommen hatte, hätte es fast zu lange gedauert. »Ich habe schon ernstlich darüber nachgedacht, ob ich nicht zu einem Verein wechsle, mit dem ich den Titel holen kann«, klagte der ehrgeizige Nationalstürmer, nachdem er in Köln viermal leer ausgegangen war.

1984 klappte es dann doch endlich für Truntschka, und Udo Kießling war (nach Zwischenstationen bei der DEG und in Füssen) auch wieder dabei. Die beiden Superstars der »Haie«, die Selbstdisziplin und die Disziplin der Mannschaft über alles stellen, waren selbst mit dem ungestümen Temperament eines Joschi Golonka, dem slowakischen Vulkan, klargekommen. Probleme und Meinungsverschiedenheiten mit dem Trainer – seit drei Jahren sind sie in Köln (wo Aufmüpfigkeit gegen die Autoritäten beinahe zur Staatsräson gehört) so gut wie ausgeblieben. Woran das liegt? Wohl ausschließlich an Hardy Nilsson, dem coolen Schweden.

Der Vorstand hat sich bedingungslos dem Mann mit den eisgrauen Haaren verschrieben. »Wir machen das, was der Hardy sagt«, gesteht Präsident Heinz Landen, bislang in seinen Vertrauenskundgebungen für Nilsson noch kein einziges Mal wankend geworden. Der schwedische Eishockeylehrer hat in seinen drei Jahren in Köln drei Titel geholt – mehr geht nicht. Und wenn entgegengehalten wird, daß man mit dem beim KEC vorhandenen Spielermaterial einfach erfolgreich sein muß, dann darf doch daran erinnert werden, daß am »Fluch der Meister« immerhin 18 Jahre lang die Titelverteidiger in der Eishockey-Bundesliga gescheitert sind, obwohl des öfteren die Voraussetzungen für eine Wiederholung des Meistercoups (man denke nur an DEG und BSC in den 70ern) glänzend waren.

Was Hardy Nilsson so auszeichnet, wo seine Geheimnisse und kleinen Tricks stecken – darüber ist schon viel spekuliert worden. Für den ständigen Beobachter ist eines besonders bemerkenswert: Nilsson macht keine Fehler, jedenfalls kaum einen Fehler, den man ihm hinterher, wenn es einmal nicht so gut für den KEC gelaufen ist, mit hoch erhobenem Finger vorhalten könnte. Der gelernte Computerfachmann, der Perfektionist, läßt grüßen. Ob umgestellt, ein Akteur ganz herausgenommen werden muß – Nilsson greift so gut wie nie daneben. Das gute Auge ihres Trainers müssen auch Spieler, die dazu neigen, ihre eigene Leistung in einem anderen (besseren) Licht zu sehen, akzeptieren – und nicht zuletzt daraus erklärt sich die enorme Autorität, die Nilsson ausstrahlt und auch wirklich besitzt.

Um ein Team zu lenken, das sich aus den Schlüsselspielern der Nationalmannschaft rekrutiert, in dem auch die

So ausgelassen wie über den sechsten Titel haben sie noch nie gejubelt, die Kölner: Trainer Hardy Nilsson (großes Bild) sowie die Stürmer Didi Hegen, Udo Schmid und Gerd Truntschka (von links).

Meister Kölner EC

Ausländer Berry und Thornbury echte Klassespieler sind – dazu gehört schon einiges. Sicher ist auch bei den Kölnern nicht alles »Friede, Freude, Eierkuchen«, selbst bei einem so beherrschten Typ wie Hardy Nilsson fliegen in der Drittelpause schon einmal die Fetzen (zumindest verbal), aber insgesamt hat es der Schwede verstanden, ein Arbeitsklima an der Lentstraße zu erzeugen, das die Topleistungen der drei vergangenen Spielzeiten erst möglich gemacht hat. Immer zum Saisonhöhepunkt, stets in der entscheidenden Phase der Play-Offs, in den Finalspielen spätestens, zaubern die »Haie« eine Topform aus dem Hut, die die Konkurrenz fast verzweifeln läßt.

1988 lief die KEC-Maschine allerdings etwas stotternd an, Viertel- und Halbfinale wurden gegen Eintracht Frankfurt und den Mannheimer ERC zwar mit dem Mindestaufwand absolviert, großes Eishockey zeigte der Titelverteidiger dabei nicht. Nilsson glaubte zu wissen, warum: »Wir zahlen jetzt den Preis für die Erfolge von Calgary.« Dort waren – und dies nicht nur nach Meinung des KEC-Trainers – seine Schützlinge Kießling, Steiger, Truntschka und Hegen zu arg strapaziert worden: »Sie hatten in Kanada ihren absoluten Höhepunkt, besser konnten sie hinterher nicht mehr sein.« Die angesprochenen Nationalspieler wollten dies zwar nicht wahrhaben, aber zum Urteilsvermögen des Schweden kann man nur sagen: siehe oben! Lediglich Udo Kießling, der Kapitän und alte Fuchs, verzeichnete in den Play-Offs nicht den geringsten Einbruch, wohingegen beispielsweise Didi Hegen den offensichtlichen Tribut für die Olympischen Spiele zu zollen hatte. So mußte es auch zur Krimiserie mit dem SB Rosenheim kommen, einem Ensemble, welches ohnehin vor Kraft strotzte. Die Schwierigkeit lag sicherlich nicht in dem Umstand, die Finalrunde in Oberbayern beginnen zu müssen (Nilsson: »In diesem Stadium spielte das alles keine große Rolle mehr«). Eher wirkte da schon die 1:2-Niederlage im Auftaktmatch in Rosenheim wie ein Schock – nach 20 Play-Off-Siegen in Serie hatte man wohl schon selbst an eine Unverwundbarkeit geglaubt.

Noch schlimmer das Debakel, das am Ostersamstag folgte: Nachdem die »Haie« durch ein mühsames 4:2 den Ausgleich in der Endspielreihe hergestellt hatten, verloren sie beim SBR 0:6. Das bedeutete den Tiefpunkt in Nilssons Trainertätigkeit beim Kölner EC. Trotzdem, auf das in deutschen Sportarenen derzeit übliche, leicht hämische »Auf Wiedersehen«-Rufen an die Adresse der unterlegenen Gäste, reagierte er leise lächelnd: »Ich bin sicher, wir kommen wieder.« Und sie kamen wieder, aufgebaut durch das verdiente 5:2 vom Ostermontag in eigener Halle, mit gesteigertem Selbstvertrauen, das auch daher rührte, daß man das geistige und körperliche Nachlassen des Gegners spürte.

Ein Nervenkrieg vor dem Anpfiff, inszeniert von der Kölner Führungsetage, schlug allerdings nicht auf der Habenseite zu Buche: Aus dem verlangten Schiedsrichterwechsel wurde nichts (der Bayer Helmut Böhm pfiff, und zwar gut), die ebenfalls geforderten Dopingkontrollen kamen im eigenen Lager nicht an: »Ein Schmarrn ist das«, erklärte Gerd Truntschka. Auf dem Eis gab es dann am 6. April das bislang beste und auch fairste Spiel. Ein Spielfilm: Die drei entscheidenden Treffer zum 4:1-Sieg des KEC fielen erst in den letzten Minuten.

»Da haben wir Rosenheim mit den eigenen Waffen geschlagen«, erkannte Hardy Nilsson hinterher. Als die große Auseinandersetzung zwischen Kampf (Rosenheim) und Technik (Köln) war die Endspielrunde vor Beginn hochstilisiert worden. Am Ende ging es auch für die Rheinländer nur mit Kampf, »weil wir diesmal allein mit technischem Eishockey nicht Meister werden konnten«, stellte wiederum Nilsson fest. In der denkwürdigen letzten Auflage, dem klassischen Showdown, fehlte den Rosenheimern indes auch eine gute Portion ihrer zuvor so unbändigen Energie.

Eine kleinere Meisterfeier als in dieser Nacht vom Mittwoch auf den Donnerstag hat es bei den »Haien« bei den fünf vorherigen Anlässen noch nicht gegeben, doch noch keine war so stimmungsvoll und spontan. Am herrlichen Tegernsee, im zünftigen »Egerer Stadl« des Hotels »Walters Hof«, lief eine stimmungsvolle Fete ab, standesgemäß mit Hummer und Filet. Gerd Truntschka spulte eine Disconummer nach der anderen ab, noch um drei Uhr nachts turnte der kleine Regisseur – in beinahe lebensgefährlicher Manier – an den Dachbalken herum. Diesmal war eben einiges anders als sonst.

Dennoch, das Geschäft ging auch in diesen Stunden weiter. Schatzmeister Peter Brenner versuchte mit Engelszungen (aber vergeblich), Helmut de Raaf den Wechsel zur Düsseldorfer EG auszureden. Ansonsten war alles nach Plan gelaufen: »Mit den beträchtlichen Endspieleinnahmen sind wir finanziell aus dem Schneider«, atmete Klubchef Heinz Landen erleichtert auf. Als einen alljährlichen »Drahtseilakt« betrachtet er das Bundesligageschäft, »denn fast fünf Millionen müssen erst einmal aufgebracht werden. Eine Spitzenmannschaft ist eben teuer.«

Dies wird sich auch in Zukunft in Köln nicht ändern, denn bis auf den Torwarttausch mit der DEG (Peppi Heiß für de Raaf) tat sich personell beim Meister nichts. Landen dazu: »Warum auch, wir haben doch eine tolle Truppe, in der mit Pokorny, Brandl und Köpf vielversprechende junge Talente stehen.« Vor einem vierten Titel hintereinander ist niemandem bange, dem Berufsoptimisten Heinz Landen schon gar nicht: »Wir lassen den Hardy einfach mal machen.« *Erhard Füsser*

Olympia in Calgary hatte Gerd Truntschka, Udo Kießling und Didi Hegen (von links) viel Kraft gekostet. Freilich: Zum großen Schlußjubel rafften sie sich noch einmal auf.

Meister Kölner EC

Meister Kölner EC

Duelle mit Kölner Beteiligung: Miro Sikora scheiterte an Rosenheims Superkeeper Karl Friesen (großes Bild). Nachwuchstalent Thomas Brandl stößt auf eine von SBR-Stürmer Raimond Hilger aufgebaute »Schranke« (rechts). Flitzer Didi Hegen läßt den Iserlohner Bruce Hardy hinter sich (links).

Vize-Meister SB Rosenheim

Auf der Suche nach dem Glück

Die Szene sprach für sich. Jubelnd drehten die Kölner Spieler ihre Ehrenrunden – im Rosenheimer Marox-Stadion. In der »Höhle des Löwen« hatten sie den Titel geholt, doch von den Geschlagenen war nichts zu sehen. DEB-Sportdirektor Helmut Bauer hatte sie gesucht, doch resigniert kam er zurück: »In der Kabine herrscht Totenstille, da traust di net hi.« So kamen die Insignien für den Vize-Meister vorerst nicht an den Mann. In der Tat war es ja auch eine traurige Angelegenheit. Vor einem Jahr war der SB Rosenheim schon Sieger der Doppelrunde gewesen und am Schluß nur Vierter geworden. Diesmal startete man wieder von Platz eins aus in die Play-Offs und war nach Überwindung einiger schwieriger Hindernisse doch ins Finale gekommen und nun wieder gescheitert – auf eigenem Eis.

Vielleicht eine Stunde später hatte sich zumindest der Kapitän wieder gefaßt. Die triste Stimmung aber paßte. Das Stadion war leer, Reinigungskräfte kehrten den Dreck von den Zuschauerrängen. In einer Ecke des Stadions stand Ernst Höfner, umringt von einer Handvoll Journalisten und ein paar Fans. Nüchtern analysierte er: »Wir waren müde, die Kräfte haben nicht gereicht. So fehlte auch die Aggressivität, um Köln Paroli zu bieten.« Die Rosenheimer Fans hatten es vorher auf den Rängen gespürt. Kölns 4:1-Sieg im entscheidenden Spiel war kein Produkt des Zufalls, der alte und neue Meister war an diesem Tag besser und cleverer. Ein Kölner freilich hatte Verständnis für die Stimmung im Lager des Verlierers. Holger Meitinger, früherer Weggefährte Höfners aus Augsburger Zeiten, konstatierte: »Wenn du 50 Spiele lang dran bist, dann bist du als Zweiter ein Nichts.«

Wochen danach, im Sommer, da sah die Welt bei den Oberbayern schon wieder freundlicher aus. »Eigentlich«, so sinnierte Ernst Höfner, »mußten wir doch zufrieden sein, ins Endspiel gekommen zu sein. Sicher, wir waren ein bisserl enttäuscht, denn wir hatten uns schon ausgerechnet, Erster werden zu

Sein Glück fand auch Trainer Petr Brdicka in Rosenheim nicht. Doch er war erfolgreicher, als es manche Kritiker wahrhaben wollen: Immerhin war er mit dem SBR zweimal Sieger der Doppelrunde und am Ende auch Vizemeister.

können, doch wir haben ja alles gegeben, es hat halt nicht gereicht.« Und auch der »starke Mann« im Verein, Geschäftsführer Josef Wagner, spendete Trost: »Wir hatten brutales Verletzungspech und eine unglückliche Hand bei den Ausländern. Der 1. Platz nach Ende der Doppelrunde hatte uns ja selbst überrascht. Die gesamte Saison gesehen, sind wir mit Platz zwei zufrieden.«

In der Tat war Platz zwei am Ende mehr, als man zwischendurch erwarten durfte. Ähnlich wie im Vorjahr, als ein Ausländer zuviel an Bord war, hatte der Verein wieder mit zum Teil hausgemachten Problemen zu kämpfen. Problem Nummer 1 waren wieder die Ausländer. Die Tschechen-Welle war vorbei. Jiri Kralik und Vincent Lukac mußten Platz machen für zwei Kanadier. Tom Roulston hatte schon beim EV Landshut überzeugt, und aus der zweiten kanadischen Profi-Liga kam Glenn Merkosky. Seine Empfehlung bei seinem alten Verein Adirondack: Jeweils mehr als 50 Tore pro Saison. Die Luft in Oberbayern aber bekam ihm offensichtlich nicht, er lief rum wie Falschgeld. Bald lästerten die Fans auf der Tribüne: »Der kann ja gar nicht Eishockey spielen!« Im November war die Episode Merkosky beendet, aber auch Tom Roulston spielte nicht mehr. Er hatte sich am 10. Spieltag einen komplizierten Beinbruch zugezogen. Ab Dezember sah es wieder günstiger aus, denn da konnte Rosenheim die Ausländerplätze mit Jaroslav Pouzar vom ECD Iserlohn und Bob Crawford (früher Bad Tölz, zuletzt Italien) wieder gut besetzen.

Doch da können wir nahtlos zu Problem Nummer zwei überleiten, das Verletzungspech. Auch die beiden neuen Ausländer fielen mit Blessuren aus, wobei Pouzars Fehlen im Play-Off-Finale besonders weh tat. Er hatte sich innere Verletzungen zugezogen, als er unglücklich gegen das Tor prallte. Da fehlte aber auch schon Mittelstürmer Markus Berwanger, der mit einem Kahnbeinbruch lange ausfiel, zwischendurch mußte die Mannschaft aber auch auf Verteidiger Horst-Peter Kretschmer (Sperre) und andere verzichten. Die Rosenheimer hatten die »Seuche« – oder wurde ganz einfach falsch trainiert?

Kapitän Ernst Höfner wehrt ab: »Wir waren gut trainiert und körperlich fit.« Aber Trainer Petr Brdicka stellte sich der Öffentlichkeit doch als Problem

Vize-Meister SB Rosenheim

Nummer drei dar. Wer den 41jährigen Prager bei Pressekonferenzen erlebt, glaubt einfach nicht, daß er gegenüber den Spielern die nötige Autorität aufbringt. Er wirkt verschüchtert, spricht leise, undeutlich, als möchte er sich am liebsten ins nächste Mäuseloch verkriechen. Verschüchtert und ängstlich gab er sich wohl auch den Spielern gegenüber. Überliefert ist sein Satz, als er eine Umstellung in der Mannschaft dem Spieler so ankündigte: »Hätten Sie etwas dagegen, im zweiten Sturm zu spielen?«

Ernst Höfner nimmt seinen ehemaligen Coach freilich in Schutz. »Jeder Mann hat seine Schwächen. Er hat seine Arbeit im stillen gemacht. Vielleicht gab es für ihn Probleme, weil er plötzlich das Sagen hatte, denn vorher war er ja immer Co-Trainer gewesen.« Zwei »Zuckerl« hat der Kapitän für Petr Brdicka zum Abschied: »Er hat bei uns in puncto Führung gelernt, und der neue Verein (Nürnberg) darf sich auf einen guten Trainer freuen. Außerdem hat er bei uns doch Erfolg gehabt. Er hatte in Rosenheim allerdings auch vernünftige Spieler.« Josef Wagner ergänzt das Bild: »Er hatte Sprachschwierigkeiten, das wurde von manchem mißgedeutet.«

Der neue Mann an der Bande in Rosenheim ist das ganze Gegenteil zu Petr Brdicka – Dr. Jano Starsi gilt eher als autoritär. Und da macht dann auch der

Vize-Meister SB Rosenheim

erfahrene Ernst Höfner kein Hehl daraus: »Trainer wie Starsi sind meine Lieblingstrainer.« Er hat den ČSSR-Nationaltrainer bereits beim SC Riessersee kennengelernt. Die Deutsche Meisterschaft 1981 war damals die gemeinsame Erfolgsbilanz. Und unterschwellig macht Höfner bei seiner Wunschliste deutlich, was dem bisherigen SBR-Trainer gefehlt hatte. »Der Trainer muß eine Persönlichkeit sein, als Spieler darf man sich um nichts kümmern müssen. Jeder Spieler möchte, daß Ordnung herrscht.«

Vielleicht kehrt mit Dr. Jano Starsi das Glück zum SB Rosenheim zurück (was Starsi freilich bei der ČSSR-Nationalmannschaft auch nicht hatte). Wenn man so will, begann für die Oberbayern das Spieljahr 1987/88 erst in der zweiten Hälfte so richtig. Anfangs krebste man im Mittelfeld herum, hatte man den Ärger mit dem schwachen Glenn Merkosky, fiel Tom Roulston aus, stand Trainer Petr Brdicka zur Disposition. Doch das ist eine der Stärken der Oberbayern: Sie können sich zusammenraufen. Das geschah dann, als die Not am größten war. Von außen her wurde nämlich auch Unfrieden in die Mannschaft getragen, als die drei großen »F«, Friesen, Fischer und Franz neben Nachwuchstorhüter Klaus Merk Angebote von anderen Vereinen erhielten. Aber nur Klaus Merk ging, weil er im Schatten von Karl Friesen

Franz Reindl beendet seine Karriere. Der 181fache Nationalspieler bleibt dem Eishockey allerdings als Manager und Trainer des SC Riessersee erhalten.

Foto links: Ein Bild, das sich im Laufe einer Saison wiederholt: Der Dank der Spieler an Torhüter Karl Friesen. Aber auch die beiden Gratulanten setzten oftmals Akzente: Jaroslav Pouzar (links) und Georg Franz.

Ein verhinderter Torjäger und die »Allround-Waffe«: Ron Fischer (rechts) erzielte oft die Tore, die von Tom Roulston erwartet worden waren.

Vize-Meister SB Rosenheim

sportlich nicht »verhungern« wollte. Ab dem 16. Spieltag ging es dann beim SBR richtig los. Die Mannschaft (ohne Ausländer!) blieb in zwölf Spieltagen hintereinander ungeschlagen und stürmte am 26. Spieltag erstmals an die Tabellenspitze. Die Siegesserie wurde erst am 29. Spieltag mit dem 1:2 in Frankfurt gestoppt, aber von Platz eins ließ sich der SBR nicht mehr verdrängen. Wo Stärken und Schwächen der Mannschaft lagen, macht das Torverhältnis deutlich: 118 Tore erzielte der SBR – nur Schwenningen hatte mit 100 weniger! Nur 76 Gegentreffer aber hatte Karl Friesen zu verzeichnen – keiner hatte weniger (Köln 98). Die Mannschaft lebte auch vom Kampf und nicht von der Technik. »Allroundwaffe« Ron Fischer war ein typisches Beispiel. Er spielte Verteidiger, Außenstürmer und am Schluß auch Mittelstürmer – und er ersetzte auch noch die Torjäger! Zusammen mit Ernst Höfner ging er in manchen Spielen kaum vom Eis. Ein großer Rückhalt war natürlich wieder Karl Friesen, groß in Fahrt kam Georg Franz.

Erster gegen Achter – im Play-Off-Viertelfinale schien der ERC Schwenningen zunächst ein willkommenes Schlachtopfer zu sein. Doch es kam anders. Vom einstigen Weltstar Vaclav Nedomansky hervorragend eingestellt und mit ein bißchen Glück (Sieg im Penaltyschießen im zweiten Spiel) »ärgerten« die Schwarzwälder die Oberbayern ein wenig. Rosenheim mußte sich zwar über fünf Spiele quälen, war am Ende aber doppelt siegreich: Das Beinahe-Ausscheiden gegen Schwenningen machte die Fans munter. Plötzlich war am Inn wieder das Eishockey-Fieber ausgebrochen, nachdem man in der Vergangenheit SBR-Erfolg als »Pflicht« abgehakt hatte. Aber auch in diesen Spielen suchten die Rosenheimer am Ende ein bißchen Trost. Ernst Höfner: »Wir hätten gegen Schwenningen ja schon ausscheiden können.«

Über die Düsseldorfer EG führte der Weg ins Finale gegen den Kölner EC. Doppelrunden-Sieger gegen Titelverteidiger – das Duell zweier Supermannschaften. Das erste Tor in diesem Zweikampf erzielte Ernst Höfner beim 2:1-Sieg auf eigenem Eis. Damit beendete der Herausforderer eine glanzvolle Serie des Meisters: Kölns erste Niederlage nach 20 Play-Off-Spielen! »Die spielen ja Anti-Eishockey«, gifteten die Kölner angesichts des Rosenheimer »Kraft-Eishockeys«, »wir spielen nur erfolgreich«, konterte Ernst Höfner. In Köln drehten die »Haie« den Spieß um (5:2), aber als Rosenheim das nächste Heimspiel gleich mit 6:0 gewann, da wähnten sich einige am Inn schon am Ziel. Sie aber übersahen, daß Kölns Trainer-Fuchs Hardy Nilsson vorzeitig – in diesem Spiel – aufgegeben hatte. In Köln verlor der SBR erneut (2:4), und Ernst Höfner analysierte hinterher: »Wir haben den Titel in Köln verspielt.« Im entscheidenden fünften Spiel reichte die Kraft nämlich nicht mehr. Eine turbulente Saison fand ein turbulentes Ende, hatte für den SBR aber leider kein Happy-End.

Das übrigens in doppelter Hinsicht. Wenige Tage nach der Meisterschaft traf den Verein nämlich ein schwerer Schicksalsschlag: Präsident Josef März starb. Er war Motor, Gönner und Sponsor in einer Person gewesen. Doch die Ungewißheit hielt nicht lange an. Die Brüder März erklärten bald, im Sinne ihres Bruders weitermachen zu wollen. Willi März ist jetzt für Eishockey zuständig. Die Firma Marox unterstützt also weiter den SBR, und Geschäftsführer Josef Wagner betont: »Es bleibt alles beim alten.« Was er allerdings nur auf Organisation und Finanzierung bezogen haben will. Denn auf Dauer will sich der SBR mit dem ersten Platz nach Ende der Doppelrunde nicht zufriedengeben.

Klaus-Peter Knospe

Bringt der neue Mann das Glück nach Rosenheim? Auch SBR-Geschäftsführer Josef Wagner (rechts) hofft mit Dr. Jano Starsi auf bessere Zeiten.

**Jubelnde Kölner Spieler drehen
ihre Ehrenrunde in einem fremden Stadion.
Am Ende anerkannten aber auch
die Rosenheimer Fans die Leistung des KEC.
Ein verdienter Meister!**

In Köln wurde vor dem Rathaus gefeiert. Die Spieler grüßten vom Balkon und trugen sich ins Goldene Buch der Stadt ein (im Bild unten Gerd Truntschka).

Mannheimer ERC

Ein Mark und wenig Märker

Der Mannheimer ERC hat 1988 praktisch einen »Festspielsommer« hinter sich. Die Saisonvorbereitung für die Punktrunde 88/89 stand im Zeichen des 50jährigen Jubiläums. Eigentlich sollten die Glanzpunkte für dieses Fest zum Ende der Saison 87/88 fällig sein, doch Jubel brach über Rang drei nicht aus. Im Mittelpunkt standen auch weniger die sportlichen Leistungen des MERC auf dem Eis, obwohl die sich durchaus sehen lassen konnten, sondern vielmehr die Reibereien des MERC bzw. seines 1. Vorsitzenden Lothar Mark mit Gott und der Welt.

Der Mannheimer Studienrat und Kommunalpolitiker, der den Verein 1986 wirklich in einem ziemlich desolaten Zustand übernommen hatte, gefiel sich auf der bundesdeutschen Eishockey-Szenerie als »starker Mann«. Wo es nur ging, legte sich Mark mit dem Verband an, votierte für eine Verselbständigung der Spitzenteams, wetterte gegen den seiner Meinung nach unberechtigten Punktabzug seines Vereins nach dem Ausscheiden von Iserlohn und forderte schließlich auch Schadenersatz. Doch Mark konnte sich keineswegs profilieren. Ganz im Gegenteil, in Mannheim werden ihm Ambitionen auf den Oberbürgermeisterposten nachgesagt, aber durch sein nicht ganz geglücktes Engagement für den Eishockey-Bundesligisten seien seine Chancen gesunken.

Lothar Mark hätte eigentlich seine ganze Kraft gebraucht, um im eigenen Verein für Ordnung zu sorgen. Die

In den Endspielen zwischen dem Kölner EC und SB Rosenheim ging es hoch her. Beim dritten Titelgewinn hintereinander wurden die Kölner am meisten gefordert. Um so größer war die Freude bei Kapitän Udo Kießling und Trainer Hardy Nilsson (kleines Foto).

Tatsachen, die nämlich nach der Saison auf den Tisch kamen, gaben zum Jubeln keinen Anlaß. Mit fast zwei Millionen Mark Schulden stand der Verein in der Kreide. Der MERC hat einen Mark, aber keine Märker! Nach dramatischen Verhandlungen erließ die Stadt Mannheim Schulden in Höhe von 318 000 Mark, aber das Finanzloch von 1,644 Millionen Mark blieb beachtlich. Allein in der vergangenen Saison wurde ein Minus von 444 000 Mark gemacht. Kein Wunder also, daß auch die Bundesliga-Lizenz in Frage gestellt war. Der Mannheimer ERC erhielt sie mit Auflagen.

Das finanzielle Abenteuer, das man schon ein Jahr zuvor eingegangen war, hatte sich nicht ausgezahlt. Zwar strömten wieder mehr Zuschauer ins Stadion, aber das reichte bei weitem nicht, um die teure Mannschaft zu finanzieren. Die erhofften sportlichen Erfolge blieben im Endeffekt auch aus, obwohl der MERC in der Bundesliga-Doppelrunde jeweils eine gute Rolle spielen konnte. Doch der schon vor Beginn der Saison 87/88 eingeschlagene Weg muß zwangsläufig fortgesetzt werden: Stars gehen, Talente kommen. Am schmerzlichsten wird Mannheim künftig Nationalspieler Georg Holzmann vermissen, aber auch die Verteidiger Eggerbauer, Gailer und Klaus werden fehlen. Trainer Ladislav Olejnik ist noch mehr als früher gefordert. Der Trainer bat die Mannheimer Fans bereits um Geduld, doch die zeigte das verwöhnte Publikum rund um die Quadratestadt bisher nie.

So werden Aufregungen wohl auch weiterhin zum täglichen Leben in Mannheim gehören. Das war schon im September 1987 nicht anders. Vor dem ersten Spiel stand der MERC ohne Trikotwerbung da und mußte auch auf Nationalspieler Peter Schiller verzichten. Der hatte sich geweigert, ein DEB-Papier für Lizenzspieler zu unterschreiben, und schmorte auf der Bank. Georg Holzmann und Michael Eggerbauer überbrachte der Postbote die Spielberechtigung quasi in die Kabine. Doch die Mannschaft blieb davon unbeeindruckt und siegte in Kaufbeuren mit 9:2. Mehr Eindruck hinterließ dann die folgende 3:5-Heimniederlage gegen die Düsseldorfer EG. Trainer Ladislav Olejnik machte dafür beim Spiel am Nachmittag bei hochsommerlichen Temperaturen das schlechte Eis verantwortlich (»Wie ein Wellblechdach«), und Mannheim wollte fortan nicht mehr am Nachmittag spielen. Der Verein wäre damit allerdings vertragsbrüchig geworden, denn das Fernsehen kann Vorverlegungen verlangen! Die Hitze in der Luft legte sich, und so kühlten auch die Mannheimer Hitzköpfe ab, zumal ständige Bildschirmpräsenz auch für einen Werbevertrag sorgte. Ruhe bis zum nächsten Sturm.

Zunächst kam der MERC-Expreß so richtig in Fahrt, mit 8:0 Punkten in Folge. Nur gegen die Frankfurter Eintracht gaben die Mannheimer dann einen Punkt ab, aber solche Gegner ärgern den Mannheimer Trainer. »Das sind ja Maurermeister«, wetterte Olejnik über die Defensivkünstler und betonte, »es ist eine Qual, gegen solche Mannschaften zu spielen.« Doch die Leistungskurve zeigte weiter nach oben, Mannheim blieb in 17 Spieltagen hintereinander ungeschlagen und eroberte natürlich die Tabellenspitze. Doch jede Serie geht einmal zu Ende. Die von Mannheim am 15. November mit 2:7 beim ESV Kaufbeuren. Ladislav Olejnik war sauer. »Niederlagen gehören zum Sport, aber ein Ausrutscher in dieser Höhe ist für eine Spitzenmannschaft unwürdig.«

Der Höhenflug war beendet. Zwar war das Mannheimer Stadion zunächst zum zweiten Mal in dieser Saison gegen den Verfolger SB Rosenheim ausverkauft, aber beim 1:3 setzte sich der Niedergang fort. Zudem verlor der MERC seinen Amerikaner David Silk, der beim Duell »Faust auf Faust« gegen Horst-Peter Kretschmer eine Matchstrafe erhielt. Beim 1:4 in Köln verlor der MERC dann die 13 Spieltage lang gehaltene Tabellenführung. Da wurde auch das Nervenkostüm brüchig. Nach einer 1:4-Heimniederlage gegen Frankfurt lagen die Nerven der Spieler blank,

Mannheimer ERC

gerieten sich einige Cracks sogar in die Haare. Explosive Stimmung beim MERC, die Kabinentür wurde abgeriegelt, Ordner schirmten den Mannschaftsbereich ab, Trainer Olejnik mußte schlichten.

Parallele zum Vorjahr: Der Mannheimer ERC rutschte in der Tabelle ab, wurde schließlich Dritter. Für den Abfall machte Lothar Mark aber auch den DEB verantwortlich. Als Iserlohn ausschied, verloren die Badener gleich sechs Punkte aus gewonnenen Spielen. »Betrug«, wetterte der MERC-Vorsitzende und wollte den DEB sogar auf Schadenersatz von 100 000 Mark für ein ausgefallenes Heimspiel verklagen. Er vergaß, daß alle Bundesliga-Teams (einschließlich Mannheim) vor der Saison für ein Mitwirken von Iserlohn mit ausdrücklichem Verzicht auf Schadenersatz votiert hatten! Der Protest verlief im Sande.

Noch konnte eine erfolgreiche Play-Off-Runde die Stimmung retten. Zur Vorbereitung jettete die Mannschaft auf Einladung des Emir von Kuwait zum Trainingslager in die Wüste. War deshalb im ersten Play-Off-Spiel noch Sand im Getriebe? Erst in der Verlän-

Bravo, Beppo! Torwart Schlickenrieder war stets einer der besten MERC-Cracks (großes Bild), Dave Silk, wie die Aufnahme von seiner »legendären« Rauferei mit dem Rosenheimer Kretschmer zeigt, einer der schlagkräftigsten (oben). Schorsch Holzmann hingegen war von Trainer Ladislav Olejnik geläutert worden (rechts). Eines von wenigen erfreulichen Ereignissen für den Präsidenten Lothar Mark (kleines Bild oben).

Mannheimer ERC

gerung setzte sich der MERC mit 3:2 gegen »Schicksalsgegner« Kaufbeuren durch, als Georg Holzmann nach 6:09 Minuten der Verlängerung für den »plötzlichen Tod« des Gegners sorgte. Weitere Probleme hatte der MERC im Viertelfinale nicht, im Halbfinale gegen Titelverteidiger Kölner EC aber auch keine Chance. Zwar hatte Ladislav Olejnik die Parole ausgegeben, »wer Meister werden will, muß den Kölner EC schlagen, egal, ob im Halbfinale oder Finale«, doch der starke Wille reichte gegen einen spielerisch überlegenen Gegner nicht. Die Chancen waren spätestens dann dahin, als sich Nationaltorhüter Josef Schlickenrieder schwer verletzte und ausscheiden mußte. Doch ohne Theaterdonner ging der Abtritt von der Bühne nicht ab. Die Mannheimer hatten einen Schuldigen gefunden: Schiedsrichter Jupp Kompalla. Sie sahen sich von ihm in Köln »verschaukelt«. Lothar Mark fühlte sich in seiner schon früher geäußerten Ablehnung bestätigt: »Was er mit uns gemacht hat, war der größte Betrug, eine ausgemachte Schweinerei.« Als das Spiel auf der Kippe stand, mußten Mannheimer auf die Strafbank und die Kölner nutzten die Chance...

Nun, in zwei Spielen ohne sportliche Höhepunkte wurde der Mannheimer ERC gegen die Düsseldorfer EG Dritter. Und auch zum guten Abschluß gab es Krach, diesmal flogen auf der abschließenden Pressekonferenz zwischen Mark und DEB-Vizepräsident Dr. Ernst Eichler die Fetzen. Ein unwürdiger Abschluß, der aber zur gesamten Saison paßte: Höhepunkte gab es nur auf dem Eis, doch die Mannschaft stand oft im Schatten der verbalen Kraftakte der Funktionäre!

Bernhard Heck

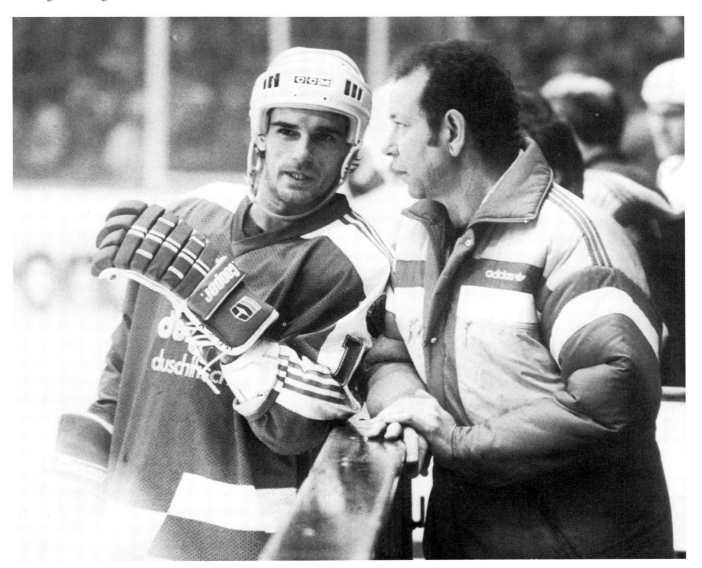

Düsseldorfer EG

Verkehrte Welt an der Brehmstraße

Country-Sänger »Mister D« bringt Düsseldorfs Eishockey-Fans während der Pausen so richtig in Stimmung. Zum Glück hatte ihn die DEG für den Nachmittag des 24. Januar 1988 nicht angeheuert. Wenn er da seinen Song »Die DEG wird dies Jahr Meister sein...« geschmettert hätte, wäre er wahrscheinlich nicht mehr lebend aus dem Stadion gekommen. 1:4 gegen Aufsteiger Berliner SC Preussen, absoluter Tiefpunkt einer enttäuschenden Saison. Das angeblich beste Publikum der Welt reagierte »stinksauer« nach dieser Blamage, die den vierten Platz vor der Play-Off-Runde kostete.

Trainer Bryan Lefley war so enttäuscht, daß er erstmals nicht zur Pressekonferenz kam. Obmann Rolf van Hauten entschuldigte ihn wegen Magenbeschwerden. »Nein, die Brocken hinwerfen wollte ich auch in diesem Moment nicht«, erklärte Lefley lange nach der Meisterschaft, kurz bevor er Deutschland Richtung Kanada verließ. Noch am gleichen Abend nahm der Vorstand Kontakt mit Berlins Trainer Olle Oest auf. Der zeigte auch Interesse, denn die Voraussetzungen in Düsseldorf sind beinahe optimal. Selbst wenn um Mitternacht gespielt würde, die eishockeyverrückten Fans wären dabei. Doch Lefley blieb bis zum Saisonende und Oest in Berlin.

»Kanadische Verhältnisse«, schwärmte Manager Hansi Sültenfuß schon im Frühsommer. 9051 Dauerkarten wurden im Vorverkauf abgesetzt, 3,8 Millionen Mark Einnahme lange vor der ersten Sirene gezählt. Der größte Teil des Kaders stand bereits Mitte Mai in der Sommerarbeit unter Hockey-Trainer Peter Rücker, der besondere Schwerpunkte im sportmedizinischen Bereich setzte. Das hatte man dem Nachbarn Kölner EC abgeschaut.

Noch nie waren die Ausländer so früh zurück wie diesmal: Torjäger Chris Valentine kam mit 14 Pfund Gewicht weniger aus Kanada. Für ihn mußte ein kleineres Trikot beschafft werden. Der neue Trainer Bryan Lefley hatte von seinem Landsmann gefordert, im Sommer hart an sich zu arbeiten. Das Ergebnis am 1. August war nicht zu übersehen. Peter John Lee kommt jedes Jahr topfit nach Deutschland zurück. »Die Tingelei über die Dörfer ist vorbei«, erklärte Präsident Josef Klüh. »Drei, vier starke Gegner«, wollte Bryan Lefley in der Vorbereitung: »Die besten Mannschaften sind gerade gut genug.« Im Wurmberg-Pokal und beim Trainingslager in Schweden bekam die Mannschaft sie vorgesetzt. Günstige Resultate führten bald zu steigendem Optimismus.

Zum Auftakt der Saisonvorbereitung 10:2 gegen Eintracht Frankfurt, 9:2 über ECD Iserlohn, dazwischen 6:3-Sieg über den Kölner EC. Das 2:2 gegen Schwedens siebenfachen Meister Södertälje wurde zu einer richtigen »Schlacht«. Beim 4:3 über Polens Nationalmannschaft waren die Gäste stärker als erwartet. Noch nie soll bei der DEG mehr gefordert worden sein als im Trainingslager Väsby: Nach vier Stunden Eistraining anschließend in den Kraftraum. Da war sogar das Programm in Düsseldorf mit Fußball, Laufen, Kraftmaschine, Gymnastik, Schwimmen und Radfahren die reinste Erholung.

Stockholm bei Nacht? Trainer Lefley bekam keine Probleme. Nicht nur, weil Bier in der Hotelbar 15 Mark kostete. Morgens um 7 Uhr rasselte der Wecker, mit müden Knochen hatte niemand Interesse am »süßen Leben.« Obmann Rolf van Hauten wunderte sich: »Die meisten haben freiwillig nach

Düsseldorfer EG

Es durfte auch gejubelt werden an der Brehmstraße (von links Schmidt, Wolf und Roedger), doch lange Zeit ärgerten die Spieler der DEG »das beste Publikum der Welt« mit schwachen Leistungen.

Obstsaft und Müsli gefragt.« 45 000 Mark kostete das Trainingslager in Schweden. Bei der DEG glaubte man, das Geld gut angelegt zu haben. Schneitberger-Nachfolger Bryan Lefley nahm zwar nie das Wort Titelgewinn in den Mund, legte sich dafür aber in der Nähe dieser Endstation Sehnsucht fest: »Am Ende nur Platz drei oder vier, da wäre ich enttäuscht.« Also mindestens Finale bei den Play-Offs. Auch dem Vorstand wäre zum Stadtjubiläum – 700 Jahre Düsseldorf – die vierte Meisterschaft sehr recht gewesen. Nach 1967, 1972 und zuletzt 1975. Doch wegen der Enttäuschungen in den letzten Jahren ging man bereits mit einen gewissen Abstand an die Saison 1987/88 heran. Der neue Vize Dr. Wolfgang Bonenkamp sorgte sich nach den guten Resultaten der Vorbereitung: »Die Erwartungen der Zuschauer werden zu hoch. Wir müssen mit beiden Füßen auf dem Boden bleiben.« Mindestens »ein Loch höher« die Meßlatte der Fans, wahrscheinlich auch zu Recht. Mit Bobby Maj war ein neuer torgefährlicher Stürmer gekommen, Verteidiger Uli Hiemer kam mit Erfahrungen in der berühmten Profiliga NHL, Torwart Thomas Bornträger und Verteidiger Rick Amann sollten Löcher in den hinteren Reihen schließen helfen. Doch gerade dieses Problem zog sich wie ein roter Faden durch die ganze Saison.

Am 18. September kam es schon zu einem verpatzten Bundesliga-Start in Düsseldorf: 6:6 gegen den EV Landshut. 0:3 im ersten Durchgang, 6:0 im zweiten Drittel, dann wieder 0:3. »Der Weg nach oben ist weit«, mußte Kapitän Roy Roedger erkennen. Vor allem das Abwehrverhalten stimmte nicht. Der 5:3 Sieg beim Mannheimer ERC 48 Stunden später schien den Optimisten recht zu geben. Doch zum ersten Sieg in

Düsseldorfer EG

einem Heimspiel reichte es erst im vierten Anlauf: mit 11:4 gegen Iserlohn. »Momentan treten wir lieber auswärts an«, gestand Verteidiger »Andy« Niederberger. »Weil die Mannschaft die hohen Anforderungen spürt und dadurch leicht verkrampft«, mußte Trainer Bryan Lefley erkennen. Düsseldorfs begeisterte Zuschauer als Hemmschuh? Verkehrte Eishockey-Welt an der Brehmstraße.

Gegen die Spielberechtigung von Ron Fischer beim SB Rosenheim als Deutscher legte die DEG vorsorglich Protest ein. »Nach der DEB-Spielordnung ist das nicht möglich«, fand Wolfgang Sorge heraus. Doch 2:3 gegen Rosenheim, die Punkte waren weg. Endlich mal »standesgemäß« der 9:2-Sieg über den ERC Schwenningen. Die 2:3-Heimniederlage gegen dem MERC verdarb Bryan Lefley am 18. Oktober den Spaß an seinem Geburtstag. Der frühere Profi der Colorado Rockies wurde an diesem Tag 39 Jahre alt. Grund zur Freude hatte er eine Woche später. Da entführten seine Männer nach respektabler Leistung mit 4:4 einen Punkt bei den Kölner »Haien«. Und Erfolge gegen den KEC zählen bekanntlich in Düsseldorf immer doppelt. Der Ex-Düsseldorfer de Raaf im Kölner Tor hatte aber erkannt: »Die DEG hat häufig Probleme mit Mannschaften aus der unteren Tabelle. Dann die vielen Gegentore, in der Defensive scheint nicht alles zu stimmen.«

Die Zuschauer in Düsseldorf waren nicht mehr der »vierte Sturm« wie früher. Pfiffe, wenn die Mannschaft in Rückstand geriet. Auch Rufe nach Lefleys Vorgänger Otto Schneitberger. Die Gegner erkannten die Stimmung. Vor dem 6:3-Sieg gegen die Eintracht empfahl Frankfurts Ex-Nationalspieler Jörg Hiemer seinen Kameraden: »Möglichst lange ein ausgeglichenes Spiel. Dann wird die Mannschaft nervös, und die Zuschauer fangen an zu pfeifen.« Diesmal ging die Rechnung der Adlerträger allerdings nur ein Drittel lang auf. Volle Motivation auf den Rängen dagegen beim vorgezogenen Spiel gegen den Kölner EC am 17. November. »... am Dienstag brennt der Kölner Dom. Und im Dom da sitzt der KEC«, gab es einen neuen Song. »Da ist ihnen früher schon was Besseres eingefallen«, ärgerte sich KEC-Präsident Heinz Landen: »Hoffentlich bekommen wir keine Verhältnisse wie in manchem Fußball-Stadion.«

Das 4:4 muß zu den Erfolgen gerechnet werden. Denn vorher beim 7:3 über Kaufbeuren war Stammtorwart Pepi Heiß verletzt ausgefallen. Innenband- und Kapselzerrung, Gips am linken Knie. Bald danach erwischte es auch Thomas Bornträger. Wenig später den Ersatzmann Lars Wünsche bei den Junioren mit einer Gehirnerschütterung. Da gab es nur noch den 17jährigen Thomas Schütt. Deshalb wurde über ein Comeback des 42jährigen Ex-Nationaltorwarts Dr. Hennes Schmengler diskutiert. Es ist zwar nicht zu beweisen, doch Obmann Rolf van Hauten würde notfalls jeden Eid darauf leisten: »Die Torwart-Misere in diesen Wochen hat uns fünf Punkte gekostet.«

Heiß und Bornträger waren später wieder dabei, doch es wurden insgesamt elf Spiele ohne Sieg. Diese Serie dauerte vom 15. November bis 22. Januar. Da endlich gab es ein 5:3 in Schwenningen. 48 Stunden vor dem schlimmsten Ausrutscher, dem 1:4 daheim gegen den Tabellenletzten Berlin. Zwischendurch riß bei einigen Vorstandsmitgliedern der Geduldsfaden, den Spielern drohten finanzielle Einbußen. Doch Vize Dr. Wolfgang Bonenkamp warnte: »Angeschlagene Moral kann man nicht mit dem Griff in die Lohntüte verbessern. Man spürt, daß es ihnen an die Nieren geht. Für mich ein psychisches Problem. Alle rennen und kämpfen, dazwischen fangen sie sich die Konter der Gegner ein.«

Beim letzten Heimspiel gegen Kaufbeuren ein völlig ungewohntes Bild. Zehn Minuten lang herrschte absolute Stille im Stadion-Rund. So reagierten die Fans auf den Vorwurf des Leistungsdrucks. »Die Spieler sollen sich konzentrieren können«, hatte der Fan-Club Rot-Gelb gefordert. »Das hat uns zusätzlich motiviert«, erklärte

Bei der traditionellen Fahrt auf dem Rhein hatte der neue Trainer Bryan Lefley das Schiff im Griff, da hatten neben dem richtigen Kapitän Klaus Witt auch Obmann Rolf van Hauten und DEG-Kapitän Roy Roedger noch gute Laune. Doch die verging teilweise schon im ersten Saisonspiel gegen den EV Landshut beim kuriosen 6:6. Hier konnte Torhüter Peppi Heiß (daneben Niederberger) Erich Kühnhackl aber noch stoppen (rechts). Einen der harten Bundesliga-Zweikämpfe zeigt das Bild ganz unten. Ralph Krueger bremst den Landshuter Seyller an der Bande.

Düsseldorfer EG

anschließend Andreas Niederberger. Star-Verteidiger Uli Hiemer wurde nicht für Olympia in Calgary nominiert. So reagierte Bundestrainer Xaver Unsinn auf die Leistungen des Füsseners. Beispiel einer enttäuschenden DEG. Als Fünfter ging es in die Play-Offs. »Vor ein paar Jahren war Rosenheim auch nur Fünfter und wurde Meister«, gab Obmann Rolf van Hauten als Order aus. Die Mannschaft steigerte sich und zog nach dem vierten Spiel – 9:1 gegen den ersatzgeschwächten EV Landshut – ins Halbfinale ein. Die Zuschauer waren wieder versöhnt. Doch das vierte Halbfinalspiel gegen Sportbund Rosenheim brachte das Ende mit 1:3. »Ich kann von draußen den Puck nicht reinschießen. Wer soviel Chancen ausläßt, wird bestraft«, ärgerte sich Rolf van Hauten. Gelassener nahm es Schatzmeister Rainer Gossmann: »So weit vom Endspiel sind wir gar nicht gelandet.« 3:3 und 9:10 im kleinen Finale gegen den Mannheimer ERC, die Saison endete mit Platz 4. Kapitän Roy Roedger überlegte: »Anderer Trainer, neue Spieler und neues System, vielleicht haben wir das etwas unterschätzt.«

Gute Arbeit, aber wenig Glück, das konnte sich Trainer Bryan Lefley bescheinigen lassen. Vielleicht läuft es für den »Gentleman an der Bande« in Italien beim HC Varese wieder besser: »Ich wollte intelligentes Eishockey einstudieren. Wahrscheinlich ist das in einem Jahr aber nicht möglich.« Mit seinem Nachfolger Peter Johansson (42) aus Stockholm besprach er vor seinem Abschied alle Probleme, die er vorfand: hoher Erwartungsdruck, verwöhnte Spieler, Fehler in der Defensive und unzureichendes Teamwork. Weil der Vorstand die Lage ähnlich einschätzte, wurde rasch gehandelt: Nationaltorwart Helmut de Raaf kehrt vom Meister Kölner EC zurück und soll beim nächsten Anlauf auf den Titel unnötige »Knödel« verhindern.

Theo Mai

EV Landshut

Höhenflug der Himmelsstürmer

Es war der 16. Oktober 1987 – ein Datum, das mir in Erinnerung bleiben wird. Nach langer Zeit führte mich der Weg wieder einmal nach Landshut zum EVL. Doch diesmal war alles anders. Aus dem grauen, tristen Stadion am Gutenbergweg war ein Schmuckkästchen geworden, die Atmosphäre in der Halle war nicht mehr distanziert-zurückhaltend, sondern südländisch-temperamentvoll. In Landshut wurden Erinnerungen an die Meisterjahre von 1970 und 1983 wach. Der EVL war die Überraschungsmannschaft der Saison 1987/88.

Diese Entwicklung hat viele Ursachen, in erster Linie darf sie aber dem Präsidenten Rudolf Gandorfer »angelastet« werden. Als er 1985 den Verein nach einer »Regenerationspause« wieder übernahm, wurde dieser von Krisen geschüttelt. Gandorfer führte ihn wieder in ruhiges Fahrwasser und machte den EVL vor allem wieder für Sponsoren attraktiv. Finanziell wird man in Niederbayern nie große Sprünge machen können, doch Gandorfer mobilisierte viele kleine Gönner und installierte einen Förderkreis. Heute lobt er: »Der Förderkreis hat wirklich etwas getan, einiges in die Wege geleitet und dem Verein geholfen. Die Zusammenarbeit ist hervorragend.« Die Herren sollen sich also nicht nur sehen lassen und in den Erfolgen des EVL sonnen, sondern sie tun tatsächlich etwas. Beim EVL jetzt in angenehmer Atmosphäre, denn mit der Einrichtung der VIP-Lounge holte sich der Eishockey-Bundesligist auch ein Stückchen der »großen weiten Welt« in die »Provinz«.

Das Wort »Provinz« soll dabei gar nicht negativ gesehen werden. Landshut liefert nämlich ein Beispiel dafür, wie man in einer kleineren Stadt durchaus gut leben kann, wenn alle zusammenstehen. Landshuts Oberbürgermeister Josef Deimer ist nicht nur der Schwiegervater von Rudolf Gandorfer, sondern vor allem ein Fan des EVL. Und mit dem 206fachen Ex-Nationalspieler und langjährigen EVL-Kapitän Alois Schloder als Sportamtsleiter haben sowohl Stadtoberhaupt als auch der Verein den richtigen »verlängerten Arm«. Der Alois hat ja auch viel dazu beigetragen, daß er heute als Sportamtsleiter sagen kann »Eishockey ist in Landshut der Sport Nummer 1.« Was nicht selbstverständlich ist, denn zur Konkurrenz gehören in der sportfreudigen Stadt (Schloder: »Von den 56000 Einwohnern sind 26000 in einem Sportverein organisiert«) die Fußballer (Amateur-Oberliga), die Motorsportler (Speedway-Bundesliga) und gehörten früher auch die Boxer und Bahnengolfer in Bundesligen. Landshut hat sich ein großartiges Sportzentrum im Westen der Stadt geschaffen, doch Aushängeschild ist das Eisstadion, das großzügig renoviert wurde. »Seit die Stadt das Stadion 1981 übernommen hat, hat sie 6 bis 7 Millionen Mark in den Ausbau investiert«, erzählt Schloder. Das Dach wurde saniert, Beleuchtung und Bande erneuert, die Ränge umgebaut. Ein neues Restaurant ist im Entstehen. Der Kabinentrakt wurde modern ausgebaut, ihm angegliedert ist eine allen Bedürfnissen entsprechende medizinische Abteilung. Der Ausbau erfolgte u. a. auch, weil Landshut Landesleistungszentrum wurde. »Der Leistungssport hat bei uns keine Probleme«, resümiert Schloder, »die Stadt steht dem Hochleistungssport sehr aufgeschlossen gegenüber.«

Endlich wurde auf Landshuter Eis auch wirklich wieder Hochleistungssport geboten. Was für viele überraschend kam, denn vor der Saison waren die Niederbayern eigentlich eher zu den Mannschaften gerechnet worden, die um den Einzug in die Play-Offs kämpfen müßten. Auch der neue Trainer Pavel Volek hatte nur ein bescheidenes Ziel vorgegeben: »Wir wollen Achter werden.« Am 6. Spieltag war der EV Landshut aber Tabellenführer (zusammen mit Köln, Mannheim und Rosenheim), und an diesem 16. Oktober stand er nach einem 6:5-Erfolg über die Düsseldorfer EG allein an der Spitze. Wie war das möglich? Eine zentrale Rolle spielte der neue Trainer Pavel Volek. Der damals 44jährige Trainer erhielt nach drei Jahren Tätigkeit beim Schweizer Nationalliga-A-Klub EHC Kloten die Freigabe für Landshut, weil Wunschtrainer Karel Gut als Verbandscoach nicht kommen konnte. Doch bei Volek wurden die Landshuter an Karel Gut erinnert, den Meistermacher von 1970 und 1983. »Ein hervorragender Mann«, urteilen Rudolf Gandorfer, Alois Schloder und Kapitän Erich Kühnhackl unisono. Der Präsident lobt: »Er änderte die Spielweise unserer Mannschaft, er machte Dampf, wir spielten frisch, aggressiv, aber nicht unfair.« Und Kühnhackl erkannte: »Wir hatten eine sehr gute Saisonvorbereitung.« Der Kapitän macht sogar Hoffnungen für die Zukunft: »Volek ist ein Mann wie Gut, er arbeitet systematisch und wird im Laufe der Zeit der Mannschaft noch viel mehr beibringen.« Die Landshuter hoffen da auf eine Wiederholung von Voleks Erfolgen in der Schweiz, als er den EHC Kloten in einer ähnlichen Verfassung wie den EVL jetzt übernahm, ihn dann aber in drei Jahren bis ins Schweizer Play-Off-Finale führte.

Kein Wunder also, daß die Niederbayern um den vielgerühmten Coach kämpften. Da stand ein Trainerstopp der ČSSR im Raum, und außerdem schien Voleks Rückkehr nach Prag nach vier Jahren Ausland logisch. Doch Rudolf Gandorfer hatte mit dem alten, inzwischen verstorbenen ČSSR-Sportminister Himl eine Option auf Karel Gut ausgehandelt und wollte sich der neuen Führung gegenüber nur auf Pavel Volek als Alternative einlassen.

EV Landshut

Gandorfer blieb hart (»Dann nehmen wir nie mehr einen ČSSR-Trainer«), die ČSSR-Sportführung lenkte ein und hinterließ nur strahlende Gesichter, als sie die weitere Freigabe für Volek erteilte: »Jetzt kann ich zum Glück meine einmal begonnene Arbeit fortsetzen«, freute sich Pavel Volek.

Sie soll zunächst dorthin führen, wo der EVL im Frühjahr 1988 kurz vor dem Ziel noch scheiterte – ins Play-Off-Halbfinale. Erich Kühnhackl, der als Bundesliga-Senior immer noch ein Leistungsträger war und seinen x-ten Frühling als Leistungssportler erlebte, gibt dies als Ziel schon für die neue Saison aus: »Wir werden uns mit Sicherheit weiterentwickeln.« Selbst die jungen Spieler sind da zuversichtlich. »Wir sind doch noch am Lernen und müßten logischerweise jedes Jahr etwas stärker werden«, sieht es der 23jährige Bernd Truntschka, einer der Aufsteiger der Saison. Zusammen mit Christian Brittig gehörte er zu den »Himmelsstürmern«, die neben den Routiniers Englbrecht, Naud, O'Regan und Kühnhackl so viel Freude machten.

Wenn man die bescheidenen Wünsche vor der Saison als Maßstab nimmt, dann kann man ermessen, warum der EV Landshut einen »goldenen Oktober« erlebte. Der Saisonstart mit 7:1 Punkten, darunter ein 5:3-Erfolg beim Meisterschaftsmitfavoriten SB Rosenheim, war sensationell. Dem Rückschlag in Mannheim (2:3) folgte dann aber die Tabellenführung, die erst wieder am 13. Spieltag (ausgerechnet) mit einem 2:9 in Iserlohn verlorenging. Inzwischen aber war in Landshut und Umgebung wieder einmal das Eishockey-Fieber ausgebrochen. Eine alte Regel im Sport bestätigte sich auch in Niederbayern: »Bei ansprechenden Leistungen kommen die Zuschauer«, konstatierte Gandorfer.

Aber auch die Himmelsstürmer wurden wieder von »Wolke sieben« geholt. Gandorfer umschrieb es elegant: »Im November haben wir eine lange Pause genommen.« Angesichts der Anfangserfolge wurden bei nicht mehr so glänzenden Leistungen auch die Fans wieder ungeduldig, Landshut fand sich auf dem Boden der Tatsachen wieder. »Wir haben über unsere Verhältnisse gespielt«, hatte Erich Kühnhackl erkannt, seine jungen Nebenspieler aber auch gefordert. »Jetzt wird sich zeigen, wie stark wir wirklich sind.« Platz vier am Ende der Doppelrunde war immer noch ein großer Erfolg.

Schicksalsgegner der Saison war die Düsseldorfer EG. Der Gegensatz könnte krasser nicht sein. Da die finanzstarken Rheinländer, die mit viel Geld Stars in die Großstadt locken, dort der Provinzverein, eine sprudelnde Talentquelle des deutschen Eishockeys, der sich auf den eigenen

Pavel Volek kam, sah und siegte. Die Landshuter waren von ihrem neuen Trainer begeistert.

EV Landshut

Fliegender Tom O'Regan (links). Auch die Herzen der Fans flogen dem Amerikaner schnell zu.

Nachwuchs verlassen muß. Die Duelle hatten es in sich und setzten Highlights der Saison. So schon am ersten Spieltag mit einem ungewöhnlichen Verlauf, wie die Drittelergebnisse beweisen: Beim 6:6 in Düsseldorf hießen die Abschnitte 3:0, 0:6, 3:0! Auch dieser 16. Oktober brachte ein außergewöhnliches Spiel. 3:0 führte die DEG, doch Pavel Volek trieb seine Mannen nach vorn, der EVL holte auf und siegte noch 6:5. Die Halle »kochte«, die 7000 Fans sahen eines der besten Spiele der Bundesliga-Geschichte.

Schicksalsgegner DEG: Über die Rheinländer mußte schließlich der Weg des EVL ins Play-Off-Halbfinale führen. Die jungen Niederbayern scheiterten in einem Duell, das mit gnadenloser Härte geführt wurde und in dem zum Beispiel DEG-Verteidiger Rick Amann Jungstar Brittig mit einem brutalen Stockschlag außer Gefecht setzte. Gegen die »Profis« aus der Großstadt, die zum rechten Zeitpunkt ihren sportlichen Ehrgeiz entdeckt hatten, waren die jungen Landshuter eben noch zu »grün«.

Auch wenn das Ausscheiden im Play-Off-Viertelfinale nach den ersten Erfolgen eine Enttäuschung sein mußte, auch wenn es gegen die DEG kein drittes Heimspiel gab – Rudolf Gandorfer war mit der Saison dennoch zufrieden: »Unsere finanzielle Kalkulation ging auf, und generell hat die Mannschaft in Landshut wieder das Interesse am Eishockey geweckt.« Freilich, ein paar Nadelstiche blieben zurück. So trauert der Vorsitzende der 4:5-Niederlage im zweiten Heimspiel gegen die DEG nach: »Zweieinhalb Minuten vor Schluß haben wir noch 4:3 geführt!« Verärgert hat ihn die Mannschaft auch im entscheidenden Spiel in Düsseldorf: »Da gab es zu viele Strafminuten, da waren einige zu undiszipliniert.«

Doch was in Landshut jetzt zählt, ist die Zukunft. Auch wenn das einmal propagierte Rezept »Landshuter für Landshut« nicht aufging, die Nachwuchsarbeit soll weiter forciert werden. 233 Nachwuchsspieler hat der EVL, eine zweite Juniorenmannschaft ist im Gespräch. Dabei gibt es nur ein Problem – die Eiszeiten werden knapp. Gandorfer weiß aber: »Wir müssen über das Jahr 1989 hinausdenken.« Und da sieht die Zukunft bei derzeit neun aktiven Junioren- oder Jugend-Nationalspielern nicht schlecht aus. Und was die nahe Zukunft angeht, da darf man noch auf Erich Kühnhackl zählen. Der Bundesliga-Senior hängt noch ein Jahr dran, »weil es mit den jungen Burschen noch so viel Spaß macht«. Ein anderer Routinier hört dagegen auf, Verteidiger Klaus Auhuber. Der 37jährige, oftmals als Bundesliga-Rauhbein verschrien, soll sich mit um den Nachwuchs kümmern.

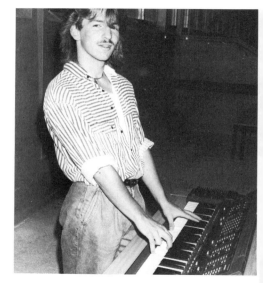

Auhuber soll für die Zukunft also an anderer Stelle mit dafür sorgen, daß die gute Stimmung im »Schmuckkästchen« am Gutenbergweg erhalten bleibt. Eine Stimmung, die seit der letzten Saison übrigens auch von einem Orgelspieler nach kanadischem Vorbild angeheizt wird. Das war wieder eine Geschichte für sich. Der Verein machte den Kandidaten zusammen mit dem Fan-Club in der Landshuter Musikschule aus, doch Markus Rittner hatte einen Nachteil, er hatte bis dahin noch kein Eishockeyspiel gesehen. »Er spielte die falschen Lieder«, erinnert sich Gandorfer schmunzelnd an den ersten »Reinfall«. »Wir mußten ihm erst sagen, was er spielen soll«, denkt Pressesprecher Christoph Thoma an die besondere »Schulung« zurück. Inzwischen weiß Markus Rittner, was er spielen soll, und inzwischen wurde er auch ein Eishockey-Fan. Und das Publikum ein Fan vom Orgelspieler. »Wie er uns abgeht, hat man erst gemerkt, als er einmal krank fehlte«, schmunzelt Rudolf Gandorfer.

Klaus-Peter Knospe

EV Landshut

Der Landshuter Klaus Auhuber und Mannheims Amerikaner Dave Silk als Fechter (rechts). Auf solche Einlagen des Landshuter Rauhbeins wird man künftig verzichten müssen. Der 104fache Nationalspieler beendete seine Karriere und kümmert sich um den Nachwuchs. NHL-Atmosphäre in Landshut. Markus Rittner (links Mitte) an der Orgel mußte aber erst lernen, was die Fans hören wollen! Jubelnd liegen sich die Landshuter in den Armen, am Boden wird Kapitän Kühnhackl geherzt.

ERC Schwenningen

Ein Weltstar in der Provinz

Der Schwarzwald präsentierte sich in seiner schönsten Pracht. Der erste Schnee des Winters 1987 setzte den grünen Tannenwipfeln weiße Spitzenhäubchen auf. Der Black Forest grüßte einen Weltstar. Einen der ganz Großen des internationalen Eishockeys. Vaclav Nedomansky, der legendäre Star der glanzvollen Tschechen-Ära in den sechziger und siebziger Jahren, sollte aus Nordamerika, seiner neuen Heimat, rüber in den europäischen Westen kommen. Und er kam. Von Detroit via Frankfurt in die Kleinstadt im Südwestzipfel der Bundesrepublik. Schwenningen war bereit, ihn zu empfangen. Stolz strahlten an jenem 26. November die Augen einer Handvoll Männer und einer Frau, welche für den großen Coup als Verantwortliche des SERC gesorgt hatten. Sie, die Funktionäre des

Vaclav Nedomansky neu im Trainergeschäft – für den Schwenninger ERC ging diese Verbindung überhaupt nicht ins Auge.

ERC Schwenningen

bisher immer als »graue Maus« der Liga geltenden Clubs vom Ursprung des Neckars. Jetzt aber hatten sie ihren großen Auftritt, konnten den Knüller der Saison vermelden. Vaclav Nedomansky wurde empfangen von Manager Sana Hassan auf dem Frankfurter Airport, kutschiert in einer schnellen Nobelkarosse direkt in Schwenningens bestes Hotel. Für den »großen Nedo« konnte das Beste nur gut genug sein.

Vaclav Nedomansky war da. Die Fachwelt horchte auf. In und um Schwenningen entfachte sich in Kürze eine neue, riesige Eishockey-Begeisterung. Ähnlich der beim Erstliga-Aufstieg vor sieben Jahren. Alles war gespannt, voller Erwartungen. Was konnte Nedomansky bei einem mittelmäßigen Klub bewirken? Er, der auf dem Eis gewaltige Triumphe feierte, nun jedoch erstmals hinter der Bande sein Können und Wissen weitergeben sollte. Bisher hatte der 1974 aus der CSSR nach Kanada geflohene Stürmer nach seiner in der NHL ausgeklungenen aktiven Karriere nämlich sein Wissen nur an lernwillige Kinder, Burschen und Männer weitergegeben, ihnen die Grundschule des Eishockeys vermittelt. »Was Freude und Befriedigung bringt, wenn man merkt, wie andere etwas lernen, man selbst mithelfen kann.«

Nun sollte er in Schwenningen den etwas lahmen Cracks, die mit dem kurz zuvor gefeuerten Amerikaner Billy Flynn nicht mehr richtig mitgezogen hatten, schnellere Beine machen. Neue Impulse geben. Nach zwei Tagen, sie waren geprägt von Blitzlichtern, klickenden Kameraverschlüssen und Fragen über Fragen der Medienvertreter, bekam der immer bereitwillig und freundlich Auskunft gebende Nedomansky erstmals seine neue Truppe zu Gesicht. In der Frankfurter Eishalle, wo sie von der ebenfalls sonst keine Bäume ausreißenden Eintracht mit sage und schreibe 7:0 Toren auseinandergenommen wurde. Ein Schock, ein böses Erwachen für Nedomansky? Nein! »Da steckt mehr drin, dieses Potential muß geweckt werden.«

Derweil plagten die SERC-Verantwortlichen noch andere Sorgen. Nedomansky, Kenner aller modernen Stadien und Eishallen der Welt, wie würde er auf seinen neuen Arbeitsplatz reagieren? Das Schwenninger Eisstadion am Bauchenberg ist ein trister kalter Betonklotz ohne jeglichen Komfort. Eng und muffig die Umkleidekabinen, kalt und zugig die Halle. Otto Schneitberger, oft Gast als Coach der Düsseldorfer EG und des ECD Iserlohn, strebte immer schnell dem Ausgang zu: »Da gefällt's mir überhaupt nicht!«

Nun sollte dies der tägliche Arbeitsplatz des großen Weltstars sein? Doch den scherte das, wovor die Schwenninger, wie man im Schwäbischen sagt, »Muffe« hatten, nicht im geringsten. »Das Eis ist auf der ganzen Welt das gleiche«, beschied er kurzerhand neugierigen Fragern, die schon mit seinem Rückzug spekuliert hatten. Statt dessen packte der 43jährige Familienvater, dessen Frau, Sohn und Tochter in Übersee blieben, die neue Aufgabe mit Engagement an. Im Training mit Geduld lehrend und mit Akribie am System feilend, hinter der Bande die ruhige und besonnene Respektsperson, vermittelte er seinen ganzen Schatz an Wissen, Können und internationaler Erfahrung. Allmählich schwenkte der SERC auf den Erfolgsweg ein.

Bis zum Ende der Doppelrunde reichte es zwar nur noch zum achten Platz. Aber in den Play-Offs waren die Früchte gemeinsamer harter Arbeit erkennbar. Drei von insgesamt fünf Spielen gegen den späteren Vizemeister Sportbund Rosenheim entwickelten sich zu packenden Krimis, den Saisonhöhepunkten. Unvergessen der großartige 5:4-Sieg nach Verlängerung und Penaltyschießen. Der 16. Penalty, eiskalt verwandelt vom 22jährigen, riesig gefeierten Michael Stejskal, beendete nach fast vier Stunden ein dramatisches, spielerisch und kämpferisch hochstehendes Match. Zwei Tage später wußte dann ein jeder, daß dieser Sieg kein Zufall war. In Rosenheim versetzten die nun plötzlich selbstbewußten Nedomansky-Schützlinge dem Gastgeber einen zweiten Schock. Nach dem 5:4-Erfolgserlebnis lagen die Schwarzwälder nun mit einem Male mit 2:1-Siegen vorne.

Auf eigenem Eis konnte man nun den vorher hohen Favoriten aus Bayern gar aus den Play-Offs katapultieren. Nahe dran war man an der Sensation. Doch einiges Pech und viel Glück auf Rosenheimer Seite verhinderten Nedomanskys ersten Triumph in der deutschen Eishockey-Bundesliga. Bis zur Spielzeithälfte führten die Schwenninger durch Tony Curries Tor mit 1:0, noch zweimal klirrte neben Nationalkeeper Friesen aber nur das Metall der Torpfosten. Ohne Früchte blieb das mächtige Anrennen, angetrieben von der bekannten und gefürchteten stimmungsvollen Kulisse. Doch es reichte nicht. Eiskalt konterten die international erfahrenen Rosenheimer Cracks, spielten den knappen Sieg zum 2:2-Spiele-Ausgleich nach Hause. Im entscheidenden fünften Duell, mit dem Vorteil des Doppelrunden-Ersten Rosenheim auf eigenem Eis, war bei den vorher sich großartig schlagenden Schwenningern der Dampf raus. Das Viertelfinale war Schlußpunkt einer ereignisreichen Saison. Doch Nedomanskys Schlußsatz zum Saisonabschied klang überzeugend, machte Mut zu weiteren Taten: »In dieser Truppe steckt noch weit mehr!«

Geliebt von den Fans, nicht jedoch vom Vorstand und darum gefeuert: Billy Flynn, »Nedos« Vorgänger.

ERC Schwenningen

Der Trainer betont, warum. »Noch sind wir nicht da, wohin wir kommen können. Das Zusammenspiel von Herz, Geist und Körper muß noch harmonischer werden. Individuelle Spielräume sind okay, aber ein jeder muß für die Mannschaft spielen.« Schwenningens Stärken? Nedomansky überlegt nicht lange: »Kämpfen können sie.« Diese Kampfmoral sei noch ausbaufähig, deshalb hat er von Anfang an geradliniges, schnörkelloses Spiel verordnet. »Der Fünferblock muß ständig in Bewegung sein, die Räume gesucht und ausgenützt werden.« Daß seine Cracks auf dem Eis nicht unbedingt zaubern können, weiß er. »Doch wir waren ein gutes, homogenes Team.« Er selbst und natürlich der Vorstand auch waren mit der halbjährigen Arbeit zufrieden. Saisonende, Abschied. Für immer? Unkte eine Schlagzeile: Eines bleibt den Schwenningern, Nedomansky war hier!

Gefehlt, Nedomansky kam wieder, diesmal mit Frau und Tochter. Pünktlich zur neuen Runde 1988/89. Also waren es doch keine Höflichkeitsformeln, die der eigentlich fast immer unterkühlt wirkende Tscheche mit dem kanadischen Paß von sich gab. Schwenningens Bevölkerung habe er als »very friendly« kennengelernt, im Schwarzwald gefalle es ihm, gerne würde er die begonnene Arbeit fortsetzen. Freilich auch hoffend, daß ihm weiterhin anerkennend auf die Schulter geklopft wird, wenn er in dem Kleinstädtchen seine Brötchen einkauft.

Natürlich werden nun »Nedo« und seine Cracks schon an jenem gemessen, was das Saisonfinale versprach. Mit Nedomansky von Anfang an, da erwartet man schon einen Hüpfer weiter nach vorne. Auch wenn eines jeden Trainers Traum, auch von Nedomansky, nicht in die Wirklichkeit umgesetzt werden konnte. Ein oder zwei Spitzenspieler als Verstärkung, das hat mit der Realität nichts zu tun. Denn das Geld, das der finanziell nicht auf Rosen gebettete Verein zahlen kann, lockt keinen namhaften Star. So muß sich Nedomansky – wie schon seine Vorgänger Ustorf, Sarner, Flynn – in Bescheidenheit üben. Teamgeist heißt sein ehernes Gesetz!

Ob er in der Bundesliga als Trainer noch mal so Großes wird bewegen können wie als der Mittelstürmer mit der Nummer 14 in der CSSR? Dort gilt er immer noch als der erfolgreichste Torjäger aller Zeiten. Zwischen 1965 und 1974 bestritt er für sein Heimatland 221 Länderspiele, schoß unerreichte 163 Tore, wurde 1972 vor eigenem Publikum Weltmeister gegen die UdSSR, schoß selbst zwei Tore im entscheidenden Spiel. Als die CSSR mit dem überragenden Nedomansky ein Jahr nach dem Prager Frühling die UdSSR bei der WM zweimal besiegte und das Land buchstäblich wieder aufrichtete, war Nedomansky ein Volksheld. 1974 bei der WM in Helsinki wurde Nedomansky zum zweiten Male ins All-Star-Team gewählt.

In seinem Innersten reiften Fluchtpläne. Ein legales Ausreise-Ersuchen wurde vom Sportminister der CSSR mit einem Lachen vom Tisch gewischt. Weiter bei Slovan Preßburg und für die Tschechoslowakei sollte der kraftstrotzende Hüne auf Torejagd gehen. Doch der damals beste Eishockeyspieler der Welt ging einen anderen Weg! Einen Aufenthalt in der Schweiz nützte er zum Absprung, zwei Tage später stieg er in Kanada aus dem Flugzeug, erhielt politisches Asyl, unterschrieb einen Profivertrag. Zunächst in der World Hockey Association, dann ab 1977 in der NHL bei den Detroit Red Wings. Dann landete er schließlich doch bei den berühmten New York Rangers, die ihn schon zu seinen allerbesten Zeiten auf der Wunschliste hatten. Als Profi machte »Big Nedo« nun das große Geld, spielte fast zehn Jahre Eishockey in Übersee, bevor er für die St. Louis Blues sein letztes NHL-Meisterschafts-Match vor rund fünf Jahren absolvierte. In Sachen Eishockey wurde Nedomansky in Nordamerika ein erfolgreicher Geschäftsmann. Zuletzt war er auch als Trainer-Ausbilder tätig, befaßte sich mit dem Gedanken, selbst sein Wissen als Verantwortlicher hinter der Bande zu vermitteln.

Da bedurfte es nicht allzu langen Überlegens, als ihm Spielervermittler Rolly Thompson, als guter Freund des früheren Abteilungsleiters Dr. Hermann Benzing, mit Schwenningen schon lange bestens im Geschäft, die Offerte aus der deutschen Bundesliga überbrachte. Obwohl er den Namen Schwenningen noch nie gehört hatte, griff Nedomansky zu. Als Nachfolger von Billy Flynn. Dieses Kapitel hatte im Schwarzwald für ziemlichen Wirbel gesorgt. Der smarte Billy, der sich als »Strahlemann« nach gewonnenen Heimspielen – es waren in den zwei Jahren zuvor eine Menge an der Zahl – beim Publikum so prächtig »verkaufen« konnte, war beim Vorstand in Ungnade gefallen. Schien auch die Mannschaft nicht mehr voll hinter sich zu haben. Schon

ERC Schwenningen

Mit diesem gegen Karl Friesen verwandelten Penalty machte Michael Stejskal eine Sensation perfekt.

zu Saisonbeginn war Flynn nicht unbedingt der Wunschtrainer. Die harte Hand, das Durchsetzungsvermögen wurde ihm nun ganz abgesprochen. Dabei hatte er es enorm schwer. Verletzungen von mehreren Leistungsträgern, Inaktivitätssperren und Formschwankungen sonstiger Säulen waren mißliche Voraussetzungen, um gegen den Erfolgsdruck von »oben« anzukommen. Nach genau der Doppelrundenhälfte und enttäuschenden 12:24 Punkten war des Amerikaners Uhr in der einstmals größten Uhrenstadt der Welt abgelaufen.

Die Fans in der Stehplatzkurve reagierten empört: »Vorstand raus« hallte es aus Hunderten von heiseren Kehlen, Spruchbänder »Wir wollen Billy« untermauerten den Protest. Erst als das städtische Eishockey-Idol Matthias Hoppe über das Stadionmikrofon zur Solidarität mit Mannschaft und Verein aufforderte, verstummte die schroffe Kritik am Vorstand.

Aber erst als das Interims-Trainerduo Sana Hassan und Leos Zajic hintereinander 6:2 Punkte holte, mit dem MERC erstmals in der Saison einen Großen aufs Kreuz legte, krähte kein Hahn mehr nach Flynn. Und bald kam die Kunde von Nedomanskys Verpflichtung. Die Eishockeywelt im Schwarzwald war wieder in Ordnung.

Just nach Saisonschluß zogen aber ganz überraschend schwarze Wolken auf. Schon fast vergessen war eigentlich das schwärzeste Kapitel in der über 80jährigen SERC-Vereinsgeschichte. Der mit riesigem Kraftaufwand und vielfältiger Hilfe überwundene Finanzskandal von 1984 hatte die damaligen Vorstandsmitglieder wieder eingeholt. Vor der Wirtschaftsstrafkammer Mannheim wurden die damaligen Vereins-Verantwortlichen Erich Schlenker, Dr. Benzing und Sana Hassan zur Rechenschaft gezogen und zu ungewöhnlich harten Bewährungsstrafen verurteilt. Freigesprochen wurde die ebenfalls angeklagte Schatzmeisterin Lotte Sütterlin. Sie kündigte ebenfalls ihren Rücktritt an, den der genau 20 Jahre amtierende Vorsitzende Erich Schlenker gleich nach dem Urteil vollzogen hatte.

Mit Führungsproblemen gehen die Schwenninger nun in ihre achte Bundesliga-Saison. Aber mit großen Hoffnungen. Denn: »Nedomansky ist immer noch da!«   *Horst Wiedmaier*

ECD Iserlohn

Grünes Buch und dickes Ende

Heinz Weifenbach

Das Datum: Freitag, 11. Dezember 1987. Der Ort: Düsseldorf, die Eishalle an der Brehmstraße. Pünktlich um 19.30 Uhr sollten wie gewohnt an die 10000 Fans die Szenerie beleben, Wunderkerzen sollten leuchten, die Cracks der gastgebenden DEG zum Sieg geschrien werden. Doch nichts dergleichen geschah. Der Gegner, der krisengeschüttelte ECD Iserlohn, trat nicht an. Ein Kapitel der Geschichte der Eishockey-Bundesliga hatte sein Ende gefunden. Was war geschehen?

Noch im Juli des Jahres 1987 herrschte Zuversicht in der Waldstadt. Probleme mit dem Finanzamt waren nichts Neues für den ECD-Vorsitzenden Heinz Weifenbach, eine Einigung mit den Behörden schien in Sicht. Und als der Rat der Stadt Iserlohn am 7. Juli den Ausbau der maroden Eishalle am Seilersee auf 6357 Plätze mit einem Kostenvolumen von 3,5 Millionen Mark beschloß, schimmerte die Zukunft des sauerländischen Eishockeysports in einem rosigen Licht.

Eifrig bastelte Heinz Weifenbach an einem bundesligatauglichen Kader, der dann auch Ende des Monats stand, und selbst mit der Verpflichtung eines neuen Stars hatte es geklappt: Neben Jaroslav Pouzar sollte in der Saison 1987/88 mit dem Kanadier Dany Gare ein zweiter Crack von den berühmten Edmonton Oilers die Fäden im Sturm des ECD Iserlohn ziehen.

Doch kaum hatte das Team das Eistraining aufgenommen, da sorgte eine erste Negativmeldung für Schlagzeilen: Wegen fehlenden Nachweises der Wirtschaftlichkeit versagte der Deutsche Eishockey-Bund dem ECD die Lizenz. Und so, als hätte es nur darauf gewartet, schlug drei Tage später auch das Finanzamt zu. Pfändungsaktionen bei den Spielern sorgten für großen Wirbel, das schlingernde ECD-Schiff erhielt einen ersten Warnschuß vor den Bug.

Einen Mann wie Heinz Weifenbach mochte dererlei nicht sonderlich beeindrucken, doch nicht jeder hat Nerven wie Drahtseile. Star-Einkauf Dany Gare jedenfalls, geschockt von der Vorgehensweise des Finanzamtes, packte eiligst seine Siebensachen für den Rückflug Richtung Kanada und verschwand ebenso schnell von der Bildfläche, wie er aufgetaucht war.

Spätestens von diesem Zeitpunkt an überschlugen sich die Ereignisse. Eine Hiobsbotschaft jagte in den nächsten Monaten die andere, der Todeskampf des ECD sollte schließlich dafür sorgen, daß der Name Iserlohns in einem Medienspektakel sondergleichen in aller Munde geriet.

Doch der Reihe nach: Die Lizenz gab's auch im zweiten Anlauf nicht, der DEB erteilte weitere Auflagen. Und die Hoffnungen auf eine Einigung mit dem Fiskus platzten ebenfalls. Gespräche hatten Heinz Weifenbach, Fördervereins-Vorsitzender Karl-Heinz Röttger und Iserlohns Stadtdirektor Heiko Wetekam bis zur Oberfinanzdirektion nach Münster geführt, doch am 2. September kehrte die Delegation mit hängenden Köpfen zurück.

800000 Mark hatte der Förderverein zur endgültigen Vergangenheitsbewältigung geboten, aber damit mochten sich die Finanzbehörden nicht zufriedengeben. 800000 Mark ja, allerdings nur für die Rückstände des ECD-Hauptvereins, die Rückstände des Seniorenvereins hingegen sollten gesondert behandelt werden. Zudem wurde den Mitgliedern des Fördervereins persönliche Haftung für die Zahlung der 800000 Mark abverlangt. Für die Mannen um Karl-Heinz Röttger eine unannehmbare Forderung.

Daß der ECD schließlich doch noch die Lizenz zur Teilnahme am Bundesliga-Spielbetrieb erhielt, war den wirtschaftlichen Interessen der Konkurrenz zuzuschreiben, die nicht so ohne weiteres auf die Einnahmen aus zwei Heimspielen verzichten mochte. So gaben die übrigen Vereine auf ihrer Tagung am 5. September die Zusage, im Falle eines vorzeitigen Knock-outs des ECD auf die Einlegung von Rechtsmitteln gegen den DEB zu verzichten. Im Verbund mit der Hinterlegung einer Bankbürgschaft in Höhe von 100000 Mark wurde die Erteilung der Lizenz am 9. September zur Formsache.

ECD Iserlohn

Zehn Tage vor dem Start der Punktrunde wurde er geschaßt: Trainer Jan Eysselt war ein Opfer der undurchsichtigen Politik Weifenbachs.

Bange Blicke der Spieler und von Trainer Otto Schneitberger (rechts) bei zahlreichen Pressekonferenzen: Geht es weiter oder nicht? (Bild unten)

Kaum allerdings war diese Hürde überwunden, da türmte sich bereits das nächste Hindernis auf: Die Wege des ECD und des tschechoslowakischen Eishockeylehrers Jan Eysselt, im Kreise der Mannschaft schon seit längerem ohne Rückhalt, trennten sich, der ECD stand zehn Tage vor Saisonbeginn ohne Trainer da.

Hektisch begab man sich auf die Suche nach einem Nachfolger, der Zeitdruck brannte unter den Nägeln. Schnell kam der Name von Otto Schneitberger ins Gespräch, und nach erheblichem Hin und Her konnte die ECD-Führung schließlich Einigung über ein Lösungsmodell besonderer Art mit dem Düsseldorfer erzielen: Otto stand bei den Spielen als Coach an der Bande, die Trainingsleitung übernahm der ČSSR-Altinternationale Jaroslav Pouzar.

So ging's denn also am 18. September in die Saison, die für den ECD mit einer 2:6-Auswärtsniederlage in Schwenningen begann, zwei Tage später glichen die Iserlohner ihr Punktekonto mit einem 7:4-Heimsieg gegen Aufsteiger Berlin aus. In der Folge schwankte das Leistungsbarometer der ECD-Cracks immer wieder beachtlich zwischen Hoch und Tief, und nicht wenige vermuteten, daß die Probleme bei der Auszahlung von Gehältern hierbei eine nicht unwesentliche Rolle spielten.

Mit der Finanzkraft des ECD ging es jedenfalls rapide bergab, nicht zuletzt weil die Zuschauer ausblieben. Trotzdem vollbrachte das Team immer wieder beeindruckende Kraftakte. So wurde Titelaspirant Rosenheim am 11. Oktober beim 7:1-Heimsieg förmlich an die Wand gespielt, und am 25. Oktober entthronte der ECD in einer 9:2-Sternstunde gar den Spitzenreiter aus Landshut.

Doch just in dem Moment, als Initiativen des Förderkreises bei den heimischen Unternehmern die Bereitschaft geweckt hatten, mit einer maßgeblichen Finanzspritze auszuhelfen, da platzte die Bombe: Am 26. Oktober stellte das Finanzamt Iserlohn Konkursantrag gegen den ECD, der Anfang vom Ende war eingeläutet.

Verschreckt zogen sich potentielle Sponsoren wieder zurück, erst recht als

ECD Iserlohn

Der große Auftritt von Heinz Weifenbach: Libyens Staatschef Gaddafi überreichte er einen Wimpel vom ECD Iserlohn. Doch die Gaddafi-Millionen flossen nicht. Die Fans verspotteten überdies den »Wüsten-Verein« (rechts).

Ende November detaillierte Zahlen über die Schuldenlast des ECD an die Öffentlichkeit gerieten. Nahezu 2,1 Millionen Mark forderte das Finanzamt demnach vom Hauptverein, rund 3,7 Millionen vom Seniorenverein, insgesamt also die astronomische Summe von über 5,8 Millionen Mark.

Konkursverwalter Rainer Salmen, am 27. November eingesetzt, versuchte zu retten, was zu retten war, doch, so seine ständigen Beteuerungen, die Vereinsführung zeige sich wenig kooperativ. Zudem war sein Hauptansprechpartner, Heinz Weifenbach, urplötzlich spurlos verschwunden. »Verreist« und »außer Landes« hieß es lapidar auf entsprechende Anfragen bei der ECD-Geschäftsstelle. Gerüchte über einen Werbevertrag mit einem millionenschweren Sponsor aus dem Morgenland fanden keinerlei offizielle Bestätigung.

Die Verunsicherung erfuhr ihren vorläufigen Höhepunkt, als Staatsanwaltschaft und Steuerfahndung am 1. Dezember erneut zuschlugen. Privat- und Geschäftsräume wurden durchsucht, Unterlagen und Dokumente bündelweise beschlagnahmt.

Konkursverwalter Salmen sagte daraufhin die Partie gegen Rosenheim ab. Doch wer nun glaubte, das Aus sei gekommen, der hatte die Rechnung ohne Heinz Weifenbach gemacht. Wie Phönix aus der Asche tauchte der entmachtete ECD-Boß wieder auf und verkündete vor surrenden Fernsehkameras auf einer eiligst anberaumten Pressekonferenz seinen »großen Deal«: Zusammen mit Hans Meyer, Ex-ECD-Vorsitzender und ehemaliger CDU-Bürgermeister des Nachbarortes Hemer, sei er in Tripolis gewesen, und die »libyschen Freunde« hätten über einen Treuhandfonds 1,5 Millionen Mark bereitgestellt.

ECD Iserlohn

Die Gegenleistung: Werbung für das »Grüne Buch«, eine Schrift des libyschen Revolutionsführers Oberst Muammar Al-Gaddafi, in dem seine politische Philosophie niedergelegt ist. Das Schlagwort vom »ECD Gaddafi« war geboren, und das bundesweite Echo auf diese Enthüllungen übertraf alle bisherigen Ausmaße. Von Bundesinnenminister Zimmermann über NOK-Präsident Daume bis zu DSB-Präsident Hansen erhoben sich entrüstete Stimmen, die nach einer sofortigen Beendigung dieser »Provinzposse« verlangten. Wie auch immer: Ein Gläubigerausschuß beschloß, die bereits abgesagte Partie gegen Rosenheim nun doch stattfinden zu lassen, und hier kam es dann zum nächsten Eklat. Das sportliche Geschehen interessierte nur am Rande (das Spiel endete 3:3), denn auf den Trikots der weiterhin fast vollzählig in nahezu blinder Loyalität zu Heinz Weifenbach beim ECD verharrenden Cracks prangte gut sichtbar das »Grüne Buch«.

Es sollte der letzte Auftritt des ECD Iserlohn vor heimischem Publikum sein. Noch einmal trat das Team am darauffolgenden Sonntag, dem 6. Dezember, in Frankfurt an und unterlag mit 3:7 – ohne die umstrittene Trikotwerbung, die der Verband dem Druck der öffentlichen Proteste folgend untersagt hatte.

Weifenbach stellte daraufhin Antrag auf Entlassung des Konkursverwalters und erhob Klage gegen den DEB, da mit der Verhinderung der Trikotwerbung der Werbevertrag geplatzt und der Konkursmasse erheblicher Schaden zugefügt sei. Dr. Winfried Andres, Nachfolger des vor dem Rosenheim-Spiel zurückgetretenen Konkursverwalters Salmen, blieb ungerührt und verkündete, nachdem die Weifenbachschen Libyen-Millionen ausblieben, das endgültige Aus des ECD Iserlohn. Die Spieler zerstreuten sich in alle Winde, der Rest wurde zur Angelegenheit von Richtern und Anwälten. Die Frage, ob die Absage der Spiele und die Herausnahme des ECD aus der laufenden Bundesliga-Saison rechtens waren oder nicht, ließ den Streit zwischen Konkurs- und Vereinsrecht hin- und herwogen. So bot auch der Vergleich, den das DEB-Schiedsgericht schloß, keine endgültige Lösung: Der ECD sollte als »ECD Sauerland« wieder an der Bundesliga-Relegationsrunde teilnehmen dürfen, weitere Spielertransfers nicht zugelassen werden.

Abgesehen davon, daß Konkursverwalter Andres mit einstweiligen Verfügungen gegen den Entscheid des Schiedsgerichtes anging, lehnte auch der DEB-Verbandsausschuß diesen Vergleich ab, womit der »Schwarze Peter« erneut beim Schiedsgericht landete.

Bemühungen, Bewegung in die verhärteten Fronten zu bringen, und Heinz Weifenbach, Vertreter der Stadt Iserlohn, des Fördervereins und des um seine Existenz kämpfenden ECD-Nachwuchsvereins an einem Tisch zusammenzuführen, gaben im Sommer 1988 Anlaß zur Hoffnung, daß eine Rettung des Iserlohner Eishockeysports möglich ist. Zumindest mehrten sich die Stimmen, die eine Lanze für Heinz Weifenbach brachen, der den »Libyen-Deal« nicht eingefädelt, aber als einziger dafür gerade gestanden hatte. Ohne Heinz Weifenbach, so scheint es, geht im Iserlohner Eishockey gar nichts – traurig, aber wahr. Doch mit Heinz Weifenbach will eigentlich auch keiner mehr. *Ullrich May*

Berliner SC Preussen

Berlin mit O(e)st-Wind

Scharf schießen wie die Preußen wollten auch die Berliner Preussen in der Bundesliga, doch die richtige Munition fanden Reiß, Brockmann, Zabawa und Kammerer (von links) und ihre Kameraden nicht. Erst Olle Oest brachte Wind ins Team ...

Berliner SC Preussen

Trainer-Rausschmiß, Fan-Streik und enttäuschende Leistungen auf dem Eis – nein, harmonisch und zufriedenstellend verlief sie ganz gewiß nicht, die erste Saison des Berliner SC Preussen in der I. Bundesliga. Selbst Club-Präsident Hermann Windler, nicht gerade als ein Mann extrem selbstkritischer Töne bekannt, räumte rückblickend ein, »daß es neben erfreulichen Dingen auch viel Verdruß gegeben hat!« Letztlich überwog dann doch die Freude – schließlich hatten sich die Preussen durch das Hintertürchen der Relegationsrunde für ein weiteres Jahr ihren Platz in der Eliteliga gesichert.

Dieses Ziel aber wurde nur mit denkbar großem Aufwand erreicht – sowohl in sportlicher, als auch in finanzieller Hinsicht. Dabei hatten die Preussen-Verantwortlichen sich das »Abenteuer Bundesliga« eigentlich ganz anders, weitaus angenehmer vorgestellt. Gleich sieben neue Spieler wurden zu Saisonbeginn verpflichtet, bis auf den Bayreuther Anthony Vogel alles gestandene Bundesliga-Cracks. Mit dem Ex-Rosenheimer Axel Kammerer befand sich sogar ein aktueller Nationalspieler unter den »Neu-Preussen«. Da fiel es dem Vorstand nicht weiter schwer, seinen Kapitän Uli Egen nach Frankfurt ziehen zu lassen. Einen Drei-Jahres-Vertrag hatte der Ex-Nationalspieler verlangt – den aber wollte Windler für einen 32jährigen nicht mehr herausrücken.

Doch nicht nur der »Fall Egen« sorgte im Vorfeld der neuen Saison für einige Mißstimmung im Lager des siegestrunkenen Aufsteigers. Auch Bob Sullivan, den schußgewaltigen Mittelstürmer aus Kanada, hatte der Club verkauft. Außerdem, so nörgelte eine Handvoll Kritiker, wären die Berliner Torhüter nicht reif für die Bundesliga und die Preussen auf den wichtigen Ausländer-Positionen viel zu schwach besetzt. Den Kanadier Robert Attwell wollte der Verein als verdienten Spieler nicht ziehen lassen, der Pole Andrzej Zabawa galt als Lieblingskind von Vereins-Präsident Windler.

So kam dann, was viele befürchtet hatten, aber gerade in der Führungscrew kaum jemand hatte wahrhaben wollen: Das Berliner Team stolperte von einer Niederlage in die nächste, hielt mit beängstigender Souveränität die »Rote Laterne« und schien den Anforderungen der Klasse kaum gewachsen. So langsam, aber sicher begann der Stuhl von Trainer Lorenz Funk zu wackeln. In einer großen Berliner Boulevard-Zeitung kündigte Präsident Windler schließlich an, sollte auch das nächste Spiel gegen den unmittelbaren Widersacher Kaufbeuren verlorengehen, müsse Funk seinen Hut nehmen. Nun, das Spiel ging verloren, aber Funk blieb – nicht zuletzt dank massiver Proteste der Preussen-Fans, die ihr Eishockey-Denkmal nicht so einfach vom Sockel kippen sehen wollten. In der Partie gegen die Düsseldorfer EG verhängte eine Fangruppe gar einen »Jubel-Boykott« – fünf Minuten lang blieb es totenstill in der Berliner Eissporthalle. Dummerweise gelangen der DEG gerade in dieser Phase zwei Treffer – ein Ärgernis, das Manager Stefan Metz später zu einer denkwürdigen und vielzitierten Äußerung veranlaßte. »Einer, der sich so etwas ausdenkt, der muß doch den Intelligenzquotienten eines Knäckebrots haben«, dozierte der Manager erzürnt. Nun, diesen feinfühligen Vergleich brauchte er als Verantwortlicher für die Öffentlichkeitsarbeit (!) des Vereins gewiß auch nicht zu scheuen.

Funks Sturz war noch einmal aufgeschoben – aber nicht aufgehoben. Nach einer deprimierenden 2:11-Heimniederlage gegen die Frankfurter Eintracht, zu diesem Zeitpunkt Tabellen-Vorletzter, mußte das Berliner Eishockey-Idol endgültig seinen Stuhl räumen. Als Nachfolger präsentierte Vereinschef Windler der erbosten Fangemeinde einen guten alten Bekannten: Den Schweden Olle Oest, der schon Jahre zuvor als Coach des Berliner Schlittschuh-Clubs an der Spree gearbeitet hatte.

Mit Oest kam gleich ein ganzer Haufen neuer Spieler – darunter zwei, von denen kaum einer je auch nur ein Wort

Berliner SC Preussen

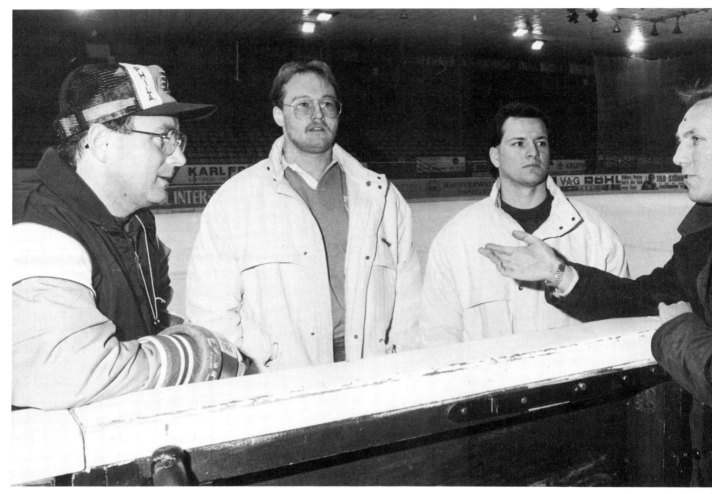

gehört hatte. Gary Lupul und Nowal Catterall, der eine aus Italien, der andere lange Zeit inaktiv – hießen die beiden Nordamerikaner, die da versprachen, die Preussen aus ihrem hausgemachten Schlamassel zu schießen. Urplötzlich standen die Berliner vor einem neuen Problem, nämlich mit vier Ausländern da. Der Vorstand ersann eine originelle, ja unorthodoxe Lösung: Attwell wurde flugs an den Zweitligisten Heilbronn abgegeben. Zabawa durfte bleiben, der in England geborene Catterall wurde dem DEB als EG-Bürger gemeldet, der ein Anrecht auf freie Ausübung seines Berufes innerhalb der Gemeinschaft hätte. Die DEB-Oberen, derartiger Dreistigkeit offensichtlich nicht gewachsen, ließen die Preussen vorerst gewähren, scho-

ben nach einigen Spielen dann aber doch einen Riegel vor.
Neben Lupul und Catterall wurden aus der »Konkursmasse« des ECD Iserlohn der Ex-Berliner Gary Schwindt und sein Mannschaftskamerad Gaetan Malo übernommen. Damit aber hatte die aus der sportlichen Not heraus geborene Kauflust der Preussen beileibe noch kein Ende gefunden. Aus Kassel zogen die Berliner den Ex-Riesserseer Günther Preuß an Land. Den größten Coup aber landete der Club mit der Verpflichtung eines neuen Torhüters. »Einen wie den Merk, so einen müßten wir haben«, hatte Axel Kammerer schon nach den ersten Saisonspielen laut nachgedacht. An Kammerer selbst hatten die Preussen nach einer bereits in der Vorbereitungsphase erlittenen

Knieverletzung nicht die erhoffte Freude – dafür um so mehr an seinem Tip. Denn Junioren-Nationalkeeper Klaus Merk, der in Rosenheim hinter dem großen Karl Friesen auf der Bank zu versauern drohte, erwies sich als der Glücksgriff schlechthin – und zwar als ein sehr billiger. Merk nämlich kam im Tausch gegen den Berliner Keeper Andreas Enge ablösefrei nach Berlin, wenn auch nur auf Leihbasis. Und hauptsächlich ihm, dem gerade 20jährigen, hatten die Preussen den Klassenerhalt zu verdanken. Und Merk tat ein weiteres dazu. Er hielt nicht nur wie ein Teufel, sondern avancierte auch auf Anhieb zum erklärten Publikumsliebling. Wann immer es bei seinen Kameraden auf dem Eis nicht so recht laufen wollte, sorgte »Klausi« mit seinen Ein-

Berliner SC Preussen

Nicht nur Catcher Bull Power legte Berlins Trainer Lorenz Funk aufs Kreuz (rechts). Der Tölzer mußte vorzeitig gehen. Mit seinem Nachfolger Olle Oest (linkes Bild lks.) verpflichtete Berlins Manager Stefan Metz (rechts) auch zahlreiche neue Spieler wie Gary Schwindt und Gaetan Malo (von lks.).

lagen für Stimmung auf den Rängen. Nun, die Investitionen sollten sich lohnen. Neben Merk sorgte Catterall für mehr Ordnung in der allzu anfälligen Berliner Abwehr, und Malo, Lupul, Preuß und der in Berlin bereits bestens bekannte Schwindt machten gehörig Wind im lauen Preussen-Sturm. Großen Anteil am letztlich sicheren Klassenerhalt des Neulings besaß gewiß auch Trainer Oest. Anders als sein Vorgänger Funk hatte der Schwede allein zweckmäßiges, erfolgreiches Eishockey gepredigt. Das sah zwar meist nicht allzu schön aus – doch das war Oest ziemlich egal. »Wir wollen drinbleiben, mehr nicht«, lautete seine Devise. Eben diese setzten die Preussen in der Relegation scheinbar problemlos in die Tat um. Gerade drei Punkte gaben sie in 18 Spielen ab, waren ihrer Konkurrenz zum Teil haushoch überlegen und sicherten sich früh den Verbleib im Oberhaus.

Damit aber, das wissen Vorstand, Trainer und Spieler nur zu gut, dürfen, ja können sich die Berliner fortan nicht mehr zufriedengeben. Der Aufstiegs-Bonus ist endgültig aufgebraucht, mittelfristig wird sich das wählerische Berliner Publikum nicht mehr mit dem nackten Überleben bescheiden. »So im oberen Drittel müßten wir uns schon einnisten«, sinniert Präsident Hermann Windler und will in der Saison 88/89 schon einen »guten Mittelplatz« anstreben.

Dafür haben die Preussen ihr Team erst einmal gewaltig verstärkt. Aus Mannheim kommen Nationalspieler Georg Holzmann und Michael Eggerbauer nach Berlin, aus Kaufbeuren Stefan Steinecker und Klaus Micheller, aus Frankfurt die Brüder Klaus und Harald Birk. Der Clou aber sind ganz gewiß die finnischen Nationalstürmer Erkki Laine und Erkki Lehtonen. Beide holten sie in Calgary Silber, beide kamen sie jüngst zu Meisterehren (Laine in Schweden mit Färjestad, Lehtonen in Finnland mit Tampere), beide wollen sie nun den Preussen zu neuen Höhenflügen verhelfen. »Etwas Besseres gibt es auf dem Markt nicht«, vermeldet Vereinschef Hermann Windler stolz. Zu verdanken hat man die beinahe sensationellen Transfers hauptsächlich den guten Kontakten des Trainers. Insbesondere zu Erkki Laine hat Olle Oest nämlich ein besonderes Verhältnis.

Berliner SC Preussen

Zwei Berliner Sporthelden lassen sich ein Eisbein schmecken: Klaus Merk (links) avancierte sofort zum Publikumsliebling, was Mike Whitmarsh bei den Basketballern schon lange war.

Der Finne spielte unter Oest schon in Färjestad und ist so eine Art sportliches Ziehkind des Preussen-Trainers.

Die so spektakulär verstärkte Mannschaft steht natürlich unter erheblichem Erfolgsdruck. Gerade 4300 Zuschauer besuchten im letzten Jahr die Heimspiele der Preussen, für diese Saison wird mit 4800 kalkuliert. Auf 3,55 Millionen Mark ist der Etat angeschwollen, der zuletzt noch knapp unter der Dreimillionen-Grenze lag. »Aber wenn diese Mannschaft vom Publikum nicht angenommen wird«, so Windler, »dann weiß ich auch nicht mehr weiter.« Und das will schon einiges heißen...

Verstärken wollen sich die Berliner in absehbarer Zeit dann auf weitaus billigere Weise – mit ihren eigenen Nachwuchstalenten. Nicht zuletzt durch die Popularität des Bundesliga-Teams verzeichnet die Jugendabteilung der Preussen einen steten Aufschwung. Über 200 eishockeybegeisterte Jung-Cracks jagen dort derzeit dem Puck nach. Erste Erfolge haben sich bereits eingestellt. Die Schüler erreichten in der letzten Saison Platz vier in der Endrunde der Deutschen Meisterschaft, einige Junioren schoben sich bereits ins Rampenlicht. So schaffte Verteidiger Marko Rentzsch den Sprung in die Stammbesetzung der Preussen und avancierte der an den EC Ratingen ausgeliehene Heiko Awizus in der letzten Spielzeit zum erfolgreichsten deutschen Skorer der II. Liga Nord. Die Ex-Junioren Tabert und Ekkert sind an den Zweitligisten EC Hannover ausgeliehen. Noch-Junior Olaf Brüll trainiert unter Olle Oest bereits mit der Bundesliga-Mannschaft.

Nicht ohne Stolz beobachten die Preussen das Gedeihen ihres Nachwuchses. »Diese Jungs sind schließlich unser Kapital für die Zukunft«, weiß Jugendwart Detlev Minter. »In den letzten 15 Jahren hat es beim Berliner Schlittschuh-Club kaum einmal ein Nachwuchsspieler geschafft, groß herauszukommen. Das kann sich bei uns ruhig ändern.« Das Rezept der Preussen klingt denkbar einfach: Sämtliche Mannschaften sind in der Eissporthalle an der Jafféstraße unter einem Dach zusammengefaßt und nicht, wie einst beim Schlittschuh-Club, in alle Himmelsrichtungen verstreut. Außerdem bieten die Preussen ihren Nachwuchsspielern einen ganz besonderen Service: Ein jeder Profi hat nämlich in seinem Vertrag eine Klausel zu stehen, die ihn verpflichtet, als Assistenztrainer beim Nachwuchs auszuhelfen. Da standen schon die Nationalspieler Kammerer und Brockmann an der Bande, engagierte sich Kapitän Franz Steer zuletzt stark bei den Schülern, ging Mark Sochatzky mit den Knaben aufs Eis und coachte Ceslaw Panek die Junioren. Klaus Merk stellte sich den Schülern als Torwart-Trainer zur Verfügung.

Als Haupttrainer arbeiten zudem versierte Kräfte wie der frühere Bundesliga-Spieler Karel Slanina oder Jim Setters, vor zwei Jahren noch Coach des Zweitliga-Teams der Preussen. Im April organisierte Setters übrigens das »1. Eishockey-Weltturnier für Kinder«, bei dem sieben ausländische Nachwuchsteams mit den Preussen stritten. Als bester Berliner Spieler wurde da ein gewisser Fabian Brännström ausgezeichnet, der Sohn des schon fast legendären Schlittschuh-Club-Verteidigers Sven-Erik Brännström. Ob der kleine Fabian mal in die Fußstapfen seines großen Vaters tritt? Die Preussen hätten wohl nichts dagegen.

Sven Goldmann

Unsere Farbbildserie von der Bundesliga beginnen wir mit dem Höhepunkt der Saison, dem Play-Off-Finale. Der Rosenheimer Manfred Ahne versucht hier der Kölner Abwehr zu entwischen.

Kampf war Trumpf in den fünf Finalspielen zwischen Rosenheim und Köln. Auch für Gerd Truntschka war hier Endstation.

In den Play-Off-Spielen stehen vor allem auch die Schiedsrichter im Blickpunkt. Der Landshuter Helmut Böhm wußte sich durchzusetzen, er sagte im entscheidenden Finalspiel den Kapitänen Ernst Höfner und Udo Kießling seine Meinung (links). Die restlichen Bilder auf diesen Seiten dokumentieren den Weg ins Finale. Köln setzte sich glatt gegen Mannheim durch, Rosenheim in vier Spielen gegen Düsseldorf.

Spielszenen aus der Bundesliga. Zu den großen Duellen gehören die Vergleiche zwischen Rosenheim und Mannheim. Der SBR kam weiter, Jungtalent Schädler stürmt davon (links).

Voller Emotionen sind die Duelle am Rhein zwischen Köln und Düsseldorf. Tom Thornbury schaut hier etwas verschreckt. Doch nicht, weil die Kölner an der Brehmstraße immer gnadenlos ausgepfiffen werden?

»Dicke Luft« vor dem Tor des ESV Kaufbeuren. »Im Nebel« stand Keeper Gerhard Hegen des öfteren, er hatte keine gute Saison. Aber auch der ESVK hatte mehr Probleme, als ihm lieb war. Eine harte Landung nach dem Höhenflug des Vorjahres (unten).

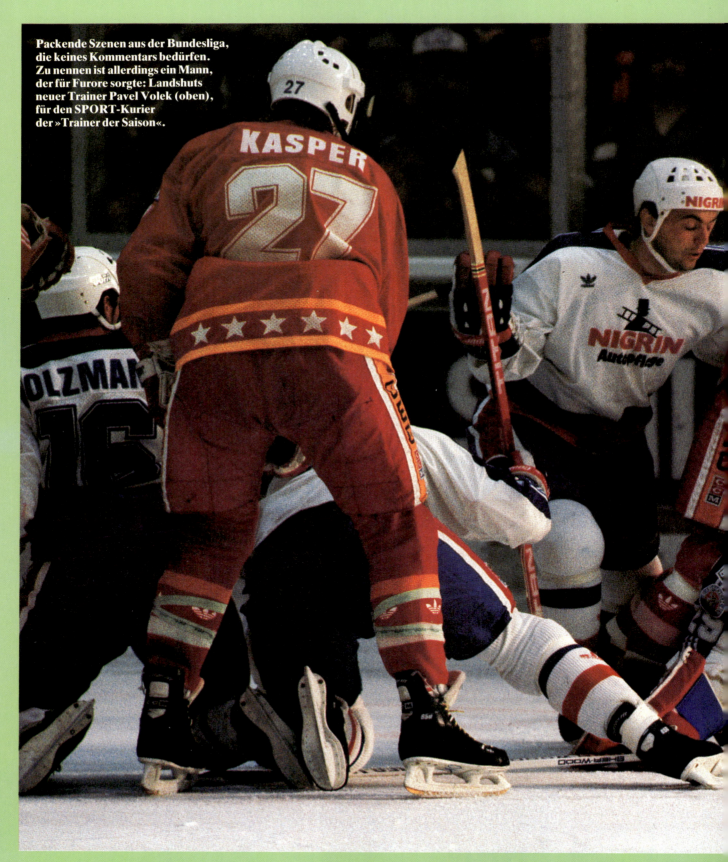

Packende Szenen aus der Bundesliga, die keines Kommentars bedürfen. Zu nennen ist allerdings ein Mann, der für Furore sorgte: Landshuts neuer Trainer Pavel Volek (oben), für den SPORT-Kurier der »Trainer der Saison«.

**Hedos München gegen die Berliner Preussen –
das Duell zweier Mannschaften, die die These bestätigen,
daß das Eishockey immer mehr in die Großstadt drängt.
So wie sich hier Peter Weigl gegen die
Berliner Müller und Fliegauf nicht durchsetzen konnte,
so blieb Hedos schließlich auf der Strecke,
am Schluß auch geschüttelt von einer Vorstandskrise.
Die Preussen aber verteidigten in der Qualifikationsrunde
ihren Platz in der I. Bundesliga.**

Aufsteiger EHC Freiburg

Großen Worten folgten große Taten

Dr. Georg-Heinrich Kouba kann nicht nur mit dem Chirurgenbesteck gut umgehen, sondern auch mit Worten. »In drei Jahren sind wir in der Bundesliga«, versprach er den Fans, als der EHC Freiburg 1985/86 in die erste Saison seiner Vereinsgeschichte startete. Die Botschaft vernahm man wohl, allein Berufsoptimisten vermochten daran zu glauben. Im Frühjahr 1984 war das Freiburger Eishockey nämlich von der Bildfläche verschwunden. Die Trauergemeinde war stattlich, das »Begräbnis« allerdings schäbig und ärmlich. Noch Wochen zuvor hatte sich der ERC mit dem Prädikat »Bester Bundesliga-Aufsteiger seit Jahren« (wenn nicht gar der beste überhaupt) schmücken können, dann kam das unrühmliche Ende: Der Club war Konkurs. Als der Nachfolger EHC nach fieberhafter Arbeit und langem Kampf mit dem Deutschen Eishockey-Bund die Szenerie betrat, waren Freude und Hoffnung groß – die Skepsis allerdings auch.

Aber in Freiburg geschah ein zweites »Eishockey-Wunder«. Den großen Worten folgten große Taten. Selten ging das Versprechen, die Prognose eines Vereinsvorsitzenden so prompt in Erfüllung wie beim EHC Freiburg. Schon in der ersten Zweitliga-Saison strömten die Fans in Scharen ins Stadion und feierten die Wiedergeburt des Freiburger Eishockeys. Klassenerhalt lautete das Ziel, aber der EHC stürmte sofort in die Relegationsrunde. In der zweiten Saison wurde der Aufstieg nur um ein einziges Pünktchen verpaßt, und noch heute schwärmen die EHC-Anhänger vom 10:0-Sensationssieg über die Berliner Preussen. In der Runde '87/88 holte die Mannschaft dann zum großen Schlag aus: Souverän wurde der prognostizierte Aufstieg geschafft. Genau am 25. März 1988 war die Sache perfekt. 5:0 schlug der EHC den SV Bayreuth. Für die Fans gab's danach kein Halten mehr, und Milan Chalupa strahlte: »Das ist genauso schön, wie Weltmeister zu werden.«

Chalupa, der 208fache tschechoslowakische Nationalspieler, gehörte auf dem Eis zu den »Geburtshelfern« des EHC. Den Klassemann nach Freiburg zu holen, zu einem neugegründeten Verein, der noch kein einziges Spiel bestritten hatte – das war ein echter Coup gewesen. Zusammen mit Jiri Crha, dem famosen Keeper, hatte Chalupa 1985 den Auftrag erhalten, das junge, unerfahrene Team zusammenzuhalten. Er hat diese Aufgabe meisterlich erfüllt, auch wenn es eine Weile gedauert hat, bis er sich bei den Fans durchsetzte. Spektakulär-Kanadisches ist dem Verteidiger nämlich fremd. So mußte sich manch einer erst daran gewöhnen, daß der inzwischen 35jährige den Gegner nicht über die Bande checkt und keine knallharten Schlagschüsse losläßt. Chalupa arbeitet unauffälliger, eleganter – und effektiver. Heute zählt er zu den absoluten Publikumslieblingen in Freiburg. Einen »Nachteil« hat er allerdings: Wird er einmal umspielt oder muß seinem Gegenspieler hinterherlaufen, dann bleibt das mindestens ebenso im Gedächtnis, wie wenn einem anderen das gleiche zehn Mal passiert. Daß in der Spielzeit '88/89 in der höchsten deutschen Spielklasse ein Freiburger – auch wenn er Chalupa heißt – seinem Gegner hinterherwetzen muß, das wird allerdings wohl öfter vorkommen.

Begonnen hatte die zurückliegende Aufstiegs-Saison des EHC mit Ärger, gewaltigem Ärger sogar, der das große Ziel kurzzeitig sogar in Frage stellte. Ein Spieler nach dem anderen verließ die Schwarzwald-Hauptstadt, und die wenigsten gehörten zu der Kategorie jener, die man sowieso loswerden wollte. Amann – sein Wechsel stand schon länger fest – ging zur Düsseldorfer EG, Sternkopf und Ott verabschiedeten sich zum Nachbarn ERC Schwenningen, Rosenberg wurde beim Heilbronner EC fündig, und einige andere sagten ebenfalls Servus. Auch Trainer Frycer, der hervorragende Arbeit geleistet hatte, wechselte den Brötchengeber, obwohl er gerade eben in der Nähe von Freiburg gebaut hatte. Und wie das in solchen Fällen immer so ist: Es kommt halt auf den Blickwinkel der Betroffenen an. So meinten einige Spieler, sie seien vom Verein mit dem Vertrag hingehalten worden. Der Vorstand vertrat natürlich die gegenteilige Auffassung. Zunächst aber führte an der Tatsache kein Weg vorbei, daß die Spieler weg waren. (Daß nichts so heiß gegessen wie gekocht wird, beweist, daß Rudi Sternkopf nach einem Jahr Schwenningen inzwischen wieder nach Freiburg zurückgekehrt ist.)

Langsam, aber sicher wurden die Lücken gefüllt, und am Ende hatte man eine Mannschaft, die der sogenannten Papierform nach sogar stärker war als die alte. Aber gute Namen allein wie Alexej Sulak oder Martin Jilek ergeben noch keine schlagkräftige Mannschaft. Jetzt begann die Arbeit des neuen Trainers Jozef »Jojo« Capla, der zuletzt beim Bayerischen Eissport-Verband tätig war. Er probierte es mit dieser und jener Formation, stellte um, experimentierte auch dann noch, als die Runde längst lief. Aber er konnte sich das erlauben, denn er hatte ein Team geschmiedet – zu dem im Dezember noch Mike Bruce (ECD Iserlohn) und Michael Flemming (Mannheimer ERC) gestoßen waren –, das am Ende der Saison einen neuen Rekord für die erste und zweite Bundesliga aufstellte: 54:0 Punkte auf eigenem Eis! Klar, auswärts gab's hin und wieder mal eine Niederlage. Am Ende aber konnte die Bilanz besser gar nicht sein: Meister der zweiten Bundesliga, Gruppe Süd, deut-

Aufsteiger EHC Freiburg

scher Zweitliga-Meister, Aufsteiger in die Bundesliga und über 100 000 Zuschauer bei den Heimspielen.

Das Prunkstück der Mannen aus der Universitätsstadt war nicht etwa eine einzelne Reihe, sondern die Ausgeglichenheit. Je nach dem Gegner konnte »Jojo« Capla seinen Sturm agieren lassen: da war der erste Angriff mal der zweite, der dritte mal der erste... Oft trugen sich alle drei Sturmreihen in die Torschützenliste ein, trafen Rick Laycock, Alexej Sulak, Martin Jilek oder Jürgen Rumrich am Fließband. Da der Kader des EHC groß war, stürmte ab und zu auch eine vierte Reihe, und junge Leute wie Ralph Eber oder Michael Klein bekamen eine Chance.

Ein Wermutstropfen fiel allerdings in den Freudenbecher der Südbadener. Da stand doch tatsächlich ein deutscher Staatsbürger in ihren Reihen, der nur mit einer Transferkarte – sprich: als Ausländer – eingesetzt werden durfte. Den Eishockey-Freunden ist die Geschichte hinlänglich bekannt. Als Kind war Daniel Nowak, der gebürtige Schwenninger, mit seinen Eltern nach Kanada ausgewandert. Dort hatte er das Eishockeyspielen erlernt – und zwar so gut, daß er sich als Junioren-Nationalspieler das Trikot mit dem Adler überstreifen durfte. Als er dann nach Deutschland zurückkehrte und in Freiburg – nur rund achtzig Kilometer von seinem Geburtsort Schwenningen entfernt – als Profi spielen wollte, bewirkten unsinnige Paragraphen nicht nur ein Spiel-, sondern quasi ein Berufsverbot. Nowak, das 110-Kilogramm-Kraftpaket, hatte noch nie in einem deutschen Verein gespielt, und folglich verlangte man von ihm bei seinem Wechsel von Kanada in die Heimat eine Transferkarte wie von einem Ausländer. Aber als »Ausländer« hatte der Verteidiger gegen Abwehr-As Chalupa und Torjäger Laycock keine Chance.

Oft war Danny Nowak der Verzweiflung nahe. So auch in der Nacht vom 20. auf 21. November 1987. Da hatte der DEB wieder einmal über – eigentlich sollte man besser sagen: gegen – ihn

verhandelt. Auf Grund einiger widriger Umstände war das erneut negative Urteil nicht bis zur Geschäftsstelle des EHC, wo Danny wartete, durchgedrungen. Als die Mannschaft aus Heilbronn mit einem 3:2-Sieg in der Tasche heimkehrte, wartete der Verteidiger immer noch. Mutterseelenallein stand er gegen drei Uhr morgens auf dem Parkplatz vor der Geschäftsstelle und hoffte, daß wenigstens seine Mannschaftskameraden das Resultat der Verhandlung erfahren haben. Aber von den Heilbronn-Rückkehrern wußte es auch niemand...

Nach Ende der Saison, die allen außer Danny Nowak Erfolgserlebnisse bescherte, kündigte EHC-Boß Kouba euphorisch an: »In drei Jahren haben wir das Play-Off-Finale hier!« Auch wenn diesmal der »Drei-Jahres-Plan« nicht aufgehen sollte, im Schwarzwald hat man allen Grund, auf das wohl beliebteste Freiburger Sport-Kind stolz zu sein. Vielleicht erfüllt sich auch einmal Koubas Wunsch nach einer neuen, großen Halle. Zwar ist das mittlerweile stadteigene Stadion mehrfach erweitert und auf Vordermann gebracht worden. Aber das täuscht nicht über den Umstand hinweg, daß die Halle in den sechziger Jahren zunächst nicht einmal ein Dach hatte und lediglich für 2500 Zuschauer konzipiert worden war. Alte Freiburger Eishockey-Freunde erinnern sich noch, daß es bei den allerersten Begegnungen mehr Spieler und Offizielle als Besucher gab. Das hat sich allerdings schnell geändert, und längst sind 5000 und mehr Fans und eine ausverkaufte Halle keine Seltenheit mehr.

Hans-Joachim Kästle

Aufsteiger EHC Freiburg

Jubel, Trubel, Aufstiegsfreude (rechts) – und ein bißchen Abschiedsschmerz in Freiburg, denn Trainer »Jojo« Capla mußte Mike Bruce, der nach Kanada zurückkehrt, verabschieden (Bild ganz links). Der große Abwehrrecke bleibt allerdings: Milan Chalupa (links). Und noch einer soll auch in der Bundesliga der große Rückhalt für sein Team sein: Torhüter Jiri Crha (unten). Damit die Fans auch in der I. Bundesliga noch jubeln dürfen...

Saisonbilanz I. Bundesliga

Beste Unterhaltung für die Fans

Der Profi-Sport, so sagen seine Kritiker, wäre manchmal nur noch Show und Unterhaltung. Zum Profi-Sport gehört heute ebenfalls die Eishockey-Bundesliga, auch wenn es in der Eliteliga noch viele Amateure gibt – vornehmlich in den Kreisen der Funktionäre. Doch das ist ein anderes Thema. Die Eishockey-Bundesliga liefert aber beste Unterhaltung für die Fans ab. Eishockey ist der Sport der heutigen Zeit: Spektakulär, hart, rasant und männlich – so wie es auch die Frauen lieben. Kein Wunder also, daß die Zuschauerzahlen ständig steigen. Ein neuer Rekord war in der Saison 1987/88 fällig. Die »Schallmauer« von 5000 Fans wurde schon in der Doppelrunde durchbrochen (5050), in den Play-Offs steigerte sich der Saisonschnitt auf 5380 Zuschauer pro Spiel. Nur die teilweise viel zu kleinen Stadien verhinderten noch höhere Besucherzahlen.

Eishockey als Unterhaltung? Darauf wollte auch der Film nicht verzichten. Was Dieter Wedel allerdings im Januar an zwei Abenden im ZDF mit seinem „Kampf der Tiger" ablieferte, das war für die Eishockey-Fans schlicht eine Frechheit. Da wurde das Eishockey als Tummelplatz der Halbseidenen und Schlachtfeld perverser Killertypen gezeigt. Der Deutsche Eishockey-Bund wetterte: »Der DEB distanziert sich von diesem üblen Machwerk, an dem der Verband weder beratend noch in einer anderen Form beteiligt war.« Bundestrainer Xaver Unsinn stellte klar: »Die gezeigten Typen gibt es bei uns nicht. Mit diesem Film ist man uns in den Rücken gefallen.« Der für den Nachwuchs verantwortliche Hans Rampf wiederum sah eine Gefahr: »Jetzt überlegen sich vielleicht sogar einige Eltern, ob sie ihre Kinder zum Eishockey schicken können.« Sie können es tun, die deutsche Bundesliga ist anders, sportlicher und unterhaltender! Was den Unterhaltungswert der Liga ausmacht? Da ist zunächst einmal der Kölner EC: In den Play-Offs eine Show für sich. Die »Haie« befinden sich endgültig auf den Spuren des EV Füssen und halten alle Rekorde für die 80er Jahre. Aus dem Duo der Titelgewinne von 1986 und 1987 wurde der Hattrick, was zuletzt den Allgäuern in den Jahren 1963, 64 und 65 gelang. Jetzt muß die Konkurrenz allerdings aufpassen, daß der Titelkampf nicht an Unterhaltung verliert. Womöglich peilen die Kölner und ihr Trainer Hardy Nilsson sogar die nächste Füssener Bestmarke an. Das wären gleich sieben Meisterschaften hintereinander (Füssen von 1953 bis 1959)!

Einen gewissen Unterhaltungswert liefern auch die traurigen Kapitel. Wie das des ECD Iserlohn, dessen Kampf ums Überleben aber eher einem Schmierentheater glich. Nach dem 26. Spieltag gaben die Sauerländer auf, der Konkursverwalter meldete die Mannschaft ab. Von 5,8 Millionen Mark Schulden war die Rede. Vor dem letzten Aufbäumen holte sich ECD-Boß Weifenbach sogar Hilfe in der Wüste. 1,5 Millionen Mark wollte angeblich Libyens Staatschef Gaddafi für Trikotwerbung mit seinem »Grünen Buch« zahlen. Am 4. Dezember trat Iserlohn mit der umstrittenen Werbung gegen Rosenheim an, dann setzte der DEB ein Verbot durch. Iserlohn verabschiedete sich am 6. Dezember in Frankfurt mit einer 3:7-Niederlage und die Fans spotteten: »In die Wüste, Iserlohn.«

Mit seinen »Todeszuckungen« hielt der ECD Iserlohn im Januar Funktionäre und Öffentlichkeit auf Trab, doch es blieb auch nach skurrilen Vorschlägen und Vergleichen schließlich beim Aus-

Das Duell um die »Macht am Rhein« hat es immer in sich. Hier unterstützt Tom Thornbury seinen jungen Torhüter Marcus Beeck, der vor Düsseldorfs Torjäger Peter John Lee am Puck ist.

Saisonbilanz I. Bundesliga

Der Pausen-Cup
In der Olympia-Pause absolvierten die acht Vereine, die auf die Play-Off-Runde warteten, noch einen Bundesliga-Cup, doch erwies sich dieser Pausenfüller als absoluter Flop. Die Fans blieben weg, Spiele fielen aus, weil einige Klubs keine Mannschaft stellen konnten, zumal gleichzeitig die Deutsche Junioren-Meisterschaft entschieden wurde. Ein Eklat auch im Finale, denn der Mannheimer ERC trat nach einer 3:7-Niederlage zum Rückspiel in Schwenningen nicht mehr an! Decken wir also den Mantel des Schweigens drüber und registrieren nur den Sieger ERC Schwenningen.

57

Saisonbilanz I. Bundesliga

»Flieger« Ernst Höfner. Auch gegen Neuling Berlin konnte der SB Rosenheim nicht mit halber Kraft gewinnen (rechts).

»Flieger« Peter John Lee (links). Am Ende war aber eher für den ESV Kaufbeuren (hier Torhüter Thomas Hölzel) die Landung unsanft.

»Flieger« Jiri Poner (links). Ein eher symbolisches Bild, denn der EV Landshut setzte in der Bundesliga zu einem Höhenflug an.

schluß des Vereins. DEB-Präsident Otto Wanner haute letztendlich auf den Tisch und sorgte für klare Verhältnisse. Die Iserlohner Spiele wurden annulliert.

Solche Kapitel kann sich die Eishockey-Bundesliga freilich nicht oft leisten, will sie ihre Fans nicht verprellen. Da sollte es schon mehr von den sportlichen Highlights geben. Für die sorgte in erster Linie der EV Landshut, der als einer der Abstiegskandidaten gehandelt wurde, dann aber plötzlich an der Spitze mitmischte. Für Höhepunkte sorgte aber auch der ERC Schwenningen, der mit der Verpflichtung des Weltstars Vaclav Nedomansky als Trainer auch international auf die Bundesliga aufmerksam machte. Schwenningen zeigte auch auf dem glatten Parkett, was im Eishockey möglich ist, als es am 6. März beim 2:2 gegen Rosenheim ins Penaltyschießen ging. Es war dies erst das zweite Penaltyschießen in der Geschichte der Play-Offs. Die Hausherren waren die Glücklicheren: Der 23jährige Michael Stejskal verwandelte den 16. Penalty (!) zugunsten des SERC. Ihren hohen Unterhaltungswert bestätigt die Bundesliga fast von Spieltag zu Spieltag. Nicht immer sind die Schlagzeilen allerdings so positiv wie zum Saisonstart beim Spiel zwischen der Düsseldorfer EG und dem EV Landshut. Allein die Torfolge hatte es beim 6:6 in sich: Die Drittel lauteten 0:3, 6:0 und 0:3! Ein Mann stand im Blickpunkt: Landshuts neuer Trainer Pavel Volek. Der inzwischen 45jährige Pra-

Saisonbilanz I. Bundesliga

ger war aus der Schweiz vom EHC Kloten gekommen. Wie ein Irrwisch fegt er an der Bande hin und her, läuft, »so weit die Füße tragen«. »Das ist eben mein Stil«, erklärte er, »Trainer sind vom Herzinfarkt besonders bedroht. Die Bewegung ist ein gutes Mittel dagegen.« Volek schürte wieder die Begeisterung in Landshut.
Die Niederbayern traten in die Fußstapfen des ESV Kaufbeuren, der ein Jahr zuvor in der Bundesliga für Furore gesorgt hatte. Voleks verlängerter Arm auf dem Eis war Erich Kühnhackl, der Senior der Liga. Dem 37jährigen machte es sichtlich wieder Spaß, in der Heimat mit jungen, hoffnungsvollen Talenten zu spielen. »Die Mannschaft hat Moral – und einen guten Trainer«, freute er sich. Die Moral zeigten die jungen Niederbayern mit ihren Himmelsstürmern Christian Brittig und Bernhard Truntschka sowie den Routiniers Bernhard Englbrecht, Daniel Naud und Tom O'Regan als Leistungsträger des öfteren. Zum Beispiel beim 6:5-Heimsieg über die DEG. Da führten die Düsseldorfer nämlich schon 3:0, ehe die Hausherren das Blatt noch wenden konnten und sich das schmucke Stadion am Gutenbergweg in einen Hexenkessel verwandelte. An diesem 10. Spieltag lag Landshut erstmals allein an der Spitze!
Düsseldorf gegen Landshut, das war ein Duell, das der Saison fast seinen Stempel aufdrückte. Ging es doch zwischen diesen beiden Mannschaften schließlich auch um Platz vier. Diesen

Saisonbilanz I. Bundesliga

Kampf entschieden die Niederbayern für sich, ein Traum ging für sie in Erfüllung. Er platzte freilich in den Play-Offs, denn die Rheinländer setzten sich trotzdem in vier Spielen durch und zogen ins Halbfinale ein.

Landshut spielte also die Rolle des ESV Kaufbeuren, der angesichts solcher Erfolge mit Wehmut an die Vergangenheit dachte. Vor einem Jahr hatten die Tschechen Karel Holy und Pavel Richter im Allgäu einen Einzug mit Glanz und Gloria gehalten, diesmal haderte Trainer Dr. Richard Pergl ein ums andere Mal: »Uns fehlt ein Torjäger.« Die Probleme beim ESV Kaufbeuren begannen jedoch bereits im Sommer vor der Saison. Torhüter Gerhard Hegen, vor einem Jahr noch einer der Erfolgsgaranten, wollte plötzlich mehr Geld und begann zu pokern. Hegen fuhr nicht mit ins Trainingslager und erklärte seine Spielbereitschaft, nach einigen Zusagen, erst kurz vor Saisonbeginn. Doch diese Querelen waren nicht spurlos an der Mannschaft vorübergegangen. Der Torhüter selbst fand nie richtig zu seiner alten Form und wurde von Nachwuchsmann Thomas Hölzel sogar in die Rolle der Nummer zwei gedrängt. Hölzel selbst aber konnte seinen Vorderleuten auch nur selten die notwendige Ruhe geben. Die Folge war, daß Kaufbeuren zwischenzeitlich sogar auf einem Abstiegsplatz stand. Der Start war mit einer 2:9-Niederlage gegen Mannheim bereits verkorkst und machte den MERC zum ersten Tabellenführer der Saison 87/88. Den ersten großen Knall gab es schon vor dem ersten Spieltag. Natürlich sorgte die »Skandalnudel« ECD Iserlohn dafür. Trainer Jan Eysselt mußte kurz vor dem Start gehen. Das Düsseldorfer Idol Otto Schneitberger übernahm die Arbeit, doch bekanntlich wurde es keine glückliche Saison für den Architekten und »Hobby-Trainer«.

Mit Trainer-Entlassungen sind die Eishockey-Bundesligisten nicht so schnell bei der Hand wie ihre Fußballkollegen. Nimmt man die Ablösung von Eysselt dazu, dann waren es in diesem Jahr aber gleich drei Trainer, die gehen mußten. Schon nach wenigen Spieltagen wankte das »Denkmal« Lorenz Funk in Berlin. Beim Neuling hatte man sich mehr erwartet als einen Start mit 0:16 Punkten. Aber nicht Lorenz Funk war der erste Coach, den die Entlassung traf. Überraschend war dies der Amerikaner Billy Flynn in Schwenningen, ausgerechnet nach einem 9:4-Sieg gegen Frankfurt. Der smarte Billy war ratlos: »Ich habe doch gute Arbeit geleistet.« Unter Manager Sana Hassan fand der SERC auf den Weg des Erfolges zurück. Zur gleichen Zeit hieß es im SPORT-Kurier: »Funks Stuhl wackelt wieder«. Funk stürzte Anfang Dezember, die Mannschaft spielte nicht für ihn. Das Ende kam mit der 2:11-Heimniederlage gegen Eintracht Frankfurt und der Coach zürnte: »Bei einigen wären heute nicht einmal rohe Eier in der Tasche kaputtgegangen.« Schwenningen und Berlin holten aber für die zwei entlassenen Trainer international renommierte Leute: Vaclav Nedomansky und Olle Oest. Lorenz Funk aber fand schnell eine neue Aufgabe und erfüllte sich sogar einen Traum: beim EC Bad Tölz. Er übernahm bei seinem Heimatverein das Kommando und spielte noch einmal mit seinen Söhnen Florian und Lorenz jun.! Billy Flynn wanderte aus nach Italien.

Auch in Frankfurt wackelte der Trainerstuhl, aber Jorma Siitarinen fiel nicht. Eishockey-Boß Günther Herold, inzwischen zum bezahlten Manager berufen, handelte erst im Sommer. Der Grund dafür: Weil der Finne die Trainerprüfung nicht bestand. Für ihn kam Vladimir Dzurilla. Erfolgreich war die Saison für die Eintracht aber keineswegs, die sportlich »graue Maus« blieb und trotz erheblicher Verstärkungen zwischendurch sogar um einen Platz in den Play-Offs bangen mußte. Die Kasse aber stimmte, was die Zuschauer angeht, denn die Halle war durchwegs ausverkauft. Allerdings ist ja bekannt, daß die Eintracht mit diesen Einnahmen allein ihre Mannschaft nicht finanzieren kann.

Der Berliner SC Preussen war ein inter-

Saisonbilanz I. Bundesliga

Trainer und Trikots, die für Schlagzeilen sorgten. Als der ECD Iserlohn für »Das Grüne Buch« Werbung machte, da war der Skandal auch ein Thema für Nachrichtensendungen und Politiker. Es war eine, allerdings kräftige, Episode für ein Spiel.

Ein Weltstar in der »Provinz« Schwenningen? Die Schwarzwälder landeten einen Coup: Vaclav Nedomansky (rechts) löste beim SERC Billy Flynn ab.

Auch Berlin präsentierte einen neuen Trainer, der aber an der Spree schon ein alter Bekannter ist: der Schwede Olle Oest (unten).

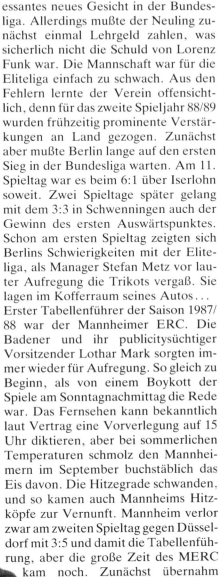

essantes neues Gesicht in der Bundesliga. Allerdings mußte der Neuling zunächst einmal Lehrgeld zahlen, was sicherlich nicht die Schuld von Lorenz Funk war. Die Mannschaft war für die Eliteliga einfach zu schwach. Aus den Fehlern lernte der Verein offensichtlich, denn für das zweite Spieljahr 88/89 wurden frühzeitig prominente Verstärkungen an Land gezogen. Zunächst aber mußte Berlin lange auf den ersten Sieg in der Bundesliga warten. Am 11. Spieltag war es beim 6:1 über Iserlohn soweit. Zwei Spieltage später gelang mit dem 3:3 in Schwenningen auch der Gewinn des ersten Auswärtspunktes. Schon am ersten Spieltag zeigten sich Berlins Schwierigkeiten mit der Eliteliga, als Manager Stefan Metz vor lauter Aufregung die Trikots vergaß. Sie lagen im Kofferraum seines Autos...
Erster Tabellenführer der Saison 1987/88 war der Mannheimer ERC. Die Badener und ihr publicitysüchtiger Vorsitzender Lothar Mark sorgten immer wieder für Aufregung. So gleich zu Beginn, als von einem Boykott der Spiele am Sonntagnachmittag die Rede war. Das Fernsehen kann bekanntlich laut Vertrag eine Vorverlegung auf 15 Uhr diktieren, aber bei sommerlichen Temperaturen schmolz den Mannheimern im September buchstäblich das Eis davon. Die Hitzegrade schwanden, und so kamen auch Mannheims Hitzköpfe zur Vernunft. Mannheim verlor zwar am zweiten Spieltag gegen Düsseldorf mit 3:5 und damit die Tabellenführung, aber die große Zeit des MERC kam noch. Zunächst übernahm Köln das Kommando, wurde aber am 6. Spieltag in Rosenheim gestoppt. Die sportliche Magerkost mit dem Fußballergebnis von 1:0 hätte beinahe für einen Außenstehenden unangenehme Folgen gehabt: ZDF-Reporter Marcel Reif lieferte bei seinem Sender nämlich einen Verriß des Spieles und der Sportart ab, und konnte sich danach gerade noch vor erzürnten Fans retten, die ihm mit Prügel drohten.
Der Kölner EC schlidderte in die Krise, weil Nationaltorhüter Helmut de Raaf

lange Zeit verletzt fehlte und Nachwuchsmann Marcus Beeck angeschlagen spielen mußte. Höhepunkt der Negativserie von 2:8 Punkten war die 5:8-Heimniederlage gegen Frankfurt mit einer unrühmlichen Einlage: Miro Sikora und der Frankfurter Jürgen Adams lieferten sich eine Prügelei, die mit Matchstrafen für beide endete. Unrühmliches mußten auch die Iserlohner Spieler erfahren. Das Finanzamt war weiter auf der Jagd nach entgangenen Steuerzahlungen und brach Wohnungen auf, erzürnte »Fans« demolierten die Autos der Spieler, während diese in Kaufbeuren spielten.
Iserlohn spielte aber auch sportlich noch eine Rolle. So gab der 13. Spieltag Stoff für ein Märchen her. Die finanzielle Rettung kam in Sicht, und auf dem Eis brillierte die Mannschaft: Sie stürzte mit 9:2 Tabellenführer Landshut.
Die hohe Zeit des MERC begann. Die Mannheimer legten eine Serie von 17 Spielen ohne Niederlage hin. Da gelang dann auch ein 4:2 über den Kölner EC, dem großen Angstgegner. Es war der erste Erfolg über die »Haie« nach neun Niederlagen! Die Mannheimer beendeten auch den „Goldenen Oktober" des EV Landshut, siegten bei den Niederbayern mit 8:3. Mannheims Serie ging am 21. Spieltag gegen Rosenheim zu

61

Saisonbilanz I. Bundesliga

Ende – ausgerechnet auf eigenem Eis. Der SBR spielte aus dem »FF« – Karl Friesen und Ron Fischer waren die Matchwinner. Es war für den MERC eine bittere Niederlage mit Folgen: Der Amerikaner David Silk und Horst-Peter Kretschmer lieferten sich nämlich eine heftige Schlägerei, die mit den nächsten zwei Matchstrafen der Saison endete. Und Silk fehlte in der Folge dem MERC, der an Boden verlor. Mit 3:5 ging auch gleich das nächste Spiel in Schwenningen verloren. Und Landshut gelang mit einem 3:3 in Mannheim eine Art Revanche für das 3:8. Da war auch Pavel Volek wieder zufrieden: »Wir hatten noch eine Rechnung offen, Mannheim erwischte uns damals auf der Talsohle, jetzt war es wohl umgekehrt.«

Die Mannheimer befanden sich bereits auf dem absteigenden Ast, aber sie mußten noch einen besonderen Tiefschlag hinnehmen. Durch den Rückzug des ECD Iserlohn verloren sie auf einen Schlag sechs Punkte (drei Siege wurden annulliert) und waren damit zusammen mit Schwenningen am meisten geschädigt. Der Vorsitzende Lothar Mark wollte dies nicht einsehen, wetterte gegen den DEB und ging sogar gerichtlich vor. Das Verfahren verlief im Sande, weil der DEB statutengemäß gehandelt hatte. Bei Lothar Mark aber saß der Stachel der Enttäuschung tief. Im Zuge des Skandales um den ECD Iserlohn machte er Stimmung bei den Bundesligisten gegen den DEB und propagierte eine Loslösung der Bundesliga vom Verband...

Sportlich gab inzwischen der SB Rosenheim den Ton an. Was eigentlich verwundern mußte, denn die Oberbayern hatten fast durchweg mit Problemen zu kämpfen. Da geriet Trainer Petr Brdicka nach anfänglichen Mißerfolgen in die Schußlinie, muckte der junge Torhüter Klaus Merk gegen Idol Karl Friesen auf (in Berlin durfte er später zeigen, was er kann), erwies sich der zweite Ausländer Glenn Merkosky als ausgesprochener Flop. Und ausgerechnet als Rosenheim nur einen Mini-Kader zur Verfügung hatte, weil sich die Verletzungen häuften, und Rosenheim auch ohne Ausländer spielen mußte, weil Merkosky gegangen war und sich Tom Roulston schwer verletzte, da hatte der SBR seine erfolgreichste Zeit. Rosenheim wurde erneut Sieger der Doppelrunde, der Erfolgsweg endete praktisch erst im Finale.

Das Ausscheiden des ECD Iserlohn brachte nicht nur die Bundesliga-Tabelle in Unordnung, sondern verunsicherte auch die Fans. Als der ECD am 27. Spieltag bei der Düsseldorfer EG nicht mehr antrat, da warteten an der Brehmstraße doch 2000 Fans auf das Spiel. Die DEG absolvierte vor immerhin noch 800 Zuschauern wenigstens ein Trainingsspiel. Aus der Saison war aber die Luft raus, die acht Mannschaften für die Play-Off-Runde standen fest, die Meisterschaft hatte nur noch Freundschaftsspielcharakter.

Zu registrieren waren außerdem noch Berlins erster Auswärtssieg am 28. Spieltag mit 4:3 in Frankfurt, Kaufbeurens höchste Heimniederlage seit 1980 mit 2:9 gegen Rosenheim und schließlich Rosenheims 4:2-Sieg in Köln, denn damit sicherten sich die Rosenheimer die »Meisterschaft der Doppelrunde«. Auch Landshut feierte am letzten Spieltag einen 3:1-Sieg über Köln und war damit endgültig Vierter.

Die Play-Off-Runde begann leider als eine abgeschwächte Version vom »Kampf der Tiger«. Im Viertelfinale wird jedes Jahr mit harten Bandagen gekämpft. Bundestrainer Xaver Unsinn weiß warum: »Die schwächeren Klubs wollen mit allen Mitteln gegen die Favoriten bestehen.« Die meisten Strafminuten gab es im Duell zwischen Köln und Frankfurt, aber der Titelverteidiger machte mit den Hessen ebenso kurzen Prozeß wie Mannheim mit Kaufbeuren. Die Kölner freuten sich, denn die von Olympia strapazierten Nationalspieler erhielten eine zusätzliche Ruhepause. Trauer in Kaufbeuren, denn finanziell wäre ein zweites Heimspiel wichtig gewesen. Es war das alte Lied: Ein Torjäger fehlte. Das 0:3 auf eigenem Eis machte dies deutlich. Erbittert wurde auch im Duell Landshut gegen Düsseldorf gekämpft, wobei die Grenzen des Erlaubten überschritten wurden. Mit üblen, zu wenig geahndeten Stockschlägen setzte der Düsseldorfer Rick Amann die Landshuter Talente Brittig und Truntschka außer Gefecht. Die jungen Niederbayern waren verschüchtert, die DEG entging einer Schmach: Es waren nämlich schon zwei Play-Off-Heimspiele verkauft worden. Was aber, wenn die DEG nach nur einem Heimspiel gegen Landshut ausgeschieden wäre? Ein bißchen Wiedergutmachung für die verkorkste Doppelrunde betrieben also die Spieler, die DEG zog ins Halbfinale ein.

Überraschend tat sich Doppelrunden-Sieger Rosenheim gegen den Achten, ERC Schwenningen, am schwersten. Vaclav Nedomansky hatte für den Außenseiter offensichtlich die richtige Taktik gefunden. Höhepunkt war das Penaltyschießen im zweiten Aufeinandertreffen, das Schwenningen dank Michael Stejskal im 16. Versuch für sich entschied. »Das war Eishockey total«, stöhnte Schwenningens Vorsitzender Erich Schlenker geschafft.

In Rosenheim hatten aber die schweren Kämpfe gegen Schwenningen urplötzlich wieder das Eishockey-Fieber entfacht. Getragen von der Begeisterung der Fans wurde die Mannschaft immer stärker und schaltete auch Düsseldorf in vier Spielen aus. Noch kürzeren Prozeß machte Köln in der Neuauflage des vorjährigen Finales mit Mannheim. Nach drei Spielen war für den MERC, der schließlich Dritter wurde, alles aus. Das Finale zwischen dem SB Rosenheim und dem Kölner EC war gewissermaßen ein Duell der Giganten. Wer als der Doppelrunden-Sieger konnte schon Kölns Erfolgsserie abreißen lassen? Es kamen aber auch Unstimmigkeiten aus früheren Jahren hoch. Zum Beispiel wollten es die Rosenheimer den Kölner Nationalspielern zeigen, die ja im DEB-Team den Ton angeben. Eins war klar, es würde einen Kampf auf Biegen und Brechen geben. Und die Rosenheimer starteten erfolgreich. Das 2:1 im ersten Spiel beendete Kölns

62

Saisonbilanz I. Bundesliga

Erfolgsserie in den Play-Offs, es war die erste KEC-Niederlage nach 20 Siegen! Die Fans waren »heiß«. Innerhalb von einer Stunde war nach dem ersten Play-Off-Endspiel schon das nächste Heimspiel in Rosenheim ausverkauft. Die Kölner moserten über »Anti-Eishockey« des Gegners, doch SBR-Kapitän Ernst Höfner konterte: »Wir spielen nur erfolgreich.«

Sorgte in der Bundesliga der Heimvorteil manchmal auch für Frust (siehe Düsseldorf), so erwies er sich im Finale schon als hilfreich. Köln drehte auf eigenem Eis den Spieß um (5:2), ging in Rosenheim leer aus (0:6) und siegte wieder daheim (4:2). Ein fünftes Spiel mußte also entscheiden. Es war erst das zweite Mal in der Play-Off-Geschichte, daß ein Finale über fünf Spiele ging. 1984 setzte sich Köln gegen Landshut durch. Und noch einmal wurde der Nervenkrieg entfacht. Der Titelverteidiger forderte eine Dopingkontrolle und lehnte Schiedsrichter Helmut Böhm aus Landshut ab (»Nur Schiedsrichter aus Bayern pfeifen das Finale«). Der Krieg fand vorher statt, auf dem Eis blieb alles ruhig, Helmut Böhm bot eine souveräne Leistung. Bundestrainer Xaver Unsinn sprach von einer alten Bauernregel: »Wenn vorher viel los ist, dann geht es auf dem Eis ruhig zu. Ist vorher alles still, dann haben wir Krawall.«

Diesmal konnte Rosenheim seinen Heimvorteil aber nicht nutzen. Ron Fischer brachte den SBR zwar in Führung, doch Köln hatte an diesem Tag die größeren Spielerpersönlichkeiten in seinen Reihen. Glänzend die Achse de Raaf – Kießling – Berry. Am Mittwoch, dem 6. April, stand um 19.31 Uhr der Deutsche Meister 1988 fest: der Kölner EC. Die Technik hatte über die Kraft triumphiert, und DEB-Präsident Otto Wanner konstatierte: »Ein würdiger und verdienter Meister in einem Saison-Finale, das versöhnte.«

Die Bühne Bundesliga schloß für gut fünf Monate ihren Vorhang. Neue (bessere?) Unterhaltung darf in der neuen Saison erwartet werden.

Klaus-Peter Knospe

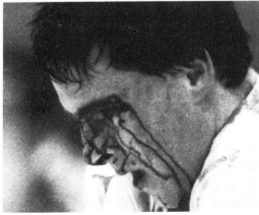

So rüde, wie es der Film »Kampf der Tiger« zeigte, geht es in der Eishockey-Bundesliga nicht zu, aber ganz schön hart zur Sache kommt man mitunter schon. Manchmal eskalieren die Faustkämpfe auch. Der Amerikaner David Silk (rechts) war ein doppelt Geschlagener: Den Boxkampf verloren und Sperre nach einer Matchstrafe. Ein Pechvogel war dagegen Schiedsrichter Werner Würth (unten). Im Eifer des Gefechts lag er nicht nur einmal flach. Schiedsrichter leben gefährlich!

Saisonbilanz II. Bundesliga

Die Schuldenliga

Gesucht wird: das Zweitliga-Team des Jahres. Kriterien: Es muß nicht auf Platz eins gelandet sein, es muß nur etwas vollbracht haben, was man ihm nicht zugetraut hat. Und da bleibt keine große Wahl: Bayreuth oder Ratingen. Warum Bayreuth? Darum Bayreuth: Keine andere Mannschaft hat das Pech so gebeutelt wie die des Schwimmvereins. Dennoch erreichte sie die Aufstiegsrunde zur I. Liga und dortselbst einen tollen vierten Platz.

Bayreuth 87/88 – das war eine Aneinanderreihung von Tiefschlägen. Es begann schon vor dem ersten Spieltag. Die als Neuzugänge fest eingeplanten Horst Pätzig und Andreas Römer mußte der SVB wieder abgeben, weil »Besitzer« Augsburger EV überraschend das Spielrecht für die Oberliga erhalten hatte. Zwei Spieltage – und der kanadische Stürmer Douglas Moffatt erschien wegen »nervlicher Überlastung« nicht mehr tragbar, er flog heim. Und weiter ging's: Stürmer Herbert Plattner fiel mit einem Bluterguß an den Bändern aus, Sigi Holzheu kugelte sich die Schulter aus und zog sich kurz darauf eine Armprellung zu. Am 9. Oktober verdankte Kapitän Bernhard Kaminski einem gemeinen Stockschlag des Füsseners Gmeiner einen Kieferbruch – zwei Tage, bevor sich Schlußmann Paul Häringer in Freiburg einen Innenbandriß einfing. Eine Woche später wurde der kleine Abwehrkämpfer Anton Doll vom Bannstrahl des Schiedsrichters getroffen – Matchstrafe im Spiel gegen München. Der Trainer war da schon ein anderer: Richard Piechutta. Dany Lawson hatte die Truppe nur wenige Wochen betreuen dürfen.

Mit dem neuen Coach sollte alles besser werden. Am 8. November debütierte der als Moffatt-Ersatz aus Kanada eingeflogene Rick Hindmarch. In der 10. Minute brach er sich die Kniescheibe – die Premiere war zugleich die Abschiedsvorstellung. Am 12. November kam Doug Moffatt wieder zurück, doch bis zu den nächsten Ausfällen dauerte es nicht lange. Walter Deisenberger mit Augapfelprellung und Herbert Plattner mit Bänderdehnung, Michael Heidt und Helmut Bauer mit Grippe, Kaminski mit schmerzendem Knie, Robert Paclik mit lädiertem Ellenbogen – sie alle lagen flach. Ende November hörte dann Wim Winofsky auf. Der Deutsch-Kanadier hatte seine Karriere schon in der letzten Saison beendet gehabt und sich nochmals kurzfristig zur Verfügung gestellt.

Der Dezember begann mit einem Hyperschock: Michael Heidt, der kanadische Starverteidiger, war am 1. 12. Deutscher geworden und verabschiedete sich in Richtung München. Seinen Bruder Robert, auch mit deutschem Paß und Spielgenehmigung ausgestattet, hatten die Bayreuther als Neuzugang eingeplant – doch auch der kam beim EC Hedos unter. Ärgerlich, ärgerlich – da hätte der SVB zwei Ausländer gehabt, die nicht ins Kontingent gefallen wären.

Noch ein paar Verletzungen: Ende Januar zog sich Doll eine klaffende Schnittwunde zu, Holzheu bekam eins auf den Kiefer, so daß dieser zu Bruch ging. Er spielte mit Vollvisierhelm, scheiterte dann aber an seiner Schulter, an der eine Operation nicht mehr aufzuschieben war.

Schultereckgelenksprengung – so lautete die Diagnose bei Paul Lowden, der mit Zwillingsbruder Peter im Dezember gekommen war. Gleichfalls Operation und Ende der Saison. Ebenso wie bei Othmar Schluttenhofer – er wurde am Meniskus operiert. Doll beklagte einen entzündeten Schleimbeutel im Arm, Paclik einen Muskelabriß im Brustbereich, George Pesut, Neuzugang aus Iserlohn, bekam eine Lungenentzündung. Doug Moffatt, erneut nervlich überreizt, mußte auf Nimmerwiedersehen nach Übersee zurück.

Welch gigantische Pechsträhne – und dennoch holte der SV Bayreuth nach

Saisonbilanz II. Bundesliga

Luftsprünge machten die Stars des EC Hedos München des öfteren, die Kanadier Doug Morrison (links) und Scott MacLeod waren die Skorerkönige des Vereins. Doch bei den finanziellen Sprüngen hatte sich der Verein übernommen.

Gut lachen hatten Routinier Wieslaw Jobczyk (links) und Präsident Hans-Willi Schmitz-Audek: Der EC Ratingen schaffte sogar den Sprung in die Bundesliga-Aufstiegsrunde.

Noch eine Erfolgsbilanz: Als Nothelfer führte Richard Piechutta trotz aller verletzungsbedingten Rückschläge den SV Bayreuth in die Aufstiegsrunde.

Saisonbilanz II. Bundesliga

Weihnachten 13:3 Punkte, arbeitete sich in der II. Liga Süd vom siebten auf den vierten Platz und erreichte in der Aufstiegsrunde zur I. Liga Rang vier – hinter Berlin, Freiburg und Krefeld. Vor anderen, besser besetzten Teams. Bayreuth traf da auch auf unseren anderen Kandidaten – den EC Ratingen, Mitglied der II. Liga Nord und gerade frisch aufgestiegen aus der Oberliga. Ratingen – das war ein Haufen Juniorenspieler, ein paar Reservisten aus Krefeld, einer aus Berlin und drei alte Herren: Terence Farrell (31), Wieslaw Jobczyk (33) und Dave Sherlock (35). Dazu ein Trainer, der noch nie eine Seniorenmannschaft gehabt hatte: Hans Zach.

Alt-Nationalspieler Zach wurde zum begehrtesten Trainer deutscher Staatsangehörigkeit. Weil er es so gut verstand, aus den Ratinger Nobodies ein starkes Team zu formen, traten sie reihenweise an ihn heran: Düsseldorf, München, Riessersee – und Bayreuth, wo er sich für die Zeit nach Ratingen verpflichtete.

Die »Löwen« wurden in ihrer Liga Fünfter. Und das war ein ganz starkes Stück, weil ihnen in den letzten, den entscheidenden Spielen wegen eines Trümmerbruches am Daumen Dave Sherlock fehlte. »Da wurde uns das Herz aus dem Leibe gerissen«, klagte Hans Zach.

Der fünfte Platz berechtigte zu einem Entscheidungsspiel um den Einzug in die Aufstiegsrunde. Gegner war der Süd-Fünfte EC Heilbronn. Auch ein Neuling, aber einer, bei dem 14 Spieler Erstliga-Erfahrung mitbrachten.

Auf neutralem Bad Nauheimer Eis gab's einen Krimi. Stand nach 60 Minuten – 2:2. Zweimal zehn Minuten Verlängerung – 3:3. Penaltyschießen, jeder hat fünf Versuche. Heilbronn verschoß vier, Ratingen nur drei. Held des Abends wurde Heiko Awizus, der Ex-

Saisonbilanz II. Bundesliga

Familienglück: Nach Berlin fand Lorenz Funk eine neue Aufgabe. In der Heimat, beim EC Bad Tölz, spielte er mit seinen Söhnen Florian (links) und Lorenz noch einmal in einem Team!

Familienglück: Zu selten hatte Hans Zach Zeit für seine Tochter Martina. Er arbeitete als erfolgreicher Trainer beim EC Ratingen und schloß nebenbei die Trainer-Akademie ab.

Der Tod des Willi Hofer

28. Februar 1988 – das Datum bleibt unvergeßlich im Eishokkey. Leider. An diesem Tag starb der Füssener Willi Hofer (27), verheiratet, ein Kind.

Es geschah am 8. Spieltag der Aufstiegsrunde in der Partie gegen Hedos München. Der Füssener Kapitän fuhr Ende des zweiten Drittels vom Eis auf die Bank, wo er zusammenbrach. Ein Herzinfarkt – dem Willi Hofer wenige Stunden später im Krankenhaus erlag. Eine Obduktion ergab: Es war Hofers dritter Infarkt, zudem hatte er im Jahr zuvor an einer Lungenembolie gelitten.

Die Vereine, die mit dem EV Füssen in der Aufstiegsrunde standen, reagierten hilfsbereit. In fast allen Stadien wurde für die Hinterbliebenen gesammelt, für die Saison 1988/89 wurden einige Benefizspiele vereinbart.

Berliner, der unter Hans Zach groß rauskam.

Klar, in der Aufstiegsrunde hatte der ECR nichts zu bestellen. Trotzdem: Zach putschte seine Mannen auf, und die kämpften, so gut es ging. Beachtlich – wie auch die Fairneß dieses Teams: Selten hatte es mehr als zehn Strafminuten.

So, und wen nun zur Zweitliga-Mannschaft des Jahres bestimmen? Wir machen es uns einfach: Beide! Bayreuth und Ratingen.

Die Publicity hatten andere: Vor allem Hedos München, das als Neuling Vizemeister im Süden wurde. In der Zuschauergunst überholte der Eishockey-Klub sogar den Fußball-Nachbarn TSV 1860. Spätestens, als erkennbar wurde, daß sich die Münchner unter den ersten Vier plazieren würden, war der Boom da, ein mit 6000 Fans volles Haus im Olympiapark keine Seltenheit.

Doch der EC Hedos wurde auch zum Beispiel dafür, wie sich einer, der zu schnell nach oben kommt, im Eishokkey-Geschäft verstricken kann. Am Saisonende stellte sich heraus, daß der Verein fast pleite war. Es blieb ihm für 1988/89 keine andere Wahl: Er mußte abspecken.

Kein Wunder auch bei diesem Personal: Die Ex-Nationalspieler Ignaz Berndaner und Michael Betz sowie einige weitere ehemalige Erstliga-Cracks waren schon seit Saisonbeginn da, im Dezember holte der EC Hedos noch einen Nachschlag: Torhüter Meister und Stürmer McNeil vom ECD Iserlohn, Michael Heidt vom SV Bayreuth und dessen Bruder Robert aus Deggendorf. »Was soll ich mit so vielen Leuten«, kritisierte Trainer Ulf Sterner, der schwedische Weltmeister und erste europäische NHL-Profi, »da wird unsinnig eingekauft. Ich komme mir vor wie das Arschloch von Hedos.« Diese Äußerung und noch ein paar mehr der flockigen Art führten dazu, daß die Verbindung Hedos–Sterner in der Aufstiegsrunde zu Bruch ging.

Aber Sterner hatte recht: Sein Team war zu groß – und viel zu teuer. Allein 130000 Mark netto plus Auto und Wohnung (und obendrein einen schönen Vertrag fürs Brüderlein) sollen Michael Heidt versprochen worden sein. Ergebnis: Schulden – und ein Wechsel im Vorstand. Der allerdings ging nicht reibungslos über die Bühne. Sogar die Gerichte wurden bemüht.

Viel schlimmer erging's freilich noch der Kasseler Söldnertruppe. Die ESG war ja in Konkurs gegangen, Nachfolgeverein EC wirtschaftete aber nicht besser. Er spielte Vabanque – und verlor. Über den Jahreswechsel hatte er sich noch retten können, weil er seinen einzigen deutschen Star, den Ex-Riesserseer Günther Preuß, an Preussen Berlin abgab. Später, in der Aufstiegsrunde, war der Spielbetrieb dann nur noch durch den Goodwill der längst nicht mehr entlohnten Spieler aufrechtzuerhalten, die aufs Eis gingen, allein

67

Saisonbilanz II. Bundesliga

um für andere Klubs interessant zu werden. Im Juni meldete auch der Neusser SC Konkurs an. Die Forderungen der AOK hatten den Verein überrascht.

Und noch ein Abgang: Altmeister SC Riessersee meldete nach der Saison den Konkurs an. Hauptgrund waren Nachforderungen des Finanzamtes aus alten Tagen. Die Neuverschuldung wäre nicht so dramatisch gewesen – wenngleich auch sie verwundern mußte. Denn der Zuschauerzuspruch war besser als zu Erstligazeiten – und der Vorsitzende, der Schweizer Millionär Urs Zondler, ein interessanter und engagierter Mann mit vielen und guten Ideen. Doch auch er mußte eingestehen, falsche Entscheidungen getroffen zu haben: »Die Landshuter Murray und Cummins, die wir zu Weihnachten geholt haben waren zu teuer, und bei einigen Spielern hatten wir die hohe Lohnsteuerklasse nicht berücksichtigt...« So, so...

Schade, daß es zu den Fällen München und Riessersee kam. Denn ansonsten war die II. Liga Süd interessant wie seit Jahren nicht mehr. Hedos, Heilbronn, Stuttgart wenigstens am Saisonanfang – die neuen Gesichter hatten ihren Reiz. Doch über allen thronte absolut souverän der EHC Freiburg. Dort würde nach dem Weggang des Trainer-Fuchses Jaromir Frycer und der kompletten ersten Reihe mit Tauno Zobel, Rudi Sternkopf und Christian Ott sowie nach dem Wechsel von Verteidigerstar Rick Amann zur Düsseldorfer EG und von Ex-Nationalspieler Wolfgang Rosenberg zum Heilbronner EC nichts mehr gehen – meinte man.

Und täuschte sich. Es ging noch viel besser. Neuer Mann an der Bande wurde Jozef Capla, der seit 1975 im Bayerischen Verband gearbeitet, keine »richtige« Mannschaft also mehr betreut hatte. Natürlich bekam er neue Leute, etwa den Freiburger Sulak und den Düsseldorfer Jilek – aber stärker besetzt als Frycers EHC-Team war seines nicht. Capla: »Ich mußte auch auf die Reservisten der letzten Saison bauen.« Zum Beispiel auf Verteidiger Tho-

Saisonbilanz II. Bundesliga

mas Rapsilber und Angreifer Jürgen Rumrich. Und Capla muß gut trainiert haben. Gerade diese zwei jungen Spieler nämlich bekamen die interessantesten Angebote von Erstligisten...

Nicht viel schwächer als die Freiburger wurden die Bad Tölzer eingeschätzt, die als Neuzugänge immerhin Peter Scharf, Rick Boehm und Korbinian Reiter präsentierten – drei überdurchschnittlich gute Leute. Dazu Martin Wild als Trainer. Allerdings war der die Schwachstelle. Der EC Bad Tölz hatte unter ihm einen langen Durchhänger. Wild hielt sich dennoch lange – weil ECT-Boß Toni Fischhaber wartete, bis Lorenz Funk bei Preussen Berlin entlassen werden würde. Als das eingetreten war, konnte der Wechsel Funk für Wild vollzogen werden.

Daß der »Lenz« heimkehrte, tat den Tölzern gut, sie rafften sich nochmals auf und kamen in die Nähe des wichtigen fünften Platzes. Den zu schaffen, wollte Funk mit seinen 40 Jahren selbst mithelfen. Er reaktivierte sich, um mit seinen beiden Söhnen Lorenz junior und Florian in einem Team zu spielen. Ein Comeback auf Raten: Am 15. Januar ließ er sich mit der Nummer 22 auf den Spielberichtsbogen setzen, blieb aber in Zivil an der Bande stehen. »Wenn ein Mittelstürmer ausgefallen wäre«, sagte er hinterher, »hätte ich mich umgezogen. Ich wiege jetzt zwar etwas mehr als vor zwei Jahren, als ich aufgehört habe, aber das Eishockeyspielen verlernt man nicht.« Beim letzten Spiel der regulären Runde griff der »Lenz« denn auch ins Geschehen ein. Abwechselnd mit Sohn Florian agierte er als Center im zweiten Sturm. Gewinnen hätten sie müssen, die Tölzer, in Heilbronn – doch es reichte nur zu einem 5:5. Ab in die Abstiegsrunde – wo der Klassenerhalt bis zuletzt fraglich war.

Wie Freiburg im Süden, so dominierte Krefeld im Norden. Der KEV Meister – das paßte wunderschön zum Ausstand von Vic Stanfield, dem 36jährigen Super-Verteidiger, der seine zehn Saisonen in Deutschland, acht davon in Krefeld, mit Klasseleistungen ausklingen ließ. Eine irrsinnig lange Zeit – besonders für einen Ausländer, der bei jedem Öffnen der Transferliste Angst haben muß, ausgetauscht zu werden. Bezeichnend für die Ausnahmestellung von »Old Vic« ist seine Bilanz. Als Abwehrspieler verbuchte er in den 54 Spielen (er fehlte kein einziges Mal) 23 Tore und 93 Vorlagen (macht 116 Skorerpunkte), womit er der Topmann im KEV-Team war. Zum Vergleich: Der Stürmer mit NHL-Erfahrung, Bob Crawford, punktete in 46 Spielen 100mal, Jim Hoffmann, auch ein Star im Angriff, in 52 Begegnungen 93mal. Stanfield – ein Phänomen. Mit einer großen Gala wurde er verabschiedet.

Mühelos unter die ersten Vier kamen noch EC Bad Nauheim und EC Kassel – und überraschend klar auch noch der EHC Essen-West, ein Aufsteiger wie der EC Ratingen, aber viel stärker besetzt. Als Glücksgriff erwies sich Trainer Peter Ustorf, der freilich personelle Aufrüstung forderte, ehe er für die Saison 88/89 zusagte. Spektakulär der Einstand des ESC Wolfsburg, der mit Mark Kosturik den Torschützenkönig stellte. Doch auch diese Truppe war zu teuer. Resultat: 68000 Mark Schulden trotz imponierender Zuschauerkulissen.

Nur vier Klubs im Norden wechselten im Saisonverlauf ihre Trainer – da gab's schon unruhigere Zeiten. Duisburger SV: Martin Wild für Jan Opial. Herner EV: Gerald Hangsleben für »Professor« Uli Rudel – trotzdem stieg der HEV ab. Wolfsburg: Bill Lochead, als Spieler beim Oberligisten EV Regensburg gescheitert, für Charlie Weise, der seitdem als Tennislehrer in Köln arbeitet.

Gleich drei Coaches benötigte der Neusser SC: Gerd Möllering war der erste, Manager Lothar Kremershof der zweite, schließlich durfte Wolfgang Boos noch ran.

Die II. Liga in der kommenden Saison? Der Süden muß ohne Freiburg und ohne einen großen Favoriten auskommen, im Norden schwingt sich Krefeld auf, die Vormachtstellung auszubauen. DEG-Nationalspieler Ralph Krueger als prominentester Zugang wurde gleich mit einem Drei-Jahres-Vertrag ausgestattet. Weise Voraussicht oder Größenwahn? Wir sind gespannt!

Günter Klein

Zwei erfolgreiche Krefelder: Torjäger Bob Crawford (linke Seite) und Kapitän Vic Stanfield (unten), der seine Karriere jetzt beendet hat.

Saisonbilanz der Oberligen

Vom Notfall zum Glücksfall

Eishockeyfan, kommst du nach Schongau, begib dich ins dem Eisstadion nahegelegene Hallenbad, nimm dort Platz in der Milchbar, bestelle einen Kaffee und einen energiespendenden Schokoladenriegel und gib dich als Besucher des in gut einer Stunde beginnenden Eishockeymatches zu erkennen. Etwa so: »Also, wenn wir heute nicht gewinnen...« Damit ist Frau Milchbar-Wirtins Interesse geweckt: »Seid's Ihr zum Spiel da?« Und fortan wird man alles erfahren über die EA Schongau – indiskrete Enthüllungen. Mittlerweile sind die Schongauer ja nur noch Regionalligist – aber Anfang Dezember, da waren sie noch in der Klasse darüber, der Oberliga. Punktlos auf dem letzten Platz. Also, Frau Wirtin, legen Sie los! Bitte: »Ich selber geh' schon gar nimmer hin. Weil sich die jungen Leut' nimmer anstrengen wollen, drum verlieren wir a jeds Spiel. Die einzigen, die radeln in dera Truppe, des san die zwoa Ausländer, der Newman und der Jokat. Den Rest kannscht vergessen. Und unser Torwart, mei unser Torwart: Der isch so schlecht, den wollten schon unsre eigenen Fans verhauen.« Den Mann mal auswechseln – wie wär's damit?« Geht net, wir ham bloß den.«

Antistimmung in Schongau? O ja. Im Stadionheft bekommt ein Reservist, der mitten in der Saison mangels Perspektive aufgehört hat, sein Fett weg. Unkameradschaftliches Verhalten, Selbstüberschätzung und so weiter. Der Blick geht auf die Eisfläche, auf der die Schongauer versuchen, ein Spiel aufzuziehen, und der Reporter rätselt: Wie schlecht muß einer sein, daß er bei denen nicht drankommt? Dann läßt er's wirklich besser sein.
Als wir zu Besuch sind, erlebt Schongau ein Jubiläum: Das 3:11 gegen den Augsburger EV bringt den 30. Minuspunkt im 15. Spiel. Doch bei der EA freuen sich alle: Knapp 1000 Zuschauer sind im Freiluftstadion, weil 800 Augsburger ihren AEV begleitet haben. 1000 – soviel wie normalerweise in fünf Heimspielen. Da sind die Chancen auf den Radiorekorder, den der EA-Fanclub verlost, gar nicht mehr so immens groß.

Die EA Schongau wurde letzter, sechzehnter in der Oberliga Süd und sogar in der Relegationsrunde mit den Regionalligisten abgeschossen – Tatsache. Doch soll keiner behaupten, der Klub wäre deshalb uninteressant gewesen. Immerhin war zwischenrein, von Mitte Dezember bis Mitte Januar, Startrainer Martin Wild der verantwortliche Mann an der Bande. In Bad Tölz war er gefeuert worden, die Stelle in Duisburg, die er haben wollte, noch nicht frei. So hatte er Zeit für Schongau.
Bleiben wir noch in Schongau. Denn die EA war der Klub, der Trainer killte, nicht (nur) die eigenen, sondern die der anderen. Kurz vor Weihnachten wurde nämlich mit einem 4:4 zu Hause gegen den EV Regensburg der erste Zähler (nach 18 Niederlagen) eingefahren – und der gedemütigte EVR entließ Trainer Marian Hurtik. In der 25. von 30 Partien gelang Schongau schließlich der ganz große Coup: 12:6 in Straubing, das daraufhin zu Coach Michael Mauer Servus sagte.
Was Schongau im Süden, war der ERSC Karben im Norden. Ein Team, das selten punktete und beharrlich am Tabellenende hing. Der kleine Unterschied: Die Karbener hatten kein Stadion, wo sie ständig hätten spielen können, sie mußten im Raum Hessen dort hin, wo gerade eine Bahn frei war. Und sie hatten viel weniger Zuschauer als die Schongauer. Meist waren's nur die Spielerfrauen – so erklärt sich die Zahl 20...
Trotzdem benahm sich der ERSC Karben wie der große Max. Seine Kanadier wechselte er – im Stile eines Schweizer Erstligisten – phasenweise wöchentlich; der Trainerverschleiß war auch enorm. Im Dezember wurde mit Ex-Nationalspieler Paul Langner bereits der dritte verpflichtet – danach haben wir aufgehört, zu zählen.

Daß man – im Gegensatz zu Karben – auch gute Ausländer kriegen kann, bewies das stärkste Oberliga-Team der Saison 1987/88, der ERC Sonthofen. Die Allgäuer traten an mit Brian Varga – ein dynamisches Dickerchen, bekannt aus (besseren) Zweitligatagen Sonthofens – und mit Duanne Moeser vom Farm-Team der New York Rangers. Moeser – welch ein Spieler! Fraglos der Star der Liga. Für wenig Geld: 1500 Mark monatlich soll sein Lohn gewesen sein. Deutsche Kollegen Moesers schnüren dafür nicht mal die Schlittschuhe.
Exotische – und wahrscheinlich etwas teurere Stars – präsentierte die Oberliga Nord. Und da, wie gewohnt, der 1. EHC Hamburg, nach dem vorjährigen Exitus des HSV konkurrenzlos in der Stadt. Zu Oleg Islamow kam nun der zweite Russe: Vladimir Golubovich. Heinz Zerres, in der zweiten Saisonhälfte Trainer des 1. EHC, über seine beiden Sputniks: »Islamow ist der Torjäger, Golubovich der Spielmacher. Der legt dir den Puck millimetergenau auf, du kannst ihn mit der Zunge über die Linie schieben.« Trotz alledem: Der 1. EHC Hamburg verpaßte den ersehnten Aufstieg in die II. Liga. Neuer Anlauf in der Saison 1988/89.
Eigentlich auch für Westfalen Dortmund, das als Neuling in der normalen Runde Platz eins belegte. Mit 5000 Zuschauern gab's für die Truppe des ehemaligen Bundesliga-Coaches Dieter Hoja einmal sogar ein ausverkauftes Stadion – erstmals seit ewigen Zeiten. Das war im Spitzenspiel gegen Vizemeister EC Hannover. In der Aufstiegsrunde war das Team der Niedersachsen, trainiert von Paul Sommer, mit dem Kanadier Greg Thomson und Alt-Nationalspieler Vladimir Vacatko als Attraktionen, allerdings besser als Dortmund. Die Westfalen zogen am »grünen Tisch« (für Kassel) nach. Wieder etabliert sich Eishockey in der Großstadt.
Zuschauer-Krösus der Oberligen wur-

Saisonbilanz der Oberligen

Er war der Schrecken der Torhüter und ein Glücksgriff für Oberliga-Meister ERC Sonthofen: Duanne Moeser war der Torjäger der Liga.

de mit einem Schnitt von knapp 3000 der ärmste deutsche Verein: der Augsburger EV i. K. Das »i. K.« steht für »im Konkurs«, einen Status, den sich die Schwaben in der Saison 1986/87 als ambitionierter Zweitligist mit einer total übertreuerten Mannschaft eingefangen hatten. Seit März 1987 regiert beim AEV ein vom Amtsgericht eingesetzter Konkursverwalter. Präsident, Vorsitzender, Abteilungsleiter – das alles gab's nicht mehr.

Der Konkursverwalter – Herwig Lödl, Sachbearbeiter aus dem Büro von Werner Schneider in Neu-Ulm, war der maßgebende Mann – wollte zunächst den Laden dichtmachen und die Konkursmasse mehren, sprich: die dem AEV gehörenden Spieler verkaufen. Doch das ging so einfach nicht, denn die interessierten Vereine spekulierten alle auf eine in der DEB-Satzung vorgesehene »Freigabe von Amts wegen«. Keinen Pfennig hätte der AEV bekommen, denn er war ja aus dem Spielbetrieb ausgeschieden, hatte die Ausrüstung im Frühjahr 1987 versteigert.

Herwig Lödl ersann eine neue Taktik: »Ich meldete den AEV trotz des Konkurses zum Spielbetrieb an.« In ernstgemeinter Absicht? »Nein, das waren Scheingefechte. Ich wollte erreichen, daß andere Vereine unsere Spieler kaufen anstatt auf die Freigabe von Amts wegen auszugehen. Doch die Art, wie wir von den Klubs und auch vom Verband behandelt wurden, hat mich erst richtig angestachelt. Wir haben uns Anfang September, sechs Wochen vor Saisonbeginn, durchgesetzt und wurden zum Spielbetrieb in der Oberliga zugelassen.«

Das gab natürlich auch böses Blut, weil sich eben einige Vereine schon am AEV-Spielerpersonal bereichert hatten: die Zweitligisten Bayreuth und München sowie der eben in die Oberliga aufgestiegene Nachbar TSV Königsbrunn. Ihn traf's am härtesten. Tormann Thomas Schön, die Verteidiger Sepp Neumüller und Armin Steigenberger und Stürmer Georg Hetmann, allesamt gestandene Zweitligaspieler, mußten die »Pinguine« sofort rausrücken, im Dezember dann noch die bisherigen AEV-Leihgaben Christian Böhm, der zweite Torwart, und Milan Sako. Bitter für den TSV Königsbrunn, denn er träumte schon vom Durchmarsch in die II. Liga – und einem Zuschauerboom.

Doch den hatte der ungeliebte AEV – was einer Sensation gleichkam. Aufgrund der späten Meldung mußte der neue Trainer Anton Waldmann, der als ehemaliger Finanzbeamter auch die Geschäftsstelle leitete, mit einem Mini-Kader in die Saison starten, ohne Ausländer. Die Transferliste war bereits geschlossen. Geld sowieso keines da. Doch dann das Wunder: Der AEV verlor zwar Spiel um Spiel, gewann bis Dezember ganze zweimal, aber hatte stets um die 2000 Zuschauer im Stadion. Er fand in einer Bauträgerfirma einen Werbepartner, bekam endlich seine Kanadier – Ron Amyotte und Barry Burkholder – und machte sich auf die Aufholjagd. Höhepunkt: der 8:4-Sieg gegen den TSV Königsbrunn vor 5921 Zuschauern.

Das sportliche Ziel – Erreichen der Aufstiegsrunde zur II. Liga – wurde zwar verfehlt, doch finanziell sah's prima aus: Der AEV übertraf seinen eigenen Plus-minus-null-Wirtschaftsplan, machte einen Reingewinn von 130 000 Mark. Wenn's 1989 so weitergeht, kann er sich über einen Zwangsvergleich gänzlich entschulden, die Chancen stehen gut.

Herwig Lödl und sein Boß Werner Schneider, die Konkursverwalter, sind durch den AEV im Eishockey bekannte Leute geworden. Und begehrte: Schon mancher »konkurswillige« Verein richtete eine Anfrage nach Neu-Ulm, ob nicht das dortige Büro die Regentschaft übernehmen könne. Auch im Fall Iserlohn waren Lödl/Schneider als Gutachter gefragt.

Doch sie wollen sich aus dem Eishockey auf Dauer lieber raushalten. Und sie betonen, daß das Modell Augsburg nicht übertragbar sei. Feststellung von Herwig Lödl: »Daß das Publikum so zum Verein hält – das gibt es nur in Augsburg!«

Günter Klein

Meisterschaft der Damen

Die Damen verlieren ihre Unschuld!

Ich gestehe: Vor zwei, drei Jahren hätte ich eine Geschichte über eishockeyspielende Damen allein an den Klagen der Füssenerin Sylvia Meisinger aufgehängt. Hiermit gebe ich ihre Worte wieder – aber nur, weil ich es ganz lustig finde, auch mal diesen Aspekt des Eishockeys zu beleuchten.

Das Fräulein Meisinger tat also kund: Was ihr an diesem Endturnier um die Deutsche Meisterschaft nicht gefalle, das sei der enorme Aufwand, den man mit den Unterhosen betreiben müsse. Für zwei Eishockey-Tage brauche sie nämlich sechs. Sylvia rechnet vor: »Am Samstagmorgen ziehe ich die erste an. Nach dem Spiel gegen Esslingen nehme ich natürlich eine frische – ist die zweite. Die trage ich auch gegen Düsseldorf, doch danach muß ich wieder wechseln. Bin ich bei der dritten. Am Sonntagmorgen komme ich mit der vierten. Wir spielen das Halbfinale, der Schlüpfer ist verschwitzt – folglich muß Nummer fünf her. Anschließend Finale oder Spiel um Platz drei – danach ist die sechste Unterhose an zwei Tagen dran.«

Den Herren der Eishockey-Schöpfung würde es nicht anders gehen – vorausgesetzt, sie hätten vier Partien binnen knapp 30 Stunden zu spielen. Aber sie müssen ja nicht, für sie ist alles eine ziemlich umstandslose (dieses Wort enthält keinerlei Zweideutigkeit!) Angelegenheit. Ein Unterschied zur Frauen-Welt. Nicht der einzige.

Doch reden wir erst einmal davon, wo die Damen drauf und dran sind, Unterschiede auszugleichen. Sie tun das wirklich – auf dem Eis! »Ja, das Tempo ist höher geworden, die Aktionen sind nicht mehr zufällig, sondern geplant. Und man sieht jetzt auch Schlagschüsse, immer härtere«, bestätigt Wolfgang Sorge, der Obmann der Eishockey-Frauen, die Eindrücke des Ab-und-zu-Beobachters. »Es wird überlegt«, sagt Sorge weiter, »ob man den Bodycheck abschaffen soll. Doch wir alle sind strikt dagegen, das würde unseren Sport kastrieren.« (Welch ein Begriff im Zusammenhang mit Damen...)

Annäherung an die Herren – der Knüller dabei ist der: Demnächst wird Deutschland eine eigene Damen-Nationalmannschaft haben. Grund: Der Weltverband IIHF hat eine Umfrage gestartet, ob Interesse bestünde an Teilnahme oder sogar Ausrichtung einer Europameisterschaft. Der DEB fühlte sich angesprochen, Präsident Otto Wanner beauftragte seinen Manager Helmut Bauer, das mal in die Hand zu nehmen, und Wolfgang Sorge begann erfreut zu philosophieren: »Sehr wichtig, daß wir von Anfang an dabei sind. Wir dürfen die Entwicklung nicht verschlafen.«

Die sportliche Betreuung der Damen-Nationaltruppe könnte, so überlegt Sorge, einer aus dem Honorartrainer-Stab des DEB übernehmen. »Ein eigener Mann, nein, da würden wir die Sache wichtiger machen, als sie ist.« Eine erste Auswahl haben die Trainer der Spitzenvereine zu treffen. Sie müssen Spielerinnen aus den eigenen Rei-

Das ist der Deutsche Meister 1988, der Mannheimer ERC.
In der hinteren Reihe von links:
Co-Trainer Uwe Ehhalt,
Manager Andreas Moray, Monika Pilat,
Anja Schnetz, Christine Steinkohl,
Yvonne Nassner, Angelica Sterzik,
Natascha Hyb, Martina Schmitt,
Nicole Noschka, Martina Habermaas,
Karin Obermaier, Ingrid Micknat.
Vorne: Ilona Holliday, Linda Holliday,
Karin Berlinghof, Monika Strasser,
Claudia Haaf, Monika Spring, Beate Baert,
Tanja Kieser und Melanie Rach.

Meisterschaft der Damen

hen empfehlen. Und sagen, wen sie von anderen Mannschaften für geeignet halten.
Sicher wird dann Elvira Saager eine der Erwählten sein. Die Stürmerin vom EHC Eisbären Düsseldorf ist immer noch die Beste im Lande – seit Jahren schon. Aber – und das ist bezeichnend für das gestiegene Niveau – sie hat sich umstellen müssen. Früher spielte sie noch Fußball beim KBC Duisburg, stand sogar im Finale um den DFB-Pokal im Berliner Olympiastadion, »aber mit Fußball ist nun Schluß. Außer, der KBC braucht mich mal ganz dringend – dann springe ich ein«, sagt sie.
Angleichung an die Männer – da gibt's noch was: Bei der Endrunde in Füssen kam's zur ersten Rauferei. Im Halbfinale Düsseldorf–Bergkamen brach die Rivalität voll durch, die Damen zückten die Fäuste. Doch, wen wundert's? Wenn das Niveau ein höheres ist, wird die Einstellung verbissener – irgendwann mußte das Frauen-Eishockey mal seine Unschuld verlieren...

Frage: Warum sind die Mädchen besser geworden? Antwort: Weil es jetzt viel mehr gibt. 752 wurden 1988 im DEB registriert – zwar wenig im Vergleich zu 1210 Kleinstschülern, den »Bambinis«, und 5418 ausgewachsenen Männern, doch immerhin eine gewaltige Steigerung gegenüber den 253 im Jahr davor. Ein Boom – und der hat zur angenehmen Folge, daß die Trainer mangels Masse nicht auch die Schlittschuh-Anfängerinnen spielen lassen müssen. Das Beispiel Düsseldorf, in den letzten Jahren – bis zur Ablösung durch die Mannheimer ERC Bob Cats 1988 – dominierend: 13 Spielerinnen haben sie in der ersten Mannschaft, die in der NRW-Liga antritt, 13 in der Landesliga-Truppe. Weitere 15 spielen im Team der sechs- bis zwölfjährigen – und die messen sich bisweilen sogar mit den jungen Herren aus Duisburg und Ratingen. Oder das Beispiel Füssen: In der Bambini-Truppe (männlich) des EVF spielt ein Mädchen-Block. Der beim 6:1 gegen den EV Pfronten zugeschlagen hat: Fünf Tore! Girls, Girls, Girls!

Die Ligen wurden neu geordnet. Wichtigste Maßnahme: Die Berliner mußten bei den Nordrhein-Westfalen mitspielen. Anfangs protestierten sie, doch dann, so Renate Ostrowski, Managerin und Verteidigerin vom Olympischen Schlittschuh-Club Berlin, »haben wir eingesehen, daß das gut ist. Weil wir gefordert werden und unsere Leistung stärker wird.« Klaglos ziehen die Berlinerinnen nun gen NRW.
»Vielleicht«, denkt Obmann Wolfgang Sorge voraus, »werden wir eines Tages Bayern und Baden-Württemberg in einer Liga zusammenfassen müssen. Füssen und Kaufbeuren, Mannheim und Esslingen werden allmählich zu überlegen in ihren Regionen.«
Was sich kaum geändert hat bei den Damen: Ihr Spiel betreiben sie nach wie vor quasi unter Ausschluß der Öffentlichkeit, im Kreise der Familie. Die Trainings- und Spielzeiten sind annehmbarer geworden – aber letztlich doch unmöglich. So kann's einer Berliner Mannschaft durchaus passieren, daß sie ein Wochenende so verbringt: Samstag um 22 Uhr 30 Anpfiff in Dortmund, drei mal 15 Minuten Spiel, hinterher duschen, kurz schlafen, Sonntag frühmorgens 6 Uhr 30 erstes Bully in Köln. »Wenigstens«, sagt Renate Ostrowski, »werden wir bei der Verteilung von Trainingszeiten gegenüber Hobby-Mannschaften vorrangig behandelt.« Na, wenigstens das...
Außerdem sind Eishockey-Spielerinnen ihre eigenen Sponsoren. Sogar in Berlin, wo der Senat ein großzügiger Sportförderer sein soll. Konkret sieht das so aus: Der Fahrtkostenzuschuß beträgt für Mädchen unter 18 pro Tag 35 Mark, für die Erwachsenen nur noch 15. Und: Diesen vollen Zuschuß kriegt nur eine Berliner Mannschaft. Die des Meisters. Was nichts anderes heißt als: Man muß erst einmal ums liebe Geld spielen. Unwürdig... Etwas mehr Unterstützung – auch seitens des DEB – täte den Damen gut. Und auch eine Europameisterschaft an der Düsseldorfer Brehmstraße vor Wunderkerzen-Publikum. Verdient hätten sie's, diese starken Frauen!

Günter Klein

Nachwuchs-Meisterschaften

Ein Jahr für die Geschichte?

Er mußte sich jahrelang als Rufer in der Wüste fühlen, Hans Rampf, Bundestrainer für den Nachwuchs. Er warnte, er zeigte Gefahren auf, doch die Nachwuchsarbeit blieb im deutschen Eishockey ein Stiefkind. Fortschritte waren in letzter Zeit allerdings unverkennbar und jetzt gibt es auch erste Erfolgsmeldungen. 1988 war vielleicht sogar ein Jahr für die Geschichte. Da wurde nämlich endgültig die Einführung einer Junioren-Bundesliga ab der Saison 1989/90 beschlossen. Spät, aber vielleicht nicht zu spät.

Im Kräfteverhältnis des deutschen Eishockeys hat sich bisher wenig geändert. Zwar konnten die Mannschaften aus dem Westen die Bayern mitunter etwas ärgern (die Düsseldorfer EG wurde schon einmal Junioren-Meister), doch die Talentschmiede bleibt in Bayern. Und das auf längere Sicht, wie die Titelkämpfe 1988 beweisen: Der ESV Kaufbeuren wurden Junioren-Meister, der SB Rosenheim gewann bei Jugend und Schüler, der EV Landshut bei den Knaben. Diese drei Vereine sind heute in der Nachwuchsarbeit führend. Auf diesem Gebiet sind auch die Altmeister von einst, der EV Füssen, SC Riessersee und EC Bad Tölz mehr oder weniger von der Bildfläche verschwunden.

Negativ schlug auch immer das große Leistungsgefälle zwischen den Mannschaften in einzelnen Ligen zu Buche. Das soll jetzt mit der Junioren-Bundesliga anders werden. Und klappt es auf diesem Gebiet, dann will Hans Rampf noch einen Schritt weitergehen, er hat auch schon die Jugend-Bundesliga im Kopf.

International verlief die vergangene Saison aus deutscher Sicht zufriedenstellend. Die A-Junioren schafften bei der Weltmeisterschaft der Gruppe A in Moskau den Klassenerhalt, die B-Junioren bei der Europameisterschaft der Gruppe B in Frankreich wieder den Aufstieg nach oben, so daß das deutsche Eishockey jetzt auf allen Gebieten wieder erstklassig ist. Die Anstrengungen gelten auch der Tatsache, daß dies in Zukunft so bleiben möge.

Doch da ist der Bundestrainer nicht der einzige Warner. Auch Gerd Truntschka, einer der Stars der Nationalmannschaft, befürchtet als Kenner der Materie, »daß uns die Schweiz auf Dauer überholen wird«. Und Hans Rampf mußte bei den verschiedenen internationalen Turnieren im Nachwuchsbereich sehen, »daß die Gefahr nicht von der Schweiz allein kommt«. Bei der Europameisterschaft der Gruppe B war der Coach überrascht: »Die Jugoslawen hatten da zum Beispiel einen Block, der unsere Formation glatt an die Wand gespielt hat. Die Fortschritte bei verschiedenen ›kleinen Nationen‹ wie Österreich, Frankreich und Dänemark waren unverkennbar. Wir müssen also etwas tun, um nicht bald auf der Nase zu liegen.«

Entscheidend für die deutschen Nachwuchs-Auswahlteams wird sein, daß sie sich auch künftig die Erstklassigkeit erhalten und daß es bald auch mehr Erfolgserlebnisse gibt. Bei den A-Junioren steht Jahr für Jahr der Kampf um den Klassenerhalt im Vordergrund, der aber in Moskau erfolgreich bestanden wurde. »Wir haben uns gut verkauft«, resümierte Hans Rampf, obwohl es ohne Zittern nicht abging. Zwischen den punktgleichen Amerikanern, Deutschen und Polen entschied schließlich der direkte Vergleich, und der schickte Polen nach unten. Die hatten aber vorher im deutschen Lager für Aufregung gesorgt, als ihnen ein 4:3-Sieg über die USA gelang. Die Rampf-Schützlinge ihrerseits unterlagen den Amerikanern mit 4:6 und standen im direkten Vergleich gegen Polen mit dem Rücken zur Wand. Ein 6:3-Erfolg machte aber alles klar.

Der Bundestrainer stand vor allem wieder vor dem Problem, Spieler einsetzen zu müssen, die vorher in ihren Vereinen ohne Spielpraxis waren, weil sie in der Bundesliga auf der Ersatzbank sitzen. Das galt zum Beispiel für Mann-

heims Torhüter Peter Franke, doch der überraschte den Trainer ebenso wie der Bad Nauheimer Markus Flemming mit einer großartigen Leistung. Auch international günstige Perspektiven sieht der Trainer aus dieser Mannschaft auch für die Kölner Pokorny, Brandl und Köpf sowie den Landshuter Lupzig. Mit disziplinierter Arbeit gefielen auch der Freiburger Rumrich und der Rosenheimer Pohl. Es gibt also Hoffnungen für die Zukunft, auch wenn Rampf – wie jedes Jahr – wieder die halbe Mannschaft aus Altersgründen verliert. Die jüngeren Junioren marschierten bei der Europameisterschaft der Gruppe B in Frankreich ohne Probleme und ohne Punktverlust wieder in die Gruppe A. Die A-Junioren hatten es ihnen ja ein Jahr vorher vorgemacht. »Talente mit guten Perspektiven«, sah Hans Rampf auch da, was wohl hoffen läßt. Und auch Xaver Unsinn hat den Füsse-

Nachwuchs-Meisterschaften

»Land in Sicht« sieht Bundestrainer Hans Rampf (unten). Mit der Einführung der Junioren-Bundesliga hat sich auf dem Nachwuchssektor endlich etwas getan. Deutscher Meister 1988 wurden die Junioren des ESV Kaufbeuren (links).

ner Jörg Mayr »als größtes Verteidigertalent derzeit« schon ausgemacht. Jörg Mayr wurde bei diesem Turnier auch zum besten Verteidiger gekürt. Das haben noch nicht viele deutsche Spieler geschafft!
International gesehen hält der Druck auf die UdSSR an. Kanada rundete sein erfolgreiches Jahr mit dem Gewinn der Junioren-Weltmeisterschaft ab, doch bekanntlich platzte die größte Hoffnung, nämlich der Gewinn einer Olympia-Medaille. Aber wie wenige Tage vorher die Senioren vom Team Canada beim Iswestija-Cup, so besiegten die Junioren die Russen in Moskau, also in der »Höhle des Bären«. Bei der Junioren-Europameisterschaft nutzte die CSSR den Heimvorteil. Mit den Tschechen ist also weiterhin zu rechnen.
Es verwundert keinen, daß sich in den nächsten Jahren die Hierarchie bei den Senioren nicht ändern wird. Die Erfolge im Nachwuchsbereich lassen dies erkennen. Und so ist es eigentlich gar nicht so schwer, zu begreifen, daß Deutschland erst einmal beim Nachwuchs erfolgreich sein muß, um später auch mit dem A-Team ganz oben mitspielen zu können. Bis jetzt schaffen immer nur einzelne Talente den Sprung in die Nationalmannschaft, aber die breite Basis fehlt. Um diese aber wirklich zu schaffen, muß bei uns erst über die Grenzen Bayerns hinaus intensive Nachwuchsarbeit betrieben werden. Nur so kann der Aufwärtstrend im bundesdeutschen Eishockey langfristig gesichert werden! *Klaus-Peter Knospe*

DEB-Verbandstag

Die Bundesliga war der Sieger

Zwei Themen gab es, die den Verbandstag des DEB Ende Juni in Garmisch-Partenkirchen beherrschten. Zum ersten die Feiern anläßlich des 25jährigen Jubiläums des DEB, zum zweiten der »Aufstand« der Bundesliga, die endlich mehr Mitspracherecht bei den Entscheidungen des Vorstandes wollte. Das Ergebnis war eine beginnende Verjüngung des Vorstandes. Der 51jährige Rudolf Gandorfer, Präsident des EV Landshut, rückte als 2. Vizepräsident – ein neugeschaffener Posten – in den Vorstand, der 47jährige Toni Fischhaber löste Helmut Perkuhn, der dieses Amt 25 (!) Jahre lange innehatte, als Jugendobmann ab und Helmut Böhm (46) wurde neuer Schiedsrichter-Obmann für den nicht mehr kandidierenden Willi Penz.

Daß für Rudolf Gandorfer eigens ein Posten geschaffen wurde, war das Ergebnis eines Kompromisses unmittelbar vor Beginn des Verbandstages. Der Landshuter war sogar gewillt, als Gegenkandidat des amtierenden Präsidenten Otto Wanner aufzutreten. Doch zum Machtkampf kam es nicht, weil auch Helmut Meyer, Direktor des Bundesausschusses für Leistungssport, quasi als übergeordnete Persönlichkeit, zur Vernunft rief. Und daß die Bundesliga verstärkt mit einbezogen wird, wenn es um die Geschicke des Verbandes geht, findet Helmut Meyer vernünftig und richtig: »Es ist absolut notwendig, daß die Bundesliga im Verband diktiert, schließlich finanzieren diese Vereine den Verband und stellen die Spieler für die Nationalmannschaft. Die Bundesliga hat doch finanziell und organisatorisch eine ganz andere Struktur.« Für den BAL-Direktor ist man beim Verbandstag in Garmisch sogar »auf halbem Wege stehengeblieben«. Dies allerdings auch deshalb, weil ein kompletter Umbruch natürlich nicht von heute auf morgen gehen kann. Mit Argusaugen beobachteten die Vertreter der kleinen Vereine, was die Bundesliga denn vorhabe. Nicht immer folgte die Basis den Vorgaben und wehrte sich dort, wo es für die kleinen Vereine lebenswichtig schien. So ist der Bundesliga zum Beispiel ein Dorn im Auge, daß sie weitgehend für die Schiedsrichterkosten aufkommen muß, doch eine Änderung lehnte die Versammlung mit großer Mehrheit ab! Auch bei den Neuwahlen wurde deutlich, daß die Basis nicht alles diktiert haben wollte. Stellte sich der Duisburger Wilfred Wegmann noch als »Vertreter der kleinen Vereine« vor und löste dann auch Dr. Ernst Eichler (Mannheim) als 1. Vizepräsident ab, so scheiterte mit Dr. Wolfgang Bonenkamp bei der Wahl des Schatzmeisters der Wunschkandidat der I. Bundesliga. Dennoch darf sich die I. Bundesliga als der Sieger fühlen. Das so sehr gewünschte Mitspracherecht hat sie und in dem Ligenvorsitzenden Fritz Brechenmacher einen weiteren Mann ihrer Wahl an entscheidender Stelle. Der Zahnarzt aus Peiting stellte sich wieder zur Wahl, obwohl er erst im Herbst 1987 von seiner Position zurückgetreten war. »Jetzt sind allerdings andere Voraussetzungen gegeben«, sagte er zu seinem »Comeback«.

Die Aufgaben im Vorstand sind klar verteilt. Wilfred Wegmann wird, wie er selbst betont, der Verwalter der Rechte der kleinen Vereine sein, Rudolf Gandorfer hat das schwierige Feld der Vermarktung unter seinen Fittichen. So werden vor allem bessere Fernsehverträge angestrebt, wobei künftig auch die II. Bundesliga mit eingeschlossen werden soll. Gut möglich, daß mit Rudolf Gandorfer der künftige Präsident einen Platz im Vorstand eingenommen hat. Otto Wanner zumindest kündigte bereits an, daß er ein letztes Mal kandidiert habe.

Seit 24 Jahren führt der Füssener Bürgermeister den Verband. Das 25jährige Jubiläum des DEB sieht er als »Zwischenstation«. Sein Motto hieß: »Wir müssen in die Zukunft blicken und einiges in unserer Gemeinschaft ändern. Das Konzept für die 90er Jahre ist wichtiger als die Vergangenheit zu feiern.« Dabei konnte er aber durchaus stolze Zahlen vorlegen, die Zuwachsraten in den letzten 25 Jahren waren nämlich durchaus beachtlich: Die Zahl der Kunsteisstadien stieg zum Beispiel von 1963 von 27 (davon zehn überdacht) bis heute auf 198 (114 überdacht). 1963 registrierte man 3685 aktive Spieler, heute sind es 14208 in 234 Vereinen – eine Steigerungsrate von 285 Prozent! Es hat sich also gelohnt, daß sich die Eishockeyaner 1963 aus organisatorischen Gründen selbständig machten, auch wenn sie ja unter dem Dach des Eissport-Verbandes blieben, dessen Präsident Herbert Kunze zu den »Freunden des Eishockeys« zählt.

Wie das Eishockey in den 90er Jahren aussehen wird? Über die Zukunft wurde in Garmisch-Partenkirchen heftig diskutiert, in manchen Bereichen wurden auch die Weichen gestellt. Zum Beispiel mit der Einführung der Junioren-Bundesliga, der gleich »Over-Age-Spieler« beigegeben wurden, das heißt, drei Spieler die eigentlich die Junioren altersmäßig verlassen müßten, dürfen weiterhin eingesetzt werden. Zu einer besseren Zukunft gehört auch der Blankoscheck, den die Versammlung dem Vorstand ausstellte: Bereits im

DEB-Verbandstag

Die neue Führung des DEB: Von links 2. Vizepräsident Rudolf Gandorfer (Landshut), Präsident Otto Wanner (Füssen), 1. Vizepräsident Wilfred Wegmann (Duisburg) und Schatzmeister Walter Matthes (Walldorf).

Die Neuwahlen

Vorstand: Präsident: Otto Wanner (Füssen). – 1. Vizepräsident: Wilfred Wegmann (Duisburg). – 2. Vizepräsident: Rudolf Gandorfer (Landshut). – Schatzmeister: Walter Matthes (Walldorf).

Sportausschuß: Ligenvorsitzender: Fritz Brechenmacher (München). – Bundesliga-I-Obmann: Josef Pflügl (Kaufbeuren). – Bundesliga-II-Obmann: Günther Knauss (Füssen). – Oberliga-Obmann: Richard Ott (Peißenberg). – Regionalliga-Obmann: Wolfgang Sorge (Düsseldorf). – Schiedsrichter-Obmann: Helmut Böhm (Landshut). – Jugend-Obmann: Toni Fischhaber (Bad Tölz).

Kontrollausschuß: Vorsitzender: Wilfried Wurtinger (Lauterbach). – Mitglieder: Walter Ambros (Füssen), Manfred Albrecht (Peine).

Spielgericht: Vorsitzender: Reinhold Gosejacob (Nordhorn). – Stellv. Vorsitzende: Dr. J. Boulanger (Mannheim), Hans-Peter Reimer (Villingen). – Mitglieder: Hilmar Röser (Garmisch), Dieter Grätz (Berlin), Günther Herold (Frankfurt), Fritz Medicus (Kaufbeuren), Bruno Schicks (Krefeld), Nicolaus Pethes (Hamburg).

Verbandsgericht: Vorsitzender: Dr. Roland Götz (Füssen). – Stellv. Vorsitzender: Lutz Schwiegelshohn (Moers). – Mitglieder: H. Schlüter (Dortmund), A. P. Krekel (Kaufbeuren), Dr. Hans-G. Leonhardt (Dortmund).

Schiedsgericht: Beisitzer (gewählt): Rainer Blechschmidt (Essen), Horst Tichy (Bad Lauterberg).

kommenden Jahr kann die II. Bundesliga nämlich eingleisig fahren, wenn dies als notwendig erscheint!

Dies könnte vor allem aus wirtschaftlichen Gründen passieren. Eine der großen Hoffnungen im Verband ist, daß vor allem auf wirtschaftlichem Gebiet bei den Vereinen endlich die Vernunft Einzug hält. Um Verwicklungen wie im Fall Iserlohn künftig auszuschließen, wurde beschlossen, daß Vereine, bei denen das Konkursverfahren eröffnet oder mangels Masse abgelehnt wurde, künftig nicht am Spielbetrieb teilnehmen dürfen. Etwas weh tat es den Vorstandsherren, daß sie, um dem EG-Recht nachzugehen, so weit nachgeben mußten, daß EG-Spieler künftig wie deutsche Spieler mit Transferkarte behandelt werden. Sie fallen also nach drei Jahren in Deutschland nicht mehr unter das Kontingent. Man hofft aber, daß es dennoch keine neue Ausländerschwemme geben wird.

Noch einmal zeigten die kleinen Vereine den »Großen« die Grenzen auf, nämlich in der Frage der Farmteams. Der eigentlich vernünftige Vorschlag, der Farmvereinbarungen für bis zu fünf Spielern zwischen Vereinen unterschiedlicher Klassen vorsah, wurde abgeschmettert. Viele Vereinsfunktionäre befürchteten, daß die reichen Vereine noch stärker werden würden, weil sie beim anderen Verein den Farmspieler bezahlen und bei Bedarf auf einen besseren Spieler zurückgreifen können.

Es wird also noch ein wenig dauern, bis sich auch im Eishockey das Gesetz des Marktes endgültig durchgesetzt hat. Ein Stück des Weges zur Verselbständigung der Elite ist man gegangen. Der Fußball klang immer wieder als Vorbild an, wo ja auch die Bundesliga innerhalb des Verbandes eine große Selbständigkeit genießt. Das nächste Stück kann dann folgen, wenn auch in der II. Bundesliga professioneller gearbeitet wird und die Trennung zwischen Leistungs- und Breitensport deutlicher wird. Nur so kann nämlich auch eine alte Eishockey-Krankheit geheilt werden, mit »gekauften« Mannschaften den schnellen Erfolg zu suchen. Regiert die Vernunft, dann müssen Mannschaften langsam wachsen.

Ein Problem, das auch Präsident Otto Wanner in der Festschrift anläßlich des 25jährigen Jubiläums ansprach. »Es muß die Sorge angesprochen werden, die der wirtschaftlichen Situation mancher Vereine gilt. Ich muß in diesem Zusammenhang betonen, daß der DEB nicht in der Lage und auch nicht willens ist, mißverstandenen sportlichen Ehrgeiz und/oder wirtschaftliche Leichtfertigkeit zu billigen. Wir werden vielmehr auch in Zukunft nur echt sportliche Ambitionen und Aktivitäten fördern können, die reell und vernünftig verwaltet werden«, heißt es dort. Möge man dem DEB-Vorstand wünschen, daß ihm in dieser Hinsicht der Durchbruch gelingt! *Klaus-Peter Knospe*

National Hockey League

Flammen gelöscht, Flügel gestutzt, Bären erlegt

Eine besondere Belohnung für Superstar Wayne Gretzky nach dem Gewinn des Stanley-Cups: Er heiratete das Filmsternchen Janet Jones, was manchen seiner Fans nicht paßte. Frau Gretzky hatte sich 1987 im Playboy nackt gezeigt!

Es hätte das Jahr der Calgary Flames werden sollen. Als jedoch spät im Mai der bald mannshohe Stanley-Cup zur Siegesfeier freigegeben wurde, da paradierten damit die Herren Wayne Gretzky, Mark Messier und Grant Fuhr auf dem Eis herum. Die Edmonton Oilers hatten ihn zum vierten Mal erobert, mit einem einzigartigen Durchmarsch: 16 Siege und 2 Niederlagen lautete ihre Bilanz in den Play-Offs. Auf dem Weg zum Eishockey-Nirwana hatten sie nacheinander Calgarys lodernde Flammen gelöscht, Detroit die Flügel gestutzt und die brummigen Bostoner Bären erlegt.

Nach solch leichter Abfertigung der Widersacher hatte es vorerst gar nicht ausgesehen. Während der regulären NHL-Saison schien sich eine Wende zugunsten der Erzrivalen aus der Olympiastadt abzuzeichnen. Unter ihrem neuen Coach Terry Crisp gewannen die Flames die Smythe Division und registrierten einen Vereinsrekord von 105 Punkten. Das waren zehn mehr als im Vorjahr, zwei mehr als die Montreal Canadiens als weitere Gruppensieger zustande brachten, und vor allem: sechs mehr als die Edmonton Oilers.

Für das leichte Absacken der Oilers gab es durchaus Erklärungen. Als gutes Team haben sie Mühe, den Generationenwechsel zu vollziehen. An der Ziehung der Amateure und Junioren müssen sie zwanzigmal passen, ehe sie drankommen – dann sind die Jungstars weg. Starverteidiger Paul Coffey war unzufrieden und streikte, um eine Saläraufbesserung zu bekommen. Präsident-Manager-Coach Glen Sather blieb hart; schließlich wurde Coffey an Pittsburgh abgegeben; als Tauschobjekt stieß Stürmer Craig Simpson zum Team. Und dann kam der Fall Gretzky: Erstmals in seiner Karriere wurde Gretzky ernsthaft verletzt, erst am Knie, dann am Auge. Er mußte 16 Partien aussetzen. Während dieser Zeit ging Platz 1 verloren. Gretzky selbst kostete die Pause den Titel des »wertvollsten Spielers«, den er siebenmal in Reihenfolge zugesprochen erhielt. Diesmal machte sein Rivale Mario Lemieux das Rennen. Doch all dem war auch eine positive Seite abzugewinnen, wie sich noch zeigen sollte.

Mittlerweile hatten die Flames ihren Spaß. Die Bilanz gegen die Oilers war positiv, sie schossen in den 80 Spielen mit 397 am meisten Tore, ihr Powerplay war das beste der Liga, nämlich zu 28,5 Prozent funktionstüchtig. Joe Nieuwendyk beendete sein Erstlingsjahr mit 51 Toren, was vor ihm nur Mike Bossy geschafft hatte (55), und er wurde zum Neuling des Jahres erkoren. Nach den Olympischen Spielen stieß noch der CSSR-Internationale Jiri Hrdina zur Mannschaft. Hakan Loob hatte seinen zweiten Atem gefunden und als erster Schwede in der NHL 50 Treffer erzielt. Was konnte da noch schiefgehen!

Es gab noch andere Rekorde. Jimmy Carson, Mittelstürmer-Hoffnung der Los Angeles Kings, brachte es als erster Amerikaner auf über 50 Tore (56), Torhüter Grant Fuhr bestritt bis auf fünf sämtliche Spiele der Oilers. Die Montreal Canadiens kassierten mit 238 am wenigsten Gegentreffer, die am meisten verbesserten Teams waren die New Jersey Devils (plus 18 Punkte) und die Detroit Red Wings (15), die größten Rückschläge nahmen die Toronto Maple Leafs (minus 18) und die Hartford Whalers (16) in Kauf.

Als Gruppensieger schälten sich neben Calgary noch Detroit, Montreal und die New York Islanders heraus, und wie üblich folgte gegen Saisonende hin das große Gejammer. Nur die besten vier jeder Gruppe sind für die Play-Offs qualifiziert, und dazu zählten mit dem zweitschlechtesten Total von mickrigen 52 Punkten die Toronto Maple Leafs. Für die New York Rangers mit 82 und die Pittsburgh Penguins mit 81 war dage-

National Hockey League

Hurra, wir haben wieder den Stanley-Cup! Von links Mark Messier, Wayne Gretzky und Kevin Lowe.

National Hockey League

gen nach 80 Spielen Ladenschluß. So kam es, daß der Topskorer der Liga, Mario Lemieux, der in 77 Spielen 70 Tore und 98 Assists verbucht hatte, wie in den Spielzeiten zuvor unter den Zuschauern weilte, als der Kampf um den Pokal begann. Die Play-Offs verpaßten aber auch die Minnesota North Stars unter dem einst siegreichen Olympia-Coach Herb Brooks, die Vancouver Canucks und die Quebec Nordiques. Die »Bierschlacht« der Provinz Quebec – rivalisierende Brauereien besitzen die Teams – ging eindeutig zugunsten der Montreal Canadiens aus, obwohl die Nordiques in ihren Reihen Topskorer wie Peter Stastny (6., 111 Punkte) und Michel Goulet (10., 106) hatten.

Dafür gab es den Aufstand der »Mickey Mäuse«. Als solche hatte vor noch nicht allzu langer Zeit Gretzky abschätzig die New Jersey Devils tituliert. Irgendeine Gentechnik muß bewirkt haben, daß aus ihnen freßgierige Löwen wurden. Die Devils begannen als Kansas City Scouts, mutierten zu Colorado Rockies und wanderten schließlich ins Meadowlands ein, in den Sportkomplex, der etwa zehn Kilometer vom Madison Square Garden am Hudson River liegt. Sie erlebten meist einen guten Saisonstart, hingen um Platz 3 oder 4 herum und fielen dann in ein Januarloch. Uli Hiemer, der drei Jahre in ihren Diensten stand, könnte da ein Liedchen singen. Diesmal schien dasselbe Schicksal vorgezeichnet zu sein. Als die gewohnte Baisse kam, reagierte das Management: Coach Doug Carpenter mußte dem 36jährigen Ex-Verteidiger Jim Schoenfeld weichen.

Noch wichtiger war aber ein anderer Neuer: Torhüter Sean Burke. Kaum hatte er mit Kanadas Olympiateam eine Medaille verpaßt, stürzte er sich in ein weiteres scheinbar aussichtsloses Unterfangen. Die Devils hatten jahrelang Torhüter gehamstert und ausprobiert. Nationalhüter Chris Terreri (USA), Karl Friesen (BRD), Craig Billington (Kanada, Junior) zählten zu dieser Testbrigade. Burkes Debüt rief eher Erinnerungen an diese drei wach, als daß die Rede vom „nächsten Ken Dryden" sein konnte. Sechs Treffer ließ er in Boston zu, teils haltbare. Doch die Devils schossen sieben. Und von Spiel zu Spiel wurde Burke besser. „Er hat alles, was einen Starkeeper ausmacht", versicherte der größte aller Fachmänner – Ken Dryden.

Gebannt verfolgte die Eishockeywelt den Vorsturm der Devils. Eine richtige Aschenbrödel-Geschichte. In jedem Spiel hing die Play-Off-Qualifikation an einem Faden. Die Devils wurden zum Topteam der letzten 13 Runden, wurden in dieser Zeit nur zweimal geschlagen. Burkes Erfolgsbilanz lautete 10:1 Siege, davon 7:0 auswärts! Zweimal wurden die Pittsburgh Penguins bezwungen und einmal die Rangers. Das alles genügte noch nicht. Im allerletzten Spiel mußte ein Sieg in Chicago her. Beim Stand von 3:3 brillierte Burke mit drei unglaublichen Paraden, und nach 2:39 Minuten Verlängerung versenkte John McLean einen Abpraller zum 4:3. Das reichte zwar erst zur Punktgleichheit mit den Rangers, doch die Anzahl Siege, nämlich 38 zu 36, trug den Devils den letzten Play-Off-Platz ein und ließ die Rangers im Abseits stehen. Eine bittere Pille für deren großsprecherischen Manager Phil Esposito, der sein Team dauernd mit Transfers umgemodelt hatte, während die Devils sorgfältig mit jungen Talenten langfristig aufgebaut hatten.

Der Schwung aus der Meisterschaft wurde gleich in die Play-Offs mitgenommen. Erste Widersacher waren die New York Islanders, die zwar die ganze Saison ohne ihren langjährigen, mit einem mysteriösen Rückenleiden behafteten Goalgetter Mike Bossy auskommen mußten und dennoch Gruppensieger geworden waren. Durch Tore von Brent Sutter und Pat LaFontaine gewannen die Islanders zweimal in der Verlängerung – doch viermal siegten die Devils, die damit erstmals in ihrer Geschichte eine Play-Off-Serie überstanden. Die Washington Capitals als nächste Gegner hatten ihrerseits die Philadelphia Flyers in sieben Spielen

Einer kam du

Im Jahrbuch 1987 endete meine Geschichte über die deutschen Spieler in der NHL mit dem Hinweis: Einer kommt vielleicht durch... Das Wort »vielleicht« können wir heute streichen. Uwe Krupp hat es tatsächlich geschafft und er kam bei den Buffalo Sabres schon weiter als Uli Hiemer, der inzwischen in die Bundesliga zurückgekehrt ist, bei den New Jersey Devils. Krupp spielte mit den Sabres sogar um den Stanley-Cup, schaffte also den Sprung in die Play-Offs.

Buffalo, das ist eine Stadt, wie sie auch in Deutschland stehen könnte. Die Sommer sind warm, im Winter gibt es Schnee. Uwe Krupp fühlt sich wohl dort, und mit ihm Beate, die am 30. April Frau Krupp wurde. Sie haben sich ein Häuschen gekauft und sich auf eine längere Zeit in Amerika eingerichtet. Das bedeutet aber auch, daß sich Uwe in der NHL durchgesetzt hat!

Vor einem Jahr, da mußte der Uwe noch schwer kämpfen. Schließlich hatte er gerade erst eine Verletzung auskuriert, als für ihn das Abenteuer NHL begann. Also landete er im Farmteam der Sabres, hatte dort aber sein Erfolgserlebnis, als die Mannschaft von Rochester den Calder-Cup holte, den Stanley-Cup der Farmteams. Rochester war diesmal allerdings nicht im Gespräch. Uwe Krupp war in 75 von 80 Meisterschaftsspielen der Sabres dabei und fehlte zwischendurch nur wegen einer Hüftprellung und einer Gehirnerschütterung. Im Team ist »King Kong«, den Spitznamen erhielt er wegen seiner Größe, oder »Max« wie er auch genannt wird, weil er gleich im ersten Spiel wie Max Schmeling boxte, heute eine feste Größe. Uwe Krupp hatte sich ein Ziel gesetzt: »Ich suchte das Vertrauen des Trainers, damit er den

National Hockey League

Mut hat, mich auch bei Über- oder Unterzahl einzusetzen. Das hat geklappt.« Dennoch kam der Ex-Kölner in 75 Spielen nur auf zwei Tore und neun Assists, kassierte aber 151 Strafminuten. Krupp gesteht: »Ich war zu defensiv, aber das auf Anraten des Trainers. Gut, ich habe mein Examen in der Defensive gemacht, im nächsten Jahr geht es mehr nach vorn.«

Sportlich ist also alles paletti. Noch nicht gewöhnt hat sich der Deutsche an die Reiserei in der NHL. »Das ist schon hart«, gesteht Uwe, »und die vielen Spiele machen mir noch zu schaffen.« Allein im Januar haben die Buffalo Sabres 19 Spiele absolviert. Das Leben spielt sich so ab: Klamotten rein in die Koffer, raus aus den Koffern. Die Spieler kennen nur noch Stadion, Hotel und Flugzeug. »Das

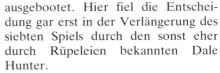

Uwe Krupp (links) hat sich in der NHL durchgesetzt. Daß er kein Pardon kennt, mußte hier auch Gary Leeman von den Toronto Maple Leafs erkennen.

steckt man nicht so einfach weg«, hat Uwe Krupp gemerkt.

Aber, wie gesagt, er richtet sich auf eine längere Zeit in Amerika ein. Im Sommer 1988 besuchte er nicht einmal seine Freunde in Deutschland. Dennoch ist er über die Bundesliga immer informiert und auch die Nationalmannschaft will er nicht aus den Augen verlieren. »Ich würde gern spielen«, betont der Verteidiger, der 1986 bei der WM in Moskau eine hoffnungsvolle Karriere im DEB-Team begonnen hatte. Doch Erfolge mit den Sabres stehen Einsätzen in Unsinns Truppe entgegen, weil sich Stanley-Cup und Weltmeisterschaft terminlich überschneiden. Trotzdem unser Wunsch, auch wenn wir Uwe gern im Trikot des Nationalteams sehen würden, mach's in der NHL gut, Uwe! *Klaus-Peter Knospe*

ausgebootet. Hier fiel die Entscheidung gar erst in der Verlängerung des siebten Spiels durch den sonst eher durch Rüpeleien bekannten Dale Hunter.

Daß Heimvorteil nicht immer zählt, zeigte sich im Divisions-Finale, als die Devils drei von vier Auswärtspartien in Washington gewannen, darunter die letzte mit 3:2. Das Torverhältnis sprach eine deutlichere Sprache: es lautete 30:19 zugunsten der Devils. Bei einem 10:4-Heimsieg stellte der Schwede Patrik Sundström gar einen neuen Rekord von sieben Skorerpunkten auf.

Etwas unerwartet hatte sich auf der anderen Seite des Tableaus Boston durchgesetzt. Die Buffalo Sabres wurden mit 4:2-Siegen abgefertigt, wobei Uwe Krupp sein erstes Play-Off-Abenteuer mit einer Bilanz von minus 5 abschloß – schlechter fiel sie nur bei drei weiteren Sabres aus. Die Montreal Canadiens, die man vielerorts als Geheimfavoriten für den Pokal betrachtet hatte, beendeten die Träume der Hartford Whalers und wurden dann ihrerseits von den Bruins mit 4:1-Siegen abgeschossen. Danach sah es vorerst gar nicht aus. Die Geschichte schien ihren programmierten Lauf zu nehmen, als die Canadiens im Montrealer Forum die erste Begegnung 5:2 gewannen. Doch in den nächsten vier Spielen gegen die defensiv starken Bruins brachten sie nur noch fünf Treffer zustande und schieden sang- und klanglos aus – aber nicht lautlos. Während der ganzen Saison hatte es ein Hickhack zwischen Trainer Jean Perron und unzufriedenen Spielern gegeben. Der Zwist wurde in üblicher Form bereinigt: Manager Serge Savard feuerte Perron.

Somit wurde der Ost-Vertreter für das Pokalfinale zwischen den Bruins und Devils ausgemacht. Die Devils sahen sich rasch in die übliche Rolle des Aufholenmüssens gedrängt. Jedes Mittel war ihnen recht dazu. Erst feierten sie eine weitere Premiere: den ersten Sieg in Overtime. Doug Brown, der vor zwei Jahren noch recht und schlecht im US-Nationalteam in Wien aufgetreten

National Hockey League

war, hieß der glückliche Schütze. »Ich bin in Boston aufgewachsen, die Bruins waren mein Idol, und daß ich hier in Boston das Siegtor für die Devils schoß, freut mich doppelt. Jetzt nimmt man hier Notiz von mir«, sagte Brown. Der nächste große Helfer der Devils war ein Richter.

Die Bruins demolierten die Devils beim ersten Auftritt im Meadowlands gleich 6:1, und die in diesem ruppigen Spiel verhängten Strafen verleiteten Coach Jim Schoenfeld zu einem Wutausbruch. Er bedachte Schiedsrichter Don Koharski mit allerlei Schimpfworten, was ihm von der Liga eine Sperre eintrug. »Was in der NHL nie passieren würde«, wie sich kanadische Journalisten zur juristischen Begleitmusik an der letzten WM in Wien ausdrückten, passierte nun eben doch: Weil vor der Sperre keine Anhörung stattgefunden hatte, riefen die Devils das Gericht an. Mit gerichtlicher Verfügung wurde die Sperre aufgehoben, Jim Schoenfeld stand an der Bank. Dafür weigerten sich jetzt die Profi-Schiedsrichter, die Partie zu leiten. Sie sahen sich desavouiert, die Schiedsrichter-Gewerkschaft unterstützte sie. Hastig wurde aus den Reihen der Zuschauer ein Amateur-Trio zusammengestellt, das sich recht gut aus der Affäre zog. Das Spiel begann mit zweistündiger Verspätung, die Devils glichen mit einem 3:1-Sieg die Serie auf 2:2 aus. Im siebenten Spiel war der Traum endgültig aus. Denn auch die Bruins hatten einen guten olympischen Fischfang gemacht: Mittelstürmer Craig Janney aus dem amerikanischen und Flügel Bob Joyce aus dem kanadischen Olympiateam bildeten zusammen mit Cam Neely die offensiv wirkungsvollste Sturmreihe. Immerhin: neun zusätzliche Heimspiele hatte den Devils der Vorstoß in die Play-Offs beschert, jedes brachte Brutto-Einnahmen von 350000 Dollar, TV-Rechte nicht mitgezählt. Der Kassier konnte endlich aufatmen.

Im Westen hatten die Edmonton Oilers auf dem Weg in die Endserie sage und schreibe zwei Niederlagen erlitten. Nicht etwa seitens des Erzrivalen aus Calgary, sondern einmal in Winnipeg und einmal in Detroit. Die Flames? 3:1, 5:4 n. V., 4:2, 6:4 – eine klare Abfuhr. »Die Rollen waren vertauscht«, erläuterte Oilers-Verteidiger Kevin Lowe. »Früher waren wir die Gejagten und haben die Flames versucht, uns zu frustrieren und aus der Defensive heraus zu schlagen. Diesmal mußten sie mehr zur Spielentwicklung beitragen.« Außerdem änderten die Oilers ihr Konzept, das früher hieß: schießt der Gegner fünf Tore, schießen wir eben sechs! Zwar predigte ihnen Glen Sather stets eine defensivere Verhaltensweise, doch sie hielten sich erst daran, als Offensiv-Verteidiger Paul Coffey weg war. Da leuchtete Sathers Gebot auch dem letzten ein – die prominentesten Opfer waren die Flames.

Fast ebenso mühelos wie die Flames beseitigten die Oilers als letzte Hürde die Bruins. Offiziell wird der Ausgang der Finalserie mit 4:0 Siegen geführt, doch da war noch ein weiteres Spiel, das nur in der Einzelstatistik zählte: Beim Stand von 3:3 ging in der vierten Begegnung im antiquierten Boston Garden das Licht aus – das Spiel wurde vertagt und wäre am Ende der Serie nachgeholt worden. Das erübrigte sich. Die Bruins waren chancenlos, ihre Toplinie wirkungslos, die Torhüter Andy Moog und Rejean Lemelin sowie Starverteidiger Ray Bourque biederer Durchschnitt.

Zu einseitig verteilt waren die Klassespieler, und alle überragte wieder einmal Wayne Gretzky, modisch up to date mit Kurzhaarschnitt. In 17 von 18 Play-Off-Spielen punktete er, allein eine Rekordzahl von 13 Skorerpunkten erntete er gegen Boston, 12 Tore und 31 Assists – ein weiterer Rekord – lautete seine Stanley-Cup-Bilanz. Das Meisterstück vollbrachte er gegen die Flames, als er als Penaltykiller die dritte Partie mit einem Tor in der Verlängerung entschied. Zum zweiten Mal wurde ihm die Conn-Smythe-Trophy als überragender Spieler der Play-Offs zugesprochen. »Ich habe ihn noch nie so gut in Form gesehen am Saisonende – die Pausen haben ihm gut getan«, bestätigte Schwerarbeiter Mark Messier. Sather pflichtete ihm bei: »Er hatte diesen Blick und gerötete Wangen, da weiß man sofort, daß er all die richtigen Bewegungen macht.«

Gretzky selbst zeigte mit dem Finger auf einen anderen, seinen Intimus Kevin Lowe: »Es sind Männer wie er, die den Ausschlag geben. Er bestritt alle Spiele mit einem Handgelenkbruch, und in den letzten drei Runden kamen drei gebrochene Rippen dazu.«

Für die Oilers war es der vierte Stanley-Cup-Triumph innerhalb von fünf Jahren. In dieser Zeit hat sich die Mannschaft stark verändert: nur neun der Oilers, deren Name erstmals 1984 auf dem riesigen Pokal eingraviert worden war, sind auch jetzt noch dabei.

Einer, der stets dabei war, ist der weißhaarige Assistenztrainer John Muckler, den Sather mit mehr Kompetenzen ausgerüstet hat als sonst bei Assistenten üblich. »Kein Team«, so faßte er zusammen, »wäre dieses Jahr imstande gewesen, uns zu schlagen. Und ich glaube nicht, daß es je eine Oilers-Mannschaft gegeben hat, die besser gespielt hat als diese.«

Das alles ist aber auch das Verdienst Sathers, der von allem Anfang an dabei war, der mit einem Spieler – Gretzky – zur NHL stieß und um ihn herum sukzessive Spieler gruppierte, die zu modernem Angriffshockey paßten – die Finnen Esa Tikkanen und Jari Kurri, Mark Messier, Glenn Anderson, neuerdings Craig Simpson. Sather hat Vollmachten wie kein zweiter: Präsident, Manager und Coach ist er in einer Person. Niemand hat in der NHL in der Nachkriegszeit ähnliches vollbracht.

Hermann Pedergnana

Packende Szenen aus der NHL. Oilers-Flügel Esa Tikkanen im Zweikampf mit Sylvain Turgeon von den Hartford Whalers (oben links). Im Bild daneben ist Montreals Tor in Gefahr. Chris Chelios und Torhüter Patrick Roy gegen Mike Bullard von den Calgary Flames. In Aktion auch Washingtons Torhüter Pete Peters (rechts), er war der beste der Saison.

National Hockey League

National Hockey League

Stanley-Cup

Divisions-Halbfinale
Prince of Wales Conference: Montreal–Hartford 4:3, 7:3, 4:3, 3:7, 1:3, 2:1. Boston–Buffalo 7:3, 4:1, 2:6, 5:6 n.V., 5:4, 5:2. Islanders–New Jersey 4:3 n.V., 2:3, 0:3, 5:4 n.V., 2:4, 5:6. Washington–Philadelphia 2:4, 5:4, 3:4, 4:5 n.V., 5:2, 7:2, 5:4 n.V. *Clarence Campbell Conference:* Detroit–Toronto 2:6, 6:2, 6:3, 8:0, 5:6 n.V., 5:3. St. Louis–Chicago 4:1, 3:2, 3:6, 6:5, 5:3. Calgary–Los Angeles 9:2, 6:4, 2:5, 7:3, 6:4. Edmonton–Winnipeg 7:4, 3:2, 4:6, 5:3, 6:2.

Divisions-Finale
Prince of Wales Conference: Montreal–Boston 5:2, 3:4, 1:3, 0:2, 1:4. Washington–New Jersey 3:1, 2:5, 4:10, 4:1, 1:3, 7:2, 2:3.
Clarence Campbell Conference: Detroit–St. Louis 5:4, 6:0, 3:6, 3:1, 4:3. Calgary–Edmonton 1:3, 4:5 n.V., 2:4, 4:6.

Conference Championships
Prince of Wales Conference: Boston–New Jersey 5:3, 2:3 n.V., 6:1, 1:3, 7:1, 3:6, 6:2.
Clarence Campbell Conference: Edmonton–Detroit 4:1, 5:3, 2:5, 4:3, 8:4.

Stanley-Cup-Finale
Edmonton–Boston 2:1, 4:2, 6:3, 3:3 abgebr., 6:3.

Skorerwertung

		T	A	P
1.	Wayne Gretzky	12 +	31 =	43
2.	Mark Messier	11 +	23 =	34
3.	Jari Kurri	14 +	17 =	31
4.	Esa Tikkanen	10 +	17 =	27
5.	Ken Linseman	11 +	14 =	25
6.	Glenn Anderson	9 +	16 =	25
7.	Bob Probert	8 +	13 =	21
8.	Ray Bourque	3 +	18 =	21
9.	Adam Oates	8 +	12 =	20
10.	Patr. Sundström	7 +	13 =	20

Die besten Spieler im Stanley-Cup:
Beste Torhüter: Brian Hayward (Montreal) 2,35 Tore in 230 Minuten und Rejean Lemelin (Boston) 2,63 Tore in 1027 Minuten. – *Die meisten Tore:* Jari Kurri (14), Craig Simpson (13), beide Edmonton. – *Die meisten Assists:* Wayne Gretzky (31), Mark Messier (23), beide Edmonton. – *Beste Verteidiger:* Ray Bourque (Boston), 21 Skorerpunkte, Tom Kurvers (New Jersey) 15. – *Topskorer der Neulinge:* Craig Janney (Boston) 16 Punkte.

Die Stanley-Cup-Sieger:

1918	Toronto Arenas	1954	Detroit Red Wings
1919	kein Sieger!	1955	Detroit Red Wings
1920	Ottawa Senators	1956	Montreal Canadiens
1921	Ottawa Senators	1957	Montreal Canadiens
1922	Toronto St. Pats	1958	Montreal Canadiens
1923	Ottawa Senators	1959	Montreal Canadiens
1924	Montreal Canadiens	1960	Montreal Canadiens
1925	Victoria Cougars	1961	Chicago Black Hawks
1926	Montreal Maroons	1962	Toronto Maple Leafs
1927	Ottawa Senators	1963	Toronto Maple Leafs
1928	New York Rangers	1964	Toronto Maple Leafs
1929	Boston Bruins	1965	Montreal Canadiens
1930	Montreal Canadiens	1966	Montreal Canadiens
1931	Montreal Canadiens	1967	Toronto Maple Leafs
1932	Toronto Maple Leafs	1968	Montreal Canadiens
1933	New York Rangers	1969	Montreal Canadiens
1934	Chicago Black Hawks	1970	Boston Bruins
1935	Montreal Maroons	1971	Montreal Canadiens
1936	Detroit Red Wings	1972	Boston Bruins
1937	Detroit Red Wings	1973	Montreal Canadiens
1938	Chicago Black Hawks	1974	Philadelphia Flyers
1939	Boston Bruins	1975	Philadelphia Flyers
1940	New York Rangers	1976	Montreal Canadiens
1941	Boston Bruins	1977	Montreal Canadiens
1942	Toronto Maple Leafs	1978	Montreal Canadiens
1943	Detroit Red Wings	1979	Montreal Canadiens
1944	Montreal Canadiens	1980	New York Islanders
1945	Toronto Maple Leafs	1981	New York Islanders
1946	Montreal Canadiens	1982	New York Islanders
1947	Toronto Maple Leafs	1983	New York Islanders
1948	Toronto Maple Leafs	1984	Edmonton Oilers
1949	Toronto Maple Leafs	1985	Edmonton Oilers
1950	Detroit Red Wings	1986	Montreal Canadiens
1951	Toronto Maple Leafs	1987	Edmonton Oilers
1952	Detroit Red Wings	1988	Edmonton Oilers
1953	Montreal Canadiens		

Play-Off-Statistik des Stanley-Cup-Siegers Edmonton Oilers

Nr.		Spiele	Tore	Assists	Skorerpunkte	+/–	Strafminuten	Powerplaytore	Siegtore	Schüsse	Trefferquote
99	Wayne Gretzky	19	12	31	43	9	16	5	1	62	19,4
11	Mark Messier	19	11	23	34	9	29	7	0	42	26,2
17	Jari Kurri	19	14	17	31	15	12	5	1	57	24,6
10	Esa Tikkanen	19	10	17	27	2	72	5	0	42	23,8
9	Glenn Anderson	19	9	16	25	5	49	4	0	43	20,9
18	Craig Simpson	19	13	6	19	4	26	3	0	33	39,4
5	Steve Smith	19	1	11	12	16	55	1	0	26	3,8
26	Mike Krushelnyski	19	4	6	10	4	12	0	0	18	22,2
22	Charlie Huddy	13	4	5	9	2	10	2	0	33	12,1
21	Randy Gregg	19	1	8	9	17	24	0	0	22	4,5
24	Kevin McClelland	19	2	3	5	1–	68	0	0	13	15,4
28	Craig Muni	19	0	4	4	7	31	0	0	11	,0
19	Normand Lacombe	19	3	0	3	0	28	0	0	17	17,6
33	Marty McSorley	16	0	3	3	2	67	0	0	15	,0
15	Geoff Courtnall	19	0	3	3	2	23	0	0	33	,0
23	Keith Acton	7	2	0	2	4	16	0	0	10	20,0
12	Dave Hannan	12	1	1	2	3–	8	0	0	11	9,1
4	Kevin Lowe	19	0	2	2	2	26	0	0	9	,0
31	Grant Fuhr	19	0	1	1	0	6	0	0	0	,0
14	Craig MacTavish	19	0	1	1	0	31	0	0	12	,0
32	Jim Wiemer	2	0	0	0	2–	2	0	0	3	,0
6	Jeff Beukeboom	7	0	0	0	1–	16	0	0	2	,0

Auch nach dem vierten Titelgewinn ist die Freude bei den Spielern der Edmonton Oilers so groß wie beim ersten. Die Stars Mark Messier und Wayne Gretzky (beide in der Mitte) mit dem riesigen Stanley-Cup.

Andy Moog stand diesmal im Tor der Bruins und spielte im Finale gegen seine alten Kameraden der Edmonton Oilers. Hier fängt er nicht den Puck, sondern Jari Kurri.

Bild links:
„Liebevolle Umarmung" der beiden Nummern 18: Craig Simpson (Emonton, links) im „Paarlauf" mit Keith Crowder.

Bild rechts:
Hoch her ging es in den Stanley-Cup-Finals natürlich auch vor dem Oilers-Tor. Ob Torhüter Grant Fuhr bei dem Getümmel noch den richtigen Durchblick hatte?

Die NHL-Profis erlebten ihren Höhepunkt schon im September 1987, als die UdSSR in drei Endspielen beim Canada Cup bezwungen wurde. Torhüter Beloshejkin stand nicht nur oft im Mittelpunkt des Geschehens, sondern auch im Mittelpunkt der Kritik. Die Russen hätten gerne wieder einen Tretjak gehabt!

Abschluß NHL-Meisterschaft

Patrick Division	Siege	Niederlagen	Unentschieden	Pluspunkte	Tore
1. NY Islanders	39	31	10	88	308:267
2. Washington	38	33	9	85	281:249
3. Philadelphia	38	33	9	85	292:292
4. New Jersey	38	36	6	82	295:296
5. NY Rangers	36	34	10	82	300:283
6. Pittsburgh	36	35	9	81	319:316
Adams Division					
1. Montreal	45	22	13	103	298:238
2. Boston	44	30	6	94	300:251
3. Buffalo	37	32	11	85	283:305
4. Hartford	35	38	7	77	249:267
5. Quebec	32	43	5	69	271:306
Norris Division					
1. Detroit	41	28	11	93	322:269
2. St. Louis	34	38	8	76	278:294
3. Chicago	30	41	9	69	284:328
4. Toronto	21	49	10	52	273:345
5. Minnesota	19	48	13	51	242:349
Smythe Division					
1. Calgary	48	23	9	105	397:305
2. Edmonton	44	25	11	99	363:288
3. Winnipeg	33	36	11	77	292:310
4. Los Angeles	30	42	8	68	318:359
5. Vancouver	25	46	9	59	272:320

Sieben Jahre lang war Wayne Gretzky der beste Skorer der NHL, jetzt wurde er von Mario Lemieux abgelöst. Doch sein Nachfolger erklärte fair: »Gretzky bleibt der Größte, er fehlte ja in 16 Spielen.« Pech auch für Lemieux: Pittsburgh konnte er nicht in die Play-Offs schießen!

Die besten Skorer	T		A		P
1. Mario Lemieux	70	+	98	=	168
2. Wayne Gretzky	40	+	109	=	149
3. Denis Savard	44	+	87	=	131
4. D. Hawerchuk	44	+	77	=	121
5. Luc Robitaille	53	+	58	=	111
6. Peter Stastny	46	+	65	=	111
7. Mark Messier	37	+	74	=	111
8. Jimmy Carson	55	+	52	=	107
9. Hakan Loob	50	+	56	=	106
10. Michel Goulet	48	+	58	=	106

All-Star-Team der NHL

Die NHL-Welt geriet etwas durcheinander. Super-Star Wayne Gretzky tauchte bei den Ehrungen nicht an vorderster Front auf. Aufgrund einer Zwangspause holte er sich nicht die Skorerwertung, und da nutzten die Juroren wohl die Chance, einmal andere im Glanz des Siegers strahlen zu lassen. Die »Hart-Trophäe« für den »wertvollsten Spieler« erhielt diesmal Mario Lemieux, doch der stellte klar: »Für mich ist Wayne immer noch der beste Spieler der Welt.« Gretzky aber tauchte nicht einmal im ersten All-Star-Team der Saison auf, weil man auch hier auf die Position des Mittelstürmers Lemieux wählte.
Bei der »Hart Trophy« landete Gretzky nur auf Platz drei (noch hinter Grant Fuhr), bei der »Lady Bing Trophy« (überdurchschnittliches Können, gepaart mit sportlicher Einstellung) wurde er nur von einem Spieler geschlagen, vom Schweden Mats Näslund (Montreal). Die weiteren Sieger bei den alljährlichen Wahlen nach der Saison: Ray Bourque (Boston) als bester Verteidiger, Joe Nieuwendyk (Calgary) als bester Neuling, Grant Fuhr (Edmonton) als bester Torhüter, Guy Cabonneau (Montreal) als bester defensiver Stürmer und Jacques Demers (Detroit) als Coach des Jahres.
1. All-Star-Team: Grant Fuhr (Edmonton) – Scott Stevens (Washington), Ray Bourque (Boston) – Hakan Loob (Calgary), Mario Lemieux (Pittsburgh), Luc Robitaille (Los Angeles).
2. All-Star-Team: Patrick Roy (Montreal) – Brad McCrimmon, Gary Suter (beide Calgary) – Cam Neely (Boston), Wayne Gretzky (Edmonton), Michel Goulet (Quebec).

Die Nummer 66 statt der 99 war der große Star der Saison in der NHL-Meisterschaft. *Mario Lemieux* von den Pittsburgh Penguins löste Wayne Gretzky als *Skorerkönig* ab (siehe eigene Tabelle). *Gretzky* konnte wenigstens einen Titel erfolgreich verteidigen, mit 109 Assists war er vor Lemieux (98) wieder der *Vorlagenkönig*. *Lemieux* seinerseits buchte noch zweimal erste Plätze für sich. Als *Torschützenkönig* (70 Treffer) vor dem früheren Mannschaftskameraden Craig Simpson (56), der im Tausch mit Paul Coffey zu den Oilers wechselte. *Lemieux* war auch der *erfolgreichste Spieler in der Unterzahl* mit 10 Treffern vor Hakan Loob (Calgary/8). Mit *Joe Nieuwendyk* von den Calgary Flames war ein Neuling der *erfolgreichste Spieler im Powerplay!* Er erzielte in Überzahl 31 Tore (Michel Goulet, Quebec, 29).

Joe Nieuwendyk spielte sich bei seinem NHL-Debüt wirklich in den Vordergrund. Er gewann fast alle Wertungen der Neulinge mit 51 Toren, 41 Assists, 92 Skorerpunkten, 31 Powerplaytoren und 8 Siegtoren. Nur bei Toren in der Unterzahl mußte er Doug Brown aus New Jersey den Vortritt lassen.

Erfolgreichster Verteidiger war *Gary Suter* (Calgary) mit 91 Skorerpunkten vor Al MacInnis (Calgary) mit 83 und Vorjahressieger Ray Bourque (Boston/81). *Bester Torhüter* war *Pete Peeters* aus Washington mit einer Quote von 2,78. In 1896 Minuten kassierte er 88 Gegentreffer. Vorjahressieger Brian Hayward (Montreal) war mit 2,86 diesmal Zweiter vor seinem Vereinskameraden Patrick Roy (2,90).

Die Bombe platzte nach der Saison: Superstar Wayne Gretzky wurde von den Edmonton Oilers für rund 20 Millionen US-Dollar an die Los Angeles Kings verkauft. Hier lächelt er wieder im Kings-Trikot, aber es war ein Abschied mit Tränen und eine Entscheidung für seine Frau Janet Jonas, die als Schauspielerin Hollywood nahe sein wollte!

NHL-Meisterschaft: Bilanz der Klubs

Erklärung der Angaben in den Statistiken: Angegeben sind in dieser Reihenfolge: Die Spielposition (S = Stürmer, V = Verteidiger, T = Torhüter), die Rückennummer (Nr.), Name, Zahl der Spiele (Sp.), Tore (T), Vorlagen zu Toren (A), Skorerpunkte (P), die Plus-Minus-Bilanz (+/-) und Strafminuten (Str.). Wir haben auch die Nicht-Kanadier aufgeführt: Fi = Finnland, Swe = Schweden, D = Deutschland. Spielte ein Spieler bei mehreren Vereinen, so ist er bei dem Klub aufgeführt, bei dem er zuletzt aktiv war (mit seiner Saison-Statistik aus allen Klubs).

BOSTON

Nr.		Sp.	T	A	P	+/-	Str.
V 77	Ray Bourque	78	17	64	81	34	72
S 13	Ken Linseman	77	29	45	74	36	167
S 11	Steve Kasper	79	26	44	70	1-	35
S 8	Cam Neely	69	42	27	69	30	175
S 12	Randy Burridge	79	27	28	55	0	105
S 42	Bob Sweeney	80	22	23	45	11	73
S 18	Keith Crowder	68	17	26	43	14	173
V 26	Glen Wesley	79	7	30	37	21	69
V 6	Gord Kluzak	66	6	31	37	18	135
V 28	Reed Larson (USA)	62	10	24	34	3	93
S 16	Rick Middleton	59	13	19	32	3	11
V 22	Michael Thelven (Swe)	67	6	25	31	12	57
S 34	Lyndon Byers	53	10	14	24	10	236
S 29	Jay Miller (USA)	78	7	12	19	5-	304
S 10	Bill O'Dwyer	77	7	10	17	3-	83
S 23	Craig Janney	15	7	9	16	6	0
S 17	Nevin Markwart	25	1	12	13	4	85
S 27	Robert Joyce	15	7	5	12	4	10
S 19	Tom McCarthy	7	2	5	7	3	6
S 41	Allen Pedersen	78	0	6	6	6	90
V 21	Frank Simonetti	30	2	3	5	1	19
S 25	Willi Plett	65	2	3	5	10-	170
S 20	Tom Lehman	9	1	3	4	0	6
T 31	Doug Keans	30	0	2	2	0	0
S 40	Bruce Shoebottom	3	0	1	3	0	-
S 32	John Carter (USA)	4	0	1	3	2	0
V 38	Wade Campbell	6	0	1	1	1	21
S 36	Mike Stevens	7	0	1	1	0	9
V 33	John Blum	19	0	1	1	5-	70
V 35	Greg Hawgood	1	0	0	0	1-	0
S 38	Kraig Nienhuis	1	0	0	0	1-	0
V 37	Alain Cote	2	0	0	0	1-	0
S 37	Paul Beraldo	3	0	0	3	0	0
S 40	Alan May	3	0	0	0	1-	15
S 36	Dave Reid	3	0	0	0	0	0
S 37	Moe Lemay	6	0	0	3	2-	2
T 35	Andy Moog	6	0	0	0	0	0
S 23	Taylor Hall	7	0	0	0	3-	4
T 1	Rejean Lemelin	49	0	0	0	0	2

BUFFALO

Nr.		Sp.	T	A	P	+/-	Str.
S 25	Dave Andreychuk	80	30	48	78	1	112
S 21	Christian Ruuttu (Fi)	73	26	45	71	3-	85
V 6	Phil Housley (USA)	74	29	37	66	17-	96
S 23	Ray Sheppard	74	38	27	65	6-	14
S 17	Mike Foligno	74	29	28	57	11-	220
S 77	Pierre Turgeon	76	14	28	42	8-	34
V 3	Calle Johansson (Swe)	71	4	38	42	12	37
S 9	Scott Arniel	73	17	23	40	8	61
S 7	John Tucker	45	19	19	38	4	20
S 15	Doug Smith	70	9	19	28	10-	117
S 38	Adam Creighton	36	10	17	27	7	87
V 22	Lindy Ruff	77	2	23	25	9-	179
S 14	Mikael Andersson (Swe)	37	3	20	23	7	10
V 5	Mike Ramsey (USA)	63	5	16	21	6	77
S 65	Mark Napier	47	10	8	18	3-	8
S 16	Mike Donnelly	57	8	10	18	6-	52
S 12	Ken Priestlay	33	5	12	17	4-	35
V 40	Uwe Krupp (D)	75	2	9	11	1-	151
S 19	Kevin Maguire	46	4	6	10	1-	162
S 90	Clark Gillies	25	5	2	7	1	51
S 36	Jan Ludvig	13	1	6	7	1	65

Nr.		Sp.	T	A	P	+/-	Str.
S 26	Bob Logan	16	3	2	5	1	0
V 27	Joe Reekie	30	1	4	5	3-	68
S 20	Mike Hartman	18	3	1	4	3-	90
V 37	Shawn Anderson	23	1	2	3	3-	17
V 18	Bob Halkidis	30	0	3	3	6	115
S 8	Jim Jackson	5	2	0	2	0	0
V 29	Richie Dunn (USA)	12	2	0	2	7-	8
S 33	Benoit Hogue	3	1	1	2	3	0
S 28	Jeff Parker	4	0	2	2	1-	2
S 32	Scott Metcalfe	3	0	1	1	2-	0
V 32	Don McSween	5	0	1	1	1	6
T 31	Darren Puppa	17	0	1	1	0	4
V 24	Ed Hospodar	42	0	1	1	1-	98
T 30	Tom Barrasso (USA)	54	0	1	1	0	50
S 33	Jody Gage	2	0	0	0	2-	0
T 1	Jacques Cloutier	20	0	0	0	0	11

CALGARY

Nr.		Sp.	T	A	P	+/-	Str.
S 12	Hakan Loob (Swe)	80	50	56	106	41	47
S 22	Mike Bullard	79	48	55	103	25	68
S 25	Joe Nieuwendyk	75	51	41	92	20	23
V 20	Gary Suter (USA)	75	21	70	91	39	124
S 7	Joe Mullen (USA)	80	40	44	84	28	30
V 2	Al MacInnis	80	25	58	83	13	114
S 27	John Tonelli	74	17	41	58	10	84
S 29	Joel Otto (USA)	62	13	39	52	16	194
S 24	Jim Peplinski	75	20	31	51	20	234
V 55	Rob Ramage	79	9	40	49	4-	164
S 4	Brad McCrimmon	80	7	35	42	48	98
V 10	Gary Roberts	74	13	15	28	24	282
S 9	Lanny McDonald	60	10	13	23	2	57
S 18	Craig Coxe	71	7	15	22	2	218
S 21	Perry Berezan	29	7	12	19	11	66
V 32	Brian Glynn	67	5	14	19	2-	87
S 11	Colin Patterson	39	7	11	18	7	28
V 19	Tim Hunter	68	8	5	13	8-	337
V 5	Dana Murzyn	74	7	11	18	1	139
V 6	Ric Nattress	63	2	13	15	14	37
S 17	Jiri Hrdina (CSSR)	9	2	5	7	7	2
T 30	Mike Vernon	64	0	7	7	0	47
S 15	Shane Churla	31	1	5	6	1	146
V 23	Paul Reinhart	14	0	4	4	0	10
V 3	Kevan Guy	11	0	3	3	1	8
T 36	Doug Dadswell	25	20	2	2	0	2
S 33	Rich Chernomaz	2	1	0	1	1	0
S 18	Randy Bucyk	2	0	0	1	0	0
S 28	Bob Bodak	3	0	0	0	2-	22
T 31	Rick Wamsley	33	0	0	0	0	14

CHICAGO

Nr.		Sp.	T	A	P	+/-	Str.
S 18	Denis Savard	80	44	87	131	4	95
S 28	Steve Larmer	80	41	48	89	5-	42
S 27	Rick Vaive	76	43	26	69	20-	108
S 19	Troy Murray	79	22	36	58	17-	96
S 33	Dirk Graham	70	24	24	48	7-	71
V 24	Doug Wilson	27	8	24	32	17-	28
S 10	Brian Noonan	77	10	20	30	27-	44
V 23	Behn Wilson	58	6	23	29	19-	166
S 32	Steve Thomas	30	13	13	26	1	40
V 6	Bob Murray	62	6	20	26	7-	44
S 17	Wayne Presley (USA)	42	10	22	13-	52	
S 29	Steve Ludzik	73	6	15	21	14-	40
S 7	Everett Sanipass	57	8	12	20	9-	126
V 22	Gary Nylund	76	4	15	19	9-	208
S 11	Dan Vincelette	69	6	11	17	15-	109
S 16	Duane Sutter	37	7	9	16	2	70
V 37	Bruce Cassidy	21	3	10	13	3-	6
S 25	Bob McGill	67	4	7	11	19-	131
S 12	Mike Stapleton	53	2	9	11	10-	59
V 8	Trent Yawney	15	2	8	10	11	15
V 44	Rik Wilson	14	4	5	9	4	6
V 4	Keith Brown	24	3	6	9	5	45

DETROIT

Nr.		Sp.	T	A	P	+/-	Str.
S 19	Steve Yzerman	64	50	52	102	30	44
S 17	Gerard Gallant	73	34	39	73	24	242
S 85	Petr Klima (CSSR)	78	37	25	62	4	46
S 24	Bob Probert	74	29	33	62	16	398
S 16	John Chabot	78	13	44	57	12	10
S 21	Adam Oates	63	14	40	54	16	20
S 14	Brent Ashton	73	26	27	53	10	50
S 11	Shawn Burr	78	17	23	40	7	97
S 22	Dave Barr	51	14	26	40	20	58
V 5	Darren Veitch	63	7	33	40	10	45
S 34	Jeff Sharples	56	10	25	35	13	42
V 23	Lee Norwood	51	9	22	31	4	131
V 7	Doug Halward	70	5	21	26	6	130
S 20	Tim Higgins	62	12	13	25	5	94
S 7	Tim Murphy	50	10	9	19	4-	27
V 2	Mike O'Connell (USA)	48	6	13	19	24	38
S 15	Mel Bridgman	57	6	11	17	4	42
V 4	Rick Zombo	62	3	14	17	4	96
S 8	Jim Nill	60	3	12	15	5-	99
S 26	Joey Kocur	64	7	7	14	11-	263
V 3	Steve Chiasson	29	2	9	11	15	57
V 29	Gilbert Delorme	55	2	8	10	9	81
V 27	Harold Snepsts	31	1	4	5	3	67
S 25	Jim Pavese	25	0	5	5	5-	77
S 39	Dale Krentz	6	2	0	2	2	5
S 36	Steve Martinson	10	1	1	2	3	84
V 33	Doug Houda	11	1	1	2	0	10
S 37	Kris King	3	1	0	1	1	2
S 28	Brent Fedyk	2	0	1	1	1-	2
V 38	Murray Eaves	7	0	1	1	1-	2
S 12	Adam Graves	9	0	1	1	2-	8
T 30	Greg Stefan	33	0	1	1	0	36
T 1	Glen Hanlon	47	0	1	1	0	30
T 31	Darren Eliot	3	0	0	0	0	0
S 25	Dave Lewis	6	0	0	0	3-	18
T 32	Sam St. Laurent	6	0	0	0	0	2

EDMONTON

Nr.		Sp.	T	A	P	+/-	Str.
S 99	Wayne Gretzky	64	40	109	149	39	24
S 11	Mark Messier	77	37	74	111	21	103
S 17	Jari Kurri (Fi)	80	43	53	96	25	30
S 18	Craig Simpson	80	56	34	90	20	77
S 9	Glenn Anderson	80	38	50	88	5	58
S 10	Esa Tikkanen (Fi)	80	23	51	74	21	153
S 15	Geoff Courtnall	74	36	30	66	25	123
V 5	Dave Smith	79	12	43	55	40	286
S 26	Mike Krushelnyski	76	20	27	47	26	64
V 22	Charlie Huddy	77	13	28	41	23	71
S 14	Craig MacTavish	80	15	17	32	3-	47
V 23	Keith Acton	72	11	17	28	19-	95
S 12	Dave Hannan	72	13	14	27	10	106
V 33	Marty McSorley	60	9	17	26	23	223
V 6	Jeff Beukeboom	73	5	20	25	27	201
V 4	Kevin Lowe	70	9	15	24	18	89
V 28	Craig Muni	72	4	15	19	32	77
S 19	Normand Lacombe	53	8	9	17	3-	36
S 24	Kevin McClelland	71	10	6	18	1	281
V 3	Chris Joseph	24	0	8	8	1-	25
T 31	Grant Fuhr	75	0	8	8	0	16
S 15	Steve Graves	21	3	4	7	13	10

National Hockey League

Nr.	Sp.	T	A	P	+/–	Str.
S 20 Steve Dykstra	42	3	4	7	1	130
S 37 Tom McMurchy	9	4	1	5	2	8
V 8 John Miner	14	2	3	5	4–	16
S 27 Ron Shudra	10	0	5	5	5	6
V 32 Jim Wiemer	12	1	2	3	7	15
V 21 Randy Gregg	15	1	2	3	4	8
T 30 Bill Ranford	6	0	2	2	0	0
V 36 Selmar Odelein	12	0	2	2	2–	33
V 2 Jim Ennis	5	1	0	1	0	10
S 16 Kelly Buchberger	19	1	0	1	1–	81
S 18 Mark Lamb	2	0	0	0	0	0
T 30 Warren Skorodenski	3	0	0	0	0	0
S 34 Dave Donnelly	4	0	0	0	0	4
T 29 Daryl Reaugh	6	0	0	0	0	0

HARTFORD

Nr.	Sp.	T	A	P	+/–	Str.
S 10 Ron Francis	80	25	50	75	8–	89
S 33 Carey Wilson	70	27	41	68	3–	40
S 11 Kevin Dineen	74	25	25	50	14–	219
S 26 Ray Ferraro	68	21	29	50	1	83
V 44 Dave Babych	71	14	36	50	25–	54
S 16 Sylvain Turgeon	71	23	26	49	5–	71
S 20 John Anderson	63	17	32	49	5–	20
V 5 Ulf Samuelsson (Swe)	76	8	34	42	9–	159
S 15 Dave Tippett	80	16	21	37	4–	30
S 23 Paul MacDermid	80	20	14	34	2	139
S 12 Dean Evason	77	10	18	28	29–	117
V 21 Sylvain Cote	67	7	21	28	8–	30
S 7 Stewart Gavin	56	11	10	21	17–	59
S 28 Lindsay Carson	63	7	11	18	4–	67
S 8 Mike Millar	28	7	7	14	5–	6
V 0 Neil Sheehy	62	3	10	13	13	189
S 32 Torrie Robertson	63	2	8	10	0	293
V 18 Scot Kleinendorst (USA)	44	3	6	9	5–	86
S 17 Brent Peterson	52	2	7	9	9–	40
V 3 Joel Quenneville	77	1	8	9	13–	44
V 29 Randy Ladouceur	68	1	7	8	7	91
S 14 Mark Reeds	38	0	7	7	13–	31
S 22 Dave Williams	28	6	0	6	3	93
S 24 Tom Martin	5	1	2	3	1–	14
V 25 Mike McEwen	9	0	3	3	1–	10
V 4 Charles Bourgeois	31	0	1	1	3–	78
T 1 Mike Liut	60	0	1	1	0	4
V 25 Brad Shaw	1	0	0	0	1–	0
S 22 Gord Sherven	1	0	0	0	0	0
T 30 Peter Sidorkiewicz	1	0	0	0	0	0
S 27 Doug Jarvis	2	0	0	0	0	2
V 34 Mike Velucci	2	0	0	0	1–	11
S 27 Scott Young	7	0	0	0	6–	2
T 31 Richard Brodeur	17	0	0	0	0	2

LOS ANGELES

Nr.	Sp.	T	A	P	+/–	Str.
S 20 Luc Robitaille	80	53	58	111	9–	82
S 17 Jimmy Carson (USA)	80	55	52	107	19–	45
S 9 Bernie Nicholls	65	32	46	78	2	114
S 18 Dave Taylor	68	26	41	67	4–	129
V 28 Steve Duchesne	71	16	39	55	0	109
S 11 Bob Carpenter (USA)	71	19	33	52	21–	84
S 19 Jim Fox	68	16	35	51	7–	18
S 8 Paul Fenton	71	20	23	43	14–	46
S 10 Mike Allison	52	16	15	31	3	67
V 24 Jay Wells	58	2	23	25	3–	159
S 81 Craig Laughlin	59	9	13	22	16–	32
S 7 Phil Sykes	40	9	12	21	5	82
S 33 Chris Kontos	42	3	17	20	2–	14
S 14 Bob Bourne	72	7	11	18	31–	28
V 2 Ken Hammond	46	7	9	16	1–	69
S 44 Ron Duguay	63	6	10	16	14–	40
V 3 Tom Laidlaw	57	1	12	13	3	47
V 6 Dean Kennedy	58	1	11	12	22–	158
V 27 Lyle Phair	28	4	6	10	5–	8
S 12 Paul Guay (USA)	33	4	4	8	7–	40
S 32 Tim Tookey	20	1	6	7	2–	8
V 23 Larry Playfair	54	0	7	7	13–	197
V 22 Ken Baumgartner	30	2	3	5	5	189
V 26 John English	3	1	3	4	2	4
T 35 Glenn Healy	34	0	2	2	0	6

Nr.	Sp.	T	A	P	+/–	Str.
S 32 Dan Gratton	7	1	0	1	1	5
V 4 Eric Germain	4	0	1	1	2–	13
V 5 Denis Larocque	8	0	1	1	4–	18
S 33 Robert Kudelski	26	0	1	1	10–	8
V 21 Wayne McBean	27	0	1	1	14–	26
V 2 Craig Redmond	2	0	0	0	4–	0
T 1 Bob Janecyk (USA)	5	0	0	0	0	2
S 22 Glen Currie	7	0	0	0	2–	0
V 25 Petr Prajsler	7	0	0	0	2	2
S 26 Craig Duncanson	9	0	0	0	5–	12

MINNESOTA

Nr.	Sp.	T	A	P	+/–	Str.
S 20 Dino Ciccarelli	67	41	45	86	29–	79
S 23 Brian Bellows	77	40	41	81	8–	81
S 27 Brian MacLellan	75	16	32	48	44–	74
S 11 Brian Lawton (USA)	74	17	24	41	10–	71
S 7 Neal Broten (USA)	54	9	30	39	23–	32
V 21 Moe Mantha (USA)	76	11	27	38	1–	53
S 37 David Archibald	78	13	20	33	17–	26
S 13 Bob Brooke (USA)	77	5	20	25	6–	108
S 14 Scott Bjugstad (USA)	33	10	12	22	2	15
S 15 Dave Gagner	51	8	11	19	14–	55
V 4 Craig Hartsburg	27	3	16	19	2–	29
V 28 Gord Dineen	70	5	13	18	4	83
V 6 Frantisek Musil (CSSR)	80	9	8	17	2–	213
S 8 Terry Ruskowski	47	5	12	17	15–	76
S 17 Basil McRae	80	5	11	16	28–	378
S 10 Marc Habscheid	16	4	11	15	4–	6
V 2 Ron Wilson (USA)	24	2	12	14	4–	16
V 2 Curt Giles	72	1	12	13	33–	76
S 18 Curt Fraser	37	5	7	12	20–	77
V 3 Bob Rouse	74	0	12	12	30–	168
S 9 Dennis Maruk	22	7	4	11	1	15
S 31 Wally Schreiber	16	6	5	11	4–	2
V 32 Emanuel Viveiros	24	1	9	10	5–	6
V 5 Shawn Chambers	19	1	7	8	6–	21
S 24 Richard Zemlak	54	1	4	5	15–	307
V 34 Mike Berger	29	3	1	4	19–	65
S 44 Steve Payne	9	1	3	4	1–	12
S 16 Rick Boh	8	2	1	3	1	4
S 26 Pat Micheletti	12	2	0	2	2	8
S 31 Larry Depalma	7	1	1	2	2–	15
V 28 Pat Price	14	0	2	2	3–	20
V 18 Allan Tuer	6	1	0	1	3–	29
S 10 Stephane Roy	12	1	0	1	6–	0
V 22 John Barrett	1	0	1	1	3–	2
S 29 Warren Babe	6	0	1	1	1–	4
S 25 Mitch Messier	13	0	1	1	5–	11
V 29 Jay Caufield	1	0	0	0	0	0
V 26 Ken Duggan	1	0	0	0	0	0
V 22 Tom Hirsch (USA)	1	0	0	0	1	0
S 18 Paul Houck	1	0	0	0	0	0
S 31 Kirk Tomlinson	1	0	0	0	0	0
S 10 George Servinis	5	0	0	0	2–	0
S 16 Bill Terry	5	0	0	0	4–	0
T 30 Jon Casey	14	0	0	0	0	2

MONTREAL

Nr.	Sp.	T	A	P	+/–	Str.
S 15 Bobby Smith	78	27	66	93	14	78
S 26 Mats Näslund (Swe)	78	24	59	83	17	14
S 44 Stephane Richer	72	50	28	78	12	72
S 32 Claude Lemieux	78	31	30	61	16	137
V 24 Chris Chelios (USA)	71	20	41	61	15	172
S 35 Mike McPhee	77	23	20	43	19	53
V 19 Larry Robinson	53	6	34	40	26	30
S 27 Shayne Corson	71	12	27	39	22	152
S 21 Guy Carbonneau	80	17	21	38	14	61
S 11 Ryan Walter	61	13	23	36	12	39
S 39 Brian Skrudland	79	12	24	36	14	112
V 25 Petr Svoboda (CSSR)	69	7	22	29	46	149
S 20 Kjell Dahlin (Swe)	48	13	12	25	5	6
S 23 Bob Gainey	78	11	11	22	8	14
S 36 Sergio Momesso	53	7	14	21	9	91
V 17 Craig Ludwig (USA)	74	4	10	14	17	69
V 5 Rick Green	59	2	11	13	21	33
S 29 Gilles Thibaudeau	17	5	6	11	6	0
V 38 Mike Lalor	66	1	10	11	4	113
S 31 John Kordic	60	2	6	8	0	159
V 28 Larry Trader	31	2	4	6	1	21
S 12 Serge Boisvert	5	1	1	2	0	2
S 22 Jose Charbonneau	16	0	2	2	1	6
T 1 Brian Hayward	39	0	2	2	0	24
T 33 Patrick Roy	45	0	2	2	0	14
V 3 Scott Sandelin	8	0	1	1	0	2
T 40 Vincent Riendeau	1	0	0	0	0	0
V 18 Matt Schneider	4	0	0	0	2–	2

NEW JERSEY

Nr.	Sp.	T	A	P	+/–	Str.
S 9 Kirk Muller	80	37	57	94	19	114
S 10 Aaron Broten (USA)	80	26	57	83	20	80
S 16 Pat Verbeek	73	46	31	77	29	227
V 23 Bruce Driver	74	15	40	55	7	68
S 17 Patrick Sundstrom (Swe)	78	15	36	51	16–	42
S 15 John MacLean	76	23	16	39	10–	145
V 2 Joe Cirella	80	8	31	39	15	191
S 19 Claude Loiselle	68	17	18	35	7	118
V 5 Tom Kurvers (USA)	56	5	29	34	6	46
S 12 Mark Johnson (USA)	54	14	19	33	10–	14
V 6 Craig Wolanin (USA)	78	6	25	31	0	170
S 22 Doug Sulliman	59	16	14	30	8–	25
V 7 Jack O'Callahan	50	7	19	26	3–	97
S 11 Brendan Shanahan	65	7	19	26	20–	131
S 24 Doug Brown	70	14	11	25	7	20
S 26 Andy Brickley	45	8	14	22	1	14
S 14 Jim Korn	52	8	13	21	22–	140
V 3 Ken Daneyko	80	5	7	12	3–	239
V 27 Randy Velischek	51	3	9	12	13–	66
S 25 Perry Anderson	60	4	6	10	8–	222
S 32 Pat Conacher	24	2	5	7	8	12
S 8 David Maley	44	4	2	6	13–	65
S 21 George McPhee	5	3	0	3	2	8
V 4 Gordon Mark	19	0	2	2	13–	27
S 29 Chris Cichocki	5	1	0	1	1	2
S 20 Anders Carlsson	9	1	0	1	5–	0
V 18 Murray Brumwell	3	0	1	1	0	2
T 1 Sean Burke	13	0	1	1	0	6
T 28 Bob Sauve	34	0	1	1	0	4
T 30 Alain Chevrier	45	0	1	1	0	8
S 34 Dan Dorion	1	0	0	0	0	2
S 18 Allan Stewart	1	0	0	0	2	0

NY ISLANDERS

Nr.	Sp.	T	A	P	+/–	Str.
S 16 Pat LaFontaine (USA)	75	47	45	92	12	52
S 19 Bryan Trottier (USA)	77	30	52	82	10	48
S 24 Mikko Makela (Fi)	73	36	40	76	14	22
S 21 Brent Sutter	70	29	31	60	13	55
S 10 Alan Kerr	80	24	34	58	30	198
V 5 Dennis Potvin	72	19	32	51	26	112
V 3 Tomas Jonsson	72	6	41	47	6	115
S 7 Greg Gilbert	76	17	28	45	14	46
S 11 Randy Wood	75	22	16	38	2–	80
S 27 Derek King	55	12	24	36	7	30
S 32 Brad Lauer	69	17	18	35	13	67
S 26 Patrick Flatley	40	9	15	24	7	28
S 28 Bob Bassen	77	6	16	22	8	99
S 20 Dale Henry	48	5	15	20	8	115
V 4 Gerald Diduck	68	7	12	19	22	113
V 29 Ken Leiter	51	4	13	17	18	24
V 33 Steve Konroyd	62	2	15	17	16	99
S 35 Rich Kromm	71	5	10	15	2	20
S 17 Brad Dalgarno	38	2	8	10	4	58
V 8 Jeff Norton	15	1	6	7	3	14
V 6 Ken Morrow (USA)	53	1	4	5	0	40
V 37 Jeff Finley	10	0	5	5	5	15
S 39 Todd McLellan	5	1	1	2	1–	0
T 30 Kelly Hrudey	47	0	2	2	0	20
S 36 Rod Dallman	3	1	0	1	1	6
S 38 Mick Vukota	17	1	0	1	1	82
S 36 Neal Coulter	1	0	0	0	1–	0
S 25 Ari Haanpaa	1	0	0	0	2–	0
S 39 Michael Walsh	1	0	0	0	0	0
V 12 Todd Okerlund	4	0	0	0	0	2
V 34 Chris Pryor	4	0	0	0	0	8
T 31 Billy Smith	38	0	0	0	0	20

National Hockey League

NY RANGERS

Nr.	Sp.	T	A	P	+/–	Str.
S 8 Walt Poddubny	77	38	50	88	2	76
S 11 Kelly Kisio	77	23	55	78	8	88
S 28 Tomas Sandstrom (Swe)	69	28	40	68	6–	95
S 16 Marcel Dionne	67	31	34	65	14–	54
V 3 James Patrick	70	17	45	62	16	52
S 19 Brian Mullen (USA)	74	25	29	54	2–	42
S 25 John Ogrodnick	64	22	32	54	3–	16
S 9 Ulf Dahlen (Swe)	70	29	23	52	5	26
V 24 Michel Petit	74	9	27	36	1–	258
S 12 Don Maloney	66	12	21	33	12	60
V 14 Mark Hardy	80	8	24	32	32–	130
V 21 David Shaw	68	7	25	32	8–	100
S 23 Lucien Deblois	74	9	21	30	3–	103
S 20 Jan Erixon (Swe)	70	7	19	26	3	33
V 37 Norm Maciver	37	9	15	24	10	14
S 30 Chris Nilan (USA)	72	10	10	20	2–	305
S 22 Paul Cyr	60	5	14	19	7–	79
V 5 Jari Gronstrand	62	3	11	14	8	63
V 2 Brian Leetch	17	2	12	14	5	0
S 10 Pierre Larouche	10	3	9	12	3–	13
S 27 Joe Paterson	53	2	6	8	14–	178
V 4 Ron Greschner	51	1	5	6	9–	82
S 14 Gord Walker	18	1	4	5	8–	17
T 34 John Vanbiesbrouck (USA)	56	0	5	5	0	46
V 32 Dave Pichette	6	1	3	4	2–	4
V 29 Bruce Bell	13	1	2	3	10–	8
V 6 Mark Tinordi	24	1	2	3	5–	50
S 47 Steve Nemeth	12	2	0	2	4–	2
S 17 Jeff Brubaker	31	2	0	2	0	78
S 41 Simon Wheeldon	5	0	1	1	2–	4
S 26 Ron Talakoski	6	0	1	1	0	12
S 15 Chris Jensen	7	0	1	1	1–	2
T 33 Bob Froese	25	0	1	1	0	6
S 27 Mark Janssens	1	0	0	0	0	0
V 41 Rudy Poeschek	1	0	0	0	0	2
T 31 Ron Scott	2	0	0	0	0	0
S 41 Mike Siltala	3	0	0	0	0	0

PHILADELPHIA

Nr.	Sp.	T	A	P	+/–	Str.
S 32 Murray Craven	72	30	46	76	25	58
S 26 Brian Propp	74	27	49	76	8	76
S 22 Rick Tocchet	65	31	33	64	3	301
V 2 Mark Howe (USA)	75	19	43	62	23	62
S 25 Peter Zezel	69	22	35	57	7	42
S 19 Scott Mellanby	75	25	26	51	7–	185
S 20 Dave Poulin	68	19	32	51	17	32
S 23 Ilkka Sinisalo (Fi)	68	25	17	42	2	30
S 9 Per-Erik Eklund (Swe)	71	10	32	42	6–	12
V 3 Doug Crossman	76	9	29	38	1–	43
S 14 Ron Sutter	69	8	25	33	9–	146
V 44 Willie Huber	56	9	22	31	16–	70
V 28 Kjell Samuelsson (Swe)	74	6	24	30	28	184
S 24 Derrick Smith	76	16	8	24	20–	104
V 5 Kerry Huffman	52	6	17	23	11–	34
S 21 Dave Brown	47	12	5	17	10	114
V 8 Brad Marsh	70	3	9	12	13–	57
S 7 Brian Dobbin	21	3	5	8	1–	6
V 6 Greg Smyth	47	1	6	7	2–	192
T 27 Ron Hextall	62	1	6	7	0	104
S 10 Magnus Roupe	33	2	4	6	6–	32
S 12 Tim Kerr	8	3	2	5	0	12
S 17 Craig Berube	27	3	2	5	1	108
V 15 J. J. Daigneault	28	2	2	4	8–	12
S 42 Don Nachbaur	20	0	4	4	2	61
V 34 Bill Root	33	1	2	3	4–	22
S 36 Al Hill	12	1	0	1	0	10
S 11 Glen Seabrooke	6	0	1	1	1–	2
S 45 Mark Freer	1	0	0	0	2–	0
S 39 Mike Murray	1	0	0	0	0	0
V 5 Steve Smith	1	0	0	0	0	0
V 40 Jeff Chychrun	3	0	0	0	1–	4
S 37 Mitch Lamoureux	3	0	0	0	1–	0
V 41 John Stevens	3	0	0	0	1–	0
V 39 Dave Fenyves	5	0	0	0	1–	0
T 30 Wendell Young	6	0	0	0	0	0
T 33 Mark Laforest	21	0	0	0	0	8
S 29 Nick Fotiu	23	0	0	0	9–	40

PITTSBURGH

Nr.	Sp.	T	A	P	+/–	Str.
S 66 Mario Lemieux	77	70	98	168	23	92
S 10 Dan Quinn	70	40	39	79	8–	50
S 15 Randy Cunneyworth	71	35	39	74	13	141
V 77 Paul Coffey	46	15	52	67	1–	93
V 3 Doug Bodger	69	14	31	45	3–	103
S 44 Rob Brown	51	24	20	44	8	56
S 20 Dave Hunter	80	14	21	35	9	83
S 13 Charlie Simmer	50	11	17	28	6	24
S 36 John Callander	41	11	16	27	13–	45
V 14 Bryan Erickson (USA)	53	7	19	26	12–	20
V 5 Ville Siren (Fi)	58	1	20	21	14	62
S 19 Dave McLlwain	66	11	8	19	1–	40
S 24 Troy Loney	65	5	13	18	3–	151
V 29 Phil Bourque (USA)	21	4	12	16	3	20
S 28 Dan Frawley	47	6	8	14	0	152
V 23 Randy Hillier	55	1	12	13	6–	144
V 6 Jim Johnson (USA)	55	1	12	13	5–	87
V 7 Rod Buskas	76	4	8	12	6	206
S 16 Steve Gotaas	36	5	6	11	11–	45
S 33 Zarley Zalapski	15	3	8	11	10	7
S 12 Bob Errey	17	3	6	9	6	18
V 4 Chris Dahlquist	44	3	6	6	3	69
S 26 Mark Kachowski	38	5	3	8	1	126
S 8 Perry Ganchar	31	3	5	8	1–	36
S 9 Wilf Paiement	23	2	6	8	4–	39
S 25 Kevin Stevens	16	5	2	7	6–	8
S 34 Dwight Mathiasen	23	0	6	6	7–	14
S 22 Wayne van Dorp	25	1	3	4	2	75
V 25 Norm Schmidt	5	1	2	3	1	0
V 2 Todd Charlesworth	6	2	0	2	0	2
S 35 Brad Aitken	5	1	1	2	1	0
S 17 Lee Giffin	19	0	2	2	2–	9
T 40 Frank Pietrangelo	21	0	2	2	0	2
S 38 Scott Gruhl	6	1	0	1	0	0
V 32 Pat Mayer	1	0	0	0	0	4
V 32 Dave Goertz	2	0	0	0	1–	2
S 11 Warren Young	7	0	0	0	4–	15
S 18 Jimmy Mann	9	0	0	0	0	53
T 30 Steve Guenette	19	0	0	0	0	2
T 1 Pat Riggin	22	0	0	0	0	12
T 27 Gilles Meloche	27	0	0	0	0	0

QUEBEC

Nr.	Sp.	T	A	P	+/–	Str.
S 26 Peter Stastny (CSSR)	76	46	65	111	2	69
S 16 Michel Goulet	80	48	58	106	31–	56
S 20 Anton Stastny (CSSR)	69	27	45	72	9–	14
S 15 Alan Haworth	72	23	34	57	5–	112
V 22 Jeff Brown	78	16	37	53	25–	64
S 14 Gaetan Duchesne	80	24	23	47	8	83
S 7 Lane Lambert	61	13	27	40	0	98
S 10 Jason Lafreniere	40	10	19	29	1–	4
S 25 Jeff Jackson	69	9	18	27	5	103
V 4 Terry Carkner	63	3	24	27	8–	159
V 28 Tommy Albelin (Swe)	60	3	23	26	7–	47
V 21 Randy Moller	66	3	22	25	11–	169
S 19 Alain Cote	76	4	18	22	3	26
S 11 Mike Eagles	76	10	10	20	18–	74
S 23 Paul Gillis	80	7	10	17	29–	164
V 24 Robert Picard	65	3	13	16	1–	103
V 9 Marc Fortier	27	4	10	14	17–	12
V 5 Normand Rochefort	46	3	10	13	2–	49
V 29 Steven Finn	75	3	7	10	4–	198
V 34 Gord Donnelly	63	4	3	7	16–	301
S 18 Mike Hough	17	3	2	5	8–	2
S 12 Ken Quinney	15	2	2	4	3	5
V 41 Jean-Marc Richard	4	2	1	3	3–	2
S 17 Stu Kulak	14	1	1	2	5–	28
T 40 Ron Tugnutt	6	0	1	1	0	0
S 17 Trevor Stienberg	8	0	1	1	1–	24
S 39 Ken McRae	1	0	0	0	0	0
S 18 Max Middendorf	1	0	0	0	0	0
S 18 Mike Natyshak	4	0	0	0	1–	0
V 2 Daniel Poudrier	6	0	0	0	1–	0
V 2 Bobby Dollas	9	0	0	0	4–	2
S 27 Dave Latta	10	0	0	0	4–	0
T 30 Mario Brunetta	29	0	0	0	0	16
V 6 Stephane Guerard	30	0	0	0	7–	34
T 33 Mario Gosselin	54	0	0	0	0	8

ST. LOUIS

Nr.	Sp.	T	A	P	+/–	Str.
S 24 Bernie Federko	79	20	69	89	12–	52
S 9 Doug Gilmour	72	36	50	86	13–	59
S 10 Tony McKegney	80	40	38	78	10	82
S 16 Brett Hull (USA)	65	32	32	64	14	16
S 20 Mark Hunter	66	32	31	63	6–	136
S 18 Tony Hrkac	67	11	37	48	5	22
S 11 Brian Sutter	76	15	22	37	16–	147
V 2 Brian Benning	77	8	29	37	5–	107
S 22 Rick Meagher	76	18	16	34	0	76
S 17 Gino Cavallini	64	15	17	32	4–	62
V 23 Gaston Gingras	70	7	23	30	1	18
S 25 Herb Raglan	73	10	15	25	10–	190
V 27 Robert Nordmark	67	3	18	21	6–	60
S 19 Perry Turnbull	51	10	9	19	8	82
V 6 Tim Bothwell	78	6	13	19	6	76
V 4 Gordie Roberts	70	3	15	18	10–	143
V 14 Paul Cavallini	72	6	10	16	7	152
S 7 Cliff Ronning	26	5	8	13	6	12
S 32 Doug Evans	41	5	7	12	7–	49
S 26 Steve Bozek	33	3	7	10	5–	14
S 12 Ron Flockhart	21	5	4	9	5	4
V 34 Michael Dark	30	3	6	9	6	12
S 21 Todd Ewen	64	4	2	6	5–	227
V 36 Rob Whistle	19	3	3	6	0	6
S 28 Greg Paslawski	17	2	1	3	14–	4
S 16 Jocelyn Lemieux	23	1	0	1	5–	42
S 37 Scott Harlow	1	0	1	1	1–	0
S 15 Ron Handy	4	0	1	1	1–	0
V 34 Robert Dirk	7	0	1	1	0	16
S 15 Shane Maceachern	1	0	0	0	0	0
T 1 Darrell May	3	0	0	0	0	0
T 29 Greg Millen	48	0	0	0	0	4

TORONTO

Nr.	Sp.	T	A	P	+/–	Str.
S 16 Ed Olcyzk (USA)	80	42	33	75	22–	55
S 11 Gary Leeman	80	30	31	61	6–	62
S 12 Mark Osborne	79	23	37	60	3–	102
V 23 Al Iafrate (USA)	77	22	30	52	21–	80
S 19 Tom Fergus	63	19	31	50	5	81
S 9 Russ Courtnall	65	23	26	49	16–	47
S 10 Vincent Damphousse	75	12	36	48	2	40
S 20 Al Secord	74	15	27	42	21–	221
S 14 Miroslav Frycer (CSSR)	38	12	20	32	8	41
S 18 Peter Ihnacak (CSSR)	68	10	20	30	6–	41
V 4 Rick Lanz	75	6	22	28	12–	65
V 21 Borje Salming (Swe)	66	2	24	26	7	82
V 23 Todd Gill	65	8	17	25	20–	131
V 3 Dale Degray	56	6	18	24	4	63
V 17 Wendel Clark	28	12	11	23	13–	80
S 7 Greg Terrion	59	4	16	20	6–	65
S 24 Dan Daoust	67	9	8	17	7–	57
S 8 Sean McKenna	70	8	7	15	25–	24
V 2 Luke Richardson	78	4	6	10	25–	90
S 15 Ken Yaremchuk	16	2	5	7	7–	10
S 22 Mike Blaisdell	18	3	2	5	5–	2
S 27 Dave Semenko	70	2	3	5	8–	107
T 31 Ken Wregget	56	0	5	5	0	40
V 26 Chris Kotsopoulos	21	2	2	4	3–	19
T 30 Allan Bester	30	0	3	3	0	6
V 28 Brian Curran	29	0	2	2	6–	87
S 35 Marty Dallman	2	0	1	1	1	0
S 28 Leigh Verstraete	3	0	1	1	2–	9
S 34 Ted Fauss	13	0	1	1	6	4
V 25 Mike Stothers	21	0	1	1	7–	55
S 32 Wes Jarvis	1	0	0	0	0	0
S 15 Derek Laxdal	5	0	0	0	0	6
T 1 Jeff Reese	5	0	0	0	0	0
S 32 Chris McRae	11	0	0	0	0	65

VANCOUVER

Nr.	Sp.	T	A	P	+/–	Str.
S 9 Tony Tanti	73	40	37	77	1–	90
S 8 Greg Adams	80	36	40	76	24–	30
S 7 Barry Pederson	76	19	52	71	2	92
S 26 Petri Skriko (Fi)	73	30	34	64	12–	32

National Hockey League

	Nr.		Sp.	T	A	P	+/−	Str.
S	12	Stan Smyl	57	12	25	37	5−	110
V	3	Doug Lidster	64	4	32	36	19−	105
V	4	Jim Benning	77	7	26	33	0	58
S	19	Jim Sandlak	49	16	15	31	9−	81
S	15	Rich Sutter	80	15	15	30	4−	165
S	14	Doug Wickenheiser	80	7	19	26	15−	36
V	27	Randy Boyd	60	7	16	23	9−	64
V	5	Garth Butcher	80	6	17	23	14−	285
S	28	John Leblanc	41	12	10	22	12−	18
S	20	Steve Tambellini	41	11	10	21	17−	8
S	33	David Saunders	56	7	13	20	15−	10
S	17	Paul Lawless	48	4	11	15	11−	16
V	2	Ian Kidd	19	4	7	11	3−	25
S	25	David Bruce	28	7	3	10	6−	57
S	16	Dan Hodgson	8	3	7	10	1	2
V	29	Daryl Stanley	57	2	7	9	12−	151
S	10	Brian Bradley	11	3	5	8	3−	6
V	6	Dave Richter	49	2	4	6	5−	224
V	24	Larry Melnyk	63	2	4	6	19−	107
S	14	Raimo Summanen (Fi)	9	2	3	5	4−	2
S	18	Ken Berry	14	2	3	5	1−	6
S	22	Dave Lowry	22	1	3	4	2−	38
S	23	Dan Woodley	5	2	0	2	1	17
S	21	Peter Bakovic	10	2	0	2	1−	48
S	28	Jean-Marc Lanthier	5	1	1	2	1−	2
S	34	Claude Vilgrain	6	1	1	2	3−	0
T	1	Kirk McLean	41	0	2	2	0	8
V	32	Jim Agnew	10	0	1	1	1	16
V	34	Brett MacDonald	1	0	0	0	1−	0
S	17	Rob Murphy	5	0	0	0	1−	2
S	17	Jeef Rohlicek	7	0	0	0	4−	4
S	10	Ronnie Stern	15	0	0	0	7−	52
T	30	Frank Caprice	22	0	0	0	0	6
T	31	Steve Weeks	27	0	0	0	0	2

WASHINGTON

	Nr.		Sp.	T	A	P	+/−	Str.
S	11	Mike Gartner	80	48	33	81	20	73
V	3	Scott Stevens	80	12	60	72	14	184
V	8	Larry Murphy	79	8	53	61	2	72
S	17	Mike Ridley	70	28	31	59	1	22
S	32	Dale Hunter	79	22	37	59	7	238
S	27	Dave Christian (USA)	80	37	21	58	14−	26
S	16	Bengt Gustafsson (Swe)	78	18	36	54	2	29
V	4	Kevin Hatcher (USA)	71	14	27	41	1	137
S	20	Michal Pivonka	71	11	23	34	1	29
S	10	Kelly Miller (USA)	80	9	23	32	9	35
V	2	Garry Galley	58	7	23	30	11	44
S	22	Greg Adams	78	15	12	27	3−	153
S	23	Bob Gould	72	12	14	26	1−	56
S	26	Yvon Corriveau	44	10	9	19	17	84
S	12	Peter Sundstrom (Swe)	76	8	17	25	2−	34
V	5	Rod Langway (USA)	63	3	13	16	1	28
V	28	Grant Ledyard	44	5	10	15	11−	66
S	25	Lou Franceschetti	59	4	8	12	2	113
V	19	Greg Smith	54	1	6	7	5	67
V	34	Bill Houlder	30	1	2	3	2−	10
S	21	Steven Leach	8	1	1	2	2	17
T	30	Clint Malarchuk	54	0	2	2	0	10
S	29	Ed Kastelic	35	1	0	1	3−	78
S	9	Dave Jensen (USA)	5	0	1	1	0	4
T	1	Pete Peeters	35	0	1	1	0	10
V	38	Yves Beaudoin	1	0	0	0	1−	0
T	31	Alain Raymond	1	0	0	0	0	0
S	14	Mike Richard	4	0	0	0	1−	0

WINNIPEG

	Nr.		Sp.	T	A	P	+/−	Str.
S	10	Dale Hawerchuk	80	44	77	121	9−	59
S	15	Paul MacLean	77	40	39	79	16−	76
S	20	Andrew McBain	74	32	31	63	10−	145
V	8	Randy Carlyle	78	15	44	59	20−	210
V	2	Dave Ellett (USA)	68	13	45	58	8−	106
S	25	Thomas Steen (Swe)	76	16	38	54	12−	53
V	22	Mario Marois	79	7	44	51	5	111
S	16	Laurie Boschman	80	25	23	48	24−	227
S	36	Iain Duncan	62	19	23	42	2−	73
S	28	Ray Neufeld	78	18	18	36	29−	167
S	9	Doug Smail	71	15	16	31	5	34
S	32	Peter Taglianetti	70	6	17	23	13−	182
S	11	Gilles Hamel	63	8	11	19	16−	35
S	23	Hannu Jarvenpaa (Fi)	41	6	11	17	0	34
V	4	Fredrik Olausson (Swe)	38	5	10	15	3	18
S	18	Steve Rooney	56	7	6	13	2	217
S	24	Ron Wilson (USA)	69	5	8	13	1−	28
S	21	Mark Kumpel	45	4	6	10	4	23
S	38	Brad Jones	19	2	5	7	2	15
V	29	Brad Berry	48	0	6	6	11−	75
S	39	Randy Gilhen	13	3	2	5	5	15
S	34	Pat Elynuik	13	1	3	4	2	12
V	6	Jim Kyte	51	1	3	4	1	128
S	12	Peter Douris	4	0	2	2	1−	0
T	30	Daniel Berthiaume	56	0	2	2	0	12
S	40	Joel Baillargeon	4	0	1	1	0	12
V	41	Paul Boutilier	10	0	1	1	3−	12
V	41	Todd Flichel	2	0	0	0	4−	2
S	13	Alfie Turcotte	3	0	0	0	4−	0
V	5	Guy Gosselin	5	0	0	0	1−	6
T	37	Steve Penney	8	0	0	0	0	0
V	17	Dwight Schofield	18	0	0	0	3−	33
T	33	Eldon Reddick	28	0	0	0	0	6
V	7	Tim Watters	36	0	0	0	12−	106

**New York Islanders (schwarzes Trikot) gegen die New Jersey Devils –
Duelle der Teams aus dem »Big Apple« sind immer was Besonderes.**

UdSSR

Ein Jahr der Superlative

In der Sowjetunion ist die Begeisterung für Eishockey neu entfacht worden! Dazu beigetragen hat natürlich der Gewinn der Goldmedaille bei den Olympischen Spielen in Calgary, mehr noch aber die Einführung einer Play-Off-Runde in der nationalen Meisterschaft. Der Wunsch, einmal das übermächtige ZSKA zu stürzen, wäre auch beinahe in Erfüllung gegangen. Am Ende aber setzte sich die »weltbeste Mannschaft« doch gegen Dynamo Riga im Finale durch.

Trainer Viktor Tichonow war aber hinterher nicht richtig glücklich. Vielleicht dachte er schon an die nervenzerrenden Strapazen, die auch künftig auf ihn warten. Er jedenfalls kann sich mit den Play-Offs nicht anfreunden. »Mit der neuen Formel schwächt man das sportliche Element zugunsten von Show-Effekten«, moserte er. »Wer so etwas haben möchte, sollte seinen Platz lieber im Theater suchen. Nach meiner Auffassung ist nur die beste Mannschaft meisterwürdig, das heißt jene, die über die ganze Saison hin die überragende und beständigste Leistung geboten hat.« Tichonow machte auch gleich einen Vorschlag: »Man sollte es bei dem so lange bewährten System ›jeder gegen jeden‹ belassen. Wer für Pokalatmosphäre mit K.o. im Stil der Play-Offs schwärmt, den kann man mit der Wiederbelebung des sowjetischen Cup-Wettbewerbs zufriedenstellen.«

Doch Tichonow, der nach dem Triumph von Calgary gestand, daß er schon an Rücktritt gedacht hatte, stand ziemlich allein. Die Fans jedenfalls waren von den Play-Offs begeistert und die Kritiker auch. Ein Kommentar von vielen: »Endlich kommt Abwechslung und Spannung in den Betrieb. Früher stand ZSKA frühzeitig als Meister fest, der Rest war ein Pflichtpensum. Diesmal konnte man mithoffen und mitzittern bis zur letzten Sirene.« Die Aufforderung war deutlich: »Nur weiter so!« Na, und spannend war es ja wirklich. Schon in der Vorrunde dominierte ZSKA nicht so klar wie erwartet. In den Play-Offs durfte aber wirklich gezittert werden. Unübertroffen das Duell zwischen ZSKA und dem Lokalrivalen Krilija. Alle drei Spiele brauchte ZSKA zum Einzug ins Finale, aber in keinem der drei Spiele gab es einen regulären Sieger! Selbst die Verlängerungen brachten keine Entscheidung, jeweils mußte das Penaltyschießen herhalten. Der Gegner der Tichonow-Schützlinge im Finale war dann keine der etablierten Mannschaften aus Moskau, sondern ein Außenseiter: Dynamo Riga, das sich gegen den Namensvetter aus Moskau durchgesetzt hatte. Die Mannschaft aus der Provinz stand für das neue Selbstbewußtsein der anderen im UdSSR-Eishockey. Nach Jahren der Stagnation haben sich nämlich die progressiven Kräfte im Verband durchgesetzt. Die Spieler freuten sich auf die Play-Offs und ihre Chance gegen ZSKA. Jahrelang hatte man kein so erfrischendes Eishockey in der UdSSR mehr gesehen! Junge Spieler aus Moskau, Riga und Kiew sorgten für Überraschungen, bewiesen ganz plötzlich, daß es im Lande doch noch viele Talente gibt. Die Play-Offs lockten sie buchstäblich aus der Reserve. Früher spielten die Mannschaften ohne Motivation, Punktkämpfe waren für die Aktiven nur Pflicht. Jetzt aber sahen viele ihre Chance, sowohl in der Meisterschaft als auch im Nationalteam. Einer, der bei der neuen Begeisterung auf der Strecke blieb, war Spartak Moskau. Der Mitfavorit schaffte nicht den Einzug in die Play-Off-Runde.

Von der neuen Begeisterung profitierte auch die »Sbornaja«, die Nationalmannschaft. Auch sie spielte in Calgary erfrischendes Eishockey, nicht mehr so zögernd wie in den Jahren zuvor. So wurde es ein Jahr der Superlative für das UdSSR-Eishockey.
Peter Telek

Viktor Tichonow trug sich bereits mit Gedanken an einen Rücktritt. Dann feierte er doch wieder mit der Nationalmannschaft und ZSKA Erfolge.

Meister ZSKA Moskau in der Statistik

	Sp	Min	T	T/Sp	Str
Torhüter					
Alexej Chervjakow	22	1335	52	2,33	4
Alexander Tychnych	21	1160	56	2,89	4
Ewgeny Beloshejkin	10	561	22	2,35	2
Valeri Ivannikow	2	19	0	0,00	0

	Sp	T	A	P	Str
Verteidiger					
Wjatscheslaw Fetisow	46	18	17	35	26
Alexej Kasatonow	43	8	12	20	8
Sergej Starikow	38	2	11	13	12
Vladimir Zubkow	48	7	3	10	13
Vladimir Konstantinow	50	3	6	9	32
Igor Krawchuk	47	1	8	9	12
Igor Stelnow	35	2	4	6	12
Alexej Gusarow	39	3	2	5	28
Sergej Seljanin	21	2	0	2	16
Dimitri Kamyshnikow	11	0	1	1	6
Igor Malykhin	44	0	1	1	28
Stürmer					
Sergej Makarow	51	23	45	68	50
Igor Larionow	51	25	32	57	54
Wjatscheslaw Bykow	47	17	30	47	26
Waleri Kamensky	51	26	20	46	40
Andrej Chomutow	48	29	14	43	22
Wladimir Krutow	38	19	23	42	20
Ewgeny Davydow	44	16	7	23	18
Alexander Mogilny	39	12	8	20	14
Sergej Fjodorow	48	7	9	16	20
Mikhail Wasiljew	22	6	8	14	14
Alexander Zybin	16	8	3	11	0
Pawel Kostichkin	40	8	0	8	20
Igor Chibirew	29	5	1	6	8
Alexander Gerasimow	11	1	5	6	0
Waleri Zelepukin	19	3	1	4	8
Sergej Osipow	15	2	1	3	10
Pawel Buré	5	1	1	2	0
Stanislaw Panfilenkow	9	1	0	1	0
Andrej Winogradow	3	1	0	1	2
Igor Wjazmikin	8	1	0	1	16

Das Eishockey ist krank

Igor Liba (links) und Igor Talpaš freuen sich über den Titelgewinn von Košice.

Das Eishockey in der ČSSR befindet sich in einer sportlichen und moralischen Krise. Nicht nur beim mäßigen Abschneiden in Calgary (Platz 6) wurde dies deutlich. Auch in der nationalen Meisterschaft machte sich dies bemerkbar. Es ging drunter und drüber, die Titelkämpfe waren geprägt von einer Strafminutenflut und Diskussionen um Doping. Am Ende gewann auch noch ein Außenseiter: Der VSŽ Košice war nur Vierter der Vorrunde. Deren Bester, Motor Budweis, scheiterte am Tabellenachten (!) Kladno. Titelverteidiger Tesla Pardubitz scheiterte, weil Torhüter Hasek wochenlang verletzt ausfiel.

Der Sieg von Košice war verdient, aber er kam unerwartet. 90 Prozent der Wetter hatten auf Sparta Prag gesetzt. Nicht von ungefähr. Die Mannschaft des früheren Rosenheimers Dr. Pavel Wohl hatte in der Doppelrunde das attraktivste Eishockey gezeigt; schnell, dynamisch und hart. Aber, an dieser Härte, die sich von Brutalität manchmal nur schwer unterscheiden ließ, scheiterte Sparta. Die Hauptstadt Prag bleibt auch nach 36 Jahren ohne Meistertitel im Eishockey. Immerhin darf es sich Pavel Wohl als großes Verdienst anrechnen, die Fans für das Eishockey wieder mobilisiert zu haben.

Der Meister von 1986 hat zwei Jahre später ein zweites Mal gewonnen, weil er sich auf seine spielerischen Möglichkeiten konzentriert hat. In den Kombinationen überlegen, weitaus effektiver spielend, ließen sich die Burschen aus dem Osten der Slowakei nicht provozieren, verzichteten auf Revanchefouls. Am Ende wurde ihnen sogar in der Prager Sporthalle applaudiert!

Der VSŽ Košice ist heute ein Hoffnungsträger im Eishockey der CSSR. Beim Meister war vieles anders als in anderen Vereinen oder in der Nationalmannschaft. Die jungen Spieler haben Trainer Jan Faith akzeptiert und nicht gegen ihn gearbeitet. Die Stars Liba, Božík und Jančuška waren echte Vorbilder. Nach ein paar Niederlagen in der Doppelrunde raufte sich die Mannschaft zusammen. Und noch eine Stärke von Košice: Man baut auf den Nachwuchs, hat Vertrauen zu den jungen Spielern, aber auch Geduld.

Anderswo fehlt die Geduld, der schnelle Erfolg ist gefragt. Deshalb kam es auch wieder zu Doping-Diskussionen. Die Trainer brauchen den Erfolg, die Spieler brauchen ihn. Hilft die schnelle Pille? Unter anderem wurde Nationalspieler David Volek, der Sohn des Landshuter Trainers, überführt. Diese Sehnsucht nach dem Erfolg um jeden Preis führt vielleicht auch zu der größeren Härte. Strafminutenrekorde sprechen für sich.

Auch die Nationalmannschaft war kein Vorbild. Zwischen den Trainern Dr. Jano Starsi und Frantisek Pospisil sowie den Spielern gab es keine Zusammenarbeit! Schlimmer noch, sie hatten sich quasi nichts zu sagen. Kaum einer brachte bei den Olympischen Spielen seine richtige Form. Vorbereitungszeit gab es genügend, doch es wurde zuwenig getan! Am Ende gab es sogar einen Streik der Spieler gegen die Trainer, der nur nicht eskalierte, weil die Trainer gehen mußten.

Das Eishockey in der ČSSR ist krank. Ein wenig Hoffnung für die Zukunft läßt der Gewinn der Europameisterschaft der Junioren. Aber das Eishockey muß aufpassen, daß es nicht den Weg vom Fußball geht, der heute nur noch drittklassig ist.

Peter Telek

Meister VSŽ Košice in der Statistik

Torhüter	Sp	Min	T	Str
Pavol Svárny	46	2694	105	5
Jaromír Dragan	6	66	15	0

Verteidiger	Sp	T	A	P	Str
Juraj Bakos	27	2	0	2	16
Juraj Bondra	39	3	7	10	24
Majmír Božík	46	5	11	16	28
Miroslav Danko	32	3	2	5	8
Milan Jančuška	45	7	9	16	22
Miroslav Marcinko	41	2	2	4	38
Peter Slanina	46	13	21	34	22
Jerguš Bača	42	5	5	10	24

Stürmer	Sp	T	A	P	Str
Anton Bartanus	21	2	5	7	7
Viliam Belas	45	25	12	37	12
Peter Bondra	46	27	11	38	8
Igor Liba	44	21	37	58	12
Milan Staš	42	5	12	17	28
Vladimír Svitek	46	17	18	35	8
Marian Štefanovič	46	15	27	42	16
Ján Vodila	45	19	25	44	13
Igor Talpaš	22	5	4	9	10
Otto Sykora	17	3	3	6	8
Peter Veselovsky	21	5	11	16	21
Miroslav Žabka	31	6	2	8	14

Schweden

Das war noch Olle Oests Werk!

Als zweitbester Torschütze aller Zeiten verabschiedete sich der Finne Erkki Laine aus Schweden.

Die Saison 1988 endete in Schweden mit einem Triumphzug des Färjestads BK aus Karlstad. Die Hochs und Tiefs während der Saison endeten mit einem Feldzug in den Play-Offs und dem dritten Titelgewinn von Färjestad seit 1981. Färjestad ist das Team der 80er Jahre mit den Meisterschaften 1981, 1986 und 1988. In den 13 Jahren der »Eliteserien« holte Färjestad 574 Punkte in 472 Spielen und ist damit mit Abstand die beste Mannschaft, 78 Punkte vor dem Zweiten.

Vier Spieler waren bei allen drei Meisterschaften dabei: Hakan Nordin, Thomas Rundqvist, Jan Ingman und Claes-Henrik Silfver. Zwei weitere Spieler gehören eigentlich auch in diese Kategorie, denn Tommy Samuelsson fehlte wegen Verletzung in diesem Jahr nur in den Ply-Offs und Harald Lückner erging es 1986 so.

Schwedens Meister ist ein Schulbeispiel an guter Organisation und Führung. Kjell Glennert stellte die Weichen als Präsident und Olle Oest war ein erfolgreicher General-Manager. Im Winter 87/88 wechselte er nach Berlin, doch die Meisterschaft war noch sein Werk! Färjestad lieferte aber auch ein Schulbeispiel dafür, was in den Play-Offs möglich ist. Sechster war der Verein nach der regulären Saison (!) und damit die Mannschaft, die vom schlechtesten Platz aus noch den Titel holte. Das Gegenstück dazu war Djurgardens IF Stockholm, das die Konkurrenz in der Vorrunde beherrschte, aber in der ersten Runde der Play-Offs in drei Spielen gegen den Lokalrivalen AIK ausschied! Noch am 6. Dezember hatte Färjestad eine schwarze Nacht mit einer 0:13-Heimniederlage gegen Djurgarden erlebt.

Im Finale standen sich schließlich Färjestad und Titelverteidiger Björklöven gegenüber. In beiden Abwehrreihen wirkte übrigens ein Mann mit dem Namen Peter Andersson mit. Björklövens Verteidiger war der berühmtere, vom Jahrgang 1962. Er spielte auch schon bei den Washington Capitals in der NH1. Färjestads Peter Andersson kommt aus Örebro, Jahrgang 1965, und steht vor einer großen Karriere. Schon als Junior war er Schwedens erfolgreichster Verteidiger, inzwischen hat er zwölf A-Länderspiele absolviert. Er war der entscheidende Mann im vierten Endspiel, als Färjestad mit dem 6:3 den dritten Sieg zum Titelgewinn landete. Andersson war an allen sechs Toren beteiligt, eines erzielte er selbst. Ein Schlüsselspieler war aber auch der Finne Erkki Laine, der drei Treffer erzielte und als ein Rekordtorschütze Schweden verläßt. Für Färjestad und Leksand erzielte er in 276 Spielen 194 Tore und liegt damit hinter Torke Ökvist von Björklöven mit 205 Toren in 346 Spielen auf Rang zwei. Jetzt folgte Laine seinem Mentor Olle Oest nach Berlin. Die Frage ist, ob Färjestad seinen Erfolgsweg weitergehen kann. Können Nationaltorhüter Anders Bergman (MoDo) und Kjell Dahlin von den Montreal Canadiens die vielen Abgänge wettmachen? Torhüter Peter Lindmark, der nach einer mittelmäßigen Saison bei Olympia in Calgary seine Form wieder fand, Mats Lusth und Bo Svanberg gehen zu IF Malmö, Christer Dahlgard und Thomas Tallberg wechseln zu Rögle, Hakan Nordin geht zu Frölunda Göteborg, Erkki Laine wie gesagt nach Berlin und Harald Lückner wird Spielertrainer bei Sparta Sarpsborg in Norwegen. Da muß der neue General-Manager Kent-Erik Andersson, einer der Champions von 1986, eine neue Mannschaft aufbauen.

Tom Ratschunas

Meister Färjestads BK in der Statistik

	Sp	Schüsse	T	%
Torhüter				
Peter Lindmark	36	977	108	88,9
Christer Dahlgard	10	311	35	88,7
Christer Thag	3	103	20	80,5

	Sp	T	A	P	Str
Verteidiger					
Peter Andersson II	48	14	32	46	42
Hakan Nordin	49	11	22	33	34
Leif Carlsson	49	12	14	26	30
Roger Johansson	33	4	17	21	32
Tommy Samuelsson	31	4	11	15	32
Mats Lusth	29	6	4	10	30
Jesper Duus	26	2	5	7	8
Mattias Andersson	13	1	1	2	10
Stürmer					
Erkki Laine	49	32	16	48	28
Thomas Rundqvist	49	18	29	47	46
Mikael Holmberg	49	23	21	44	36
Staffan Lundh	45	21	21	42	30
Stefan Persson	43	11	16	27	16
Jan Ingman	36	11	10	21	16
Lars Karlsson	48	7	13	20	62
Harald Lückner	45	10	9	19	22
Claes-Henrik Silfver	38	7	11	18	14
Magnus Gustafsson	25	5	3	8	8
Bo Svanberg	20	3	3	6	22
Thomas Tallberg	25	2	3	5	10
Daniel Rydmark	33	2	1	3	12
Anders Öberg	1	0	0	0	0

War das erst der Anfang?

Finnlands Eishockey hat das erfolgreichste Jahr seiner Geschichte hinter sich. In allen drei IIHF-Kategorien holten sich die Skandinavier Medaillen: Die Senioren Silber bei den Olympischen Spielen in Calgary, die Junioren unter 20 Bronze bei der Weltmeisterschaft in Moskau, die unter 18 Silber bei der Europameisterschaft in der CSSR. Überragend natürlich die erste olympische Medaille für Finnland. Doch dies ist kein Grund zur Selbstzufriedenheit. Wie sagen doch die Deutschen: »Einmal ist keinmal.« Finnland will auf diesem Weg weitermachen. War es also erst der Anfang? Coach Pentti Matikainen hat vor allem die Weltmeisterschaft 1991 im eigenen Land im Visier!

Im finnischen Eishockey hat man gelernt. Der Canada Cup vor der Saison war kein Erfolg. »Wir hatten zuwenig Zeit der Vorbereitung«, sagte Matikainen. Vor Olympia aber hielten alle zusammen, ob Verband oder Vereine, dem Erfolg wurde alles untergeordnet. »Wir waren hundertprozentig ein Team«, berichtete der Trainer stolz, »das war die Klammer für Silber.«

Die Basis dieser Erfolge liegt bei der Nachwuchsarbeit, die genauso wie in Schweden traditionell als ausgezeichnet bezeichnet werden darf. Die Mannschaft, die vor zehn Jahren um Jari Kurri Europameister wurde, wies die Richtung. Heute sind die Jungen international begehrt. Allein 80 finnische Spieler wurden von NHL-Klubs gedraftet! Und Superstar Wayne Gretzky befindet sich in einem »finnischen Sandwich« mit Jari Kurri und Esa Tikkanen auf den Flügeln. Das Trio hatte entscheidenden Anteil am vierten Stanley-Cup-Sieg in fünf Jahren.

In der nationalen Meisterschaft setzte Tappara Tampere einen Markstein. Erstmals seit 1975 konnte ein Verein seinen Titel erfolgreich verteidigen. Tappara ist die Mannschaft, die den Erfolg gepachtet hat und in den letzten 13 Jahren der Liga am beständigsten spielte. Zehnmal stand der Klub in dieser Zeit im Finale und holte sieben Titel. Zwölfmal schaffte auch TPS Turku die Play-Off-Teilnahme, in diesem Jahr klappte es erstmals nicht.

Das Geheimnis des Erfolges von Tappara ist eigentlich keines mehr: Der Meister hatte mit Sicherheit das beste Sommertraining. Trainer Rauno Korpi bringt seine Mannen fit an den Start. Er ist auch der Mann, der hinter den Erfolgen von Tappara steht. Zuerst als Assistent von Kalevi Numminen, die letzten zwei Jahre General Manager, und nun in seinem dritten Jahr als »Head Coach«. Jetzt träumt Korpi davon, mit Tappara auch den Hattrick zu schaffen.

Doch die Zukunft sieht nicht so gut aus. Die Nachwuchsarbeit muß sich wieder einmal bewähren, denn die Motoren der Mannschaft verlassen den Verein. Erkki Lehtonen wechselt in die Bundesliga zu den Berliner Preussen, Janne Ojanen zieht es in die NHL (New Jersey Devils). Dazu fallen auch zwei Asse in der Verteidigung aus: Routinier Timo Jutila hat bei Lulea in Schweden unterschrieben und das Nachwuchstalent Teppo Numminen geht ebenfalls in die NHL (Winnipeg Jets). Doch nicht nur Tappara hat seine Stars. Einer der Besten der Liga war Torhüter Jarmo Myllys. Vor allem an ihm lag es, daß Lukko ins Finale gegen Tappara einzog. Er war auch die Stütze der Nationalmannschaft beim Gewinn von Olympia-Silber. Zwei Veteranen avancierten ebenfalls zu Stars: Arto Javanainen, in seinem ersten Jahr bei TPS, und Matti Hagman, IFK Helsinki, früher auch EV Landshut. Javanainen schaffte einen neuen Saisonrekord mit 47 Toren und löste damit Raimo Summanen von 82/83 ab. In der ewigen Torschützenliste ist Javanainen jetzt Zweiter mit 338 Treffern, 18 hinter Rejjo Leppänen. Hagman ist Zweiter der ewigen Skorerwertung mit 631 Punkten. Javanainen folgt mit 576 Punkten. Aber noch führt Leppänen mit 730 Punkten.

Tom Ratschunas

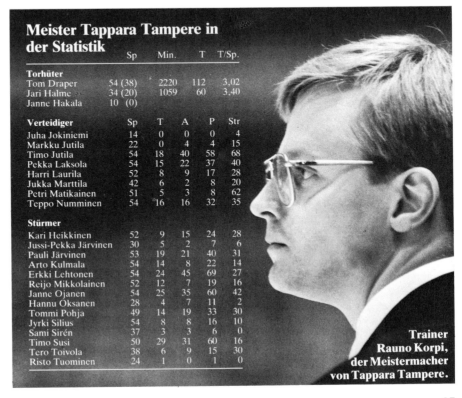

Meister Tappara Tampere in der Statistik

	Sp	Min.	T	T/Sp.
Torhüter				
Tom Draper	54 (38)	2220	112	3,02
Jari Halme	34 (20)	1059	60	3,40
Janne Hakala	10 (0)			

	Sp	T	A	P	Str
Verteidiger					
Juha Jokiniemi	14	0	0	0	4
Markku Jutila	22	0	4	4	15
Timo Jutila	54	18	40	58	68
Pekka Laksola	54	15	22	37	40
Harri Laurila	52	8	9	17	28
Jukka Marttila	42	6	2	8	20
Petri Matikainen	51	5	3	8	62
Teppo Numminen	54	16	16	32	35
Stürmer					
Kari Heikkinen	52	9	15	24	28
Jussi-Pekka Järvinen	30	5	2	7	6
Pauli Järvinen	53	19	21	40	31
Arto Kulmala	54	14	8	22	14
Erkki Lehtonen	54	24	45	69	27
Reijo Mikkolainen	52	12	7	19	16
Janne Ojanen	54	25	35	60	42
Hannu Oksanen	28	4	7	11	2
Tommi Pohja	49	14	19	33	30
Jyrki Silius	54	8	8	16	10
Sami Sirén	37	3	3	6	0
Timo Susi	50	29	31	60	16
Tero Toivola	38	6	9	15	30
Risto Tuominen	24	1	0	1	0

Trainer Rauno Korpi, der Meistermacher von Tappara Tampere.

DDR

Kampf kam vor Spiel

Ein Schönheitspreis war bei der 39. Eishockey-Meisterschaft in der DDR im Dauerduell zwischen den Dynamos aus Ost-Berlin und Weißwasser nicht zu gewinnen. Einsatz war angesagt, Kampf kam vor Spiel. Der SC Dynamo Berlin hatte die härteren Männer und setzte sein seit 1981 bestehendes Abonnement auf den DDR-Titel fort. 3:1 endeten beide Runden. Die dritte Entscheidungsrunde konnte gestrichen werden. Zum siebten Mal in Folge und zum 15. Mal insgesamt und diesmal in nur zwei statt der drei Runden vom vergangenen Jahr sicherten sich die Favoriten die Meisterschaft.

Hartmut Nickel, der dreimal als Aktiver und zwölfmal als Trainer neben Auswahl-Coach Joachim Ziesche die Ostberliner zum Triumph führte, schätzte die Spiele in dieser Saison als außerordentlich kampfbetont ein. »Das brachte Spannung und zog die Zuschauer an.« Zu den diesmal nur acht Begegnungen kamen immerhin 37 000 Fans. Doch das spielerische Moment kam zu kurz. »Wir taten uns in der Favoritenrolle oft schwer«, bilanzierte Nickel. Auch Detlef Radant, Ostberliner Mittelstürmer im besten DDR-Fünferblock mit Kuhnke, Radant, Hiller vor Frenzel und Geisert, sah dieses Manko: »Beide Teams haben kämpferisch bisher viel gegeben. Aber bis zu den Länderspielen muß die spielerische Seite noch gehörig verbessert werden.« In diesem Bereich hat die DDR international im Eishockey an Boden verloren und kann wohl nur etwas neidisch die entsprechende positive Entwicklung in der Bundesliga beobachten, die ja auch mit der spielerischen Steigerung der Mannschaft von Bundestrainer Xaver Unsinn im Olympiaturnier von Calgary ihren Ausdruck fand. Doch auf einem anderen Gebiet hat die DDR nachgezogen. Radant sagte zu einer wichtigen Wandlung im DDR-Eishockey: »Früher lebte es sehr oft von Individualisten, Braun, Patschinski oder Dietmar Peters, um einige Namen zu nennen. Aber jetzt haben auch wir uns dem internationalen Trend angepaßt, es wird mehr im geschlossenen Block gespielt.«

Da hatte der SC Dynamo Berlin einfach die bessere, kompaktere Besetzung. Der genannte Fünferblock aus Ost-Berlin war der stabilste Mannschaftsteil und entschied mit seinen 21 Toren praktisch fast allein den Titelkampf. Torschützenkönig wurde Guido Hiller mit acht Treffern. Die Ostberliner Stürmer kamen auf eine Erfolgsquote von 4,6 Toren pro Spiel, recht ansehnlich. Aber vier Gegentreffer im Schnitt machten auch die Probleme im Team deutlich. Das Gesamttorverhältnis für den unter dem Strich klar siegreichen Meister lautete lediglich 37:32. Die endgültige Entscheidung fiel erst im »Sudden death«. In der Verlängerung mit dem plötzlichen Tod«, der nach kanadischem Strickmuster auch in der DDR seit zwei Jahren den Kampf auf dem Eis ohne Unentschieden beendet, schoß Routinier Harald Kuhnke beim letzten Spiel in Weißwasser das 6:5 in der 6. Minute der Verlängerung vor 3800 in diesem Augenblick enttäuschten Zuschauern in der Lausitzer Glasbläserstadt.

Die Weißwasseraner hadern langsam immer mehr mit ihrem Schicksal, ewiger Zweiter sein, und offenbar bleiben zu müssen. Trainer Roland Herzig sagte traurig: »Durch krasse Fehler im Abwehrbereich und unzureichende Ausnutzung der eigenen Tormöglichkeiten haben wir letztlich unsere Chance vergeben.« Nie waren sie so nahe dran wie im vergangenen Jahr, als sie Dynamo Berlin in eine dritte Runde zwingen konnten. Die Begeisterung und der Elan, der dadurch in der alten Eishockey-Hochburg geweckt wurde, scheinen nun wieder verflogen. Die Ostberliner sind einfach nach wie vor erfahrener.

Ihr Kapitän Dieter Frenzel meinte dazu: »Wir Alten verstehen uns schon noch zu wehren.« Den Lausitzer Verlierern gab er einen weisen Rat: »In der jungen Weißwasser-Mannschaft stecken Potenzen, aber sie müssen, wenn ich mal als Kapitän der DDR-Auswahl etwas sagen darf, mehr ins Spiel gebracht werden.« Genau daran lag es, der Kampf war da, reichte aber erneut zum Machtwechsel im DDR-Eishockey nicht aus.

Hans-Rüdiger Bein

Duell der Ausländer im italienischen Play-Off-Finale: Kent Nilsson (Bozen, links) war auch von Greg Dornbach (Meran, rech[ts]) nicht zu halten.

»Magic man« Kent Nilsson

Am Ende siegte der Hockeyklub Bozen... und mit ihm gewann der schwedische Superstar Kent Nilsson alles, was es zu gewinnen gab. Der 32jährige Stanley-Cup-Sieger aus Nynashamn, jahrelang die »heißeste Flamme« der Calgary Flames, ehe er für die Minnesota North Stars und für die Edmonton Oilers die Register zog, erzielte die meisten Tore, die meisten Assists, entschied die Skorerwertung »mit links« für sich. Den wohl für die »Ewigkeit« aufgestellten Rekord von Ron Chipperfield, zuerst drei Saisonen aktiv, seit vier Jahren Trainer in Bozen, brach er allerdings nicht (1982/83: 32 Spiele, 78 Tore, 58 Assists, 136 Punkte).

Für den Hockeyklub Bozen war diese 54. Serie-A-Spielzeit die Saison der Superlative. Nach zweijähriger Durststrecke (1986 siegte Meran, 1987 Varese) sollte der zehnte Meistertitel seit 1963 unter Dach und Fach gebracht werden. Dieses Vorhaben ließ man sich auch etwas kosten. Bereits im Frühsommer, unmittelbar nach NHL-Kehraus, hatte Ron Chipperfield, einst selbst Oilers-Stammspieler, mit Kent Nilsson, dem »magic man«, verhandelt. Kent Nilsson nach Italien... unmöglich.

Der Schwede machte sich in Bozen vor Ort ein Bild, kam dann am 27. Juni zur endgültigen Vertragsunterzeichnung. »Karajan in der Eishockey-Provinz« textete ein Schweizer Journalist.

Was dieser begnadete Eishockeyspieler mitunter aufs Parkett zauberte, war einmalig. Wie jeder Künstler war auch Kent Nilsson launisch; jahrelang die NHL-Arenen gewöhnt, drückten die mitunter selbst bescheidensten Anforderungen nicht gerecht werdenden Serie-A-Eisstadien auf seine Leistungen. Wenn er aber gefordert wurde, war Nilsson – dessen Pässe millimetergenau saßen – nicht zu halten. Er war der Traumpartner von Martin Pavlu, dem im Alter von fünf Jahren aus Pilsen ausgewanderten erfolgreichsten einheimischen Torjäger, der zum achten Mal den »Goldenen Puck« gewann.

Die Weiß-Roten waren nicht zu halten. In der Qualifikation holten sich die Bozner 63 von 72 möglichen Punkten. Im Play-Off-Viertelfinale warf der vom Anfang an als klarer Favorit ins Rennen gegangene HCB die Ampezzaner von Slavomir Barton aus dem Sattel, im Halbfinale kam es zu Neuauflage des vorjährigen Finales. Varese, der Titelverteidiger, hatte nach einer aufreibenden Saison mit Trainerentlassung (Dave Chambers für Grant Standbrook) in der Vorschlußrunde das Pulver (fast) verschossen. Mit zwei 4:0-Siegen und einem Penalty-Krimi in Varese stand Bozen im Finale, das angesichts der stark aus- und unfallgeschädigten Meraner Truppe eine »Hinrichtung« war.

12:1, 4:1, 9:3 – die »Best of five«-Serie war nach drei Partien zu Ende. Meran, mit dem zu Saison-Halbzeit für den entlassenen kanadischen »Eishockey-Professor« Wayne Fleming eingesprungenen Billy Flynn, war kein ernst zu nehmender Gegner. Zu viele Leistungsträger waren angeschlagen, zu viele fehlten. Aufreibend war diese Saison 1987/1988 für den HCM allemal: kein Klub hat so oft Kündigungen verschickt wie der Hockeyklub Meran.

Bös endete die Saison übrigens auch für den SV Ritten: Nach zweijähriger Serie-A-Zugehörigkeit räumen die Rittner das Feld, überlassen ihren Platz dem HC Mailand. Damit kehrt in der Saison 1988/89 eine weitere lombardische Eishockeytruppe in die höchste Spielklasse zurück, die in der Pionierzeit Geschichte geschrieben hat.

Apropos zurückkehren. Nicht mehr in Italien spielen wird in der 55. Serie-A-Saison Nilsson: er entschied sich für seinen schwedischen Stammverein Djurgarden IF. Zum Ausklang einer eindrucksvollen Karriere will er bei der WM in Schweden noch einmal das Nationaltrikot überstreifen. Ein verständlicher Wunsch. Unglücklich über die Entscheidung des Superstars ist man im Bozner Klubhaus nicht: eine weitere Saison über den wirtschaftlichen Möglichkeiten und bei weiterem Zuschauerschwund zu leben hätte den Verein an den Rand des Ruins manövriert.

Franz Sinn

Meister HC Bozen in der Statistik

	Sp	T	A	P	Str
Kent Nilsson	35	60	72	132	48
Martin Pavlu	36	31	62	93	14
Bruno Basecotto	35	36	47	83	22
Mark Pavelich	36	31	42	73	19
Maurizio Scudier	35	27	27	54	16
Lucio Topatigh	35	24	26	50	81
Giacinto Boni	33	6	33	39	16
Robert Oberrauch	34	8	27	35	81
Norbert Gasser	36	6	24	30	42
Gino Pasqualotto	35	6	15	21	43
Moreno Trisorio	35	9	2	11	8
Mauro Giacomin	30	8	3	11	46
Paolo Casciaro	36	3	8	11	26
Giovanni Melega	23	0	3	3	23
Enrico Laurati	14	2	0	2	2
Mike Zanier	33	0	1	1	11
Gianni Spoletti	13	0	0	0	2

Österreich

Kurze Spielzeit, große Schulden

Die Pessimisten im österreichischen Eishockey-Lager meldeten sich vor dieser Saison öfter und lauter denn je zu Wort. Die Olympia-Qualifikation in Canazei, die dem Verband Ruhm und Dollars bescherte, sei für die Bundesliga-Klubs eine Katastrophe, denn: eine Unterbrechung der Meisterschaft wurde aus Kostengründen abgelehnt, das Durchziehen eines Rumpf-Championats mit gerade 34 Spielen für die sechs besten Klubs (und gar nur 24 für den schon Anfang Dezember zum Zuschauen verurteilten Siebenten) wäre durch den frühen Saisonstart fast ebenso schlimm.

Die Unkenrufer sollten am Ende recht behalten.

Denn die gesamte Liga machte ein Defizit, das sich gewaschen hatte. Auch ohne detaillierte Zahlen auszulassen, konnte in den Klubs nicht verheimlicht werden, daß die Gesamtschulden der Liga bei 20 Millionen S (knapp 1,9 Mio. DM) angehäuft waren. Womit »Nachspiele« bis in den Frühsommer hinein die logische Folge waren, wie im Fall des Salzburger EC, der sich bei einem gerichtlich festgestellten Schuldenstand von 9,5 Millionen S mit einem 20prozentigen Ausgleich gerade noch am Leben erhielt. Dafür waren die Mozartstädter zu Beginn der Sommertrainings wohl die einzige schuldenfreie Mannschaft in der Bundesliga.

Die verkürzte Saison 1987/88 verlief zumindest im Titelkampf ganz papierformgemäß. Der Klagenfurter AC, diesmal zwar härter bedrängt als früher, machte den vierten Titel in Folge (und den 24. der Klubgeschichte) mit Konstanz im Finish und einem ausgeglichenen Kader perfekt.

Der Titelgewinn war großteils aber der persönliche Triumph des 33jährigen Jung-Trainers Bill Gilligan aus Massachusetts, der in seiner vierjährigen Coachlaufbahn noch nie nicht Meister geworden ist. So war es kein Wunder, daß ihn nach den Ruhmesjahren in Klagenfurt der Lockruf des Franken ins Berner Land zog und nicht in Richtung Wien, wo im Frühjahr 1988 keinerlei Kosten gescheut wurden, um die Meisterschaft für 1989 in die Bundeshauptstadt einzukaufen.

Die Überraschungen der Meisterschaft waren zweifellos Salzburg und Lustenau. Der SEC löste mit seinen prominenten Neuzugängen Schalimow, Kapustin, Holst, Hutz, Rudmann, S. Szybisti und P. Znenahlik einen neuen Eishockey-Boom an der Salzach aus, der oft mit mehr als 4000 Besuchern im für 3500 zugelassenen Volksgarten-Stadion zu Buche stand. Arge Mißstände in der Vereinsführung führten dennoch zu einem finanziellen Desaster, das in der Endphase im Januar auf die sportlichen Leistungen der Mannschaft abfärbte. In Lustenau kann man nicht allein die frühe Verletzung des Torjägers Steven Stockman und dessen monatelange Rekonvaleszenz dafür verantwortlich machen, daß man die Saison mit ganzen drei Punkten (drei Remis) als abgeschlagener Letzter abschloß.

Der Nachbar im Ländle, Exmeister Feldkirch, nützte die Gunst des umstrittenen Bonuspunkte-Systems voll aus. Vom willigen Punktelieferanten im Grunddurchgang wuchs die Mannschaft um Spielertrainer Kelley Greenbank in der Meisterrunde zu einem harten Konkurrenten. Hauptanteil hatte der beste Skorer der Liga, der spielerisch farblose, aber als Abstauber stets richtig plazierte Rick Nasheim (in der II. Bundesliga Süd kein Unbekannter).

Ähnlich wie Feldkirch wurde auch Villach unter Bart Crashleys Regie im Finish immer stärker und schob sich sogar noch auf Platz drei vor. Neben Salzburg bauten die Innsbrucker am meisten ab, hier waren allerdings interne Differenzen die Hauptursachen für neuerlich unerfüllte Träume, die Coach Rudi Killias ohnedies schon zu Beginn reduziert hatte: Platz drei hatte der Schweizer als Devise für sein erstes Jahr in Innsbruck ausgegeben gehabt. Bleibt das Kapitel Nationalmannschaften mit unterschiedlichen Erfolgen zu erwähnen. Bei Olympia in Calgary waren die Österreicher kein Schlachtopfer für die Großen, verzeichneten auch gegen die Deutschen einen Achtungserfolg und erreichten nach einem 3:2 über Polen den neunten Endrang. Die »kalte Dusche« folgte Wochen später im fernen Sapporo: Die A-Junioren (unter 20) stiegen bei der B-WM sieglos in die C-Gruppe ab. Mit Ludek Bukac an der Bande, der in Calgary noch hochzufrieden war und schon vorher seinen Vertrag mit dem ÖEHV als Bundestrainer bis 1990 verlängert hatte. Über den Nachwuchs wird man sich im ÖEHV einige Gedanken machen müssen.

Gerhard Kuntschik

Meister Klagenfurter AC in der Statistik

	Sp	T	A	P	Str.
Thomas Cijan	34	19	41	60	36
Jim McGeough	34	34	18	52	52
Edi Lebler	34	33	16	49	14
Tony Collard	32	25	22	47	25
Herbert Pöck	31	15	26	41	12
Rudi König	31	13	19	31	16
Manfred Mühr	32	11	15	26	21
Dave Shand	21	1	18	19	73
Hans Sulzer	32	3	14	17	25
Helmut Koren	31	6	10	16	23
Hans Fritz	22	3	13	16	42
Gert Kompajn	33	4	9	13	54
Bernhard Pirker	33	4	9	13	15
Erich Solderer	33	6	6	12	19
Hannes Scarsini	34	2	6	8	16
Manfred Edlinger	31	1	2	3	6
Garry Shopek	9	1	2	3	2
Martin Krainz	32	0	2	2	34
Walter Putnik	25	1	0	1	7
Michael Bidovec	33	0	1	1	6
Alfred Loibnegger	17	0	1	1	0
Werner Lexer	12	0	1	1	2

Schweiz

Meister Lugano setzt Akzente

Mit dem Schweizer Eishockey geht es wieder aufwärts. Erstmals seit zwölf Jahren qualifizierte sich die Nationalmannschaft wieder für Olympische Spiele und schlug sich in Calgary recht achtbar. Sensationell der Sieg über den späteren Silbermedaillengewinner Finnland. Den Einzug in die Endrunde verpaßten die Eidgenossen nur denkbar knapp. Erstmals war der Schweizer Meister auch in der Finalrunde des Europacups vertreten, verlor allerdings alle drei Partien.

Dieser Schweizer Meister hieß und heißt HC Lugano. Unter dem schwedischen Trainer John Slettvoll setzte diese aus allen Ecken und Enden zusammengekaufte Mannschaft Akzente in mehrfacher Hinsicht: Sie wird professionell geführt und trainiert, kein Spieler geht im zivilen Beruf einer Ganztagesarbeit nach. Das Spielsystem sitzt. Wer sich Hoffnungen machen will, die Tessiner aus dem Sattel zu haben, muß mitziehen, wer einen kleineren finanziellen und trainingsmäßigen Aufwand betreibt, dem bleiben nur Scheingefechte in den Niederungen der Tabelle. Zwar kauft Präsident Geo Mantegazza seinem Trainer Nationalspieler ein, Leute wie Fredy Lüthi, Peter Jaks und Thomas Vrabec, aber dazu mischen die beiden immer Jungtalente, von denen sie sich einiges versprechen. Der von Basel zum Team gestoßene Raymond Walder ist so ein Beispiel.

Die Punktejagd beendeten die Luganesi nach 36 Runden mit vier Zählern Vorsprung auf Kloten und neun auf Ambri. Als vierte Mannschaft qualifizierte sich der HC Davos für die Play-Offs, während Neuling Langnau und der anfangs der Saison von Milan Stastny geführte HC Sierre absteigen mußten und schließlich durch Olten und Ajoie ersetzt wurden.

Torschützenkönig wurde zum zweitenmal der für Biel spielende Kanadier Normand Dupont vor fünf weiteren Ausländern. Er brachte es auf 50 Tore und 33 Assists; ihm am nächsten kam Jean-Francois Sauvé (Fribourg-Gottéron) mit 33 Treffern und 53 Assists, während als bester Schweizer Luganos schußgewaltiger Flügel Peter Jaks 38 Tore markierte und 21 Zuspiele gab. Bemerkenswert war ferner die Leistung von Neuling EV Zug. Diese Mannschaft wurde als einzige von einem Kanadier trainiert, von Andy Murray, pflegte einen kräfteraubenden Forechecking-Stil und schnitt mit einem sechsten Rang wider Erwarten gut ab.

In den zwei Jahren zuvor hatte Lugano auf seinem Durchmarsch zum Titel noch nie ein Play-Off-Spiel verloren. Dabei sind seine Torhüter Thierry Andrey und Urs Räber die Achillesfersen des Teams. Doch die Qualität ihrer Vorderleute – ein Korps von Internationalen samt dem NHL-erprobten Finnen Kari Eloranta – erleichterte ihnen die Arbeit. Das Verdienst, Lugano erstmals in einem Play-Off-Spiel besiegt zu haben, kam Rekordmeister HC Davos zu, für den Thomas Müller im zweiten Halbfinalspiel in der Verlängerung den Siegtreffer zum 4:3 unterbrachte. Doch mit dem gleichen Resultat, ebenfalls nach Verlängerung, beendeten die Tessiner die Serie, denn auf eigenem Eis hatten sie Kantersiege von 10:1 und 8:1 erreicht.

Ebenfalls mit 3:1-Siegen schaltete Kloten Ambri aus, das sich auf die Play-Offs hin die Dienste des Topskorers der US-Nationalmannschaft, Corey Millen, gesichert hatte. Ambris einziger Sieg kam in Kloten zustande, das Aufbäumen setzte sich im vierten Spiel fort, doch Fehler von Torhüter Brian Daccord brachten die Tessiner um einen 4:2-Vorsprung und damit zu einem vorzeitigen Saisonende.

Das Plus, das Kloten über Lugano zu haben schien, den besseren Torhüter, erwies sich im Finale als Minus. Der in der Rekrutenschule steckende Reto Pavoni, auch »Klein-Tretjak« genannt, war ein Unsicherheitsfaktor. Im ersten Spiel führten die Klotener in Lugano 2:0 und wurden 5:3 geschlagen, im dritten hieß es in der 57. Minute 3:2 zu ihren Gunsten, und doch setzte sich Lugano, das dazwischen in Kloten 10:4 gewonnen hatte, in der Verlängerung dank einem Treffer von Thomas Vrabec 4:3 durch. Diesmal stellte der Meister auch den Topskorer: Kent Johansson brachte es auf acht Tore und acht Zuspiele.

Für einen war der Ausgang immer klar: John Slettvoll: »Wir bilden eine Gemeinschaft, in der jeder für den andern einsteht, jeder bereit ist, die Arbeit des andern zu übernehmen. Wir haben sie zur Selbstdisziplin erzogen.«

Hermann Pedergnana

Meister HC Lugano in der Statistik

	T	A	P
Verteidiger			
Kari Eloranta	5 +	26 =	31
Andreas Ritsch	6 +	16 =	22
Bruno Rogger	28 +	17 =	45
Sandro Bertaggia	4 +	6 =	10
Claude Domeniconi	1 +	8 =	9
Didier Massy	5 +	5 =	10
Bernard Bauer	1 +	1 =	2
Stürmer			
Thomas Vrabec	24 +	20 =	44
Kent Johansson	32 +	44 =	76
Jörg Eberle	28 +	17 =	45
Andy Ton	18 +	14 =	32
Fredy Lüthi	16 +	19 =	35
Peter Jaks	38 +	21 =	59
Raymond Walder	13 +	6 =	19
Beat Eggimann	8 +	7 =	15
Mario Patt	2 +	5 =	7
Andrea Bernasconi	1 +	1 =	2
Pierre Girardin	1 +	0 =	1
Kent Nilsson	2 +	0 =	2

Olympische Spiele in Calgary

Das Turnier der heißen Herzen

Das Olympia-Turnier gilt, so die allgemeine Einschätzung in Eishockey-Kreisen, nach Canada Cup und Weltmeisterschaft nur als drittklassig. Weil eben die besten Profis der NHL fehlen. In Calgary erfreute sich das Turnier aber höherer Wertschätzung, obwohl die besten Profis auch diesmal fehlten. Sie taten dies übrigens sehr zum Unwillen des deutschen NOK-Präsidenten Willi Daume. »Das Eishockey hat eine Chance vergeben, wir haben ihm doch den Weg geebnet«, ärgerte sich der Olympier, der in der IOC-Zulassungskommission den Weg für Berufssportler (siehe auch Tennis in Seoul) freigemacht hatte. Doch Daume übersah dabei die besonderen Gegebenheiten der National Hockey League. Die NHL ist selbständig, sieht nur die eigenen Bedürfnisse und litt ja tatsächlich auch nicht unter Olympia. Im nachhinein brachte freilich NHL-Sprecher Alan Eagleson eine neue Idee auf den Tisch: Für jede Mannschaft eine Million Dollar forderte er für eine Olympia-Pause der NHL, damit wirklich alle Stars zur Verfügung stehen. Das IOC (oder der Veranstalter) müßte also 21 Millionen Dollar hinblättern...

In Calgary war das Eishockey-Turnier aber auch so das Herzstück der Olympischen Spiele. Im Mutterland des Eishockey kein Wunder. Aber auch Wetterunbilden (Wind), die reihenweise für Absagen und Verschiebungen sorgten, bevorzugten das Eishockey, denn darauf konnte man sich verlassen: Im Saddledome wurde pünktlich gespielt. Organisatorischen Ärger gab es nur vor der Finalrunde, weil das Ausscheiden der USA die Planungen des amerikanischen Fernsehsenders ABC durcheinanderbrachte. ABC war für mehr als 300 Millionen Dollar der Diktator der Spiele.

Das Turnier rückte aber auch in den Blickpunkt, weil es spannend verlief, weil es Überraschungen brachte. Nicht einmal die sogenannten »Kleinen«, die Nationen aus der WM-Gruppe B, waren das erwartet leichte »Kanonenfutter«. Deutschland, ein Kleiner bei den Großen, machte es gleich im Eröff-

Olympische Spiele in Calgary

Gelassenheit auf der Spielerbank der UdSSR. Trainer Viktor Tichonow und seine Schützlinge hatten das Geschehen bei Olympia fest im Griff, die Goldmedaille war der verdiente Lohn. Der Kanadier Steven Tambellini zeigt auf dem unteren Foto deutlich, daß die Russen (hier Sergej Jashin) nur mit unfairen Mitteln zu stoppen waren.

Bild linke Seite:
Torhüter Sergej Mylnikow durfte zu Recht strahlen: Überraschend war er aus dem Schatten von Stammtorhüter Beloshejkin getreten und Olympiasieger geworden. Seine Vorderleute spielten allerdings so stark, daß er sich kaum einmal auszeichnen konnte.

Olympische Spiele in Calgary

nungsspiel vor, als es die CSSR, zuletzt immerhin WM-Dritter, mit 2:1 bezwang. Vor allem in der Gruppe A machten es die Schweiz (2:1 gegen Finnland) und Polen (0:1 gegen Kanada und 1:1 gegen Schweden) nach, auch wenn beide, im Gegensatz zu Deutschland, am Ende nicht die Finalrunde erreichten. Das DEB-Team aber löste mit dem 4:1-Sieg über die USA und dem Einzug in die Finalrunde auch zu Hause eine Eishockey-Euphorie aus (siehe eigenes Kapitel Nationalmannschaft ab Seite 112).

Vielleicht rückte Eishockey vor allem auch in den Blickpunkt, weil es ein Turnier der »heißen Herzen« war. Auf ihren Elan und das olympische Feuer hofften vor allem die Kanadier und die Amerikaner. Auch ohne die großen Stars sollte es wieder einen Olympiasieger aus Übersee geben. Doch daraus wurde nichts. Mit »heißem Herzen« waren nämlich auch die Sowjets dabei, die jeden Olympiasieg immer noch über den Gewinn einer Weltmeisterschaft stellen und sich erstmals in Übersee Gold holten! »Heiße Herzen« kann man aber auch den Finnen bescheinigen, die ihre erste Olympiamedaille gleich versilberten. Das Gegenstück dazu bot Weltmeister Schweden. Da war eher die Kühle des Herzens gefragt, da war das verpönte und verschmähte Defensiv-Eishockey ein erfolgreicher Trumpf für Bronze.

Die Kanadier gingen also leer aus. Das großangelegte Projekt »Team Canada« erwies sich am Ende als Flop. Über Jahre hinweg hatte Coach Dave King an der Mannschaft gefeilt, dabei allerdings auch immer wieder beste Spieler an die Profis verloren. Unmittelbar vor dem Olympia-Turnier zahlte die NHL nur zu einem geringen Teil zurück, mit einer Handvoll Profis als Verstärkung. »Team Canada« war es am Ende auch gar nicht dienlich, daß noch im Dezember 1987 der bis dahin größte Erfolg mit dem Gewinn des Iswestija-Cups gelang. Die Kanadier selbst überschätzten sich danach wohl, die Gegner aber unterschätzten die Kanadier nicht mehr.

Aber auch Dave King machte sicherlich Fehler. Er bevorzugte die europäische Schule. Das Kombinationsspiel impfte er seinen Jungs ein, die darüber den schon sprichwörtlichen kanadischen Kampfgeist vergaßen. Und das bessere europäische Eishockey spielten halt die Europäer selbst...

Aber auch vom Publikum sprang kein Funke über. Auf den Rängen, da fehlten die »heißen Herzen«. Stimmung kam nur einmal auf, als Deutschland das kanadische Medaillenschicksal in der Hand hatte. Ein Punkt im vorletzten Turnierspiel gegen Schweden hätte für Kanada Bronze bedeutet. Doch trotz aller ehrlichen Anstrengung, die von den Kanadiern schließlich mit »Standing Ovations« belohnt wurde, unterlag Deutschland mit 2:3 – und Kanada ging endgültig leer aus. Nur die besten Spieler gingen doch als Gewinner vom Eis, mit gutdotierten Profi-Verträgen tauchten sie nur wenige Tage später in der NHL auf.

Die großen Gewinner aber waren die Sowjets. Allen voran ihr Trainer Viktor Tichonow. Was war in den letzten Jahren über seine Ablösung spekuliert worden, verstärkt natürlich nach der WM-Pleite von Wien 1987. Doch Tichonow hielt sich eisern im Sattel (mangels einer geeigneten Alternative?), auch, als die UdSSR nicht einmal den Iswestija-Cup gewann. Doch das war vielleicht eine negative Nebenwirkung von Tichonows Saisonplanung. Alles war Olympia untergeordnet. Olympia – das ist, ungeachtet des international geringeren Prestiges, immer noch das höchste sportliche Ziel in sozialistischen Ländern. Und Tichonow und seine Schützlinge schafften den siebten Olympiasieg der UdSSR nach 1956, 1964, 1968, 1972, 1976 und 1984. Erstmals triumphierten sie aber auf dem nordamerikanischen Kontinent.

Auch bei den Sowjets war es ein Triumph der heißen Herzen. Kapitän Wjatscheslaw Fetisow machte es allen vor. Der inzwischen 30jährige wirkte bei manchen vorherigen WM-Turnieren schon ausgelaugt und körperlich am Ende. So frisch wie in Calgary spielte er jedenfalls schon lange nicht mehr. »Ich habe mich so intensiv wie vielleicht noch nie auf dieses Olympiaturnier vorbereitet«, gestand er hinterher. »Olympische Spiele sind das Höchste. Dieser Olympiasieg ist für mich die Erfüllung eines Traumes. Mit meinen Mitspielern habe ich auch alles getan, um dem sowjetischen Eishockey den Glanz wiederzugeben.« Glänzen konnten die Sowjets freilich auch aus anderem Grund. Zum Beispiel, weil die Konkurrenz nicht so stark besetzt war wie bei einer Weltmeisterschaft. Zum Beispiel, weil der Modus des Olympiaturniers den Sowjets entgegenkommt. Hier kommt es nicht auf ein einziges Spiel an, sondern in der Finalrunde spielt im Prinzip jeder gegen jeden. Ausrutscher können also noch einmal ausgebügelt werden – eine wichtige Tatsache bei dem bekannt schwachen Nervenkostüm der sowjetischen Spieler. Mit dieser Sicherheit im Rücken verbreiteten sie spielerischen Glanz und waren eindeutig die beste Mannschaft.

Der Olympiasieg der Sowjets war keine Sensation, ja nicht einmal eine Überraschung. Für die sorgten zwei andere: Finnland und Deutschland. Die Enttäuschung des Turniers lieferte dagegen die CSSR.

Das finnische Silber-Wunder hatte einen Namen: Pentti Mattikainen. Der neue Trainer verstand es, seine Schützlinge auf den Pfad des Erfolges zu führen. Erste Voraussetzung: Die Finnen entsagten dem Alkohol. Bisher wußten die Gegner, daß die Finnen dann am leichtesten zu schlagen waren, wenn sie zuvor einen großen Sieg errungen – und entsprechend gefeiert hatten. An einem Kater trägt man bekanntlich schwer. Doch nichts dergleichen in Calgary. Mattikainen hatte auch einen Trick angewandt: Er bot seiner Mannschaft ein volles Programm, Langeweile kam nicht auf. Die Krönung war der 2:1-Sieg über die UdSSR im Schlußspiel, aber die Tichonow-Schützlinge standen ja schon als Olympiasieger fest.

Die deutsche Mannschaft ging letztlich leer aus, obwohl das nicht hätte sein

Olympische Spiele in Calgary

Das war die Entscheidung im Spiel gegen die CSSR: Der Mannheimer Peter Schiller setzte sich gegen Verteidiger Scerban und Torhüter Sindel durch und erzielte das Tor zum 2:1-Sieg.

Da durften Obresa, Franz und Kreis – und mit ihnen die anderen deutschen Spieler – jubeln: Mit dem 4:1-Sieg über die USA stand der Einzug in die Finalrunde fest. Ein großer Erfolg der deutschen Mannschaft.

müssen. Aber nach der fast schon sensationellen Vorrunde mit Siegen über die CSSR (2:1) und die USA (4:1 im entscheidenden Spiel), den Plichtaufgaben gegen Norwegen (7:3) und Österreich (3:1) sowie die UdSSR (3:6) war die Luft raus. Die Mannschaft glaubte zuwenig an sich, um neue Überraschungen zu schaffen. Ein 0:8 gegen Finnland und 1:8 gegen Kanada brachte viele wieder auf den Boden der Tatsachen zurück. »Wir sind nicht stark genug, um ein solches Turnier voll durchzustehen«, sah es Bundestrainer Xaver Unsinn. Viel zuvor gewonnener Kredit war wieder verspielt worden, doch mit dem abschließenden ehrenvollen 2:3 gegen die Schweden bewies das DEB-Team, daß es mit den Großen dieser Welt schon mithalten kann. Der erstmalige Einzug in eine Finalrunde war vielleicht auch ein bißchen ungewohnt. Aber er sollte international den Durchbruch gebracht haben, nachdem die Mannschaft auch schon bei der Weltmeisterschaft in Wien auf der Schwelle zur absoluten Weltelite stand. »Jetzt sind wir wer«, war dann auch Xaver Unsinns stolze Bilanz.

Einige Spieler konnten auch große persönliche Erfolge feiern. Allen voran Torhüter Karl Friesen, der ja vor nicht allzu langer Zeit seinen sportlichen Tiefpunkt in der NHL erlebt hatte. Jetzt konnte er aber den Kanadiern zeigen, was er wirklich kann. Nicht umsonst war er ein vielgefragter Gesprächspartner. Der Medienrummel um die Mannschaft nach dem Einzug in die Finalrunde war aber auch für Unsinn ein Mitgrund für die folgenden Niederlagen: »Einige haben das nicht verkraftet.« Nun ja, auch an Erfolge muß man sich erst gewöhnen.

Zu sehr von (früheren) Erfolgen verwöhnt sind offensichtlich die Tschechoslowaken. Sie befinden sich in einer erstaunlichen Berg-und-Tal-Fahrt. Dem Weltmeister-Titel von 1985 folgte 1986 in Moskau das Nichterreichen der Finalrunde, 1987 in Wien aber wieder WM-Bronze und jetzt 1988 mit Rang sechs die bisher schlechteste Olympia-Plazierung. »Das 1:2 gegen Deutsch-

Ein Bild, das sich in Calgary wiederholte: Jubel bei den deutschen Spielern, die überraschend erfolgreich waren. Der Höhepunkt war natürlich der Einzug in die Finalrunde, der erst den Kampf um die Medaillen ermöglichte. Da ging für Bundestrainer Xaver Unsinn und seine Schützlinge ein Traum in Erfüllung. Ähnlich empfand auch Deutschlands Vertreter bei den Schiedsrichtern, Heribert Vogt (oben). Er erlebte mit dem Einsatz bei Olympia den bisherigen Höhepunkt seiner Karriere.

Olympische Spiele in Calgary

Olympische Spiele in Calgary

land hat uns das Genick gebrochen, uns den Mut genommen«, sah es Co-Trainer Frantisek Pospisil. Eines war allerdings klar: Zwischen Trainern und Spielern herrschte keine Harmonie. Die Ablösung der Nationaltrainer war schon vorher beschlossen (Nachfolger sind Pavel Wohl und Stanislav Nevesely). Eine alte Eishockey-Regel fand wieder ihre Bestätigung: »Ein Torwart macht 50 Prozent der Mannschaft aus«. Die CSSR mußte einen, nach langer Verletzungspause formschwachen Dominik Hasek verkraften. Als Vertreter Jaromir Sindel folgenschwere Fehler beging, setzte Starsi den jungen Torhüter trotz Formschwäche dennoch ein. So unsicher wie die Torhüter zeigte sich aber die ganze Mannschaft.

Ein Torhüterproblem hatten auch die Amerikaner. Profi John Vanbiesbrouck kam von Buffalo nicht frei. Er hatte in den vergangenen Jahren beim Hurra-Stil seiner Vorderleute dafür gesorgt, daß hinten nichts »anbrannte«. Diesmal fehlte er, aber die Amerikaner stürmten weiterhin munter drauflos. Zwischendurch stürmten sie in die Herzen der Fans (zum Beispiel beim 5:7 gegen die UdSSR), am Ende aber auch ins Verderben (so beim 5:7 gegen die CSSR). Und von der deutschen Mannschaft wurden die Amerikaner eiskalt ausgekontert.

Der Olympiasieger von 1980, quasi der Titelverteidiger auf dem nordamerikanischen Kontinent, brachte mit seinem Ausscheiden aber auch die Organisation durcheinander. Plötzlich galt der schon einmal veröffentlichte Spielplan (wohlgemerkt: sowohl der Weltverband, als auch die Organisatoren in Calgary hatten ihn herausgegeben) nicht mehr. Vor der Finalrunde verhandelten die einzelnen Nationen mit dem amerikanischen Fernsehsender ABC über die Anfangszeiten der einzelnen Spiele. Der finanzielle Verlust des US-Senders (durch das Fehlen der USA weniger Werbung) sollte sich in Grenzen halten. Da hatte dann auch das Eishockeyturnier seinen Eklat.

Es war in Calgary also keineswegs langweilig, auch wenn sportliche Klasse und Brillanz mitunter fehlten. Wie der sportliche Wert des Olympiaturniers einzuschätzen ist, machte auch der Trainer des Bronzemedaillen-Gewinners Schweden, Tommy Sandlin, deutlich. Für den Weltmeister war Rang drei ein Erfolg: »Wir waren mit einer wirklichen Amateurmannschaft hier, mit Spielern, die nur abends trainieren können. Erst Ende Januar kam die Mannschaft zusammen. Wir hatten weniger Vorbereitung als die Franzosen«, sah es der Coach. Nur zwölf Weltmeister von Wien waren auch in Calgary dabei, Leistungsträger wie Bengt-Ake Gustafsson, Hakan Loob und Tomas Sandström fehlten.

Das Olympiaturnier ist aber auch eine willkommene »Spielwiese« für die »Kleinen«, die einmal gegen die »Großen« spielen dürfen und dabei natürlich viel lernen können. Fortschritte gegenüber der A-WM waren zum Beispiel schon beim damaligen Absteiger Schweiz erkennbar. Auch Polen und Norwegen durften Lob einheimsen.

Der Saddledome war natürlich eine würdige Arena für das Schauspiel Olympia. Xaver Unsinn sprach sogar vom »schönsten Eisstadion der Welt«. Ein Fall für sich war allerdings das Publikum. Die Kanadier gehen zum Eishockey wie die Deutschen ins Theater. Entsprechend ist die Stimmung. In der NHL gibt es nur wenige Stadien, in denen wirkliche Eishockey-Atmosphäre herrscht, so wie wir sie kennen. Die 20 000 mußten jeweils über die Anzeigetafel animiert werden. Dort liefen buchstäblich Micky-Maus-Comics ab. Das führte allerdings auch zu der absurden Situation, daß im Stadion die beste Stimmung herrschte, wenn auf dem Eis gerade nichts los war!

Aus deutscher Sicht kann jeder weiterhin nur neidisch gen Kanada blicken, wenn sein Herz für das Eishockey schlägt. Gegenüber dem Saddledome ist jedes Bundesliga-Stadion nur eine Bruchbude, gegenüber der Bedeutung des Eishockey in Kanada steckt diese Sportart hierzulande noch in den Kinderschuhen.

Klaus-Peter Knospe

Ein strahlender Bundestrainer Xaver Unsinn kam nach Olympia nach Deutschland zurück. Zwar hatte er keine Medaille im Gepäck, aber doch einen ganzen Sack voll Sympathien, die sich seine Mannschaft erworben hatte.

Olympia-Statistik

Eishockey in Kanada, das ist auch die Welt der Statistik – nicht so bei den Olympischen Spielen. Ehrlich gesagt genügten die Kanadier hierbei allein den minimalen Ansprüchen, lieferten nicht mehr als inzwischen auch bei den Europäern und den Weltmeisterschaften üblich ist. Olympia, das ist aber auch die Chance für einige kleine Nationen aus der WM-Gruppe B einmal in den Blickpunkt des »großen Eishokkeys« zu rücken. Deshalb umfaßt die Olympia-Statistik nicht wie bei einer Weltmeisterschaft acht Nationen, sondern alle zwölf Mannschaften, die in Calgary in zwei Gruppen an den Start

CSSR

	RN	Pos.	Sp.	T.	A.	P.	Str.	+/-
Jaroslav Benak	9	V	8	1	4	5	12	+ 1
Mojmir Bozik	28	V	8	1	3	4	2	+ 2
Rudolf Suchanek	5	V	8	1	0	1	4	− 7
Miloslav Horava	4	V	8	1	2	3	14	− 9
Bedrich Scerban	7	V	8	0	3	3	2	+10
Antonin Stavjana	16	V	8	4	5	9	4	+ 6
Jiri Sejba	22	S	8	3	1	4	16	− 3
Jiri Dolezal	15	S	6	0	2	2	2	− 4
Oto Hascak	26	S	7	1	3	4	0	+ 3
Jiri Hrdina	24	S	8	2	5	7	4	− 7
Rostislav Vlach	27	S	8	0	3	3	4	0
Jiri Lala	20	S	7	2	1	3	2	0
Igor Liba	11	S	8	4	6	10	8	0
Petr Vlk	23	S	8	1	3	4	12	+ 1
David Volek	19	S	7	1	2	3	2	− 4
Dusan Pasek	21	S	8	6	5	11	8	+ 3
Petr Rosol	10	S	8	1	3	4	10	+ 3
Vladimir Ruzicka	17	S	8	4	3	7	12	0
Radim Radevic	25	S	3	0	1	1	0	0
Eduard Uvira	8	V	2	0	0	0	2	− 1

Torhüter	RN	Pos.	Sp.	Min.	Tore	Quote
Dominik Hasek	2	T	8	217.16	18	0.833
Jaromir Sindel	29	T	7	261.19	9	0.918
Petr Brisa	1	T	1			

Finnland

	RN	Pos.	Sp.	T.	A.	P.	Str.	+/-
Timo Blomqvist	3	V	8	1	1	2	10	+ 9
Kari Eloranta	9	V	8	0	6	6	2	+ 3
Jyrki Lumme	4	V	6	0	1	1	2	+ 4
Jukka Virtanen	16	V	5	0	1	1	0	+ 1
Arto Ruotanen	6	V	7	0	2	2	2	+ 7
Reijo Ruotsalainen	29	V	8	4	2	6	0	+10
Simo Saarinen	7	V	7	0	2	2	4	+ 4
Kai Suikkanen	11	S	8	1	0	1	4	+ 2
Raimo Helminen	14	S	7	2	8	10	4	+ 5
Iiro Järvi	15	S	8	2	5	7	10	+ 8
Esa Keskinen	26	S	8	1	1	2	4	+ 4
Erkki Laine	17	S	7	4	2	6	2	+ 7
Kari Laitinen	27	S	7	3	2	5	0	+ 5
Erkki Lehtonen	21	S	8	4	6	10	2	+ 5
Reijo Mikkolainen	24	S	8	4	1	5	10	+ 3
Janne Ojanen	20	S	8	2	1	3	4	+ 7
Timo Susi	10	S	8	2	6	8	4	+ 6
Pekka Tuomisto	18	S	8	2	1	3	4	+ 6
Teppo Numminen	2	V	6	1	4	5	0	+ 2
Jari Torkki	13	S	4	1	0	1	2	+ 1

Torhüter	RN	Pos.	Sp.	Min.	Tore	Quote
Jukka Tammi	30	T	8	119.03	3	0.936
Jarmo Myllys	19	T	8	360.00	11	0.928

Deutschland

	RN	Pos.	Sp.	T.	A.	P.	Str.	+/-
Ron Fischer	7	V	8	1	1	2	6	− 3
Udo Kießling	4	V	8	1	5	6	20	− 2
Horst-Peter Kretschmer	15	V	8	0	0	0	8	− 4
Dieter Medicus	6	V	7	0	0	0	0	− 2
Andreas Niederberger	19	V	8	0	1	1	4	+ 2
Harold Kreis	3	V	8	0	2	2	0	− 4
Manfred Schuster	5	V	8	0	0	0	12	− 3
Manfred Wolf	11	S	6	0	0	0	0	− 2
Christian Brittig	10	S	8	1	0	1	0	− 2
Peter Draisaitl	13	S	8	0	1	1	4	− 1
Georg Franz	28	S	8	2	2	4	8	− 4
Dieter Hegen	23	S	8	5	2	7	2	+ 4
Georg Holzmann	16	S	4	1	2	3	6	− 1
Peter Obresa	9	S	8	2	1	3	4	− 6
Roy Roedger	22	S	8	1	1	2	4	− 2
Peter Schiller	26	S	8	2	1	3	6	− 3
Helmut Steiger	24	S	7	3	4	7	2	+ 1
Gerd Truntschka	17	S	8	3	7	10	10	+ 1
Bernd Truntschka	14	S	8	0	1	1	2	− 4
Joachim Reil	18	V	1	0	0	0	4	0

Torhüter	RN	Pos.	Sp.	Min.	Tore	Quote
Helmut de Raaf	1	T	4	60.00	3	0.885
Karl Friesen	27	T	6	328.00	17	0.906
Josef Schlickenrieder	30	T	6	91.20	11	0.807

Frankreich

	RN	Pos.	Sp.	T.	A.	P.	Str.	+/-
Stephane Botteri	19	V	6	0	1	1	8	−13
Steven Woodburn	5	V	6	2	2	4	6	− 4
Michel Leblanc	24	V	6	0	2	2	0	− 9
Jean-Philippe Lemoine	16	V	6	0	1	1	12	− 9
Denis Perez	14	V	6	0	2	2	6	− 9
Pierre Schmitt	4	V	6	0	0	0	2	− 5
Jean Lerondeau	18	V	6	0	0	0	2	− 8
Peter Almasy	11	S	6	3	1	4	0	− 3
Paulin Bordeleau	17	S	6	2	2	4	24	−11
Philippe Bozon	12	S	6	3	2	5	0	− 5
Guy Dupuis	7	S	6	0	5	5	0	−12
Derek Haas	13	S	6	2	0	2	2	− 9
Stephane Lessard	22	S	6	0	1	1	2	− 6
Franck Pajonkowski	27	S	6	5	1	6	8	− 9
André Peloffy	9	S	6	0	2	2	0	−17
Christian Pouget	26	S	2	0	0	0	2	− 2
Antoine Richer	25	S	6	1	0	1	4	− 2
Christophe Ville	21	S	6	0	2	2	6	− 9
François Oimet	28	V	2	0	0	0	0	0

Torhüter	RN	Pos.	Sp.	Min.	Tore	Quote
Patrick Foliot	30	T	6	274.05	33	0.805
Daniel Maric	1	T	5	75.54	13	0.745
Jean-Marc Djian	29	T	1	20.01	7	0.667

gingen. Geordnet haben wir nach alphabetischer Reihenfolge, also von der CSSR bis zu den USA.

Die besten Skorer und die Strafbankkönige sind im Ergebnisblock (Internationale Turniere und nationale Meisterschaften Europas) aufgeführt. Die einzelnen Sieger wollen wir aber hier nennen: Fairstes Team war Kanada mit nur 7 Strafminuten pro Spiel, bester Skorer Vladimir Krutow (UdSSR) mit 15 Punkten (6 Tore + 9 Assists), Torschützenkönig wurde der Kanadier Serge Boisvert mit 7 Treffern, während die sowjetische Troika Krutow, Larionow und Fetisow mit je 9 Assists die meisten Vorlagen zu Toren lieferte. Torhüter mit der höchsten Fangquote war der Finne Jukka Tammi mit 0,936, allerdings war er nur 119 Minuten im Einsatz, sein Mannschaftskamerad Jarmo Myllys als Zweiter (0,928) aber 360 Minuten. Strafbankkönig war der Franzose Paulin Bordeleau, der 24 Minuten

Kanada

	RN	Pos.	Sp.	T.	A.	P.	Str.	+/−
Chris Felix	23	V	6	1	2	3	2	0
Randy Gregg	21	V	8	1	2	3	8	+ 1
Timothy Watters	2	V	8	0	1	1	2	+ 4
Anthony Stiles	4	V	5	0	0	0	0	0
Trent Yawney	5	V	8	1	1	2	6	+ 1
Zarley Zalapski	25	V	8	1	3	4	2	− 2
Claude Vilgrain	18	S	6	0	0	0	0	− 3
Kenneth Berry	9	S	8	2	4	6	4	+ 4
Serge Boisvert	12	S	8	7	2	9	2	+ 4
Brian Bradley	8	S	7	0	4	4	0	+ 2
Ken Yaremchuk	13	S	8	3	3	6	2	− 1
Marc Habscheid	14	S	8	5	3	8	6	+ 3
Robert Joyce	15	S	4	1	0	1	0	0
Vaughn Karpan	19	S	8	0	0	0	2	+ 2
Merlin Malinowski	16	S	8	3	2	5	0	− 1
Steven Tambellini	11	S	8	1	3	4	2	+ 2
Wallace Schreiber	7	S	8	1	2	3	2	+ 1
Gordon Sherven	10	S	8	4	4	8	4	+ 5
Serge Roy	3	V	5	0	7	7	4	+10
Jim Peplinski	24	S	7	0	1	1	6	0

Torhüter	RN	Pos.	Sp.	Min.	Tore	Quote
Sean Burke	1	T	8	238.10	12	0.893
Andrew Moog	35	T	8	240.00	9	0.900

Österreich

	RN	Pos.	Sp.	T.	A.	P.	Str.	+/−
Konrad Dorn	8	V	5	0	2	2	2	− 4
Bernie Hutz	14	V	3	0	2	2	0	− 4
Martin Platzer	19	V	6	0	1	1	2	− 5
Robin Sadler	7	V	6	2	1	3	4	0
Michael Shea	24	V	6	0	1	1	2	− 5
Johann Sulzer	6	V	4	0	3	3	8	− 1
Peter Znenahlik	22	S	6	0	3	3	0	− 2
Thomas Cijan	12	S	6	1	3	4	6	− 3
Kelvin Greenbank	10	S	6	0	2	2	6	− 4
Kurt Harand	16	S	6	1	0	1	4	0
Werner Kerth	26	S	6	4	2	6	0	− 2
Rudolf Koenig	5	S	4	0	0	0	0	− 2
Gunter Koren	27	S	6	2	1	3	0	− 4
Edward Lebler	11	S	6	2	2	4	6	0
Manfred Muehr	9	S	6	0	0	0	0	− 2
Herbert Pok	17	S	5	1	0	1	2	− 2
Gerhard Pusnik	20	S	4	1	1	2	0	− 3
Peter Raffl	15	S	6	0	1	1	2	− 1
Gert Kompajn	4	V	5	0	0	0	4	− 3
Silvester Szybisti	21	S	5	1	0	1	4	− 4

Torhüter	RN	Pos.	Sp.	Min.	Tore	Quote
Robert Mack	1	T	6	39.59	5	0.706
Brian Stankiewicz	25	T	5	300.00	23	0.855
Andreas Salat	23	T	1	20.01	3	0.833

Norwegen

	RN	Pos.	Sp.	T.	A.	P.	Str.	+/−
Cato Andersen	24	V	5	0	0	0	6	− 2
Morgan Andersen	9	V	6	1	1	2	6	− 7
Tor Eikeland	26	V	6	0	2	2	2	− 6
Age Ellingsen	4	V	6	0	2	2	6	− 4
Truls Kristiansen	6	V	6	0	3	3	2	− 6
Kim Sogaard	23	V	4	0	1	1	6	− 4
Petter Salsten	3	V	6	2	3	5	6	− 3
Arne Billkvam	19	S	6	2	3	5	6	0
Stephen Foyn	22	S	6	3	1	4	2	− 8
Jarle Friis	16	S	6	2	2	4	4	− 8
Rune Gulliksen	8	S	6	1	1	2	4	− 5
Geir Hoff	10	S	6	2	0	2	2	− 8
Roy Johansen	13	S	4	0	0	0	0	− 2
Erik Kristiansen	20	S	4	0	0	0	2	− 3
Orjan Lovdal	12	S	6	0	5	5	10	− 8
Sigurd Thinn	17	S	6	1	0	1	4	− 3
Petter Thoresen	18	S	6	1	2	3	11	− 6
Frank Vestreng	21	S	1	0	0	0	0	0
Marius Voigt	11	S	6	0	0	0	4	− 1
Jorgen Salsten	7	V	4	0	0	0	2	0
Lars Bergseng	15	S	3	2	1	3	2	− 1

Torhüter	RN	Pos.	Sp.	Min.	Tore	Quote
Jarl Eriksen	2	T	3	60.00	10	0.714
Vernon Mott	25	T	6	302.14	29	0.819
Tommy Skaarberg	1	T	3	6.53	1	0.800

Polen

	RN	Pos.	Sp.	T.	A.	P.	Str.	+/−
Robert Szopinski	7	V	6	0	1	1	2	+ 2
Marek Cholewa	5	V	6	0	1	1	4	− 5
Henryk Gruth	6	V	6	0	1	1	2	0
Andrzej Kadziolka	2	V	6	1	2	3	0	+ 3
Jerzy Potz	28	V	6	0	1	1	4	− 1
Andrzej Swiatek	10	V	6	1	0	1	9	− 3
Jacel Szopinski	16	S	6	0	1	1	2	− 2
Janusz Adamiec	14	S	6	0	0	0	0	− 3
Roman Steblecki	17	S	6	1	0	1	2	− 1
Jerzy Christ	19	S	6	2	1	3	0	+ 4
Miroslaw Copija	12	S	5	0	1	1	4	+ 1
Leszek Jachna	18	S	6	0	0	0	6	− 4
Marek Stebnick	24	S	6	1	2	3	0	+ 3
Piotr Kwasigroch	21	S	6	0	0	0	2	+ 1
Jaroslaw Morawiecki	9	S	3	2	1	3	0	+ 2
Ireneusz Pacula	22	S	5	0	1	1	2	0
Krzysztof Podsiadlo	29	S	6	0	1	1	2	− 5
Krystian Sikorski	11	S	6	1	1	2	2	0
Jan Stopczyk	4	S	4	1	0	1	2	
Jacek Zamojski	3	V	1	0	0	0	0	0
Krzysztof Bujar	13	S	1	0	0	0	0	0
Jedrzej Kasperczyk	27	S	1	0	0	0	0	0
Zbigniew Bryjak	20	V	1	0	0	0	0	0

Torhüter	RN	Pos.	Sp.	Min.	Tore	Quote
Andrzej Hanisz	30	T	4	80.02	5	0.902
Gabriel Samolej	25	T	6	239.01	8	0.924
Franciszek Kukla	1	T	2	40.01	3	0.727

absitzen mußte. Der Deutsche Udo Kießling war Zweiter mit 20 Strafminuten. Interessant auch die Plus/Minus-Statistik, die von den Sowjets beherrscht wurde. Gleich fünf Cracks des Olympiasiegers lagen vorn, Kapitän Wjatscheslaw Fetisow erwies sich mit + 19 als erfolgreichster Spieler.

Noch mehr an statistischen Daten läßt sich aus unserer Aufstellung herauslesen. Wir veröffentlichen dabei die offiziellen Angaben der Veranstalter. Das bedeuten die Zahlen: RN = Rückennummer, Pos. = Spielposition (V = Verteidiger, S = Stürmer, T = Torhüter), Sp. = Anzahl der Spiele, T. = Tore, A. = Assists, P. = Skorerpunkte, Str. = Strafminuten, +/– = Plus/Minus-Statistik. Bei den Torhütern sind neben der Anzahl der Spiele die Minuten angegeben, die der Torhüter tatsächlich gespielt hat (Min.), dazu die Tore, die er erhalten hat (Tore) sowie die Fangquote.

Schweden

	RN	Pos.	Sp.	T.	A.	P.	Str.	+/–
Peter Andersson	19	V	8	2	2	4	4	– 2
Anders Eldebrink	2	V	8	4	6	10	4	+ 7
Lars Ivarsson	3	V	2	1	2	3	0	+ 2
Lars Karlsson	6	V	7	1	3	4	4	+ 2
Mats Kihlström	5	V	8	1	2	3	4	+ 7
Tommy Samuelsson	7	V	8	0	2	2	2	+ 4
Mikael Andersson	12	S	8	3	3	6	4	0
Bo Berglund	20	S	8	4	4	8	4	+ 8
Jonas Bergqvist	18	S	8	3	0	3	4	+ 3
Peter Eriksson	23	S	3	0	1	1	0	+ 1
Michael Hjalm	14	S	8	1	1	2	2	+ 1
Mikael Johansson	25	S	8	1	6	7	0	+ 7
Lars Molin	26	S	7	0	2	2	2	+ 2
Lars Gunnar Pettersson	21	S	8	3	4	7	2	0
Thomas Rundqvist	9	S	8	0	3	3	0	0
Ulf Sandström	15	S	7	3	2	5	2	+ 1
Hakan Södergren	22	S	8	4	4	8	6	+ 4
Jens Ohling	11	S	8	1	4	5	2	+ 8
Thomas Eriksson	27	V	7	0	3	3	6	+ 3
Thom Eklund	4	S	7	1	0	1	6	– 1

Torhüter	RN	Pos.	Sp.	Min.	Tore	Quote
Peter Ahslin	35	T	5	79.59	5	0.857
Anders Bergman	30	T	4	0	0	0
Peter Lindmark	1	T	7	400.00	16	0.869

UdSSR

	RN	Pos.	Sp.	T.	A.	P.	Str.	+/–
Ilia Biakin	6	V	8	1	4	5	4	+ 4
Igors Stelnow	4	V	7	1	1	2	6	+ 5
Wjatscheslaw Fetisow	2	V	8	4	9	13	6	+19
Alexej Gusarow	5	V	8	1	3	4	6	+ 2
Alexej Kasatonow	7	V	7	2	6	8	0	+15
Sergej Starikow	12	V	5	0	2	2	4	+ 7
Wjatscheslaw Bykow	27	S	7	2	3	5	2	+ 6
Sergej Jashin	25	S	8	3	1	4	4	+ 5
Waleri Kamenski	13	S	8	4	2	6	4	+ 5
Sergej Swetlow	16	S	8	2	3	5	4	+ 6
Alexander Tchernych	21	S	8	2	2	4	4	+ 1
Andrej Chomutow	15	S	8	2	4	6	4	+ 4
Vladimir Krutow	9	S	8	6	9	15	0	+12
Igor Larionow	11	S	8	4	9	13	4	+11
Andrej Lomakin	23	S	8	1	3	4	2	+ 3
Sergej Makarow	24	S	8	3	8	11	10	+10
Alexander Mogilny	10	S	6	3	2	5	2	+ 5
Anatoli Semenow	30	S	8	2	4	6	6	+ 5
Alexander Koschewnikow	22	S	2	1	1	2	4	0
Igor Krawschuk	29	V	6	1	0	1	0	+ 3

Torhüter	RN	Pos.	Sp.	Min.	Tore	Quote
Vitali Samoilow	19	T	8	0	0	0
Sergej Mylnikow	01	T	8	479.30	13	0.914

Schweiz

	RN	Pos.	Sp.	T.	A.	P.	Str.	+/–
Patrice Brasey	14	V	5	0	0	0	10	0
Andre Kuenzi	3	V	2	0	0	0	0	+ 1
Jakob Kölliker	17	V	6	1	5	6	4	+ 2
Fausto Mazzoleni	2	V	6	3	0	3	2	+ 7
Andreas Ritsch	4	V	6	1	1	2	4	– 1
Bruno Rogger	20	V	6	3	1	4	10	+ 1
Philipp Neuenschwander	21	S	6	0	3	3	2	+ 2
Gaetan Boucher	18	S	6	0	1	1	8	+ 1
Manvele Celio	29	S	6	1	1	2	0	+ 2
Thomas Vrabec	13	S	6	1	4	5	12	+ 1
Jörg Eberle	24	S	6	5	3	8	6	+ 5
Felix Hollenstein	11	S	6	1	1	2	2	+ 3
Peter Jaks	19	S	6	2	3	5	6	+ 1
Roman Wäger	25	S	6	1	0	1	4	– 2
Markus Leuenberger	15	S	6	0	0	0	0	– 1
Fredy Luethi	22	S	6	1	4	5	8	+ 1
Gil Montandon	8	S	5	4	0	0	4	+ 1
Peter Schlagenhauf	27	S	6	2	0	2	2	0
Urs Burkart	12	V	5	0	2	2	0	– 2
Andreas Zehnder	5	V	1	0	0	0	0	0
Thomas Müller	16	S	1	0	0	0	0	0
Pietro Cunti	10	S	2	1	1	2	2	+ 2

Torhüter	RN	Pos.	Sp.	Min.	Tore	Quote
Olivier Anken	1	T	6	220.00	10	0.897
Richard Bucher	30	T	5	140.00	8	0.907
Renato Tosio	28	T	1	0	0	0

USA

	RN	Pos.	Sp.	T.	A.	P.	Str.	+/–
Greg Brown	3	V	6	0	4	4	2	+ 3
Guy Gosselin	4	V	6	0	3	3	2	+ 4
Peter Laviolette	26	V	5	0	2	2	4	+ 2
Jeffrey Norton	6	V	6	0	4	4	4	– 1
Eric Weinrich	5	V	3	0	0	0	0	+ 2
Dave Snuggerud	22	S	6	3	2	5	4	0
Allen Bourbeau	20	S	5	3	1	4	2	+ 5
Kevin Stevens	18	S	5	1	3	4	2	– 1
John Donatelli	17	S	6	2	1	3	6	– 2
Scott Fusco	9	S	6	4	3	7	4	0
Tony Granato	21	S	6	1	7	8	4	+ 6
Craig Janney	15	S	5	3	1	4	2	– 1
James Johannson	24	S	5	0	1	1	4	– 1
Scott Young	14	S	6	2	6	8	4	– 2
Stephen Leach	28	S	6	1	2	3	0	+ 3
Bradley MacDonald	19	S	6	6	1	7	4	+ 1
Corey Millen	10	S	6	6	5	11	4	+ 5
Kevin Miller	8	S	5	1	3	4	4	0
Brian Leetch	2	V	6	1	5	6	4	+ 2
Todd Okerlund	11	S	3	1	0	1	4	0

Torhüter	RN	Pos.	Sp.	Min.	Tore	Quote
Michael Richter	1	T	4	230.13	15	0.842
Chris Terreri	31	T	5	127.39	14	0.774
John Blue	29	T	3	0	0	0

Nationalmannschaft

Werbung in eigener Sache

Helmut de Raaf macht sich warm. Sein Platz in der Nationalmannschaft soll aber künftig kalt bleiben. Nach dem Erlebnis Olympia verkündete er seinen Abschied aus dem DEB-Team. Für immer?

Nationalmannschaft

Brachten die Olympischen Spiele in Calgary für das deutsche Eishockey den Durchbruch? Fast möchte man es meinen. Zum Beispiel national. Da wurde Eishockey plötzlich zum Fernseh-Hit, die Einschaltquoten schnellten in die Höhe, als das DEB-Team überraschend erfolgreich war und in die Finalrunde einzog. Bei Umfragen bestätigten prominente oder unbekannte Zuschauer: »Ich bin ein Eishockey-Fan geworden.«

Der Durchbruch gelang aber auch international. Gerade in Kanada wurde das deutsche Eishockey bis dahin nur mitleidvoll belächelt. Als Deutschland 1984 erstmals beim Canada Cup auftauchte, da fragte die Medien, »warum Deutschland, warum nicht Finnland?« Viele Finnen spielen in der NHL, machen das finnische Eishockey zu einer festen Größe. Nach Calgary wird Deutschland aber immer ein gerngesehener Gast in Kanada sein. Das DEB-Team kämpfte im letzten Spiel gegen Schweden prachtvoll für Kanada um eine Medaille und bekam auch nach dem Scheitern der Mission, nach der 2:3-Niederlage, von den kanadischen Zuschauern »Standing ovations«. Da bekam auch Bundestrainer Xaver Unsinn feuchte Augen. »Als Stöpsel mit 15 habe ich NHL-Bilder gesammelt. Ich hätte mir nie träumen lassen, daß meine Mannschaft mal in Kanada, im Mutterland des Eishockeys, gefeiert werden würde.«

Die Nationalmannschaft betrieb in Calgary also doppelte Werbung in eigener Sache. Eigentlich müßten hierzulande jetzt auch die Vereinsfunktionäre verstummen, die die DEB-Auswahl nur als notwendiges Übel ansehen. Und nicht zuletzt aus den Olympia-Erfahrungen heraus hält auch der »Eishockeyspieler des Jahres«, Gert Truntschka, ein Plädoyer für die Nationalmannschaft: »Das Interesse national kann nur über internationale Erfolge geschürt werden.« Der Kölner, in Calgary wieder einmal der überragende Spieler im DEB-Team und vielleicht sogar der beste Mittelstürmer des Turniers (der SPORT-Kurier sah ihn im All-Star-

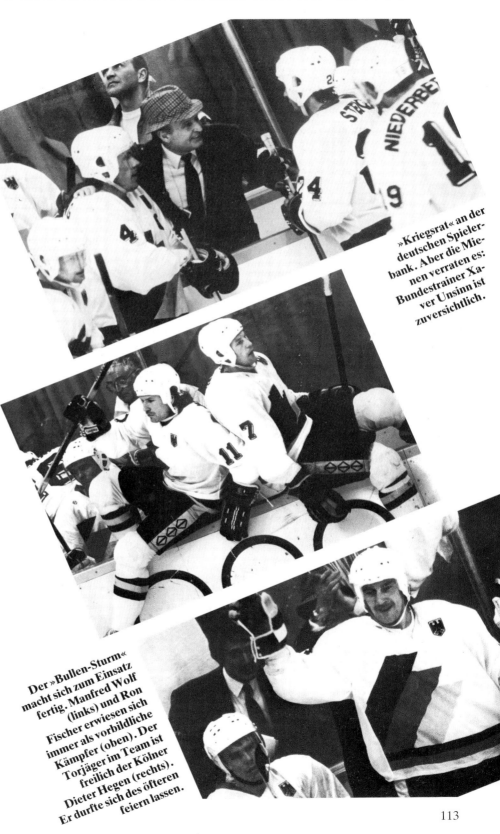

»Kriegsrat« an der deutschen Spielerbank. Aber die Mienen verraten es: Bundestrainer Xaver Unsinn ist zuversichtlich.

Der »Bullen-Sturm« macht sich zum Einsatz fertig. Manfred Wolf (links) und Ron Fischer erwiesen sich immer als vorbildliche Kämpfer (oben). Der Torjäger im Team ist freilich der Kölner Dieter Hegen (rechts). Er durfte sich des öfteren feiern lassen.

Nationalmannschaft

Team), zieht den Fußball als Vergleich heran: »Früher wurde von der Bundesliga als der stärksten Liga der Welt gesprochen, das ist heute nicht mehr der Fall, in dem Maße ist aber auch das Interesse gesunken.«

Die Bestätigung für Gerd Truntschkas These liefert die Eishockey-Bundesliga mit steigenden Zuschauerzahlen – parallel zu größeren Erfolgen der Nationalmannschaft. Was darf da noch erwartet werden? Ob Gerd Truntschka oder Xaver Unsinn, beide treten kräftig auf die Euphoriebremse. »Wir haben quasi zweimal an die Finalrunde angeklopft, obwohl wir die Mannschaft leicht verjüngt haben. Wir stehen nicht schlecht da, aber die Konkurrenz wird nicht weniger, viel mehr ist für uns nicht drin«, sieht es der Bundestrainer. Der Spieler ist sogar noch skeptischer: »Wir haben doch keinen Aufwärtstrend auf breiter Basis, das wäre doch Augenwischerei«, warnt Truntschka. »In den letzten drei Jahren ist es gut gelaufen, aber das lag an einzelnen Spielern. Die Deutschkanadier haben in den letzten fünf bis sechs Jahren bei uns manche Lücke gefüllt, die der Nachwuchs hinterlassen hat«, macht er deutlich.

Der Nachwuchs bereitet nach wie vor Sorgen. »Wir müssen die Nachwuchsarbeit bundesweit anheizen«, fordert Xaver Unsinn, der freilich auch darauf verweist, »daß im DEB bereits große Aktivitäten entwickelt wurden«. Aber der Bundestrainer gesteht ein: »Bei uns herrschte im Nachwuchsbereich ein großer Nachholbedarf.« Natürlich hat sich auch Gerd Truntschka seine Gedanken gemacht. »Es kommen wenig Junge nach«, ist sein Eindruck bei der Nationalmannschaft und er hat eine seltsame Beobachtung gemacht: »Da tauchen immer wieder junge Leute auf, sie sind ein bis zwei Jahre dabei, aber dann stagnieren sie in ihrer Leistung oder fallen sogar zurück.« Eines dieser Beispiele ist der einst gerühmte Rosenheimer Sturm mit Ahne – Berwanger – Kammerer, die noch 1985 bei der Weltmeisterschaft in Prag für Furore sorgten. Doch gerade sie hat Xaver Unsinn nicht aufgegeben. »Vielleicht kommen sie noch einmal.« Gerd Truntschka legt aber noch einmal die Hand in die Wunde des deutschen Eishockeys und warnt: »Es haben sich auch keine Persönlichkeiten mehr entwickelt. Warten wir noch drei bis fünf Jahre, dann wird uns die Schweiz den Rang abgelaufen haben.«

Aber gerade bei Olympia wurde wieder ein hoffnungsvoller neuer Angriff »geboren«. Die Reihe der Jungen mit Brittig–Draisaitl–B. Truntschka spielte sich in die Herzen der Fans. Vor allem der freche Draufgänger Christian Brittig konnte gefallen. Von solcher Art müssen Spieler sein, die sich international durchsetzen wollen. Ansonsten schaffte keiner der jungen Leute den Durchbruch. »Von einem langsamen, ausgewogenen Aufbau«, spricht Xaver Unsinn und davon, daß auch in der Saison 1988/89 wieder neue Gesichter in der Nationalmannschaft auftauchen werden. Auf dem Weg, die von Gerd Truntschka geforderten Persönlichkeiten zu werden, sind die Mitt-Zwanziger Andreas Niederberger, Dieter Hegen, Georg Franz und Georg Holzmann, allesamt inzwischen feste Größen im Nationalteam. Einer fehlte: Ernst Höfner mußte wegen Rückenbeschwerden immer passen.

Nach wie vor ist es aber auch so, daß die Nationalmannschaft mit einem Minimum an Vorbereitung vor großen Ereignissen auskommen muß. Das war vor Olympia nicht anders. Der Olympia-Countdown lief ab dem Iswestija-Cup in Moskau. Doch die Vorbereitung dafür war typisch: Sonntag noch Bundesliga, Montag das Treffen in Frankfurt, Dienstag Flug nach Moskau, Mittwoch das erste Spiel. Der große Erfolg war da nicht zu erwarten. Und Xaver Unsinn nutzte davor jede Stunde. Sogar der Termin der Olympia-Einkleidung wurde für eine Trainingseinheit genutzt.

Beim Iswestija-Cup blieb aber nur der letzte Platz, wobei sich die Mannschaft aber nach Anfangsschwierigkeiten (siehe oben) achtbar aus der Affäre zog. Ein 1:2 gegen den späteren Überraschungssieger Kanada und ein 4:3-Sieg über die CSSR sorgten für einen versöhnlichen Abschluß.

Die CSSR war übrigens der »Schicksalsgegner« der Saison. Ob Iswestija-Cup oder danach Deutschland-Cup, alle Spiele galten als Generalprobe für Olympia. Und daß die Starsi-Schützlinge nach Weihnachten in Stuttgart den Spieß umdrehten und mit einem 3:2-Erfolg den ersten Deutschland-Cup gewannen, das konnte Xaver Unsinn nicht erschüttern. »Wir mußten mit einer anderen Mannschaft als in Moskau rechnen, aber eine hochmotivierte Mannschaft der CSSR sollte uns auch zeigen, wo wir stehen. Wir können mithalten«, sah der Bundestrainer die Niederlage als Gewinn für seine Mannschaft.

Calgary brachte ja auch die Bestätigung. Auch nach einer minimalen Olympia-Vorbereitung war das DEB-Team auf die Minute topfit. Aus der Not geboren (keine internationalen Gegner) wurde ein Spiel gegen eine Ausländer-Auswahl aus der Bundesliga, was für die Nationalmannschaft in Düsseldorf aber nur wenig Erfreuliches brachte. So disqualifizierte sich das »beste Publikum der Welt« mit Pfiffen gegen die ungeliebten Kölner Spieler selbst. Ein mißglücktes Spiel gegen eine Universitätsauswahl in Edmonton (das Stadion glich einer Scheune) und ein überraschendes 4:2 in Lethbridge gegen Finnland (Kapitän Udo Kießling: »Die Finnen haben experimentiert, nicht überbewerten«), das war auch schon die Olympia-Vorbereitung. Die CSSR hatte da ganz andere Möglichkeiten, unterbrach die Meisterschaft frühzeitig und bereitete sich in der Hohen Tatra in einem Trainingslager auf Olympia vor. Es ist ja ein altes Handicap der deutschen Mannschaft, daß die anderen Nationen jeweils immer wesentlich mehr Vorbereitungsspiele absolvieren können. Trotz allem, Deutschland schlug – wieder mal – die CSSR, setzte mit dem 2:1-Sieg im Eröffnungsspiel ein Signal und stellte die Weichen für die Finalrundenteilnahme. Das deutsche Team wurde inzwischen zum Angstgegner der CSSR,

Nationalmannschaft

**Hoffnungsvolle Talente sorgten
in der Nationalmannschaft für Furore.
Einer der neuen »Himmelsstürmer«
ist der Landshuter Bernd Truntschka.
Kann er Bruder Gerd nacheifern?**

Nationalmannschaft

der einstige Schüler lehrt seinem Lehrer das Fürchten. Für die CSSR war diese Niederlage der Anfang vom Ende, Platz sechs bedeutete nämlich am Schluß die bisher schlechteste Olympia-Plazierung. Co-Trainer Frantisek Pospisil nannte die Dinge beim Namen: »Deutschland hat uns das Genick gebrochen.«

Das DEB-Team stand aber fortan im Blickpunkt. In Calgary und natürlich vor allem auch zu Hause. Es folgten Pflichtaufgaben. 7:3 gegen Norwegen – na und, nichts Besonderes. Das nächste Spiel schon eher. Österreich war der Gegner. Der »Bruderkampf«, im Fußball mit zahlreichen Höhepunkten und bedeutenden Spielen »gewürzt«, wurde auch hier hochgespielt. Mit Sprüchen wollten die Nachbarn das deutsche Team nervös machen, doch das scheiterte im »Corrall« eher an der kleineren Eisfläche, als am Gegner. Das 3:1 war standesgemäß, die folgende 3:6-Niederlage gegen den späteren Olympiasieger schon eher wieder ein Achtungserfolg.

Da die CSSR in einem mitreißenden Kampf die USA besiegte, benötigte Deutschland am Ende doch noch zumindest ein Unentschieden gegen die USA, um in die Endrunde zu kommen. Da war Bundestrainer Xaver Unsinn skeptisch, denn zuletzt gab es bei Weltmeisterschaften gegen die Amerikaner nichts zu erben. Doch diesmal war es anders. Selten spielte eine deutsche Mannschaft taktisch so diszipliniert wie diesmal beim 4:1. Torhüter Karl Friesen hatte zudem eine Sternstunde in seiner Karriere. Selten wurde eine Eishockey-Mannschaft so umjubelt! Wieder einmal bestätigten sich die Eishockeyspieler aber auch als Stimmungslokomotive im bundesdeutschen Olympia-Team. NOK-Präsident Willi Daume nannte sie das »Herz der Mannschaft«.

Deutschland in der Finalrunde, das war die Überraschung des Eishockey-Turniers. Die Amerikaner draußen, das war das Unglück für den US-Fernsehsender ABC, der die Übertragungsrechte der Spiele für über 300 Millionen Dollar eingekauft hatte und jetzt seine Werbe-Millionen versiegen sah. Der deutsche Erfolg hatte die Eishockey-Welt in Unordnung gebracht.

Es dauerte allerdings nicht lange, da fanden sich auch unsere Spieler wieder auf dem Boden der Tatsachen. 0:8 gegen Finnland, 1:8 gegen Kanada – diese Ergebnisse standen ganz im Gegensatz zu den vorherigen Erfolgen. Doch für Bundestrainer Xaver Unsinn kam dieser Einbruch nicht überraschend: »Der Medienrummel hat meinen Jungens den Kopf verdreht. Außerdem haben wir bisher über unsere Verhältnisse gespielt, das geht an die Substanz.« Torjäger Didi Hegen pflichtete dem Trainer bei: »130 Prozent – das geht nicht immer.«

Und dennoch gab es einen krönenden Abschluß der Olympischen Spiele. Das letzte Match gegen Schweden ließ noch alle Möglichkeiten offen – für Kanada. Deutschland kämpfte für die enttäuschenden Hausherren. Und wie die Spieler kämpften. Der wunderschöne Saddledome hatte in den olympischen Tagen noch keine so mitreißende Atmosphäre erlebt. Und als das Publikum auch Kritik an dem amerikanischen Schiedsrichter David Larue übte, der die deutschen Spieler härter anfaßte als die Schweden, da wurde der kanadische Ruf »we want a Ref« bald auch zu einem Schlachtruf auf den deutschen Tribünen. Am Ende reichte es doch zu keinem Punkt, zu keiner Medaille für Kanada, aber Deutschland hatte Werbung in eigener Sache betrieben. Und jeder war sich einig: Platz fünf war so viel wert wie die Bronzemedaille von Innsbruck.

Klaus-Peter Knospe

»Shake-hands« zwischen den Spielern von Deutschland und Polen. Beim Deutschland-Cup gab es die Generalprobe für die nächste A-WM 1989 in Schweden, bei der die Polen als Aufsteiger dabei sind. Eigentlich sollten die Zeiten aber, als das DEB-Team nur den Kampf gegen den Abstieg im Visier hatte, vorbei sein.

Nationalmannschaft

Die Länderspiele der Saison 1987/88

Iswestija-Cup

16. Dezember 1987
UdSSR – Deutschland 10:1
Deutschland: de Raaf – Kießling, Niederberger, Kreis, Hiemer, Kretschmer, Fischer, Medicus, Schuster – H. Steiger, G. Truntschka, Hegen, Obresa, Holzmann, Draisaitl, Roedger, Wolf, Franz, Kuhl, Schiller, Brittig, B. Truntschka. *Zuschauer:* 10500. *Schiedsrichter:* Naessen (Schweden). *Strafminuten:* UdSSR 8, Deutschland 12. *Tore:* 1:0 (4.) Bykow (Chomutow), 2:0 (9.) Makarow (Fetisow), 3:0 (14.) Swetlow (Lomakin – 4:4) 4:0 (14.) Chomutow (Kamensky/Stelnow – 4:4), 5:0 (17.) Makarow (Fetisow), 6:0 (34.) Christyakow (Swetlow – 5:4), 7:0 (40.) Konstantinow (Lomakin), 8:0 (47.) Swetlow (Lomakin), 9:0 (54.) Chernyh (Pryakhin), 10:0 (59.) Chomutow (Bykow), 10:1 (60.) Schiller.

17. Dezember 1987
Deutschland – Schweden 2:3
Deutschland: Schlickenrieder – Kießling, Niederberger, Kreis, Kretschmer, Fischer, Schuster – H. Steiger, G. Truntschka, Hegen, Obresa, Holzmann, Draisaitl, Kuhl, Schiller, B. Truntschka, Roedger, Wolf, Franz. *Zuschauer:* 2500. *Schiedsrichter:* Vögtlin (Schweiz). *Strafminuten:* Deutschland 8, Schweden 8. *Tore:* 1:0 (10.) Hegen (G. Truntschka), 1:1 (13.) Sandström, 1:2 (45.) B. Berglund, 1:3 (46.) Sandström (Blomsten/Johnson), 2:3 (58.) Holzmann (Obresa).

19. Dezember 1987
Deutschland – Finnland 2:8
Deutschland: de Raaf – Kießling, Niederberger, Kreis, Kretschmer, Fischer, Hiemer, Medicus, Schuster – H. Steiger, G. Truntschka, Hegen, Obresa, Holzmann, Draisaitl, Roedger, Wolf, Franz, Brittig, B. Truntschka, E. Steiger, Schiller, Kuhl. *Zuschauer:* 6300. *Schiedsrichter:* Tyszkiewicz (Polen). *Strafminuten:* Deutschland 8, Finnland 10. *Tore:* 0:1 (9.) Helminen (Laine), 0:2 (11.) Tuomisto (Jalonen), 1:2 (14.) Hegen (G. Truntschka – 5:3), 1:3 (21.) Tuomisto (Jalonen), 1:4 (27.) Lehtonen (Mikkolainen), 2:4 (30.) H. Steiger (5:4), 2:5 (36.) Suikkanen (Torkki), 2:6 (36.) Jalonen, 2:7 (48.) Susi (Lehtonen), 2:8 (48.) Torkki (Keskinen).

20. Dezember 1987
Deutschland – Kanada 1:2
Deutschland: Schlickenrieder – Fischer, Niederberger, Kreis, Kretschmer, Medicus, Schuster – H. Steiger, G. Truntschka, Hegen, Obresa, Holzmann, Franz, Roedger, Wolf, Brittig, Kuhl, Schiller, B. Truntschka. *Zuschauer:* 7000. *Schiedsrichter:* Vögtlin (Schweiz). *Strafminuten:* Deutschland 6, Kanada 6. *Tore:* 0:1 (24.) Zalepski (Habscheid – 4:5), 1:1 (25.) Kuhl (B. Truntschka), 1:2 (54.) Yawerchuk (Ronning).

22. Dezember 1987
Deutschland – CSSR 4:3
Deutschland: de Raaf – Kießling, Niederberger, Kreis, Fischer, Medicus, Kretschmer – H. Steiger, G. Truntschka, Hegen, Obresa, Holzmann, B. Truntschka, Kuhl, Draisaitl, Schiller, Roedger, Wolf, E. Steiger, Franz. *Zuschauer:* 4000. *Schiedsrichter:* Tyszkiewicz (Polen). *Strafminuten:* Deutschland 16, CSSR 14. *Tore:* 1:0 (11.) Kießling, 1:1 (13.) Lala, 1:2 (38.) Hrdina (Vlach), 2:2 (41.) Hegen (G. Truntschka), 2:3 (46.) Lubina (Uvira), 3:3 (48.) E. Steiger (Fischer), 4:3 (58.) Hegen (G. Truntschka).

Deutschland-Cup

28. Dezember 1987
Deutschland – Polen 5:1
Deutschland: Hoppe – Kießling, Niederberger, Kreis, Kretschmer, Medicus, Schuster, Reil – H. Steiger, Hegen, Schiller, Obresa, Holzmann, Franz, Roedger, Wolf, Fischer, Ahne, Draisaitl, B. Truntschka, Brittig, Kammerer. *Zuschauer:* 4500. *Schiedsrichter:* Olsson (Schweden). *Strafminuten:* Deutschland 10, Polen 2. *Tore:* 1:0 (6.) Kießling (Niederberger/H. Steiger – 5:4), 2:0 (10.) Niederberger (Draisaitl/B. Truntschka), 3:0 (16.) Franz (Holzmann), 3:1 (36.) Bujar (5:4), 4:1 (52.) Brittig (Fischer), 5:1 (56.) H. Steiger (Hegen).

30. Dezember 1987
Deutschland – CSSR 2:3
Deutschland: Friesen – Kießling, Niederberger, Kreis, Kretschmer, Medicus, Schuster – H. Steiger, G. Truntschka, Hegen, Obresa, Holzmann, Franz, Roedger, Wolf, Fischer, Brittig, Draisaitl, B. Truntschka, Ahne. *Zuschauer:* 7500 (ausverkauft). *Schiedsrichter:* Olsson (Schweden). *Strafminuten:* Deutschland 12 + 10 Disziplinarstrafe für H. Steiger, CSSR 12. *Tore:* 1:0 (12.) Draisaitl (Ahne), 1:1 (32.) Lubina (Kucera), 2:1 (41.) G. Truntschka (Hegen), 2:2 (45.) Ruzicka (Rosol), 2:3 (50.) Liba (Benak).

Olympia-Vorbereitung

3. Februar 1988
Deutschland – All-Stars 6:8
Deutschland: Friesen – Kießling, Niederberger, Kreis, Kretschmer, Medicus, Schuster – Roedger, Wolf, Brittig, Obresa, Holzmann, Franz, Schiller, G. Truntschka, Hegen, B. Truntschka, Draisaitl, Fischer. *Zuschauer:* 8500 (in Düsseldorf). *Schiedsrichter:* Kompalla (Krefeld), Böhm (Landshut), Erhard (Hohenfurch). *Strafminuten:* Deutschland 6, All-Stars 8. *Tore:* 1:0 (7.) Schuster, 2:0 (12.) Obresa (Holzmann/Franz – 5:4), 2:1 (19.) Valentine (Currie/Lee – 5:4), 2:2 (23.) Messier (Berry/Silk), 2:3 (26.) Dunlop (Currie/Valentine – 5:4), 3:3 (31.) Niederberger (Holzmann/Franz), 3:4 (32.) Currie (Valentine), 4:4 (44.) Wolf (Medicus), 4:5 (49.) Silk (Messier), 5:5 (57.) Franz (Holzmann/Obresa). *Penaltyschießen:* 5:6 Valentine, Holzmann vergeben, 5:7 Richter, Obresa vergeben, Lee vergeben, 6:7 G. Truntschka, 6:8 Messier, Brittig vergeben.
(Kein offizielles Länderspiel)

8. Februar 1988
Deutschland – Universität Edmonton 6:5
Deutschland: de Raaf, Schlickenrieder – Kießling, Niederberger, Kreis, Kretschmer, Medicus, Schuster, Reil – Steiger, G. Truntschka, Hegen, Obresa, Holzmann, Franz, Roedger, Schiller, Fischer, Brittig, Draisaitl, B. Truntschka, Wolf. *Zuschauer:* 1200. *Schiedsrichter:* Dennis (Kanada). *Strafminuten:* Deutschland 30, Edmonton 18. *Tore:* 0:1 (1.) Wiebel, 1:1 (4.) Kießling (G. Truntschka), 2:1 (7.) Cranston, 2:2 (12.) Draisaitl (B. Truntschka – 4:5), 3:2 (25.) G. Truntschka (Hegen), 4:2 (28.) Steiger (G. Truntschka), 4:3 (32.) Craig, 5:3 (36.) Steiger (Hegen), 6:3 (38.) Holzmann (Obresa), 6:4 (43.) Walter, 6:5 (45.) Cranston.
(Kein offizielles Länderspiel)

10. Februar 1988
Deutschland – Finnland 4:2
Deutschland: Friesen – Kießling, Niederberger, Medicus, Schuster, Kretschmer, Reil – Steiger, G. Truntschka, Hegen, Obresa, Holzmann, Franz, Roedger, Schiller, Fischer, Brittig, Wolf, Draisaitl. *Zuschauer:* 2500. *Schiedsrichter:* West (Kanada). *Strafminuten:* Deutschland 10, Finnland 10. *Tore:* 0:1 (6.) Ruotsalainen (5:3), 1:1 (15.) Holzmann (Obresa), 2:1 (32.) Hegen (G. Truntschka/Steiger), 3:1 (37.) Steiger (Hegen), 4:1 (40.) G. Truntschka, 4:2 (47.) Mikkolainen.

Das war ein besonderes Spiel: Zur Vorbereitung auf Olympia gehörte ein Spiel der »Bundesliga-All-Stars« gegen die Nationalmannschaft in Düsseldorf. Tony Currie und Chris Valentine bedrängen hier Nationaltorhüter Karl Friesen.

Olympische Spiele in Calgary

13. Februar 1988
Deutschland – CSSR 2:1
Deutschland: Friesen – Kießling, Niederberger, Kreis, Kretschmer, Medicus, Schuster – Steiger, G. Truntschka, Hegen, Obresa, Holzmann, Franz, Roedger, Schiller, Fischer, Brittig, Draisaitl, B. Truntschka. *CSSR:* Sindel – Bozik, Benak, Suchanek, Horova, Stavjana, Scerban – Volek, Hrdina, Dolezal, Rosol, Ruzicka, Vlach, Seiba, Pasek, Liga, Hascak, Lala, Vlk. *Zuschauer:* 3000. *Schiedsrichter:* Blomfield (Kanada). *Strafminuten:* Deutschland 14, CSSR 14. *Tore:* 0:1 (17.) Hrdina (Volek/Benak – 5:4), 1:1 (26.) Steiger (G. Truntschka), 2:1 (53.) Schiller (Roedger/Fischer).

15. Februar 1988
Deutschland – Norwegen 7:3
Deutschland: de Raaf – Kießling, Niederberger, Kreis, Kretschmer, Reil, Schuster – Steiger, G. Truntschka, Hegen, Obresa, Holzmann, Franz, Roedger, Schiller, Fischer, Brittig, Draisaitl, B. Truntschka. *Norwegen:* Mott – Ellingsen, Eikeland, P. Salsten, J. Salsten, C. Andersen, Kristiansen – Hoff, Thoresen, Gulliksen, Billkvam, Johansen, Thinn, Foyn, Loevdal, Friis, Bergseng, Voigt, M. Andersen. *Zuschauer:* 4000. *Schiedsrichter:* Koskinen (Finnland). *Strafminuten:* Deutschland 26, Norwegen 18. *Tore:* 1:0 (6.) Franz (Obresa), 2:0 (9.) G. Truntschka (Kießling/Steiger), 3:0 (21.) Steiger (Hegen/G. Truntschka), 3:1 (27.) Foyn (P. Salsten/Loevdal – 5:4), 4:1 (28.) G. Truntschka (Steiger – 5:4), 5:1 (37.) Holzmann (4:5) 5:2 (50.) P. Salsten (Billkvam), 6:2 (52.) Brittig (5:4), 7:2 (55.) Kießling (Holzmann – 4:5), 7:3 (57.) Bergseng (M. Andersen – 5:4).

17. Februar 1988
Deutschland – Österreich 3:1
Deutschland: Friesen – Kießling, Niederberger, Kreis, Kretschmer, Medicus, Schuster – Steiger, G. Truntschka, Hegen, Obresa, Schiller, Franz, Roedger, Wolf, Fischer, Brittig, Draisaitl, B. Truntschka. *Österreich:* Stankiewicz – Sadler, Sulzer, Shea, Kompajn, Hutz, Platzer – Szybisti, Greenbank, Mühr, Kerth, Lebler, Raffl, Cijan, Pok, König, Harand, Znenahilik, Koren. *Zuschauer:* 2500. *Schiedsrichter:* Morozow (UdSSR). *Strafminuten:* Deutschland 16, Österreich 12. *Tore:* 0:1 (2.) Kerth (Hutz/Raffl), 1:1 (9.) G. Truntschka (Kießling), 2:1 (21.) Steiger (Niederberger/Hegen – 5:3), 3:1 (43.) Obresa (Franz/Kreis).

19. Februar 1988
Deutschland – UdSSR 3:6
Deutschland: Schlickenrieder – Kießling, Niederberger, Kreis, Kretschmer, Medicus, Schuster – Steiger, G. Truntschka, Hegen, Obresa, Schiller, Franz, Roedger, Wolf, Fischer, Brittig, Draisaitl, B. Truntschka. *UdSSR:* Mylnikow – Kasatonow, Fetisow, Starikow, Gusarow, Krawtschuk, Stelnow – Makarow, Larionow, Krutow, Semenow, Swetlow, Jashin, Chomutow, Bykow, Kamensky, Biakin, Lomakin, Tchernych. *Zuschauer:* 20000. *Schiedsrichter:* Larue (USA). *Strafminuten:* Deutschland 12, UdSSR 10. *Tore:* 0:1 (5.) Fetisow (Larionow/Makarow), 0:2 (6.) Swetlow, 1:2 (13.) Schiller (Kießling/B. Truntschka), 1:3 (29.) Krawtschuk (Larionow/Makarow – 5:4), 2:3 (31.) Franz (5:4), 2:4 (31.) Biakin (Kasatonow/Lomakin), 2:5 (52.) Swetlow (Semenow), 2:6 (54.) Tschernych (Fetisow – 5:4), 3:6 (60.) Hegen (Kreis/G. Truntschka – 5:4).

Die deutsche Länderspielbilanz
Zusammengefaßt gegen folgende Nationen:

Ausgetragen	Spiele	Gew.	Verl.	Unent.	Torverh.
Belgien	2	1	1	–	6:3
Böhmen/Mähren	1	–	1	–	1:5
Bulgarien	1	1	–	–	13:1
CSSR	67	9	52	6	133:387
DDR	19	12	3	4	73:49
England	9	5	3	1	37:23
Finnland	71	23	36	12	248:313
Frankreich	3	2	1	–	10:2
Holland	9	8	–	1	69:21
Italien	37	23	9	5	149:97
Japan	14	12	2	–	90:43
Jugoslawien	18	14	2	2	108:44
Kanada	60	10	48	2	113:333
Lettland	2	2	–	–	4:1
Norwegen	27	20	6	1	157:81
Österreich	12	6	4	2	33:15
Polen	43	23	13	7	152:136
Rumänien	18	14	4	–	77:48
Schweden	63	4	57	2	124:365
Schweiz	73	43	21	9	309:241
Slowakei	2	2	–	–	13:4
UdSSR	65	1	63	1	104:533
Ungarn	13	8	1	4	37:17
USA	59	16	37	6	180:285
	688	259	365	65	2240:3047

21. Februar 1988
Deutschland – USA 4:1
Deutschland: Friesen – Kießling, Niederberger, Kreis, Kretschmer, Medicus, Schuster – Schiller, G. Truntschka, Hegen, Obresa, Holzmann, Franz, Roedger, Wolf, Fischer, Brittig, Draisaitl, B. Truntschka. *USA:* Richter – Leetch, Gosselin, Brown, Norton, Winrich, Laviolette – Bourbeau, Millen, Granato, Miller, Janney, Snuggerud, Donatelli, Johannson, Young, Leach, Fusco, MacDonald. *Zuschauer:* 20000. *Schiedsrichter:* Lind (Schweden). *Strafminuten:* Deutschland 12, USA 6. *Tore:* 1:0 (12.) Hegen (G. Truntschka/Schiller), 2:0 (15.) Fischer (Draisaitl/Kießling – 4:4), 3:0 (43.) Obresa (Franz/Holzmann), 3:1 (46.) Fusco (MacDonald), 4:1 (60.) Roedger (G. Truntschka).

Endrunde

24. Februar 1988
Deutschland – Finnland 0:8
Deutschland: Friesen – Kießling, Niederberger, Kreis, Kretschmer, Medicus, Schuster – Steiger, G. Truntschka, Hegen, Obresa, Holzmann, Franz, Roedger, Schiller, Fischer, Brittig, Draisaitl, B. Truntschka. *Finnland:* Myllys – Eloranta, Numminen, Blomqvist, Saarinen, Ruotsalainen, Ruotanen, Virtanen – Mikkolainen, Lehtonen, Susi, Laine, Helminen, Järvi, Tuomisto, Keskinen, Laitinen, Suikkanen. *Zuschauer:* 18000. *Schiedsrichter:* Lind (Schweden). *Strafminuten:* Deutschland 2, Finnland 8. *Tore:* 0:1 (11.) Tuomisto (Laitinen/Lehtonen), 0:2 (13.) Keskinen (Tuomisto), 0:3 (16.) Ruotsalainen (Ruotanen/Laitinen – 6:5), 0:4 (24.) Laitinen, 0:5 (26.) Susi (Numminen/Eloranta – 5:4), 0:6 (38.) Järvi (Helminen), 0:7 (43.) Laitinen (Helminen), 0:8 (51.) Lehtonen (Susi).

26. Februar 1988
Deutschland – Kanada 1:8
Deutschland: Schlickenrieder, ab 32. Friesen – Kießling, Niederberger, Kreis, Kretschmer, Medicus, Schuster – Steiger, G. Truntschka, Hegen, Obresa, Schiller, Franz, Roedger, Wolf, Fischer, Brittig, Draisaitl, B. Truntschka. *Kanada:* Moog – Gregg, Zalapski, Yawney, Stiles, Watters, Roy – Sherven, Habscheid, Berry, Boisvert, Bradley, Schreiber, Yaremchuk, Malinowski, Peplinski, Karpan, Tambellini, Joyce. *Zuschauer:* 18000. *Schiedsrichter:* Vögtlin (Schweiz). *Strafminuten:* Deutschland 10, Kanada 10. *Tore:* 0:1 (20.) Boisvert (Roy/Breadley), 1:1 (26.) Hegen (G. Truntschka), 1:2 (27.) Zalapski, 1:3 (30.) Yaremchuk (Gregg/Malinowski), 1:4 (31.) Habscheid, 1:5 (32.) Berry (Sherven), 1:6 (44.) Schreiber (Bradley/Boisvert – 5:4), 1:7 (57.) Boisvert (Schreiber), 1:8 (60.) Habscheid (Roy/Yaremchuk – 5:4).

28. Februar 1988
Deutschland – Schweden 2:3
Deutschland: Friesen – Kießling, Niederberger, Kreis, Kretschmer, Medicus, Schuster – Steiger, G. Truntschka, Hegen, Obresa, Schiller, Franz, Roedger, Wolf, Fischer, Brittig, Draisaitl, B. Truntschka. *Schweden:* Lindmark – Samuelsson, Eldebrink, T. Eriksson, Kihlström, P. Andersson, Karlsson, Bergqvist, Rundqvist, Södergren, Johansson, Ohling, Berglund, Pettersson, M. Andersson, Eklund, Hjalm, Molin, Sandström. *Zuschauer:* 18000. *Schiedsrichter:* Larue (USA). *Strafminuten:* Deutschland 12, Schweden 10. *Tore:* 1:0 (12.) Hegen (Steiger/G. Truntschka), 2:0 (24.) Hegen (Steiger/Kießling) 2:1 (27.) Södergren (Eldebrink/Karlsson), 2:2 (41.) Bergqvist (Eldebrink), 2:3 (54.) Berglund (Ohling/Johansson).

Deutschlands Nationalspieler

Name	S	T	Name	S	T	Name	S	T	Name	S	T
Kießling, Udo	240	35	Römer, Erich	47	6	Hoppe, Matthias	18	–	Bingold, Werner	5	–
Funk, Lorenz	225	57	Wild, Martin	47	4	Loibl, Albert	17	2	Egen, Hans-Peter	5	–
Kühnhackl, Erich	211	131	Schibukat, Herbert	46	9	Kreisel, Franz	17	1	Fischer, Karl	5	–
Schloder, Alois	206	87	Gmeiner, Manfred	46	8	Weide, Erich	17	1	Holderried, Engelbert	5	–
Philipp, Rainer	199	90	Wünsch, Josef	46	6	Held, Daniel	16	4	Lotz, Michael	5	–
Reindl, Franz	181	38	Birschel, Karl	46	2	Kossmann, Rainer	16	3	Phillip, Horst	5	–
Berndaner, Ignaz	177	19	Schichtl, Hans	46	–	Brittig, Christian	16	2	Jablonsky, Kurt	4	2
Kuhl, Marcus	158	44	Suttner, Sigmund	46	–	Herzig, Bernd	16	2	Jahn, Werner	4	1
Köpf, Ernst	154	83	Lax, Peter	45	13	Berwanger, Markus	16	1	Kaczmarek, Günter	4	1
Kretschmer, H. P.	146	15	Mörz, Jochen	45	6	Draisaitl, Peter	16	1	Steiger, Ewald	4	1
Truntschka, Gerd	143	35	Kink, Georg	45	1	Fischer, Ron	16	1	Zeidler, Erwin	4	1
Völk, Josef	141	14	Pittrich, Rolf	44	15	Truntschka, Bernd	16	–	Baldauf, Gerhard	4	–
Höfner, Ernst	140	42	Meindel, Horst	44	4	Nowak, Oskar	15	8	Ball, Gerhard	4	–
Scharf, Peter	138	5	Riedmeier, Erwin	44	1	Hubert, Oswalt	15	4	Hegen, Gerhard	4	–
Kreis, Harold	131	14	Hobelsberger, Michael	44	–	Hubner, Manfred	15	3	Hoja, Dieter	4	–
Wolf, Manfred	129	24	Knauss, Günther	44	–	Kadow, Harald	15	2	Kommetz, Günther	4	–
Waitl, Leonhard	127	20	Bauer, Reinhold	43	10	Krupp, Uwe	15	2	Marek, Jan	4	–
Hegen, Dieter	123	51	Schuldes, Horst	43	9	Lindner, Herbert	15	–	Nentvich, Miroslav	4	–
Roedger, Roy	123	32	Dr. Schenk, Phil.	43	6	Mangold, Nikolaus	14	2	Ohlber, Heinz	4	–
Schneitberger, Otto	119	13	Ludwig, Horst	42	21	Schmengler, Hans	14	–	Ruban, Robert	4	–
Thanner, Rudolf	118	20	Krüll, Harald	42	2	Ego, Klaus	13	3	Dr. Scheiblein, Bernd	4	–
Steiger, Helmut	115	44	Eibl, Michael	40	7	Adlmaier, Ernst	13	1	Wörschhauser, Josef	4	–
Kehle, Anton	115	–	Biersack, Anton	39	14	Herker, Erich	13	1	Kramarcyk, Manfred	3	3
Hanig, Gustav	112	49	Orbanowski, Horst	39	9	Mayr, Alois	12	4	Deisenrieder	3	2
Trautwein, Ernst	111	42	Lang, Hans	37	8	Rohde, Peter	11	4	Flossmann, Adolf	3	2
Weishaupt, Erich	107	–	Rothkirch, Hans	37	8	Breitsamer, Xaver	11	3	Adlmeier, Josef	3	1
Kuhn, Bernd	106	31	Schröttle, Martin	37	8	Hahn, Karl	11	1	Nieder, Alfred	3	1
Sepp, Kurt	104	35	Schloder, Kurt	37	7	Gandorfer, Thomas	11	–	Schulte, Horst	3	1
Auhuber, Klaus	104	9	Egginger, Wilhelm	37	–	Metz, Stefan	11	–	Antons, Heiko	3	–
Rampf, Hans	101	18	Poitsch, Fritz	36	25	Roes, Horst	11	–	Kapplmeier, Richard	3	–
Egger, Karl-Heinz	100	26	Weisenbach, Heinz	36	2	Münstermann, Hans	10	4	Neupert, Franz	3	–
Egen, Markus	99	72	Kuhn, Ludwig	35	7	George, Werner	10	2	Sailer, Günther	3	–
Hinterstocker, Martin	99	30	Obresa, Peter	35	5	Leitner, Willi	10	2	Schütte, Hans	3	–
Reil, Joachim	97	5	Schwimmbeck, Peter	35	1	Müller, Hubert	10	2	Dr. Adler, Kurt	2	1
Schiller, Peter	94	8	Wild, Karl	34	17	Sommer, Paul	10	1	Driendl, Reinhold	2	1
Medicus, Dieter	93	2	Pescher, H. J.	34	11	Wanner, Michael	10	1	Haas, Erwin	2	1
Friesen, Karl-Heinz	90	–	Gailer, Peter	34	4	Eberhardt, Helmut	10	–	Schacherbauer, W.	2	1
Vacatko, Vladimir	89	25	Vozar, Ference	33	2	Huber, Karl	10	–	Bachl, Peter	2	–
Ambros, Paul	89	9	Funk, Franz	33	–	Kadow, Werner	10	–	Bieler, Georg	2	–
Langner, Paul	89	7	Stadler, Walter	31	4	Magura, Günther	10	–	Edelmann, Anton	2	–
Niederberger, Andr.	88	4	Keller, Helmut	31	2	Slezak, Miroslav	10	–	Ertl, Hans	2	–
Englbrecht, Bernd	83	–	Modes, Werner	30	2	Wellen, Remigius	10	–	Lechl, Jürgen	2	–
Jaenecke, Gustav	82	43	Kögel, Karl	29	10	Wörschhauser, Rich.	10	–	Loher, Günter	2	–
Reif, Josef	82	22	Krueger, Ralph	29	3	Brandenburg, Otto	9	1	Kittel, Wolfgang	2	–
Zach, Hans	80	16	Enzler, Karl	29	2	Derkits, Eduard	9	–	Kremershof, Lothar	2	–
Meitinger, Holger	78	33	Merkle, Robert	29	–	Sachs, Walter	9	–	Lutzenberger, Alfred	2	–
Hiemer, Uli	78	6	Schlickenrieder, Josef	29	–	Slevogt, Marquard	9	–	Maidl, Anton	2	–
Köberle, Walter	76	22	Kremershof, Walter	28	8	Klotz, Helmut	8	2	Maurer, Mathias	2	–
Schubert, Siegfried	75	18	Schmidlinger, W.	28	5	Adams, Jürgen	8	1	Mayr, Siegfried	2	–
Hinterstocker, Herm.	75	12	Pohl, Anton	28	4	Trautmann, Paul	8	1	Nilsson, Kaj	2	–
Bader, Heinz	75	2	Probst, Jakob	26	5	Gröger, Rudolf	8	–	Reschke, Rolf	2	–
Schuster, Manfred	74	1	Klatt, Werner	26	3	Heinrich, Alfred	8	–	Scherer, Hans	2	–
Unsinn, Xaver	72	24	Hoffmann, Alfred	26	–	Kleber, Fritz	8	–	Schneider, Hans	2	–
Hofherr, Anton	71	18	Leinweber, Walter	26	–	Leis, Mathias	8	–	Scholz, Norbert	2	–
Jansen, Ulrich	71	–	Guggemos, Georg	25	10	Schmid, Hans	8	–	Schwarz, Claus	2	–
Eimannsberger, Joh.	67	17	Niess, Dieter	25	–	Fried, Lorenz	7	1	Steinke, Alfred	2	–
Ahne, Manfred	64	4	Hofherr, Franz	24	6	Heinrich, Robert	7	1	Wasl, Peter	2	–
de Raaf, Helmut	64	–	Eckstein, Ulrich	24	4	Kelch, Günther	7	1	Wurm, Josef	2	–
Egen, Uli	62	18	van Korff, Frank	24	–	Rosenberg, Wolfgang	7	1	Hillmann, Reinhard	1	1
Huber, Hans	62	15	Nagel, Hans-Jürgen	24	–	Buschinger, Josef	7	–	Kink, Andreas	1	1
Betz, Michael	62	9	Hartelt, Georg	23	15	Csöngey, Franz	7	–	Bechler, Wilhelm	1	–
Blum, Rainer	62	4	Knihs, Rolf	23	4	Hanft, Jörg	7	–	Gregory, Peter	1	–
Franz, Georg	60	8	Wackerle, Sylvester	23	2	Klett, Toni	7	–	Herbst, Wolf	1	–
Guttowski, Bruno	58	15	Endress, Arthur	22	5	Schmitt, Michael	7	–	Katzur, Günther	1	–
Kammerer, Axel	56	8	Heckelsmüller, Horst	21	2	Gotsch, Klaus	6	2	Kuran, Herbert	1	–
Beck, Martin	56	4	Freistritzer, Walter	20	10	Müller, Franz-Xaver	6	2	Lingner, Otto	1	–
Eggerbauer, Ernst	55	3	Pfefferle, Max	20	5	Stowasser, Herbert	6	2	Löggow, Karl-H.	1	–
Zanghellini, Helmut	53	15	Groß, Gottfried	20	3	Eggerbauer, Michael	6	1	Lortzing, Ernst	1	–
Makatsch, Rainer	53	–	Tobien, Rolf	20	2	Gruber, Alexander	6	1	v. Massenbach, Fabian	1	–
Eberl, Georg	52	14	Edelmann, Wilhelm	20	–	Lang, Dieter	6	1	Mixius, Thomas	1	–
Jochems, Günther	52	4	Demmer, Max	19	8	Kaufmann, Theo	6	–	Müller, Martin	1	–
Riedel, Walter	52	1	Kessler, Roman	19	2	Pöpel, Ralph	6	–	Obermann, Hans-R.	1	–
Schramm, Josef	52	–	Wiedemann, Anton	19	2	Rammelmayer, Fritz	6	–	Peterhand, Ferdinand	1	–
Dr. Strobl, Georg	51	10	Lutz, Rainer	19	–	Sillenberg, Lothar	6	–	Schneider, Theo	1	–
Murray, Robert	51	4	Weide, Rudolf	18	5	Wackers, Heinz	6	–	Seiffert, Bernhard	1	–
Boos, Wolfgang	50	9	v. Bethmann, Hollw.	18	3	Metzer, Horst	5	2	Steiger, Anton	1	–
Ball, Rudi	49	10	Hiemer, Jörg	18	3	Sikora, Miro	5	2	Zankl, Peter	1	–
Scholz, Georg	47	23	Fritz, George	18	2	Vozar, Tibor	5	2			
Holzmann, Georg	47	6	Kuhn, Alois	18	2	Klaus, Josef	5	1			

Jubel bei den Spielern der UdSSR. Endlich war die Mißerfolgsserie beendet, der wichtigste Titel wurde ohne große Probleme errungen, die Sowjetunion war wieder Olympiasieger!

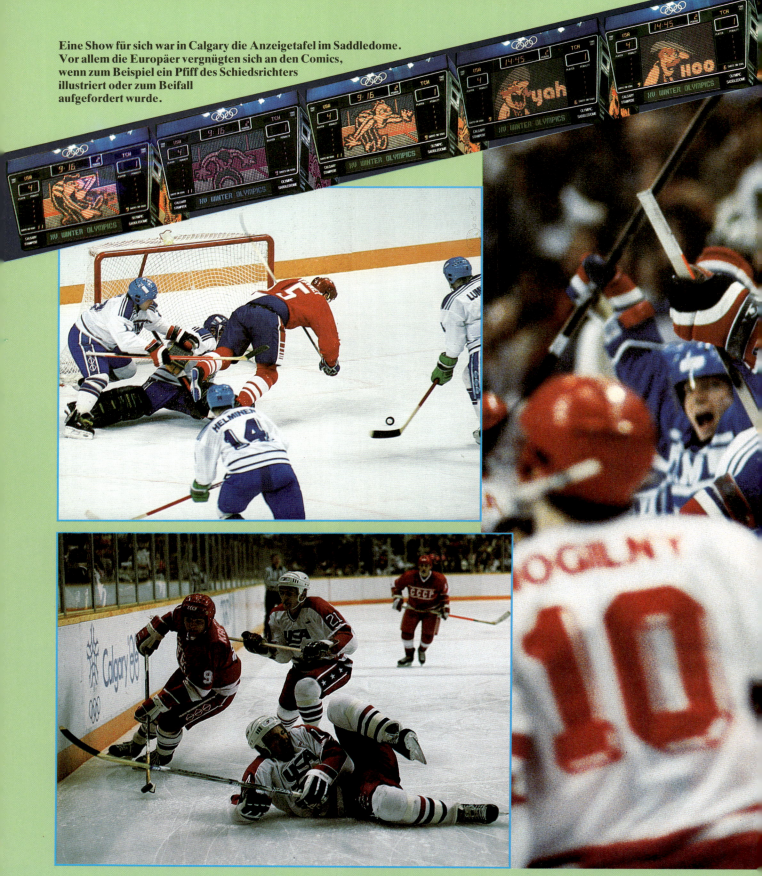

Eine Show für sich war in Calgary die Anzeigetafel im Saddledome. Vor allem die Europäer vergnügten sich an den Comics, wenn zum Beispiel ein Pfiff des Schiedsrichters illustriert oder zum Beifall aufgefordert wurde.

Zu den großen Gewinnern von Calgary gehörten die Finnen. Jubel über Silber! Der Weg dahin führte über ein 3:1 über Kanada (links oben). Olympiasieger UdSSR wurde u. a. von den USA gefordert, aber die Amerikaner erreichten die Finalrunde nicht (links)!

Torjäger Vladimir Krutow flog fast über das Eis, Torhüter Lindmark machte seinen Kasten »dicht« – eine packende Szene aus einem gar nicht so packenden Spiel. Olympiasieger UdSSR deklassierte Weltmeister Schweden mit 7:1!

Stationen der deutschen Erfolge bei Olympia 1988. Ein Sieg über die CSSR im Auftaktspiel eröffnete die Chance auf die Finalrunde. Garant des Sieges war Torhüter Friesen (unten). Aber erst nach dem 4:1-Sieg über die USA durfte Deutschland wirklich um die Medaillen spielen. Ein großer Erfolg, der Einsatz stimmte (großes Foto mit Wolf und Fischer).

In Stuttgart wurde im Dezember 1987 der Deutschland-Cup aus der Taufe gehoben. Wieder kam es zum Duell mit der CSSR, die mit einem 3:2-Sieg auch den Pokal entführte. Das konnte auch ein einsatzfreudiger Ron Fischer (am Boden) nicht verhindern.

Der Rekord-Nationalspieler

Schon heute eine deutsche Verteidiger-Legende!

An die Szene kann ich mich noch gut erinnern. Es war bei der Eishockey-Weltmeisterschaft 1985 in Prag. Die deutsche Mannschaft hatte bis dahin keineswegs berauschende Leistungen geboten, die Stimmung im Team war nach fünf Niederlagen – wenn auch gegen die besten Mannschaften der Welt – ziemlich mies. Bundestrainer Xaver Unsinn versuchte seine Schützlinge mit einem Fußballspiel statt Eistraining auf andere Gedanken zu bringen, doch einem Mann wie Udo Kießling war das zuwenig. Er stand danach in der Eishalle, begleitet nur von einem kleinen Häuflein anderer Spieler. »Da sieht man, wer wirklich will«, giftete Udo und packte anschließend vor den gierig nach Sensationsmeldungen dürstenden Journalisten aus. Udo prangerte die mangelnde Leistungsbereitschaft einiger Spieler an, er rüttelte viele aber auch auf. Fortan lief es besser im deutschen Team.

Das war Udo Kießling wie er leibt und lebt. Er war für die Trainer wohl nie ein bequemer Spieler, weil er nie ein Blatt vor den Mund nahm, er war aber ein Vorbild für andere, weil seine Leistungsbereitschaft immer über jeden Zweifel erhaben war. Damals in Prag war er noch nicht einmal Kapitän im DEB-Team. Diese Rolle übernahm er erst danach von Erich Kühnhackl, aber er hat sich in diesem Amt bereits profiliert und hat als Führungspersönlichkeit und als Spieler großen Anteil daran, daß die Eishockey-Nationalmannschaft zuletzt ihre erfolgreichsten Jahre erlebte. So lobt auch Bundestrainer Xaver Unsinn: »Udo ist ein vorbildlicher Kapitän, er vertritt die Mannschaft ganz hervorragend, so sehe ich die Rolle. Wenn er Kritik geäußert hat, dann war sie auch berechtigt. Er ist ein Profi durch und durch und hat die richtige Einstellung zum Kampfsport Eishockey.«

Die Leistungsbereitschaft lernte Udo Kießling praktisch fast noch in den Windeln. Mit knapp drei Jahren stand er in Oberstdorf erstmals auf dem Eis. Vater Gerhard, ein Eishockey-Verrückter im guten Sinne, wollte seinen Sohn frühzeitig testen. »Es muß mir wohl Spaß gemacht haben«, bilanziert der Udo heute, »denn sonst hätte ich ja schreien oder hinfallen können, doch beides ist wohl nicht passiert.«

Vater und Sohn – das war ein ewiges Reizthema in bundesdeutschen Eishockeykreisen. Kritiker warfen dem »Alten« immer wieder vor, daß er seinen Sohn über Gebühr strapazieren, daß er ihn »verheizen« würde. Der Sohn hat das nie so empfunden, sondern erkannt: »Ohne eine harte Hand geht es nicht.« Wie hätte er sonst auch Rekord-Nationalspieler mit jetzt 240 Einsätzen werden können, denn selbst Vater Gerhard bescheinigte seinem Filius: »Als Talent war er immer nur mittelmäßig.« Und Xaver Unsinn, dem man eigentlich nachsagt, daß er der Familie Kießling eher skeptisch gegenübersteht, urteilt: »Mit dem Udo habe ich persönlich nie Probleme gehabt. Und der Gerhard, der war Vater, Manager und Trainer in einer Person. Aber er hat es verdient, daß der Udo so geworden ist.«

Aber Kießling junior ging wirklich durch eine harte Schule. Oder hätten Sie folgendes Ihrem Sohn zugemutet? Als Udo noch ein kleiner Knirps war, wohnten die Kießlings in Frankfurt, der Sohn aber spielte bei Preußen Krefeld Eishockey, weil es für ihn dort bessere Voraussetzungen gab. Udo erinnert sich: »Samstag ging es von der Schule gleich zum Bahnhof. Dort stand die Mutter mit den Eishockey-Klamotten. Dann bin ich allein nach Krefeld gefahren und wurde dort wieder am Zug abgeholt. Aber gerade sonntags zurück, da war ich oft im Zug allein, da hatte ich schon oft ein mulmiges Gefühl.« Das sind die Geschichten, die die Lästermäuler gegenüber der Familie Kießling auf den Plan riefen, zumal Vater Gerhard und Sohn Udo lange Zeit gemeinsame Sache machten, was vielen eben auch nicht paßte. Die Höhepunkte der gemeinsamen Arbeit: Die Meisterschaften 1977 und 1979 mit dem Kölner EC errangen Vater und Sohn zusammen. Heute urteilt der Sohn: »Es sind Narben geblieben, aber heute bin ich abgehärtet und reifer geworden. Später sind viele, die vorher das Maul aufgemacht hatten, auch wieder leise gekrochen gekommen.«

Die Reife, das Alter – Udo Kießling kommt oft darauf zu sprechen. Kein Wunder, mit 33 Jahren steht er ja fast schon im leistungssportlichen Rentenalter. Aber von einer Pensionierung will er nichts wissen. »Ans Aufhören denke ich nicht.« Dafür macht es ihm gerade jetzt in der Nationalmannschaft und beim Kölner EC zu viel Spaß. Und so hat er noch Ziele: »International gut spielen und mit Köln so viele Titel wie möglich gewinnen.« Beim KEC ist er über die ideale Zusammenstellung in der Mannschaft glücklich. »Wir haben eine gute Mischung aus Routiniers und jungen Spielern. Die Jugend bringt die Begeisterung mit.« Und dann wird wieder sein Selbstverständnis der Leistung gegenüber deutlich: »Wer als junger Spieler in Köln bestehen will, muß Willen und Einsatz mitbringen.«

So etwas macht ihn zufrieden, denn etwas anderes als Wille zur Leistung und Einsatz hat er nie gekannt. Nur so kann man wohl auch Rekord-Nationalspieler werden. Eine Ehre, die er allerdings nie so richtig angestrebt hat. Freilich, mit 26 oder 27, mit 160 oder 170 Einsätzen, »da beginnt man schon mal zu rechnen«. Und gibt es jetzt das

Der Rekord-Nationalspieler

Ziel, eine Marke »für die Ewigkeit« zu setzen? »Nein«, wehrt er ab, »das ist mir im Grunde genommen egal.«
Diese Marke für die Ewigkeit, die könnte er aber eigentlich schon schaffen. Schließlich hat er in Köln seinen Vertrag gerade erst um drei Jahre verlängert und so lange wird er sicherlich auch dem DEB-Team zur Verfügung stehen – wenn er von schweren Verletzungen verschont bleibt. Udo Kießling könnte für viele junge Spieler auch das richtige Vorbild sein. Und ganz ohne Überheblichkeit gibt er da sein Urteil ab: »Wer mich nicht als Vorbild sieht, der wird es im Profisport schwer haben. 15 Jahre Bundesliga, das muß erst einmal einer nachmachen.«
15 Jahre Bundesliga, das prägt. »Ich habe Höhen und Tiefen erlebt, wie sie nur wenige erleben«, gesteht Udo Kießling. Und obwohl er ja wirklich eine abwechslungsreiche Karriere hinter sich hat, glaubt er, daß er alle seine Stationen zusammenbringt: »In Garmisch beim SC Riessersee habe ich in Jugend und Junioren gespielt, da wurden wir auch Meister. 73/74 kam Augsburg, danach zwei Jahre Rosenheim, 76 bis 79 Köln, 79 bis 82 Düsseldorf, 82/83 bis November Füssen und ab 1983 wieder der Kölner EC.« Gerade für den

Als Sechsjähriger (oben) spielte Udo Kießling bereits bei den »Moskitos« von Eintracht Frankfurt, als 17jähriger stand er in der ersten Mannschaft des SC Riessersee und in der Nationalmannschaft. Sein Trainer war Vater Gerhard, der ihm alle Tricks beibrachte, ihm aber auch den Willen zum Erfolg einimpfte.

Der Rekord-Nationalspieler

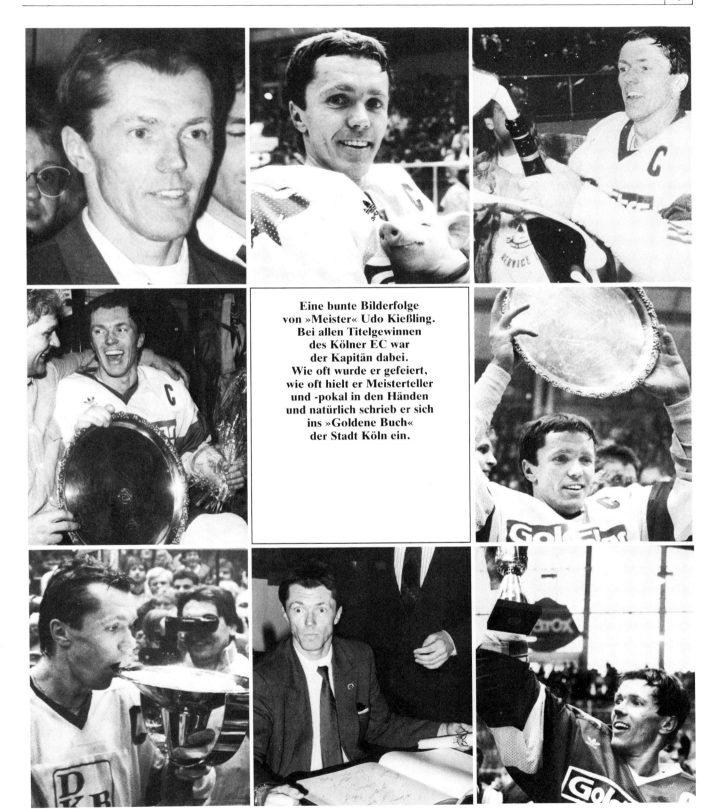

Eine bunte Bilderfolge von »Meister« Udo Kießling. Bei allen Titelgewinnen des Kölner EC war der Kapitän dabei. Wie oft wurde er gefeiert, wie oft hielt er Meisterteller und -pokal in den Händen und natürlich schrieb er sich ins »Goldene Buch« der Stadt Köln ein.

Der Rekord-Nationalspieler

Der Rekord-Nationalspieler

KEC war er eine Art Glücksbringer. Alle sechs Titel errangen die Kölner mit Udo Kießling! Und geht es nach ihm, dürfen es ja auch noch mehr sein... (siehe oben).

Mit 17 Jahren stand Udo Kießling auch bereits in der Nationalmannschaft. Vater Gerhard war damals Bundestrainer! 1976 in Innsbruck gehörte er zum deutschen Bronze-Team. Er war aber auch bei der Olympia-Pleite 1980 in Lake Placid dabei, als die deutsche Mannschaft frühzeitig scheiterte und unter anderem gegen »Zwerg« Rumänien mit 4:6 unterlag. Einer, der am meisten in der Kritik stand, war Udo Kießling. »Der war ja als Verteidiger mehr vor dem gegnerischen Tor, und hinten haben wir die Dinger reingekriegt«, warfen sie ihm vor. Aber das war typisch für den eisenharten, dynamischen, vor allem aber auch offensivfreudigen Verteidiger. Wenn er sah, daß seine Neben- und Vorderleute nichts zusammenbrachten, dann hätte er am liebsten alles alleine gemacht. Und dabei hat er sich mitunter auch ein bißchen übernommen. »Das war die Sturm-und-Drang-Zeit«, meint Bundestrainer Xaver Unsinn, der froh ist, daß sein Kapitän heute einen ruhigen und abgeklärten Verteidiger darstellt. »Man wird ruhiger«, sieht es der Spieler selbst, doch erst jetzt erreichte er auch die internationale Anerkennung, die er sich schon so lange gewünscht hatte. Bei der Weltmeisterschaft 1987 in Wien wurde er von den internationalen Journalisten ins All-Star-Team gewählt.

In Wien spielte er vielleicht sogar das beste Turnier seiner Karriere. Auch da habe ich eine Szene in Erinnerung, die typisch für den Spieler Udo Kießling ist. Deutschland spielte gegen Kanada. Eine Partie, die im DEB-Lager gemeinhin von vornherein abgeschrieben wird. Die deutschen Spieler haben gegen die NHL-Profis die »Hose voll«. Doch Udo Kießling setzte ein Zeichen. Gleich beim ersten gegnerischen Angriff rammte er den kanadischen Stürmer fair, aber mit Vehemenz in die Bande. »Habt keine Angst« signalisierte er damit seinen Mitspielern, die verstanden. Deutschland siegte 5:3 und schaffte ein historisches Ereignis: den ersten Sieg Deutschlands über kanadische Profis bei einer Weltmeisterschaft! Auch solche Szenen sind es, die ihn als Vorbild kennzeichnen. Ein Kanadier diente ihm übrigens selbst einmal als Vorbild: Bobby Orr, die kanadische Verteidiger-Legende. Solch eine Legende könnte Udo Kießling auch einmal für das deutsche Eishockey werden. Nein, eigentlich ist er schon eine. Doch vorerst gilt auch noch die Gegenwart, vorerst gibt es auch für ihn als Eishockeyspieler noch eine Zukunft. Er hat sich noch nie gefragt, ob sich die Plackerei auch lohnt. »Wenn es erst mal soweit ist, dann sollte man aufhören«, rät er anderen und sieht dies als Schlußpunkt für sich. Und so wird er auch in nächster Zeit sich selbst treu bleiben: Hart arbeiten und kein Blatt vor den Mund nehmen.

Klaus-Peter Knospe

Zwei Bilder, die den Kämpfer Udo Kießling zeigen, ob in der Nationalmannschaft bei der Weltmeisterschaft 1983 in Deutschland (links) oder in der Bundesliga (oben) gegen Jochen Mörz (damals Rosenheim).

Iswestija-Cup

Raunen beim Iswestija-Cup

Im Lushniki-Eispalast zu Moskau wurde dreimal geraunt. Am lautesten, als die Regierungszeitung »Iswestija« anläßlich ihres Turniers zur großen Verlosung schritt. Zu gewinnen gab's Motorroller, Farbfernseher – und Videorecorder. Und das wirklich für jeden, der sich eine Eintrittskarte zu den Eishokkeyspielen gekauft hatte. Gorbatschows Glasnost greifbar.

Das zweite Raunen des russischen Publikums war Untermalung zum spielerischen Vortrag des Team Canada. Das putzte nämlich die Sowjets sensationell mit 3:2, wozu der frühere Bayreuther Ken Berry, Bruder des Kölner Doug, zwei herrliche Tore beisteuerte. Und natürlich Tormann Sean Burke etliche traumhafte Paraden. »Ganz gut – aber der Zufall spielte auch mit. Zu unseren Gunsten«, befand Kanadas Coach Dave King.

Und noch ein Raunen – für die Wiederauferstehung der »Sbornaja«. Viktor Tichonows Truppe lag, die Niederlage gegen Kanada im Kopf, bis zur 31. Minute gegen die CSSR 0:3 zurück. Doch dann drehte sie unter Regie des Superblocks um Kapitän Fetisow auf, schoß in 300 Sekunden vier Tore, gewann letztlich 5:3. Das brachte wieder vieles in Ordnung, obwohl der Iswestija-Cup nicht mehr zu gewinnen war. Der gehörte Kanada.

Deutschland hätte auch ein Raunen im wunderschönen Lushniki-Palast verdient gehabt, doch den einzigen Sieg erspielte die Mannschaft des Deutschen Eishockey-Bundes ausgerechnet in der schlecht besuchten, stimmungslosen Olympia-Halle. Ein gigantisches Bauwerk mit Platz für 45000 Leute, in dem im Winter die russische Fußball-Liga ihre Partien austrägt und das die Popgruppe »Modern Talking« dreimal füllte. Fürs Eishockey hatte man in der Mitte einen eisernen Vorhang heruntergelassen, davor die Eisfläche aufgestellt. »Komisches Gefühl, vor einer Wand zu spielen«, meinte Verteidiger Wacki Kretschmer – und nicht nur er empfand es so.

Doch egal: Im letzten Spiel, in dem es gegen die CSSR ging, gab's einen bemerkenswerten 4:3-Sieg. Didi Hegen gelangen zwei Treffer, mit insgesamt vieren wurde er Iswestija-Schützenkönig. Und auch diese Bilanz gefiel: Mit einer Effektivität von 21,3% waren Xaver Unsinns Mannen die Besten im Überzahlspiel. Vergessen waren da die unangenehmen Niederlagen (0:10 gegen die UdSSR, 2:8 gegen Finnland) und die unglücklichen (2:3 gegen Schweden, 1:2 gegen Kanada).

Die Voraussetzungen waren schlecht gewesen für die Mannschaft – wie schon 1982 und 1984. Man wollte die höfliche Einladung aus der UdSSR nicht abschlagen, mußte aber direkt aus dem Bundesliga-Spielbetrieb heraus eine Formation bilden, die es mit der Weltklasse aufnehmen sollte. Dann fehlten natürlich Stars wie Karl Friesen und Ernst Höfner, hatte der Bundestrainer Neulinge einzubauen: Ron Fischer, Christian Brittig, Bernd Truntschka, Ewald Steiger. Xaver Unsinn: »Wir bekommen hier eine blutige Nase. Aber macht nichts, denn die brauchen wir. Sonst verlieren wir in Calgary sogar gegen Österreich und Norwegen.«

Und tatsächlich: Die Schocktherapie im kalten Moskauer Dezember hat gewirkt. Bei Olympia zwei Monate später wurde wieder geraunt – und da endlich wegen Deutschland!

Günter Klein

Ein Jubel, der in die Eishockey-Geschichte einging: Erstmals gewann Kanada den Iswestija-Cup! Die UdSSR wurde im entscheidenden Spiel beim Traditionsturnier in Moskau sensationell mit 3:2 geschlagen.

Deutschland-Cup

Der DEB hat sein Turnier

Turbulent ging es häufig vor dem polnischen Tor zu. Auch der junge deutsche Sturm (links Bernd Truntschka, hinter dem Tor Peter Draisaitl) setzte dem Aufsteiger in die WM-Gruppe A zu. Das DEB-Team siegte beim Deutschland-Cup mit 5:1.

Vor Weihnachten Iswestija-Cup in Moskau, nach Weihnachten Spengler-Cup in Davos, beim Deutschen Eishockey-Bund schaute man lange Zeit etwas neidisch ins Ausland, wenn sich die Elite zu attraktiven Turnieren versammelte, sei es mit Auswahl- oder Vereinsmannschaften. »So ein Turnier würde dem deutschen Eishockey auch gut zu Gesicht stehen«, war eine alte Forderung von Bundestrainer Xaver Unsinn.

Jetzt hat der DEB »sein« Turnier. Der Verband mußte praktisch dazu gezwungen werden, damit Unsinns Traum in Erfüllung ging. Beim Streben, in Deutschland die Sportstadt Nummer eins zu werden und attraktive Veranstaltungen in die Hanns-Martin-Schleyer-Halle zu holen, kamen die Organisatoren in Stuttgart »natürlich« auch auf Eishockey. Ein erster zaghafter Versuch fand im Sommer statt – allerdings mit immensem Aufwand betrieben. Für ein Testspiel der Nationalmannschaft gegen eine Kombination der Zweitligisten EV Stuttgart und EV Füssen wurde im Juli eine Weltpremiere gefeiert: Erstmals gab es Eishockey auf einer dünnen, künstlichen Eisfläche von »Holiday on Ice«. Drei Bahnen wurden miteinander verknüpft, was eine Menge Schweiß und Kopfschmerzen verursachte, aber am Ende klappte alles. Und die Fans gaben schon im Sommer ein eindeutiges Votum für Eishockey ab. Die Stuttgarter Messe- und Kongreß GmbH streckte also ihre Finger nach einem großen Turnier aus, und der DEB konnte deren Chef Dr. Rainer Vögele keinen Korb mehr geben. Der »Deutschland-Cup« war geboren.

Noch einmal mußte bei der Premiere des Deutschland-Cups das Eis von »Holiday on Ice« herhalten. Die Bande dazu hatten sich die Stuttgarter von den Veranstaltern der Eishockey-Weltmeisterschaft in Wien besorgt. Die Nationalmannschaften aus Polen und der CSSR waren die ersten »Versuchskaninchen«, sorgten aber auch dafür, daß der Deutschland-Cup gleich eine würdige Premiere feierte. Bei den Polen kam als besonderer Reiz dazu, daß sie als frischgebackener Aufsteiger in die WM-Gruppe A auftraten, die Unsinn-Schützlinge also gleich testen konnten, ob es in Stockholm 1989 hier eine harte Nuß zu knacken geben würde. Die CSSR wiederum ist ja ein alter Kontrahent, und Stuttgart bot die Möglichkeit der Revanche für den Iswestija-Cup in Moskau. Dort siegte Deutschland mit einem erstaunlichen 4:3.

Nach drei nicht sehr aufregenden Tagen durfte der erste Deutschland-Cup dennoch als Erfolg verbucht werden. Über 15 000 Zuschauer waren mehr, als sich die Verantwortlichen erträumt hatten, wobei das Finale zwischen der CSSR und dem Gastgeber ausverkauft war. Der sechsmalige Weltmeister war schließlich auch ein verdienter Sieger, wenn er auch in beiden Spielen gegen Polen und das DEB-Team (je 3:2) etliche Mühe hatte. Xaver Unsinn nahm die Niederlage im »Finale« gelassen hin. Der Test für Calgary war denoch geglückt, seine Mannschaft hatte dem Favoriten Paroli geboten, Polen 5:1 geschlagen, und das Publikum war schließlich auch zufrieden.

Brachte 1987 also die Geburtsstunde eines großen Turniers? Das Schicksal vom Deutschland-Cup wird auch von dem vom Iswestija-Cup abhängen. Stuttgart stellte jedenfalls schon die Weichen für eine gute Zukunft, eine richtige Eisbahn soll in der Schleyer-Halle installiert werden. 1988 wird man noch kleinere Brötchen backen müssen. Der DEB hat es aber für die Zukunft leicht, schließlich ist es im Interesse der Organisatoren von Stuttgart, daß der Deutschland-Cup international an Bedeutung gewinnt. Vielleicht geht Unsinns Wunsch von einem »ganz großen Turnier« doch noch in Erfüllung. *Klaus-Peter Knospe*

Canada Cup

Kanadas unheimliches Duo

Sie sind so gegensätzlich wie ihre Nummern. Hier Wayne Gretzky, die 99, eher feingliedrig, ein blendender Stocktechniker mit verblüffender Übersicht. Dort Mario Lemieux, die 66, ein 91 Kilo schwerer Sturmtank mit riesiger Reichweite und einem wuchtigen Schuß. Wenn sie zusammenarbeiten, wirken sie verheerend. Dies bekamen die Russen beim Canada Cup zu spüren.

In drei Finalspielen standen sich die kanadische Profi-Auswahl und die UdSSR im September 1987 gegenüber, alle gingen 6:5 aus, zwei erst in der Verlängerung. Zwei einander ebenbürtige Teams gingen an ihr Limit, zeigten ihr Allerbestes. »Wohl noch nie hat es drei so hervorragende Spiele hintereinander gegeben«, sagte nachher Gretzky, und als Echo kam die gleiche Aussage aus dem Mund von Sowjetcoach Viktor Tichonow zurück.

Bei solch knappem Ausgang führte der Zufall etwas Regie – doch kein Zufall war es, daß Mario Lemieux auf Zuspiel von Wayne Gretzky die Siegtreffer in den beiden letzten Finalspielen schoß. Im zweiten trat der »plötzliche Tod« für die Russen erst eine halbe Stunde nach Mitternacht ein, nach 30:07 Minuten der Verlängerung, in der allein Ewgenj Beloshejkin es mit 22 (insgesamt 61) Schüssen zu tun hatte und sein Gegenüber Grant Fuhr mit 19 (51). Es war die längste Partie in der langen Geschichte des internationalen Eishockeys. Eine traumhafte Paßfolge Propp-Murphy-Gretzky-Lemieux setzte ihr ein Ende. Entschieden wurde das dritte Finalspiel – und damit das Turnier – 86 Sekunden vor Schluß mit einem ähnlichen Musterangriff, wiederum mit Gretzky als Lieferanten und Lemieux als Vollstrecker. »Als ich die beiden vorbeifliegen sah, wußte ich: Es ist aus!« gestand nachher Tichonows Assistent Igor Dimitriew.

Lange mußten aber die Kanadier um den Einzug in die Finalserie bangen. Sie begannen die Qualifikationsrunde mit einem 4:4 gegen die CSSR, schlugen danach Finnland 4:1, die USA 3:2, Schweden 5:3 und holten unter Mithilfe der Schiedsrichter gegen die UdSSR ein 3:3 heraus. Wohl beendeten sie das Vorgeplänkel ungeschlagen auf Platz 1, doch im Halbfinale dominierte vorerst nur Gegner CSSR. Dusan Pasek und Jaroslav Benak schossen die Tschechen 2:0 in Front. »Ein drittes Tor, und die Kanadier wären erledigt gewesen«, klagte nachher CSSR-Coach Jan Starsi. Tatsächlich: der Organist hämmerte schon den Totenmarsch in die Tasten. Doch die Auferstehung kam postwendend. Angriffswellen brandeten gegen Dominik Hasek, innerhalb von 225 Sekunden führten die Kanadier dank Dale Hawerchuk und zweimal Mario Lemieux 3:2. Michel Goulet und Brian Propp besorgten den Rest zum 5:3.

Weder die ruppigen Amerikaner noch die verstört-lendenlahmen Finnen hatten die Halbfinals erreicht, wohl aber die Russen und Schweden. Die Skandinavier festigten gleich zum Auftakt ihren Weltmeister-Ruf, überrumpelten die Sowjets in kühl-überlegtem Stil 5:3 und brachten dabei mehr Bodychecks an, als während der ganzen WM von Wien. Doch dann wurden sie über den Kontinent gejagt, insgesamt 9000 Kilometer, mehr als jede andere Mannschaft. Das zehrte an den Kräften. Außerdem legten die Sowjets im Halbfinal durch Sergej Krutow, Wjatscheslaw Bykow und Igor Larionow gleich drei Tore vor; die Russen siegten 4:2. Das Ausscheiden war auch mental bedingt: keiner wollte nur Dreckarbeit verrichten.

Das war vielleicht der Unterschied zu den Kanadiern. Keiner war sich für Defensivaufgaben zu schade, selbst Gretzky lief zurück, desgleichen der sonst oft lethargische Lemieux, und ein Star wie Mark Messier opferte sich während des ganzen Turniers auf. Er bereitete den Boden vor, auf dem die Skorerkönige Gretzky und Lemieux die Lorbeeren ernteten, Messier und seine Flügel neutralisierten den sowjetischen Superblock.

Das Wunschfinale war also zustandegekommen. Zwei Systeme prallten aufeinander, das methodische der Sowjets, das risikoreiche der Kanadier.

Sie harmonierten beim Canada Cup prächtig: die Nummer 66, Marion Lemieux (oben), und die Nummer 99, Wayne Gretzky (beide hier in ihren Vereinstrikots). In der NHL sind sie die größten Konkurrenten, jetzt erlegten sie gemeinsam den russischen Bären!

Canada Cup

Zwei Arten von Coaching auch, eingestimmte Blöcke gegen dauernd umgestellte Linien. Und deshalb ist laut Jan Starsi »Gretzky der beste Spieler der Welt, weil er mit jedem spielen kann. Makarow muß in eine Einheit eingebettet sein.«

Nie aufgeben! Diese Einstellung zeichnet die Kanadier ebenfalls aus. 4:1 führten die Sowjets im ersten Spiel in Montreal. Drei Minuten vor Schluß und Treffern von Doug Gilmour, John Anderson, Ray Bourque und schließlich Gretzky lagen die Kanadier ihrerseits 5:4 vorn. Dann nützte Andrej Chomutow einen Fehler Fuhrs zum Ausgleich. Nach 5:33 Minuten der Verlängerung drückte Alexander Semak, der junge Center der vierten Reihe, unverhofft ab – erstmals hatten die Sowjets ein Spiel in der Nachspielzeit gewonnen. Apropos: Es war Semaks einziger Schuß aufs Tor im ganzen Spiel.

Eishockey als Mitternachts-Show, das folgte zwei Tage später in Hamilton, diesmal mit vertauschten Rollen. Erst dominierten die Kanadier, deren Coach Mike Keenan erstmals das Duo Gretzky/Lemieux auch in den regulären Formationen nebeneinander einsetzte. Das unheimliche Duo war kaum zu bremsen, aber diesmal holten die Russen Rückstände auf, zuletzt durch Waleri Kamensky 64 Sekunden vor Schluß, als er im Sturzflug in die hohe entfernte Ecke traf und damit den Gleichstand zum 5:5 herstellte.

Alle Tore, die russischen wie kanadischen, waren Meisterstücke in Ausführung und Vollendung, mit inbegriffen der Siegtreffer nach anderthalb Stunden effektiver Spielzeit: An seinem Ursprung stand Verteidiger Larry Murphy, der freie Schußbahn vor sich hatte, die Scheibe aber zum am Torraum lauernden Gretzky spedierte, der sie wiederum zu Lemieux hinüberschob. »Wer wagt, gewinnt«, kommentierte Dimitriew und meinte damit: die Kanadier riskierten mehr, sie foreckeckten selbst in der Verlängerung mit zwei oder drei Mann, sie bezogen Verteidiger in die Offensive ein.

Einer schließlich hat sie gezählt: 29 verschiedene Sturmformationen schickte Keenan allein in diesem Spiel aufs Eis. Gretzky hatte im Verlaufe des Turniers jeden Stürmer zum Nebenmann, fast alle spielten auf zwei Positionen. Am allererstaunlichsten: Mit ihren verbliebenen zehn Stürmern hielten die Kanadier den sowjetischen Konditionsriesen 90 Minuten lang stand. »Das sind eben lauter Spieler, die auch im Klub längere Einsatzzeiten haben. Folglich müssen sie fit sein«, erläuterte Assistenzcoach Jean Perron. Übermenschliches wurde von den Kanadiern auch im entscheidenden dritten Endspiel verlangt. Denn nach acht Minuten und Toren Makarows, Gusarows und Fetisows führten die Sowjets komfortabel 3:0.

Was folgte, waren nicht Einfallsreichtum und hohe Kunst wie im Spiel zuvor, sondern harte Knochenarbeit. Nicht vor, sondern hinter ihrem Kasten verloren die Sowjets letztlich. Brent Sutter, Rick Rocchet, Brian Propp und Dale Hawerchuk rammten Verteidiger in die Banden und eisten die Pucks los. Nach solchen Rückpässen trafen Tocchet, Propp, Murphy, Sutter und Hawerchuk zur 5:4-Führung. Zum zweitenmal in dieser Serie hatten die Sowjets einen Drei-Tore-Vorsprung verspielt. Doch da gab es noch den Alexander Semak mit seinen überraschenden Handgelenkschüssen, und schon war der Ausgleich da. Unerklärlicherweise ließen sich die Russen danach in der kanadischen Zone bei einem Anspiel überrumpeln. Drei Kanadier stürmten auf einen Verteidiger zu, Gretzky lockte ihn seitwärts, benützte Murphy als Attrappe und lenkte den Puck zentimetergenau auf den Stock von Lemieux. Zentimetergenau saß auch sein Schuß. »Auf einen solchen Gegner wie uns«, faßte die Nummer 99 zusammen, »treffen die Russen lange nicht mehr. Das waren die zwei weltbesten Mannschaften, und wir waren einander ebenbürtig.« Und: »Ich glaube nicht, daß es in nächster Zeit irgendwo drei solch hochklassige Spiele hintereinander geben wird.«

Hermann Pedergnana

I. Bundesliga 1987/88

> **Notenskala:** 1 = sehr gut, 2 = gut, 3 = Durchschnitt, 4 = unter dem Durchschnitt, 5 = schwach, 0 = nicht bewertet, nur kurz im Einsatz

1. Spieltag

Düsseldorfer EG – EV Landshut 6:6

Düsseldorfer EG: Heiß (3) – Niederberger (3), Amann (2), Hiemer (3), Topolnisky (3) – Roedger (3), Wolf (2), Brenner (3), Lee (2), Valentine (3), Nentvich (4), Krueger (4), Kasper (3), Maj (3). *EV Landshut:* Englbrecht (3), ab 34. Kontny (3) – Wagner (3), Auhuber (3), Seyller (3), Naud (2), Murray (3), Gandorfer (3) – Poner (2), Kühnhackl (3), Brittig (3), Brunner (3), O'Regan (3), Truntschka (2), Eder (4), Kopta (3), Hirtreiter (3), Abstreiter (0). *Zuschauer:* 10100. *Schiedsrichter:* Kompalla (Krefeld). *Strafminuten:* Düsseldorf 12 + 10 Disziplinarstrafe für Roedger, EV Landshut 14 + 10 Disziplinarstrafe für O'Regan. *Tore:* 0:1 (4.) O'Regan (Truntschka/Brunner), 0:2 (11.) O'Regan (Truntschka/Brunner), 0:3 (14.) Poner, 1:3 (21.) Wolf (Brenner/Niederberger), 2:3 (28.) Valentine (Nentvich/Lee), 3:3 (31.) Lee (Topolnisky), 4:3 (33.) Wolf (Brenner/Roedger), 5:3 (38.) Lee (4:4), 6:3 (39.) Maj (Amann), 6:4 (45.) Poner (Naud), 6:5 (51.) Hirtreiter, 6:6 (55.) Naud (Kühnhackl – 5:4).

Eintracht Frankfurt – Kölner EC 4:6

Eintracht Frankfurt: Zankl (2), ab 41. Schulz – Mokros (3), Forster (2), Potz (3), Sinner (3), Denisiuk (4) – K. Birk (4), Egen (3), Hiemer (3), H. Birk (3), Erhardt (3), Pöpel (3), Baier (3), Werner (4), Adams (3). *Kölner EC:* Beeck (3) – Kießling (2), Pokorny (3), Thornbury (3), Sterflinger (2), Kühn (3), Ledock (3) – Steiger (3), Truntschka (2), Köpf (3), Sikora (3), Berry (3), Hegen (2), Schmid (3), Gröger (3), Meitinger (3). *Zuschauer:* 6200 (ausverkauft). *Schiedsrichter:* Schnieder (Iserlohn). *Strafminuten:* Frankfurt 20, Köln 20. *Tore:* 1:0 (7.) Forster (Hiemer/Egen – 5:3), 1:1 (13.) Steiger, 2:1 (18.) Adams, 3:1 (31.) Pöpel (H. Birk/Erhardt), 3:2 (34.) Gröger (Kühn), 3:3 (36.) Hegen (Kießling – 5:4), 3:4 (39.) Truntschka (Hegen/Sikora), 3:5 (42.) Sikora (Hegen/Berry), 4:5 (55.) K. Birk (Hiemer/Egen), 4:6 (56.) Truntschka (Meitinger/Kießling).

ESV Kaufbeuren – Mannheimer ERC 2:9

ESV Kaufbeuren: Hegen (4), ab 37. Hölzel (3) – Schuster (4), Steinecker (4), Medicus (3), Micheller (3), Dropmann (4), Reuter (4) – Vanik (4), Mörz (3), Kauer (4), Adam (3), Holy (3), Richter (3), Schneider (3), Römer (3), Heckelsmüller (4). *Mannheimer ERC:* Schlickenrieder (3) – Kreis (3), Raubal (3), Klaus (3), Eggerbauer (2), Hanft (3), Oswald (3) – Messier (2), Silk (1), Kuhl (2), Obresa (1), Holzmann (3), Flemming (2), Jonkhans (3), Draisaitl (3), Volland (2). *Zuschauer:* 4500. *Schiedsrichter:* Barnet (Rosenheim). *Strafminuten:* Kaufbeuren 16 + 5 für Adam, Mannheim 28 + je 5 für Schlickenrieder und Hanft. *Tore:* 1:0 (2.) Holy (Richter/Micheller – 5:4), 2:0 (4.) Steinecker (Vanik), 2:1 (5.) Jonkhans (Draisaitl/Volland), 2:2 (8.) Silk (Kreis – 4:5), 2:3 (12.) Messier (Kuhl/Kreis), 2:4 (16.) Flemming (Obresa/Holzmann), 2:5 (30.) Silk (Eggerbauer – 4:5), 2:6 (36.) Kreis (Flemming – 4:4), 2:7 (43.) Holzmann (4:5), 2:8 (48.) Draisaitl (Jonkhans/Oswald – 5:4), 2:9 (51.) Jonkhans (Klaus/Obresa – 5:4).

Berliner SC Preussen – SB Rosenheim 1:4

Berliner SC Preussen: Enge (3) – Grzesiczek (3), Müller (4), Panek (3), Fliegauf (3), Steer (3), Schirmer (3) – Gotsch (3), Wasserek (3), Zabawa (4), Attwell (3), Sochatzky (3), Kammerer (3), Tabor (3), Brockmann (2), Jaworowski (3), Reiß (3), Vogel (3), Rentzsch (3). *SB Rosenheim:* Friesen (2) – Lutz (3), Kretschmer (3), Fischer (2), Blum (3), Reil (4), Maidl (3) – Reindl (3), Höfner (2), Hilger (2), Franz (3), Merkosky (3), Roulston (3), Ahne (3), Pohl (4), Trattner (4), Sterflinger (4), Berwanger (3), Schädler (3). *Zuschauer:* 6063 (ausverkauft). *Schiedsrichter:* Radosai (Landshut). *Strafminuten:* Berlin 6, Rosenheim 14. *Tore:* 0:1 (17.) Hilger (Kretschmer – 5:4), 1:1 (27.) Attwell (Sochatzky), 1:2 (36.) Höfner (Reindl), 1:3 (48.) Höfner (4:5), 1:4 (49.) Roulston (Franz).

ERC Schwenningen – ECD Iserlohn 6:2

ERC Schwenningen: Hoppe (1) – Schubert (3), Königer (2), Altmann (2), Maly (3), Bürk (3) – Willmann (2), Currie (1), Fritz (2), Kirchmaier (2), Brousek (2), Deiter (3), Stejskal (3), Sternkopf (3), Ott (3). *ECD Iserlohn:* Fous (3) – Olson (4), Spry (3), Duris (4), Hospodar (3) – Held (2), Bruce (3), Pouzar (2), Schnöll (4), McNeil (3), Schwindt (4), Simon (4), Lechl (4), Pesut (4). *Zuschauer:* 4200. *Schiedsrichter:* Ondertoller (Geretsried). *Strafminuten:* Schwenningen 12, Iserlohn 18. *Tore:* 1:0 (5.) Fritz (Kirchmaier – 6:4), 2:0 (18.) Willmann (Kirchmaier/Currie – 5:4), 3:0 (28.) Brousek (Kirchmaier – 4:5), 4:0 (33.) Stejskal (Sternkopf), 5:0 (41.) Bürk (Willmann/Fritz), 6:0 (42.) Deiter (Kirchmaier), 6:1 (53.) Held (Spry/Pouzar), 6:2 (59.) Pouzar (Bruce/Held).

2. Spieltag

SB Rosenheim – Eintracht Frankfurt 4:3

SB Rosenheim: Friesen (2) – Lutz (3), Kretschmer (3), Fischer (3), Blum (3), Reil (3), Maidl (4) – Reindl (3), Höfner (3), Hilger (3), Franz (3), Merkosky (3), Roulston (2), Ahne (2), Pohl (3), Trattner (3), Schädler (3), Berwanger (3), Sterflinger (3). *Eintracht Frankfurt:* Zankl (2) – Potz (3), Sinner (3), Mokros (3), Forster (3), Denisiuk (3), Göbel (3) – K. Birk (3), Erhardt (3), Pöpel (3), Adams (3), Egen (3), H. Birk (3), Baier (3), Werner (3). *Zuschauer:* 3000. *Schiedsrichter:* Penz (Kaufbeuren). *Strafminuten:* Rosenheim 16 + 5 für Kretschmer, Frankfurt 16. *Tore:* 0:1 (31.) Pöpel (Erhardt/Birk – 5:4), 1:1 (32.) Ahne (Pohl/Blum – 4:4), 2:1 (33.) Berwanger (Hilger), 2:2 (51.) Forster (Potz/Egen – 4:3), 2:3 (51.) Egen (Erhardt/Mokros – 4:3), 3:3 (58.) Roulston (Höfner/Reindl), 4:3 (60.) Höfner (Roulston/Fischer – 4:4).

Kölner EC – ERC Schwenningen 2:0

Kölner EC: Beeck (3) – Kießling (3), Pokorny (4), Thornbury (3), Sterflinger (3), Kühn (3) – Schmid (4), Truntschka (3), Meitinger (3), Sikora (3), Berry (3), Köpf (3), Steiger (3), Brandl (0), Hegen (4), Nicholas (4), Gröger (3). *ERC Schwenningen:* Hoppe (1) – Altmann (4), Maly (3), Bürk (3) – Willmann (3), Currie (4), Fritz (3), Deiter (3), Brousek (3), Kirchmaier (4), Stejskal (4), Sternkopf (4), Ott (3). *Zuschauer:* 4500. *Schiedsrichter:* Kompalla (Krefeld). *Strafminuten:* Köln 2, Schwenningen 10 + je 10 Disziplinarstrafe für Currie und Altmann. *Tore:* 1:0 (5.) Meitinger (Kießling/Schmid), 2:0 (58.) Nicholas (Berry).

Mannheimer ERC – Düsseldorfer EG 3:5

Mannheimer ERC: Schlickenrieder (2) – Kreis (2), Raubal (3), Eggerbauer (3), Klaus (3), Hanft (2) – Kuhl (2), Silk (2), Messier (2), Obresa (2), Holzmann (3), Flemming (3), Volland (3), Draisaitl (3), Jonkhans (3). *Düsseldorfer EG:* Heiß (2) – Niederberger (2), Amann (2), Hiemer (2), Topolnisky (1). – Krueger (2), Kasper (2), Maj (2), Roedger (3), Wolf (2), Lee (1), Valentine (1), Nentvich (3). *Zuschauer:* 8000. *Schiedsrichter:* Schimki (Berlin). *Strafminuten:* Mannheim 12, Düsseldorf 6. *Tore:* 0:1 (6.) Kasper (Hiemer), 1:1 (7.) Messier (Kuhl), 2:1 (8.) Obresa (2:2 (9.) Valentine (Lee), 2:3 (17.) Valentine (Hiemer – 4:5), 3:3 (42.) Silk (4:52.) Lee (Valentine), 3:5 (57.) Lee (Krueger/Roedger).

EV Landshut – ESV Kaufbeuren 7:1

EV Landshut: Englbrecht (1) – Wagner (2), Auhuber (2), Murray (3), Gandorfer (3), Naud (3), Seyller (2) – Poner (2), Kühnhackl (2), Brittig (2), Eder (3), Kopta (3), Hirtreiter (3), Brunner (2), O'Regan (2), Truntschka (2). *ESV Kaufbeuren:* Hegen (4), ab 32. Hölzel (2) – Schuster (4), Medicus (3), Micheller (4), Dropmann (4), Reuter (4) – Kauer (4), Mörz (4), Römer (4), Richter (3), Holy (3), Adam (3), Svedja (4), Vanik (4), Schneider (4). *Zuschauer:* 3500. *Schiedsrichter:* Würth (Peiting), ab 5. Erhard (Hohenfurch). *Strafminuten:* Landshut 14, Kaufbeuren 16. *Tore:* 1:0 (6.) Kühnhackl (Gandorfer), 2:0 (9.) Poner (Kühnhackl/Auhuber), 3:0 (16.) O'Regan (Truntschka), 4:0 (27.) Seyller (Poner), 5:0 (30.) Truntschka (4:5), 5:1 (32.) Adam (Holy/Richter), 6:1 (47.) O'Regan (Truntschka), 7:1 (53.) Brittig (Poner – 5:4).

ECD Iserlohn – Berliner SC Preussen 7:4

ECD Iserlohn: Fous (2) – Olson (3), Spry (3), Duris (2), Hospodar (3), Pesut (3), Gailer (3) – Held (3), Bruce (3), Pouzar (3), Simon (3), Prokes (1), Lechl (1), Schwindt (3), McNeil (3), Schnöll (3). *Berliner SC Preussen:* Habnitt (3) ab 21. Enge (3) – Panek (3), Fliegauf (3), Grzesiczek (3), Müller (3), Schirmer (3), Steer (3) – Kammerer (3), Sochatzky (3), Attwell (3), Gotsch (3), Wasserek (3), Zabawa (2), Tabor (3), Brockmann (4), Jaworowski (3), Rentzsch (3), Vogel (3), Reiß (3). *Zuschauer:* 3135. *Schiedsrichter:* Vogt (Moers). *Strafminuten:* Iserlohn 10, Berlin 14. *Tore:* 0:1 (4.) Zabawa (Grzesiczek/Gotsch), 1:1 (11.) Lechl (Simon), 1:2 (17.) Grzesiczek, 2:2 (17.) Lechl (Prokes/Duris), 3:2 (21.) Pesut (Schwindt/Gailer), 4:2 (32.) Lechl (Duris/McNeil), 4:3 (38.) Schirmer (Vogel), 5:3 (38.) Prokes (Lechl), 6:3 (42.) McNeil (Duris/Schnöll), 7:3 (42.) Lechl (Simon/Prokes), 7:4 (59.) Attwell (Schirmer – 5:4).

3. Spieltag

Kölner EC – Berliner SC Preussen 7:2

Kölner EC: Beeck (3) – Kießling (2), Pokorny (3), Thornbury (3), Sterflinger (3), Romberg (3), Kühn (4), Ledock (3) – Steiger (3), Truntschka (3), Meitinger (3), Sikora (2), Berry (3), Nicholas (3), Schmid (2), Hegen (2), Gröger (3), Brandl (3), Köpf (3). *Berliner SC Preussen:* Habnitt (3) – Grzesiczek (3), Müller (3), Panek (3), Fliegauf (3), Schirmer (3), Steer (3) – Gotsch (3), Wasserek (3), Zabawa (3), Reiß (3), Sochatzky (3), Attwell (3), Tabor (3), Brockmann (3), Jaworowski (3), Rentzsch (4), Vogel (4). *Zuschauer:* 3500. *Schiedsrichter:* Schlimme (Krefeld). *Strafminuten:* Köln 4, Berlin 2. *Tore:* 0:1 (14.) Reiß (Steer/Sochatzky), 1:1 (18.) Romberg (Hegen/Schmid – 4:5), 2:1 (29.) Pokorny (Steiger/Thornbury), 3:1 (31.) Kießling (Truntschka), 4:1 (35.) Sikora (Schmid/Hegen), 5:1 (41.) Brandl (Sikora/Berry), 6:1 (42.) Schmid (Hegen/Ledock), 7:1 (46.) Berry (Sterflinger/Sikora), 7:2 (48.) Jaworowski (Steer/Tabor).

ECD Iserlohn – ESV Kaufbeuren 5:4

ECD Iserlohn: Fous (3) – Olson (3), Spry (3), Gailer (3), Duris (3), Hospodar (3) – Held (3), Bruce (2), Pouzar (3), Schwindt (4), McNeil (2), Hardy (3), Simon (4), Prokes (1), Lechl (2). *ESV Kaufbeuren:* Hegen (3) – Steinecker (3), Schuster (3), Medicus (4), Micheller (3), Reuter (4), Dropmann (3) – Römer (3), Mörz (3), Kauer (3), Adam (3), Holy (3), Richter (3), Schneider (3), Vanik (3), Heckelsmüller (4). *Zuschauer:* 2602. *Schiedsrichter:* Kompalla (Krefeld). *Strafminuten:* Iserlohn 10, Kaufbeuren 8. *Tore:* 1:0 (6.) Pouzar (Spry – 5:4), 2:0 (13.) Held (Pouzar/Hospodar), 2:1 (15.) Schneider (Vanik/Heckelsmüller), 3:1 (16.) Pouzar (Held), 3:2 (23.) Holy (Steinecker – 5:4), 4:2 (42.) Prokes (Lechl), 4:3 (45.) Schneider (Vanik), 5:3 (57.) Hardy (Duris), 5:4 (60.) Steinecker (Adam/Holy – 5:4).

SB Rosenheim – EV Landshut 3:5

SB Rosenheim: Friesen (2) – Kretschmer (2), Lutz (4), Fischer (3), Blum (3), Reil (3), Maidl (4) – Reindl (3), Höfner (3), Merkosky (3), Franz (3), Hilger (3), Roulston (3), Sterflinger (3), Berwanger (3), Schädler (5), Ahne (3), Pohl (3). *EV Landshut:* Englbrecht (2) – Wagner (3), Auhuber (3), Seyller (4), Naud (2), Murray (4), Gandorfer (3) – Poner (2), Kühnhackl

(1), Brittig (2), Brunner (3), O'Regan (3), Truntschka (2), Eder (3), Kopta (3), Hirtreiter (3), Schinko (0). *Zuschauer:* 4300. *Schiedsrichter:* Ondertoller (Geretsried). *Strafminuten:* Rosenheim 12 + 5 für Fischer, Landshut 14 + 5 für Hirtreiter. *Tore:* 1:0 (5.) Reindl (Höfner), 1:1 (9.) Brunner (Truntschka/Auhuber) – 4:4), 1:2 (15.) Naud (Kühnhackl/Wagner) – 3:3, 1:3 (20.) Poner (Kühnhackl/Brittig), 1:4 (30.) Auhuber (Kühnhackl/Brittig), 2:4 (33.) Reil (Roulston), 3:4 (40.) Roulston (Ahne/Pohl), 3:5 (51.) Kühnhackl (O'Regan/Brittig).

Eintracht Frankfurt – Düsseldorfer EG 3:5

Eintracht Frankfurt: Zankl (2) – Forster (2), Potz (2), Mucha (3), Mokros (3), Sinner (4), Denisiuk (5) – Pöpel (2), Erhardt (3), H. Birk (3), J. Hiemer (3), Egen (3), Adams (4), Baier (3), Werner (0). *Düsseldorfer EG:* Heiß (3) – Amann (1), U. Hiemer (3), Topolnisky (3), Grefges (3) – Roedger (3), Wolf (2), Brenner (3), Krueger (3), Valentine (3), Maj (2), Lee (1), Kasper (3), Nentvich (3), Smicek (4), Schwaiger (0). *Zuschauer:* 6000 (ausverkauft). *Schiedsrichter:* Penz (Kaufbeuren). *Strafminuten:* Frankfurt 10 + 5 für Forster, Düsseldorf 8 + 2×5 für Valentine. *Tore:* 0:1 (2.) Amann (Kasper/Topolnisky), 0:2 (3.) Maj (Krueger/Amann), 0:3 (11.) Lee (Nentvich/Valentine), 0:4 (22.) Lee (Nentvich/Amann), 1:4 (36.) J. Hiemer (Egen/Moros – 4:3), 2:4 (43.) Erhardt (Pöpel – 4:4), 3:4 (46.) Pöpel (Baier/H. Birk), 3:5 (51.) Krueger (Kasper/Maj).

ERC Schwenningen – Mannheimer ERC 3:6

ERC Schwenningen: Hoppe (2) – Altmann (3), Maly (3), Bürk (3), Königer (3), – Willmann (3), Currie (2), Fritz (3), Kirchmaier (3), Brousek (3), Deiter (3), Stejskal (3), Sternkopf (3), Ott (3). *Mannheimer ERC:* Schlickenrieder (2) – Kreis (2), Raubal (3), Klaus (2), Eggerbauer (3), Hanft (2), Oswald (3) – Kuhl (2), Silk (2), Messier (1), Obresa (3), Schiller (3), Volland (3), Holzmann (2), Kasper (3), Nentvich (2), Draisaitl (3), Jonkhans (3). *Zuschauer:* 4900. *Schiedsrichter:* Tafertshofer (Peißenberg). *Strafminuten:* Schwenningen 6, Mannheim 14 + 5 für Silk. *Tore:* 0:1 (7.) Jonkhans (Obresa/Messier), 0:2 (8.) Messier (Kuhl/Kreis), 0:3 (23.) Obresa (Holzmann/Hanft), 0:4 (29.) Volland (Draisaitl/Eggerbauer), 1:4 (30.) Currie (Brousek/Willmann – 5:4), 2:4 (41.) Currie (Fritz/Willmann), 3:4 (44.) Currie (Brousek/Kirchmaier – 5:4), 3:5 (45.) Messier (Klaus/Kuhl – 4:5); 3:6 (52.) Messier (Silk/Kuhl).

4. Spieltag

Mannheimer ERC – SB Rosenheim 3:2

Mannheimer ERC: Schlickenrieder (1) – Kreis (2), Raubal (3), Eggerbauer (3), Klaus (4), Hanft (3), Oswald (3) – Kuhl (2), Silk (2), Messier (1), Obresa (3), Holzmann (3), Schiller (2), Jonkhans (3), Draisaitl (3), Volland (3). *SB Rosenheim:* Friesen (2) – Reil (2), Lutz (2), Fischer (2), Schiffl (2), Kretschmer (3), Maidl (3), Reindl (2), Höfner (2), Roulston (1), Ahne (3), Berwanger (3), Franz (3), Hilger (3), Pohl (3), Sterflinger (4). *Zuschauer:* 6500. *Schiedsrichter:* Böhm (Landshut). *Strafminuten:* Mannheim 8, Rosenheim 4 + 5 für Reindl. *Tore:* 1:0 (8.) Raubal (Kuhl/Silk), 1:1 (25.) Hilger (Kretschmer/Sterflinger), 2:1 (26.) Obresa (Holzmann/Messier), 2:2 (27.) Franz (Fischer/Berwanger), 3:2 (54.) Messier (Kuhl/Holzmann).

Düsseldorfer EG – Kölner EC 2:6

Düsseldorfer EG: Heiß (3) – Hiemer (4), Topolnisky (3), Niederberger (4), Amann (3) – Roedger (3), Wolf (3), Brenner (3), Lee (3), Smicek (3), Nentvich (3), Krueger (3), Kasper (3), Maj (3). *Kölner EC:* Beeck (3) – Kießling (3), Pokorny (3), Thornbury (3), Sterflinger (3), Romberg (3), Kühn (3) – Steiger (3), Truntschka (1), Meitinger (3), Sikora (1), Berry (3), Nicholas (3), Hegen (2), Köpf (3). *Zuschauer:* 10500 (ausverkauft). *Schiedsrichter:* Kompalla (Krefeld). *Strafminuten:* Düsseldorf 8 + 10 Disziplinarstrafe für Amann, Köln 6. *Tore:* 1:0 (6.) Hiemer, 1:1 (7.) Hegen (Berry – 5:4), 1:2 (9.) Sikora (Sterflinger), 1:3 (18.) Sikora (3:4), 2:3 (32.) Roedger

(Wolf), 2:4 (43.) Schmid (Truntschka/Hegen), 2:5 (51.) Nicholas (Truntschka/Sikora), 2:6 (59.) Sikora (Truntschka/Sterflinger).

BSC Preussen – ERC Schwenningen 3:5

Berliner SC Preussen: Enge (3) – Fliegauf (4), Panek (3), Grzesiczek (3), Müller (3), Schirmer (4), Steer (4) – Reiß (3), Sochatzky (4), Attwell (3), Gotsch (4), Wasserek (4), Zabawa (2), Kammerer (4), Brockmann (3), Tabor (4), Rentzsch (4), Vogel (4), Jaworowski (4). *ERC Schwenningen:* Hoppe (3) – Altmann (3), Maly (3), Königer (3), Bürk (3), Maier (3) – Willmann (3), Currie (3), Fritz (2), Deiter (3), Brousek (3), Kirchmaier (2), Stejskal (3), Sternkopf (3). *Zuschauer:* 4763. *Schiedsrichter:* Schnieder (Iserlohn). *Strafminuten:* Berlin 8, Schwenningen 10. *Tore:* 1:0 (4.) Reiß, 1:1 (7.) Willmann (Fritz/Currie), 1:2 (28.) Altmann (Deister), 2:2 (29.) Gotsch (Zabawa/Grzesiczek), 2:3 (32.) Kirchmaier (Brousek), 3:3 (36.) Jaworowski (Brockmann/Schirmer), 3:4 (43.) Fritz (Stejskal/Sternkopf), 3:5 (45.) Willmann.

ESV Kaufbeuren – Eintracht Frankfurt 4:1

ESV Kaufbeuren: Hegen (1) – Schuster (2), Steinekker (2), Medicus (2), Micheller (3), Dropmann (3), Reuter (3) – Kauer (3), Mörz (3), Römer (3), Richter (4), Holy (3), Adam (3), Heckelsmüller (3), Vanik (3), Schneider (2). *Eintracht Frankfurt:* Zankl (2) – Potz (3), Forster (2), Mokros (3), Mucha (3), Sinner (4) – H. Birk (3), Pöpel (3), Adam (3), Hiemer (3), Egen (3), Baier (4), Werner (0). *Zuschauer:* 3200. *Schiedsrichter:* Erhard (Hohenfurch). *Strafminuten:* Kaufbeuren 10 + 5 für Mörz, Frankfurt 20 + 5 für Zankl + 10 Disziplinarstrafe für H. Birk. *Tore:* 1:0 (24.) Steinekker (Holy), 2:0 (29.) Richter (Steinekker/Holy – 5:4), 2:1 (50.) Egen (Mokros/Hiemer), 3:1 (52.) Schuster (Richter/Holy), 4:1 (59.) Richter (Holy).

EV Landshut – ECD Iserlohn 9:2

EV Landshut: Englbrecht (1) – Murray (3), Gandorfer (2), Wagner (3), Auhuber (0), Naud (3), Seyller (2) – Eder (2), Kopta (3), Hirtreiter (3), Poner (2), Kühnhackl (3), Brittig (3), Schinko (3), O'Regan (1), Truntschka (2). *ECD Iserlohn:* Fous (3) ab 41. Meister (2) – Duris (3), Gailer (4), Olson (3), Spry (3), Hospodar (3), Held (3), Bruce (3), Pouzar (2), Schnöll (0), McNeil (3), Schwindt (3), Lechl (3), Prokes (3), Simon (3), Hardy (3). *Zuschauer:* 4500. *Schiedsrichter:* Barnet (Rosenheim). *Strafminuten:* Landshut 2, Iserlohn 10. *Tore:* 1:0 (8.) Brittig (Poner/Wagner), 2:0 (13.) Brittig (Kühnhackl/Poner), 3:0 (17.) O'Regan (Truntschka/Naud – 5:4), 4:0 (23.) Truntschka (Naud/Gandorfer), 5:0 (26.) Poner (Naud), 5:1 (33.) Pouzar (Bruce – 4:5), 6:1 (34.) O'Regan (Truntschka/Schinko), 7:1 (39.) O'Regan (Truntschka/Naud), 7:2 (41.) Held (Bruce/Pouzar), 8:2 (48.) O'Regan (Poner/Wagner – 5:4), 9:2 (59.) Truntschka (Seyller/O'Regan).

5. Spieltag

Düsseldorfer EG – SB Rosenheim 2:3

Düsseldorfer EG: Heiß (2) – Niederberger (3), Hiemer (3), Topolnisky (3), Amann (3) – Lee (2), Valentine (3), Nentvich (3), Roedger (3), Wolf (3), Brenner (3), Krueger (3), Kasper (4), Maj (3). *SB Rosenheim:* Friesen (2) – Reil (2), Lutz (2), Fischer (2), Schiffl (2), Kretschmer (3), Maidl (3) – Reindl (2), Höfner (2), Roulston (1), Ahne (3), Berwanger (3), Franz (3), Sterflinger (3), Pohl (3), Hilger (3). *Zuschauer:* 10200. *Schiedsrichter:* Schnieder (Iserlohn). *Strafminuten:* Düsseldorf 8, Rosenheim 6. *Tore:* 1:0 (15.) Lee (Valentine/Hiemer – 4:4), 1:1 (29.) Reindl (Höfner/Roulston), 2:1 (33.) Lee (Valentine), 2:2 (41.) Roulston (Höfner).

Mannheimer ERC – EV Landshut 3:2

Mannheimer ERC: Schlickenrieder (1) – Kreis (2), Raubal (3), Eggerbauer (3), Klaus (2), Hanft (3), Oswald (3) – Kuhl (2), Silk (1), Messier (2), Obresa (3), Holzmann (3), Schiller (3), Jonkhans (2), Drai-

saitl (2), Volland (3), Flemming (3). *EV Landshut:* Englbrecht (1) – Feistl (3), Wagner (3), Gandorfer (2), Murray (3), Naud (2), Seyller (3) – Poner (3), Kühnhackl (2), Brittig (1), Eder (3), Kopta (2), Hirtreiter (3). *Zuschauer:* 7000. *Schiedsrichter:* Welles (Miesbach). *Strafminuten:* Mannheim 8 + 10 Disziplinarstrafe für Messier, Landshut 8. *Tore:* 1:0 (17.) Messier (Silk – 5:4), 2:0 (28.) Silk (Messier/Hanft), 2:1 (34.) Brittig (O'Regan), 2:2 (38.) Brittig (Poner – 4:5), 3:2 (51.) Silk (Klaus – 5:4).

Kölner EC – ECD Iserlohn 8:4

Kölner EC: de Raaf (3) – Kießling, Pokorny (3), Thornbury (2), Sterflinger (1), Romberg (3), Kühn (3) – Steiger (3), Truntschka (3), Meitinger (2), Sikora (3), Berry (3), Nicholas (2), Schmidt (3), Brandl (4), Hegen (2). *ECD Iserlohn:* Fous (1) – Olson (3), Spry (3), Duris (3), Gailer (3), Hospodar (4) – McNeil (3), Bruce (3), Hardy (3), Held (3), Prokes (3), Pouzar (3), Simon (4), Lechl (4), Schnöll (4), Schwindt (3). *Zuschauer:* 5000. *Schiedsrichter:* Schimki (Berlin). *Strafminuten:* Köln 2, Iserlohn 6. *Tore:* 0:1 (6.) Simon (Lechl/Schnöll), 1:1 (6.) Hegen (Schmidt), 2:1 (12.) Berry (Hegen/Sikora), 3:1 (18.) Nicholas (Berry), 3:2 (26.) McNeil, 4:2 (27.) Nicholas (Sikora), 5:2 (33.) Truntschka (Meitinger), 6:2 (33.) Steiger (Meitinger), 7:2 (34.) Sterflinger (Sikora), 8:2 (37.) Sterflinger (Steiger/Truntschka), 8:3 (41.) Hardy (Schwindt), 8:4 (42.) Bruce (Duris/Pouzar).

ERC Schwenningen – ESV Kaufbeuren 6:5

ERC Schwenningen: Hoppe (3) – Bürk (3), Maly (3), Altmann (2), Königer (3) – Willmann (3), Currie (3), Fritz (3), Kirchmaier (3), Brousek (2), Lay (3), Stejskal (3), Sternkopf (3), Deiter (3). *ESV Kaufbeuren:* Hegen (3) – Steinecker (3), Schuster (3), Medicus (3), Micheller (2), Reuter (3), Dropmann (3) – Schneider (3), Vanik (3), Heckelsmüller (3), Richter (3), Holy (3), Adam (3), Römer (3), Mörz (3), Kauer (3). *Zuschauer:* 3600. *Schiedsrichter:* Barnet (Rosenheim). *Strafminuten:* Schwenningen 8 + 10 Disziplinarstrafe für Currie, Kaufbeuren 12. *Tore:* 1:0 (1.) Brousek (Lay/Kirchmaier), 1:1 (18.) Richter (Holy/Adam), 1:2 (23.) Römer (Mörz/Micheller – 3:4), 1:3 (23.) Vanik (Dropmann), 2:3 (34.) Currie (Willmann/Bürk), 2:4 (38.) Richter (Medicus/Holy – 4:4), 3:4 (41.) Fritz (Lay/Brousek – 5:4), 4:4 (42.) Stejskal (Sternkopf), 5:4 (45.) Lay (Altmann/Hoppe), 5:5 (55.) Steinecker (Vanik/Holy), 6:5 (59.) Kirchmaier (Lay).

BSC Preussen – Eintracht Frankfurt 5:7

Berliner SC Preussen: Habnitt (4) – Rentzsch (4), Fliegauf (3), Schirmer (4), Steer (4), Grzesiczek (3), Müller (4), Vogel (4), Sochatzky (4), Reiß (3), Attwell (4), Brockmann (4), Kammerer (4), Gotsch (4), Wasserek (4), Zabawa (4), Tabor (4), Jaworowski (4). *Eintracht Frankfurt:* Zankl (2) – Forster (4), Potz (4), Mucha (2), Mokros (4), Denisiuk (3), Sinner (3) – H. Birk (3), Adams (3), Hiemer (3), Egen (1), K. Birk (3), Werner (4), Baier (3), Erhardt (0). *Zuschauer:* 5400. *Schiedsrichter:* Ondertoller (Geretsried). *Strafminuten:* Berlin 14, Frankfurt 12 + 5 für H. Birk. *Tore:* 0:1 (13.) Hiemer (Egen/Mucha – 4:5), 1:1 (21.) Zabawa (Gotsch – 5:4), 1:2 (27.) Egen (Hiemer/Mucha), 1:3 (29.) K. Birk (Forster), 1:4 (31.) H. Birk (Forster – 4:5), 2:4 (41.) Sochatzky (Fliegauf), 3:4 (45.) Wasserek (Penalty – 4:5), 3:5 (48.) Mucha (Hiemer/Egen – 5:4), 4:5 (51.) Gotsch (Zabawa/Grzesiczek), 4:6 (58.) Pöpel (K. Birk), 5:6 (58.) Gotsch (Zabawa/Wasserek), 5:7 (60.) Egen.

6. Spieltag

ECD Iserlohn – Mannheimer ERC 2:6

ECD Iserlohn: Fous (2) – Olson (3), Spry (3), Duris (3), Gailer (3), Hospodar (3) – Held (3), Bruce (3), Pouzar (3), Schnöll (4), Prokes (3), Lechl (3), Schwindt (4), McNeil (3), Hardy (4), Simon (3). *Mannheimer ERC:* Schlickenrieder (2) – Kreis (2), Raubal (3), Oswald (3), Hanft (2), Klaus (3), Eggerbauer (2) – Obresa, Holzmann (2), Schiller (2), Kuhl (1), Silk (2), Messier (2), Volland (3), Draisaitl

139

(2), Jonkhans (3). *Zuschauer:* 2520. *Schiedsrichter:* Schlimme (Krefeld). *Strafminuten:* Iserlohn 4, Mannheim 2. *Tore:* 1:0 (7.) Olson (Lechl/Spry), 1:1 (11.) Messier (Kuhl/Kreis), 2:1 (17.) Held (Pouzar/Bruce), 2:2 (30.) Kuhl (Obresa/Kreis – 5:4), 2:3 (30.) Schiller (Kuhl/Holzmann), 2:4 (40.) Silk (Kuhl/Messier), 2:5 (46.) Holzmann (Schiller), 2:6 (49.) Kuhl (Messier/Raubal).

Eintracht Frankfurt – ERC Schwenningen 4:4

Eintracht Frankfurt: Zankl (2) – Forster (3), Potz (3), Mucha (2), Mokros (3), Sinner (3), Denisiuk (4) – Pöpel (2), H. Birk (2), Adams (3), Hiemer (3), Egen (2), K. Birk (4), Werner (4), Baier (3). *ERC Schwenningen:* Hoppe (2) – Bürk (4), Maly (3), Altmann (3), Königer (3) – Kirchmaier (3), Brousek (3), Lay (2), Willmann (2), Currie (2), Fritz (2), Stejskal (4), Sternkopf (4), Deiter (4). *Zuschauer:* 5700. *Schiedsrichter:* Schimki (Berlin). *Strafminuten:* Frankfurt 2, Schwenningen 8. *Tore:* 1:0 (3.) Hiemer (Egen/Mucha), 1:1 (16.) Lay (Currie – 4:4), 1:2 (18.) Willmann (Currie – 4:5), 1:3 (32.) Willmann (Nachschuß), 1:4 (34.) Lay (Alleingang), 2:4 (35.) H. Birk (Nachschuß), 3:4 (35.) Egen (Mokros/Hiemer), 4:4 (44.) Pöpel (Nachschuß).

EV Landshut – Berliner SC Preussen 8:6

EV Landshut: Englbrecht (3) – Naud (2), Seyller (3), Feistl (4), Wagner (3), Gandorfer (3), Murray (3) – Schinko (3), O'Regan (3), Truntschka (3), Poner (2), Kühnhackl (2), Brittig (1), Eder (3), Kopta (3), Hirtreiter (3). *Berliner SC Preussen:* Habnitt (3) – Schirmer (3), Steer (3), Rentzsch (4), Grzesiczek (3), Müller (3), Fliegauf (4), Panek (4) – Kammerer (3), Brockmann (4), Attwell (3), Zabawa (4), Gotsch (3), Jaworowski (4), Vogel (4), Sochatzky (3), Reiß (4). *Zuschauer:* 3500. *Schiedsrichter:* Penz (Kaufbeuren). *Strafminuten:* Landshut 4, Berlin 12 + 10 Disziplinarstrafe für Vogel. *Tore:* 1:0 (6.) Poner (Wagner), 2:0 (9.) Naud (Poner – 5:4), 2:1 (10.) Grzesiczek (Müller/Gotsch), 3:1 (12.) Brittig (Kühnhackl), 3:2 (15.) Sochatzky (Vogel), 3:3 (25.) Attwell (Brockmann), 4:3 (25.) Brittig (Kühnhackl/Poner), 5:3 (27.) Brittig (Kühnhackl), 6:3 (28.) Truntschka (Brittig/Naud), 7:3 (31.) Poner (Brittig/Naud – 4:5), 7:4 (32.) Müller (Gotsch/Grzesiczek – 5:4), 8:4 (38.) O'Regan (Truntschka/Wagner – 5:4), 8:5 (50.) Jaworowski, 8:6 (58.) Zabawa (Gotsch/Jaworowski).

SB Rosenheim – Kölner EC 1:0

SB Rosenheim: Friesen (1) – Reil (2), Lutz (3), Fischer (1), Schiffl (2), Kretschmer (2), Maidl (3) – Reindl (3), Höfner (2), Roulston (3), Ahne (2), Berwanger (2), Franz (3), Hilger (2), Pohl (2), Sterflinger (0), Merkosky (0). *Kölner EC:* de Raaf (1) – Kießling (2), Pokorny (3), Thornbury (3), Sterflinger (3), Romberg (3), Kühn (3) – Steiger (3), Truntschka (2), Meitinger (3), Sikora (3), Berry (2), Nicholas (3), Köpf (3), Gröger (3), Hegen (3). *Zuschauer:* 4500. *Schiedsrichter:* Tafertshofer (Peißenberg). *Strafminuten:* Rosenheim 12, Köln 18. *Tor:* 1:0 (35.) Pohl (Merkosky/Hilger).

ESV Kaufbeuren – Düsseldorfer EG 4:6

ESV Kaufbeuren: Hegen (3), ab 24. Hölzel (3) – Schuster (3), Steinecker (3), Medicus (3), Micheller (4), Dropmann (3), Reuter (4) – Kauer (3), Mörz (3), Römer (3), Richter (3), Holy (2), Heckelsmüller (3), Adam (4), Vanik (3), Schneider (2). *Düsseldorfer EG:* Bornträger (1) – Hiemer (3), Niederberger (2), Amann (3), Topolnisky (3) – Lee (2), Valentine (1), Nentvich (2), Roedger (3), Kasper (3), Krueger (3), Wolf (2), Maj (2). *Zuschauer:* 4200. *Schiedsrichter:* Radosai (Landshut). *Strafminuten:* Kaufbeuren 12, Düsseldorf 22. *Tore:* 0:1 (1.) Valentine, 0:2 (6.) Wolf (Niederberger), 1:2 (13.) Mörz (Richter – 4:3), 2:2 (14.) Richter (Steinecker – 5:3), 2:3 (22.) Valentine, 2:4 (27.) Valentine (Nentvich – 5:4), 2:5 (31.) Lee (Niederberger – 5:4), 3:5 (34.) Holy (Steinecker), 3:6 (35.) Maj (Wolf), 4:6 (46.) Reuter.

7. Spieltag

Kölner EC – EV Landshut 3:3

Kölner EC: de Raaf (0), ab 11. Beeck (2) – Kießling (3), Pokorny (4), Thornbury (3), Sterflinger (2), Romberg (3), Kühn (3) – Steiger (3), G. Truntschka (2), Köpf (3), Sikora (3), Berry (3), Brandl (4), Schmid (3), Hegen (2), Meitinger (2). *EV Landshut:* Englbrecht (2) – Wagner (3), Murray (2), Seyller (3), Naud (2), Feistl (3), Gandorfer (3) – Poner (2), Kühnhackl (2), Brittig (1), Schinko (3), O'Regan (2), B. Truntschka (3), Eder (4), Kopta (3), Hirtreiter (4). *Zuschauer:* 5500. *Schiedsrichter:* Kompalla (Krefeld). *Strafminuten:* Köln 2, Landhut 14. *Tore:* 0:1 (4.) Brittig, 0:2 (24.) Brittig, 1:2 (33.) Schmid (Romberg/Egen), 2:2 (36.) Steiger (Meitinger/G. Truntschka), 3:2 (41.) Meitinger (G. Truntschka), 3:3 (44.) Brittig (Kühnhackl).

Mannheimer ERC – Eintracht Frankfurt 2:2

Mannheimer ERC: Schlickenrieder (2) – Kreis (2), Raubal (4), Klaus (2), Eggerbauer (3), Hanft (3), Oswald (2) – Kuhl (2), Silk (3), Messier (2), Obresa (3), Holzmann (3), Schiller (3), Jonkhans (2), Draisaitl (2), Volland (3). *Eintracht Frankfurt:* Zankl (1) – Potz (2), Forster (2), Mucha (3), Mokros (3), Denisiuk (3) – H. Birk (3), Adams (3), Pöpel (2), K. Birk (3), U. Egen (3), J. Hiemer (2), Werner (3). *Zuschauer:* 6500. *Schiedsrichter:* Schnieder (Iserlohn). *Strafminuten:* Mannheim 2, Frankfurt 4. *Tore:* 0:1 (14.) Hiemer (Egen), 0:2 (17.) Pöpel, 1:2 (23.) Messier (5:4), 2:2 (46.) Klaus (Holzmann).

ERC Schwenningen – SB Rosenheim 2:4

ERC Schwenningen: Hoppe (2) – Bürk (3), Maly (3), Altmann (3), Königer (4), Willmann (3), Currie (3) – Fritz (4), Kirchmaier (3), Brousek (3), Lay (2), Stejskal (4), Sternkopf (3), Deiter (3). *SB Rosenheim:* Friesen (2) – Reil (2), Lutz (3), Fischer (3), Schiffl (2), Kretschmer (3), Maidl (3) – Reindl (2), Höfner (3), Roulsten (2), Ahne (4), Berwanger (4), Franz (4), Sterflinger (4), Pohl (2), Hilger (3). *Zuschauer:* 3900. *Schiedsrichter:* Erhard (Hohenfurch). *Strafminuten:* Schwenningen 4, Rosenheim 6. *Tore:* 0:1 (4.) Roulsten (Reindl), 0:2 (17.) Roulsten (Höfner – 4:5), 0:3 (31.) Reindl (Reil/Roulsten), 0:4 (40.) Reil (Berwanger/Ahne – 5:4), 1:4 (41.) Lay (Currie), 2:4 (50.) Currie (Brousek – 5:4).

BSC Preussen – ESV Kaufbeuren 2:5

Berliner SC Preussen: Habnitt (4) – Rentzsch (4), Fliegauf (4), Schirmer (4), Steer (4), Grzesiczek (4), Müller (3) – Vogel (4), Sochatzky (4), Reiß (4), Kammerer (4), Brockmann (4), Attweil (4), Zabawa (3), Jaworowski (4), Gotsch (4). *ESV Kaufbeuren:* Hölzel (3) – Schuster (3), Steinecker (3), Medicus (3), Micheller (3), Dropmann (3), Reuter (4) – Richter (4), Holy (3), Svejda (4), Kauer (3), Mörz (3), Römer (4), Adam (4), Vanik (4), Schneider (3), Heckelsmüller (0). *Zuschauer:* 4800. *Schiedsrichter:* Böhm (Landshut). *Strafminuten:* Berlin 14, Kaufbeuren 12. *Tore:* 1:0 (8.) Zabawa (Müller), 1:1 (14.) Medicus (Holy – 5:4), 2:1 (19.) Reiß (Rentzsch), 2:2 (33.) Micheller, 2:3 (36.) Schuster (Schneider – 5:4), 2:4 (43.) Steinecker (Heckelsmüller), 2:5 (57.) Mörz (Kauer).

Düsseldorfer EG – ECD Iserlohn 11:4

Düsseldorfer EG: Bornträger (2) – Niederberger (2), Hiemer (2), Topolnisky (2), Amann (2), Grefges (3) – Lee (1), Valentine (2), Nentvich (2), Krueger (3), Wolf (2), Maj (2), Roedger (3), Kasper (3), Smicek (2), van Hauten (3), Schwaiger (3), Brenner (3). *ECD Iserlohn:* Fous (3), ab 36. Meister (2) – Duris (4), Spry (4), Olson (5), Gailer (4), Hospodar (4) – Schnöll (4), Lechl (4), Prokes (3), Held (4), Bruce (4), Pouzar (4), Schwindt (4), McNeil (4), Hardy (4), Simon (0).*Zuschauer:* 10000. *Schiedsrichter:* Vogt (Moers). *Strafminuten:* Düsseldorf 0, Iserlohn 2 + 5 für Duris. *Tore:* 1:0 (6.) Krueger (Wolf/Hiemer), 2:0 (7.) Nentvich (Valentine/Topolnisky), 3:0 (11.) Smicek (Kasper/Roedger), 4:0 (16.) Lee (Maj), 5:0 (17.) Valentine (5:4), 6:0 (17.) Valentine (Lee – 5:4), 7:0 (19.) Maj (Grefges/Krueger – 5:4), 8:0 (24.) Lee (Valentine/Nentvich), 8:1 (26.) Held (Bruce/Spry), 9:1 (36.) Smicek (Topolnisky/Schwaiger), 9:2 (37.) Prokes (Lechl/Olson), 10:2 (50.) Wolf (Maj/Krueger), 10:3 (55.) Schwindt (McNeil/Hardy), 10:4 (57.) Prokes (Gailer/Lechl), 11:4 (59.) Roedger (Penalty).

8. Spieltag

Kölner EC – Mannheimer ERC 5:5

Kölner EC: Beeck (3) – Thornbury (3), Sterflinger (3), Kießling (3), Pokorny (4), Romberg (3), Kühn (4) – Sikora (3), Berry (3), Nicholas (4), Steiger (2), Truntschka (2), Gröger (4), Schmid (4), Hegen (2), Meitinger (3). *Mannheimer ERC:* Schlickenrieder (3) – Kreis (2), Raubal (3), Oswald (4), Hanft (3), Klaus (4), Eggerbauer (3) – Kuhl (3), Silk (1), Messier (2), Obresa (3), Holzmann (3), Schiller (3), Volland (3), Draisaitl (3), Jonkhans (4). *Zuschauer:* 6500. *Schiedsrichter:* Böhm (Landshut). *Strafminuten:* Köln 10, Mannheim 10. *Tore:* 1:0 (6.) Truntschka (Steiger), 1:1 (12). Draisaitl (Volland/Jonkhans), 2:1 (20.) Nicholas (Berry/Sikora), 2:2 (25.) Silk (Kuhl), 2:3 (31.) Silk (Kuhl/Messier), 3:3 (39.) Hegen (Schmid/Meitinger), 4:3 (44.) Thornbury (Hegen), 4:4 (48.) Holzmann (Obresa), 4:5 (54.) Silk (– 4:5), 5:5 (54.) Thornbury (Truntschka – 5:4).

SB Rosenheim – ESV Kaufbeuren 5:1

SB Rosenheim: Friesen (2) – Fischer (2), Schiffl (4), Reil (3), Lutz (3), Kretschmer (2), Maidl (4) – Reindl (3), Höfner (3), Roulston (3), Ahne (3), Berwanger (2), Franz (2), Sterflinger (4), Pohl (2), Hilger (3), Merkosky (0). *ESV Kaufbeuren:* Hölzel (3) ab 21. Hegen (2) – Steinecker (4), Schuster (3), Medicus (3), Micheller (4), Reuter (3), Dropmann (3) – Schneider (3), Mörz (3), Kauer (4), Heckelsmüller (4), Holy (2), Richter (2), Adam (4), Vanik (3), Römer (3). *Zuschauer:* 3500. *Schiedsrichter:* Ondertoller (Geretsried). *Strafminuten:* Rosenheim 22, Kaufbeuren 24. *Tore:* 1:0 (1.) Höfner (Roulston/Reindl), 2:0 (8.) Franz (4:4), 3:0 (19.) Pohl (Sterflinger/Hilger), 3:1 (39.) Richter (4:5), 4:1 (52.) Kretschmer (Ahne/Reil – 5:4), 5:1 (60.) Höfner (Kretschmer/Reindl).

ERC Schwenningen – EV Landshut 2:4

ERC Schwenningen: Hoppe (3) – Schubert (3), Königer (3), Altmann (3), Maly (3), Bürk (0) – Willmann (2), Currie (2), Fritz (2), Kirchmaier (3), Brousek (3), Lay (3), Stejskal (3), Sternkopf (3), Deiter (3). *EV Landshut:* Englbrecht (1) – Wagner (3), Murray (3), Seyller (3), Naud (2), Gandorfer (3), Feistl (3) – Poner (2), Kühnhackl (1), Brittig (2), Schinko (3), O'Regan (2), Truntschka (2), Kopta (3), Hirtreiter (0), Eder (0), Cummins (3). *Zuschauer:* 4400. *Schiedsrichter:* Schnieder (Iserlohn). *Strafminuten:* Schwenningen 4, Landshut 6. *Tore:* 1:0 (4.) Currie (Fritz), 1:1 (24.) Brittig (Kopta), 1:2 (29.) Naud (Brittig/Kühnhackl – 5:4), 2:2 (31.) Fritz (Willmann/Currie), 2:3 (49.) Truntschka (Naud), 2:4 (52.) Kühnhackl (4:5).

Eintracht Frankfurt – ECD Iserlohn 2:5

Eintracht Frankfurt: Zankl (2) – Potz (4), Forster (3), Mokros (4), Mucha (4), Denisiuk (5), Sinner (4) – Pöpel (2), H. Birk (3), Adams (5), K. Birk (4), Egen (3), Hiemer (4), Erhardt (4), Werner (4). *ECD Iserlohn:* Fous (1) – Duris (2), Spry (2), Gailer (2), Olson (2), Hospodar (2), Pesut (2) – Pouzar (2), Malo (2), Prokes (2), Held (2), Hardy (3), Lechl (2), Schwindt (2), Bruce (3), McNeil (3). *Zuschauer:* 6000 (ausverkauft). *Schiedsrichter:* Kompalla (Krefeld). *Strafminuten:* Frankfurt 4, Iserlohn 10. *Tore:* 0:1 (12.) Hardy (Hospodar), 1:1 (33.) Pöpel (Potz/Forster – 5:3), 1:2 (38.) Olson (McNeil – 5:4), 1:3 (40.) Malo (Pouzar/Prokes), 2:3 (44.) Pöpel (Forster), 2:4 (51.) Held (Lechl), 2:5 (54.) Schwindt (McNeil).

BSC Preussen – Düsseldorfer EG 3:6

Berliner SC Preussen: Enge (4) – Panek (0), Fliegauf (3), Schirmer (4), Steer (3), Grzesiczek (3), Müller (2) – Vogel (3), Sochatzky (3), Reiß (3), Tabor (4), Brockmann (3), Attwell (4), Jaworowski (3), Gotsch (3). *Düsseldorfer EG:* Heiß (3) – Hiemer (3), Niederberger (3), Amann (4), Topolnisky (3) – Lee (3), Valentine (3), Nentvich (2), Smicek (2), Kasper (4), Brenner (4), Krueger (4), Wolf (3), Maj (4). *Zuschauer:* 5600. *Schiedsrichter:* Erhard (Hohenfurch). *Strafminuten:* Berlin 0 + 10 Min. Disziplinarstrafe für Gotsch, Düsseldorf 2. *Tore:* 0:1 (4.) Smicek (Niederberger/Brenner), 1:1 (7.) Sochatzky (Vogel/Reiß), 1:2 (20.) Wolf (Topolnisky), 1:3 (20.) Lee (Nentvich), 1:4 (26.) Nentvich (Valentine), 2:4 (27.) Jaworowski (Gotsch), 3:4 (38.) Sochatzky (Vogel), 3:5 (50.) Nentvich (Lee), 3:6 (56.) Lee (Valentine).

9. Spieltag

ECD Iserlohn – SB Rosenheim 7:1
ECD Iserlohn: Fous (1) – Duris (3), Spry (3), Olson (4), Gailer (2), Pesut (3), Hospodar (3) – Malo (2), Prokes (3), Pouzar (2), Held (2), Lechl (3), Hardy (2), McNeil (4), Bruce (3), Schwindt (3). *SB Rosenheim:* Friesen (2) – Reil (3), Blum (3), Fischer (3), Schiffl (4), Kretschmer (3), Maidl (3), Lutz (0) – Reindl (3), Höfner (3), Roulston (3), Ahne (2), Berwanger (3), Franz (4), Merkosky (4), Pohl (4), Hilger (4). *Zuschauer:* 3129. *Schiedsrichter:* Vogt (Moers). *Strafminuten:* Iserlohn 10, Rosenheim 16. *Tore:* 0:1 (3.) Ahne (Franz/Berwanger – 5:4), 1:1 (28.) Bruce (Held/Pouzar – 5:4), 2:1 (16.) Malo (Pouzar/Duris), 3:1 (44.) Spry (Pouzar/Prokes), 4:1 (46.) Hardy (Gailer), 5:1 (48.) Hardy (Held), 6:1 (58.) McNeil (Bruce/Schwindt), 7:1 (58.) Malo (Pouzar).

ESV Kaufbeuren – Kölner EC 3:2
ESV Kaufbeuren: G. Hegen (1) – Medicus (2), Micheller, Schuster, Steinecker (3), Dropmann (3), Reuter (3) – Kauer (2), Mörz (2), Schneider (1), Adam (3), Holy (2), Richter (1), Riefler (3), Vanik (3), Römer (3). *Kölner EC:* Beeck (2) – Kießling (2), Pokorny (3), Thornbury (3), Sterflinger (3), Romberg (3), Kühn (4) – Steiger (3), Truntschka (2), Meitinger (3), Sikora (3), Berry (3), D. Hegen (3), Schmid (3), Brandl (4), Nicholas (4). *Zuschauer:* 4000. *Schiedsrichter:* Welles (Miesbach). *Strafminuten:* Kaufbeuren 14, Köln 26. *Tore:* 0:1 (3.) Steiger (Truntschka – 4:5), 1:1 (24.) Medicus (Mörz – 5:4), 2:1 (28.) Schuster (Medicus/Mörz – 4:3), 2:2 (31.) Sterflinger (Sikora/Hegen), 3:2 (40.) Schneider (Mörz).

EV Landshut – Eintracht Frankfurt 7:3
EV Landshut: Englbrecht (2) – Gandorfer (2), Feistl (3), Naud (1), Seyller (2), Wagner (3), Murray (3) – Eder (2), Kopta (3), Hirtreiter (3), Cummins (2), O'Regan (1), Truntschka (2), Poner (3), Kühnhackl (1), Brittig (2). *Eintracht Frankfurt:* Zankl (3) – Potz (3), Forster (3), Mokros (4), Mucha (3), Denisiuk (4), Sinner (3) – Adams (3), H. Birk (3), Pöpel (3), Hiemer (3), Egen (3), Erhardt (3), K. Birk (4), Werner (4). *Zuschauer:* 5000. *Schiedsrichter:* Ondertoller (München). *Strafminuten:* Landshut 12 + 5 für Wagner, Frankfurt 18. *Tore:* 1:0 (10.) Cummins (O'Regan/Truntschka), 2:0 (14.) O'Regan (Seyller), 2:1 (18.) Werner (Egen/K. Birk), 3:1 (30.) Sterflinger (Truntschka/O'Regan), 3:2 (31.) Pöpel (Nachschuß – 5:4), 4:2 (34.) O'Regan (Naud – 5:4), 5:2 (36.) Kühnhackl (Truntschka/Naud – 4:4), 6:2 (39.) O'Regan (Poner (4:4), 7:2 (39.) Poner (4:4), 7:3 (44.) H. Birk (K. Birk).

Düsseldorfer EG – ERC Schwenningen 9:2
Düsseldorfer EG: Heiß (3) – Niederberger (2), Hiemer (4), Topolnisky (3), Amann (2), Grefges (3) – Lee (2), Valentine (2), Nentvich (3), Brenner (4), Kasper (2), Smicek, Krueger (2), Wolf (2), Maj (3), van Hauten (0), Schwaiger (0). *ERC Schwenningen:* Hoppe (3) – Schubert (3), Königer (4), Maly (3), Bürk (4) – Willmann (3), Currie (3), Fritz (3), Stejskal (3), Sternkopf (3), Kirchmaier (3), Lay (3). *Zuschauer:* 10200. *Schiedsrichter:* Böhm (Landshut). *Strafminuten:* Düsseldorf 8, Schwenningen 10. *Tore:* 1:0 (5.) Valentine (Lee), 2:0 (7.) Kasper, 2:1 (11.) Lay, 3:1 (15.) Maly (Sternkopf – 4:4), 4:2 (26.) Krueger (Topolnisky), 5:2 (31.) Krueger (Valentine/Topolnisky), 6:2 (32.) Kasper (Smicek), 7:2 (41.) Nentvich (Lee/Niederberger), 8:2 (41.) Valentine (Lee/Nentvich), 9:2 (50.) Smicek (Kasper).

Mannheimer ERC – Berliner SC Preussen 4:2
Mannheimer ERC: Schlickenrieder (2) – Kreis (1), Raubal (3), Eggerbauer (3), Klaus (2), Hanft (3), Oswald (2) – Kuhl (2), Silk (2), Messier (2), Obresa (3), Holzmann (3), Schiller (3), Jonkhans (3), Draisaitl (3), Volland (0), Flemming (3). *Berliner SC Preussen:* Enge (1) – Panek (2), Fliegauf (4), Schirmer (3), Steer (2), Grzesiczek (3), Müller (3) – Vogel (2), Sochatzky (3), Reiß (3), Tabor (3), Brockmann (2), Attwell (3), Zabawa (3), Jaworowski (2), Gotsch (3). *Zuschauer:* 5500. *Schiedsrichter:* Barnet (Rosenheim). *Strafminuten:* Mannheim 2, Berlin 4. *Tore:* 1:0 (30.) Oswald (Obresa/Hanft), 1:1 (34.) Vogel (Reiß/Panek – 5:4), 2:1 (43.) Kuhl (Silk/Kreis), 3:1 (49.) Jonkhans (Draisaitl), 4:1 (50.) Silk (Messier/Raubal), 4:2 (50.) Tabor (Brockmann/Attwell).

10. Spieltag

EV Landshut – Düsseldorfer EG 6:5
EV Landshut: Englbrecht (5), ab 6. Kontny (2) – Auhuber (3), Wagner (3), Seyller (3), Naud (1), Gandorfer (3), Murray (3) – Poner (3), Kühnhackl (2), Brittig (1), Schinko (3), O'Regan (1), Truntschka (2), Eder (0), Kopta (4), Cummins (4), Lupzig (3). *Düsseldorfer EG:* Bornträger (1) – Niederberger (3), Hiemer (4), Topolnisky (3), Amann (2), Lee (2), Valentine (2), Nentvich (2), Krueger (2), Wolf (2), Maj (3), Kasper (2), Brenner (4). *Zuschauer:* 7000. *Schiedsrichter:* Tafertshofer (Peißenberg). *Strafminuten:* Landshut 4, Düsseldorf 10. *Tore:* 0:1 (5.) Lee (Valentine), 0:2 (5.) Wolf (Topolnisky), 0:3 (6.) Nentvich (Lee/Valentine), 1:3 (8.) Truntschka (Wagner/O'Regan – 5:4), 1:4 (22.) Valentine (Niederberger/Lee – 4:5), 2:4 (27.) Brittig (Kühnhackl/Wagner), 3:4 (30.) Wagner (Poner/Kühnhackl), 4:4 (34.) Kühnhackl (Poner/Brittig), 5:4 (45.) Poner (Wagner/Kühnhackl – 5:4), 5:5 (53.) Maj (Wolf/Krueger), 6:5 (53.) Lupzig (O'Regan/Truntschka).

SB Rosenheim – BSC Preussen 6:1
SB Rosenheim: Merk (1) – Blum (3), Reil (3), Lutz (3), Schiffl (3), Kretschmer (3), Maidl (3) – Reindl (2), Höfner (3), Roulston (0), Ahne (2), Berwanger (3), Franz (3), Trattner (3), Pohl (3), Hilger (3), Merkosky (3). *Berliner SC Preussen:* Enge (3) – Panek (3), Fliegauf (3), Müller (3), Grzesiczek (3), Schirmer (3), Steer (3) – Vogel (3), Sochatzky (3), Reiß (3), Gotsch (3), Jaworowski (3), Zabawa (4), Tabor (3), Brockmann (3), Attwell (3). *Zuschauer:* 3000. *Schiedsrichter:* Radosai (Landshut). *Strafminuten:* Rosenheim 10, Berlin 10. *Tore:* 1:0 (4.) Reindl (Roulston), 2:0 (9.) Reindl (Roulston/Höfner), 3:0 (25.) Trattner (Pohl/Hilger), 3:1 (30.) Vogel, 4:1 (39.) Franz (Berwanger/Ahne – 5:4), 5:1 (53.) Höfner (Merkosky), 6:1 (56.) Höfner (Reindl/Merkosky).

ECD Iserlohn – ERC Schwenningen 0:2
ECD Iserlohn: Fous (2) – Duris (3), Spry (3), Olson (3), Gailer (3), Pesut (3), Hospodar (3) – Malo (3), Prokes (3), Pouzar (3), Held (2), Lechl (3), Hardy (3), McNeil (4), Bruce (3), Schwindt (3). *ERC Schwenningen:* Hoppe (3) – Schubert (3), Königer (2), Altmann (3), Maly (3) – Willmann (3), Currie (2), Fritz (3), Lay (3), Sternkopf (3), Kirchmaier (2), Stejskal (3), Deiter (3), Bürk (3). *Schiedsrichter:* Barnet (Rosenheim). *Strafminuten:* Iserlohn 12, Schwenningen 12. *Tore:* 0:1 (45.) Kirchmaier (Lay/Currie), 0:2 (48.) Currie (Willmann/Fritz).

Kölner EC – Eintracht Frankfurt 5:8
Kölner EC: Beeck (4) – Kießling (3), Sterflinger (3), Ledock (3), Pokorny (4), Thornbury (4), Kühn (4) – Sikora (3), Truntschka (3), Gröger (3), Steiger (3), Berry (3), Nicholas (3), D. Hegen (3), Meitinger (4), Köpf (0). *Eintracht Frankfurt:* Zankl (3) – Sinner (2), Denisiuk (3), Mucha (3), Mokros (3), Forster (3), Potz (3) – Pöpel (3), Erhardt (2), Langlois (3), Hiemer (3), Egen (3), Adams (3), Werner (3), H. Birk (2), K. Birk (3), Baier (0), Göbel (0). *Zuschauer:* 4000. *Schiedsrichter:* Vogt (Moers). *Strafminuten:* Köln 12 + Matchstrafe für Sikora, Frankfurt 18 + Matchstrafe für Adams. *Tore:* 0:1 (4.) Potz (H. Birk), 1:1 (5.) Truntschka (Sikora – 5:4), 1:2 (7.) Pöpel (Langlois/Potz – 5:4), 2:2 (12.) Truntschka (Gröger/Sikora), 3:2 (14.) Sikora (Truntschka – 4:4), 3:3 (16.) Erhardt (Langlois/Denisiuk), 3:4 (16.) Egen, 3:5 (20.) Erhardt (3:3), 3:6 (29.) Langlois (Denisiuk), 4:6 (33.) Berry (Steiger/Nicholas), 4:7 (44.) Sinner (Langlois/Denisiuk), 5:7 (49.) Kießling (Truntschka/Sterflinger – 4:4), 5:8 (50.) Hiemer (Egen/Mucha).

Mannheimer ERC – ESV Kaufbeuren 3:3
Mannheimer ERC: Schlickenrieder (2) – Kreis (2), Raubal (3), Eggerbauer (3), Klaus (2), Hanft (2), Oswald (2) – Obresa (3), Silk (3), Messier (3), Kuhl (3), Holzmann (2), Draisaitl (1), Volland (3), Schiller (3), Jonkhans (3). *ESV Kaufbeuren:* Hegen (2) – Medicus (2), Micheller (3), Schuster (3), Steinecker (2) – Kauer (3), Mörz (1), Schneider (3), Adam (3), Holy (2), Richter (2), Römer (3), Vanik (3), Heckelsmüller (4). *Zuschauer:* 5500. *Schiedsrichter:* Schneider (Iserlohn). *Strafminuten:* Mannheim 8, Kaufbeuren 10. *Tore:* 0:1 (8.) Medicus (Mörz/Schneider – 4:5), 1:1 (12.) Messier (Kreis/Raubal), 2:1 (23.) Oswald (Holzmann/Draisaitl), 2:2 (38.) Mörz (Micheller), 3:2 (54.) Obresa (Draisaitl/Holzmann), 3:3 (58.) Steinecker (Mörz/Schuster).

11. Spieltag

Eintracht Frankfurt – SB Rosenheim 3:0
Eintracht Frankfurt: Zankl (1) – Sinner (2), Denisiuk (2), Mucha (2), Mokros (2), Forster (2), Potz (1) – Pöpel (2), Langlois (3), Erhardt (1), Hiemer (2), Egen (2), Baier (2), Werner (3), H. Birk (3), K. Birk (2). *SB Rosenheim:* Merk (4), ab 21. Friesen (2) – Reil (3), Blum (3), Schiffl (4), Fischer (3), Maidl (4), Kretschmer (3), Lutz (3) – Merkosky (5), Höfner (3), Reindl (3), Franz (3), Berwanger (3), Ahne (3), Hilger (3), Pohl (4), Trattner (5), Sterflinger (0). *Zuschauer:* 6000 (ausverkauft). *Schiedsrichter:* Böhm (Landshut). *Strafminuten:* Frankfurt 12 + 5 für H. Birk, Rosenheim 18 + 5 für Merkosky. *Tore:* 1:0 (2.) Hiemer (Baier/Mokros), 2:0 (3.) Werner (H. Birk/K. Birk), 3:0 (19.) Egen (Hiemer/Mokros).

Düsseldorfer EG – Mannheimer ERC 2:3
Düsseldorfer EG: Heiß (3) – Niederberger (2), Hiemer (3), Topolnisky (3), Amann (2), Grefges (0) – Lee (2), Valentine (2), Nentvich (2), Krueger (2), Wolf (2), Maj (3), Brenner (3), Kasper (2), Smicek (3). *Mannheimer ERC:* Schlickenrieder (2) – Kreis (2), Eggerbauer (3), Klaus (2), Raubal (3), Oswald (2) – Obresa (3), Holzmann (3), Messier (3), Flemming (3), Silk (3), Jonkhans (3), Kuhl (3), Draisaitl (2), Schiller (3). *Zuschauer:* 10500 (ausverkauft). *Schiedsrichter:* Erhard (Hohenfurch). *Strafminuten:* Düsseldorf 4 + 5 für Smicek, Mannheim 6. *Tore:* 1:0 (23.) Valentine (Penalty), 2:0 (28.) Wolf (Krueger), 2:1 (48.) Draisaitl (Oswald), 2:2 (56.) Kuhl (Klaus/Silk), 2:3 (60.) Holzmann (Silk).

ESV Kaufbeuren – EV Landshut 4:6
ESV Kaufbeuren: Hegen (2) – Medicus (2), Micheller, Schuster (3), Steinecker (3), Dropmann (3), Reuter (4) – Kauer (3), Mörz (3), Schneider (3), Adam (3), Holy (2), Richter (3), Heckelsmüller (4), Vanik (3), Römer (3). *EV Landshut:* Englbrecht (1) – Wagner (3), Auhuber (0), Seyller (2), Naud (3), Murray (3), Gandorfer (3) – Poner (3), Kühnhackl (2), Brittig (3), Lupzig (3), O'Regan (3), Truntschka (2), Eder (3), Kopta (3), Schinko (3), Cummins (3). *Zuschauer:* 6200 (ausverkauft). *Schiedsrichter:* Schimki (Berlin). *Strafminuten:* Kaufbeuren 18, Landshut 24 + 10 Disziplinarstrafe für Poner. *Tore:* 0:1 (15.) Truntschka (Kühnhackl – 5:4), 1:1 (26.) Mörz, 1:2 (31.) Hirtreiter (O'Regan), 2:2 (31.) Holy, 2:3 (33.) O'Regan (3:3), 3:3 (37.) Mörz, 3:4 (41.) Poner (Murray), 4:4 (43.) Richter (Steinecker/Holy), 4:5 (50.) O'Regan (Naud – 5:4), 4:6 (58.) Brittig (5:4).

BSC Preussen – ECD Iserlohn 6:1
Berliner SC Preussen: Enge (3) – Sinner (3), Steer (3), Grzesiczek (3), Müller (3), Panek (3), Fliegauf (3) – Tabor (3), Brockmann (2), Attwell (3), Zabawa (1), Jaworowski (2), Gotsch (3), Vogel (3), Sochatzky (3), Reiß (3). *ECD Iserlohn:* Fous (4), ab 41. Meister (3) – Duris (4), Spry (4), Gailer (4), Olson (4), Pesut

(4), Hospodar (4) – Malo (3), Prokes (4), Pouzar (3), Held (4), Lechl (4), Hardy (4), Schwindt (4), McNeil (4), Bruce. (4). *Zuschauer:* 4700. *Schiedsrichter:* Schlimme (Krefeld). *Strafminuten:* Berlin 8, Iserlohn 20 + Spieldauer-Disziplinarstrafe für Schwindt. *Tore:* 1:0 (11.) Zabawa (Jaworowski), 2:0 (13.) Brockmann (Attwell – 5:4), 3:0 (22.) Vogel (5:4), 4:0 (23.) Sochatzky, 5:0 (39.) Zabawa (Jaworowski), 5:1 (44.) Hardy (McNeil – 4:5), 6:1 (51.) Zabawa (Jaworowski).

ERC Schwenningen – Kölner EC 2:4
ERC Schwenningen: Hoppe (2) – Schubert (3), Königer (3), Altmann (2), Maly (0), Bürk (3) – Willmann (2), Currie (3), Fritz (3), Lay (3), Sternkopf (3), Kirchmaier (2), Stejskal (3), Deiter (3). *Kölner EC:* Beeck (2) – Kießling (3), Pokorny (3), Thornbury (3), Sterflinger (3), Romberg (3), Kühn (3) – Köpf (3), Truntschka (2), Meitinger (3), Steiger (3), Berry (3), Nicholas (3), Brandl (3), Schmid (3), Hegen (2). *Zuschauer:* Ondertoller (Geretsried). *Strafminuten:* Schwenningen 24, Köln 20 + 5 für Schmid. *Tore:* 1:0 (25.) Willmann (Currie/Fritz – 5:4), 1:1 (27.) Thornbury (Nachschuß – 3:3), 1:2 (30.) Sterflinger (4:4), 2:2 (37.) Currie (5:4), 2:3 (49.) Truntschka (Thornbury/Beeck), 2:4 (59.) Hegen (5:6).

12. Spieltag

EV Landshut – SB Rosenheim 2:2
EV Landshut: Englbrecht (1) – Naud (1), Seyller (3), Wagner (2), Murray (3), Gandorfer (3) – Lupzig (3), O'Regan (3), Truntschka (3), Poner (3), Kühnhackl (2), Brittig (3), Schinko (3), Kopta (3), Hirtreiter (3). *SB Rosenheim:* Friesen (1) – Lutz (3), Reil (3), Fischer (2), Blum (3), Kretschmer (3), Maidl (3) – Reindl (3), Höfner (3), Merkosky (3), Sterflinger (3), Berwanger (3), Franz (3), Trattner (3), Pohl (3), Hilger (3). *Zuschauer:* 7400 (ausverkauft). *Schiedsrichter:* Schnieder (Iserlohn). *Strafminuten:* Landshut 12, Rosenheim 18. *Tore:* 1:0 (17.) Naud (Brittig – 5:4), 2:0 (40.) Naud (4:5), 2:1 (40.) Franz (Sterflinger/Berwanger – 5:4), 2:2 (45.) Merkosky (Franz/Reil – 5:4).

Mannheimer ERC – ERC Schwenningen 6:2
Mannheimer ERC: Schlickenrieder (1) – Kreis (1), Eggerbauer (3), Raubal (3), Klaus (3), Hanft (3), Oswald (2) – Obresa (1), Messier (2), Holzmann (2), Jonkhans (2), Silk (2), Volland (3), Kuhl (2), Draisaitl (2), Schiller (2). *ERC Schwenningen:* Hoppe (3) – Schubert (2), Bürk (3), Altmann (3), Königer (2) – Willmann (3), Currie (3), Lay (3), Brousek (4), Kirchmaier (3), Stejskal (3), Sternkopf (3), Deiter (3). *Zuschauer:* 5500. *Schiedsrichter:* Würth (Peiting). *Strafminuten:* Mannheim 2, Schwenningen 6. *Tore:* 1:0 (5.) Holzmann (Obresa/Silk – 5:4), 2:0 (6.) Kuhl (Schiller/Oswald), 3:0 (16.) Obresa (Messier/Silk), 4:0 (30.) Kuhl (Holzmann/Kreis), 4:1 (31.) Fritz (Currie/Willmann), 4:2 (40.) Currie (Willmann/Fritz), 5:2 (43.) Messier (Silk/Holzmann – 5:4), 6:2 (54.) Obresa (Messier/Eggerbauer).

Düsseldorfer EG – Eintracht Frankfurt 6:3
Düsseldorfer EG: Borntrager (2) – Niederberger (3), U. Hiemer (3), Topolnisky (3), Amann (3), Grefess (3) – Lee (3), Valentine (3), Nentvich (3), Krueger (3), Wolf (3), Maj (3), Smicek (3), Kasper (3), Brenner (3). *Eintracht Frankfurt:* Zankl (3) – Forster (3), Potz (3), Sinner (3), Denisiuk (3), Göbel (3), Mokros (2), Pöpel (3), Langlois (3), Erhardt (2), J. Hiemer (3), Egen (3), Baier (3), Werner (3), H. Birk (3), K. Birk (3). *Zuschauer:* 10500. *Schiedsrichter:* Welles (Miesbach). *Strafminuten:* Düsseldorf 2, Frankfurt 0. *Tore:* 1:0 (19.) Amann, 2:0 (24.) Brenner, 3:0 (24.) U. Hiemer (Valentine/Nentvich), 4:0 (26.) Nentvich, 5:0 (32.) Smicek (Kasper/Brenner), 5:1 (38.) Mokros (Egen/J. Hiemer), 5:2 (41.) Langlois, 6:2 (43.) Kasper (Smicek), 6:3 (51.) Langlois.

ESV Kaufbeuren – ECD Iserlohn 5:8
ESV Kaufbeuren: Hegen (3), 14. – 20. Hölzel (0) – Steinecker (4), Schuster (4), Medicus (2), Micheller (3), Reuter (0), Dropmann (0) – Schneider (3), Mörz (2), Richter (3), Adam (3), Holy (2), Kauer (3), Heckelsmüller (4), Vanik (4), Römer (3), Svejda (0). *ECD Iserlohn:* Meister (2) – Pesut (4), Spry (3), Olson (3), Hospodar (3), Gailer (3) – Malo (3), Bruce (2), Held (2), McNeil (3), Hardy (3), Schnöll (3), Lechl (3), Prokes (3). *Zuschauer:* 3700. *Schiedsrichter:* Ondertoller (Geretsried). *Strafminuten:* Kaufbeuren 8, Iserlohn 12. *Tore:* 0:1 (5.) Held (Olson/McNeil – 4:4), 0:2 (11.) Held (McNeil/Hardy), 0:3 (14.) Malo (Bruce), 1:3 (14.) Mörz, 2:3 (18.) Holy (Richter/Steinecker – 5:4), 2:4 (19.) Schnöll (Prokes/Lechl), 3:4 (24.) Schneider (Medicus), 4:4 (26.) Steinecker (Richter/Schuster – 5:4), 4:5 (36.) Held (Hardy/McNeil – 5:4), 5:5 (42.) Adam (Richter/Holy), 5:6 (43.) Bruce (Malo/Pouzar), 5:7 (51.) Hardy (McNeill), 5:8 (59.) Schnöll (Lechl – 5:6).

Berliner SC Preussen – Kölner EC 4:6
Berliner SC Preussen: Enge (5), ab 38. Habnitt (3) – Schirmer (4), Steer (3), Panek (4), Fliegauf (4), Grzesiczek (3), Müller (2) – Tabor (3), Brockmann (2), Attwell (4), Vogel (4), Sochatzky, Reiß (4), Zabawa (4), Jaworowski (4), Gotsch (3), Wasserek (0). *Kölner EC:* Beeck (4) – Kießling (3), Pokorny (4), Thornbury (3), Kühn (3), Romberg (4) – Gröger (4), Truntschka (2), Meitinger (3), Steiger (3), Berry (3), Nicholas (2), Schmid (3), Hegen (3), Brandl (3). *Zuschauer:* 6063 (ausverkauft). *Schiedsrichter:* Tafertshofer (Peißenberg). *Strafminuten:* Berlin 4, Köln 6. *Tore:* 0:1 (7.) Nicholas (Steiger), 0:2 (7.) Hegen (Brandl), 1:2 (8.) Tabor (Brockmann), 2:2 (9.) Reiß (Fliegauf), 3:2 (9.) Jaworowski (Müller – 5:4), 3:3 (14.) Berry (Sterflinger), 4:3 (29.) Attwell (Brockmann), 4:4 (35.) Meitinger (Truntschka), 4:5 (38.) Truntschka (Meitinger), 4:6 (57.) Truntschka (Nicholas).

13. Spieltag

ECD Iserlohn – EV Landshut 9:2
ECD Iserlohn: Meister (1) – Spry (2), Gailer (1), Pesut (3), Olson (3), Hospodar (2) – Malo (3), Bruce (2), Pouzar (3), Held (3), McNeil (3), Hardy (1), Schnöll (2), Prokes (1), Lechl (2). *EV Landshut:* Englbrecht (3), ab 36. Kontny (3) – Seyller (3), Naud (3), Wagner (3), Murray (3), Auhuber (3), Gandorfer (4) – Schinko (4), O'Regan (4), Truntschka (3), Poner (3), Kühnhackl (3), Brittig (4), Lupzig (3), Kopta (4), Hirtreiter (4). *Zuschauer:* 2308. *Schiedsrichter:* Kompalla (Krefeld). *Strafminuten:* Iserlohn 16, Landshut 16 + 5 für O'Regan. *Tore:* 1:0 (5.) Schnöll, 2:0 (23.) Pesut (Gailer – 5:4), 3:0 (27.) Hardy (Pesut), 4:0 (36.) Lechl (Prokes), 5:0 (40.) Schnöll (Lechl), 6:0 (40.) McNeil (Held/Hardy – 5:4), 7:0 (48.) Bruce (Pouzar), 8:0 (49.) Held (Gailer/Hardy), 9:0 (55.) Spry (Pouzar – 5:4), 9:1 (56.) Truntschka (Lupzig/Kühnhackl), 9:2 (59.) Lupzig (Truntschka).

Eintracht Frankfurt – ESV Kaufbeuren 6:9
Eintracht Frankfurt: Zankl (5), ab 21. Schmidt (3) – Sinner (4), Denisiuk (5), Göbel (0), Mokros (4), Forster (3), Potz (3) – Pöpel (4), Langlois (3), Erhardt (3), Hiemer (3), Egen (3), Baier (3), Werner (3), H. Birk (3), K. Birk (3). *ESV Kaufbeuren:* Hegen (4), ab 12. Hölzel (3) – Schuster (3), Steinecker (3), Medicus (3), Micheller (3), Dropmann (3), Reuter (3) – Schneider (3), Mörz (2), Kauer (3), Adam (2), Holy (3), Richter (3), Svejda (3), Heckelsmüller (3). *Zuschauer:* 5600. *Schiedsrichter:* Barnet (Rosenheim). *Strafminuten:* Frankfurt 14, Kaufbeuren 14 + 10 Disziplinarstrafe für Medicus. *Tore:* 1:0 (4.) Erhardt (Langlois/Pöpel – 5:4), 1:1 (7.) Richter (Holy/Steinecker – 5:4), 2:1 (7.) Baier (Hiemer/Egen), 2:2 (9.) Adam (Richter/Holy), 2:3 (12.) H. Birk (Erhardt/Forster – 4:3), 3:3 (13.) Heckelsmüller (Micheller/Römer), 3:4 (18.) Holy (Richter/Micheller), 3:5 (20.) Schuster (Steinecker/Richter – 5:4), 3:6 (20.) Schneider (Mörz/Micheller), 3:7 (22.) Svejda (Römer/Heckelsmüller), 3:8 (44.) Schuster (Richter/Holy), 4:8 (45.) Egen (Potz), 5:8 (45.) K. Birk (H. Birk/Sinner), 6:8 (51.) Egen (H. Birk/Denisiuk), 6:9 (60.) Micheller (Richter – 5:6).

SB Rosenheim – Mannheimer ERC 3:3
SB Rosenheim: Friesen (1) – Lutz (3), Reil (3), Fischer (2), Blum (3), Kretschmer (3), Maidl (3) – Reindl (3), Höfner (2), Merkosky (4), Sterflinger (3), Berwanger (3), Franz (2), Trattner (2), Pohl (2), Hilger (3). *Mannheimer ERC:* Schlickenrieder (2) – Kreis (1), Eggerbauer (3), Raubal (3), Klaus (3), Hanft (2), Oswald (3) – Obresa (2), Holzmann (3), Messier (2), Jonkhans (3), Silk (2), Volland (3), Kuhl (3), Draisaitl (2), Schiller (2). *Zuschauer:* 3300. *Schiedsrichter:* Erhard (Hohenfurch). *Strafminuten:* Rosenheim 2, Mannheim 8. *Tore:* 0:1 (1.) Obresa (Holzmann/Kreis), 1:1 (25.) Pohl (Kretschmer), 1:2 (24.) Kreis (Messier – 5:4), 2:2 (35.) Hilger (Kretschmer/Trattner), 3:2 (41.) Franz (Höfner), 3:3 (55.) Silk (Kreis).

ERC Schwenningen – BSC Preussen 3:3
ERC Schwenningen: Hoppe (4) – Bürk (4), Schubert (4), Altmann (3), Königer (3), Willmann (3), Currie (2), Fritz (3), Lay (3), Brousek (3), Kirchmaier (3), Stejskal (3), Sternkopf (3), Deiter (4). *Berliner SC Preussen:* Habnitt (3) – Schirmer (3), Steer (3), Panek (3), Fliegauf (3), Grzesiczek (3), Müller (3) – Gotsch (3), Zabawa (3), Tabor (3), Attwell (2), Brockmann (3), Sochatzky (3), Wasserek (3), Vogel (3). *Zuschauer:* 3500. *Schiedsrichter:* Böhm (Landshut). *Strafminuten:* Schwenningen 10, Berlin 8. *Tore:* 0:1 (11.) Attwell (Brockmann), 1:1 (16.) Currie (5:4), 2:1 (28.) Sternkopf (Stejskal), 2:2 (34.) Tabor, 2:3 (44.) Sochatzky (Wasserek), 3:3 (50.) Fritz (Currie/Willmann – 4:3).

Kölner EC – Düsseldorfer EG 4:4
Kölner EC: Beeck (2) – Kießling (3), Pokorny (4), Thornbury (3), Sterflinger (3), Romberg (3), Kühn (3) – Gröger (4), Truntschka (2), Meitinger (3), Steiger (3), Berry (3), Nicholas (3), Schmid (3), Brandl (3), Hegen (3), Köpf (0). *Düsseldorfer EG:* Borntrager (1) – Niederberger (3), Hiemer (3), Topolnisky (3), Amann (2) – Lee (3), Valentine (3), Nentvich (3), Krueger (3), Wolf (3), Maj (3), Roedger (3), Kasper (3), Brenner (3), Smicek (3). *Zuschauer:* 8000 (ausverkauft). *Schiedsrichter:* Schimki (Berlin). *Strafminuten:* Köln 6, Düsseldorf 10. *Tore:* 1:0 (1.) Steiger (Berry), 2:0 (8.) Nicholas (5:4), 2:1 (14.) Lee, 2:2 (21.) Valentine (Nentvich/Lee – 5:4), 2:3 (31.) Amann (Nentvich/Lee), 3:3 (35.) Thornbury, 4:3 (50.) Hegen (Kießling), 4:4 (53.) Roedger (Hiemer).

14. Spieltag

Mannheimer ERC – Kölner EC 4:2
Mannheimer ERC: Schlickenrieder (1) – Kreis (1), Eggerbauer (3), Raubal (3), Klaus (3), Hanft (2), Oswald (4) – Obresa (2), Holzmann (3), Messier (2), Jonkhans (3), Silk (1), Volland (3), Kuhl (2), Draisaitl (2), Schiller (2). *Kölner EC:* Beeck (3) – Kießling (3), Romberg (3), Sterflinger (2), Thornbury (3), Kühn (3) – Hegen (2), Truntschka (3), Köpf (3), Steiger (3), Berry (3), Nicholas (1), Schmid (3), Brandl (4), Meitinger (3). *Zuschauer:* 8500 (ausverkauft). *Schiedsrichter:* Böhm (Landshut). *Strafminuten:* Mannheim 6, Köln 4. *Tore:* 1:0 (1.) Obresa (Messier), 2:0 (4.) Silk (Jonkhans), 3:0 (10.) Messier, 3:1 (27.) Kuhl (Truntschka/Steiger), 3:2 (30.) Steiger (Nicholas/Berry), 4:5 (45.) Kuhl (Schiller/Draisaitl).

ESV Kaufbeuren – SB Rosenheim 1:4
ESV Kaufbeuren: Hölzel (2) – Medicus (2), Micheller (3), Steinecker (3), Schuster (3), Dropmann (3), Reuter (0) – Kauer (3), Mörz (3), Schneider (3), Adam (3), Holy (3), Richter (3), Römer (3), Heckelsmüller (3), Svejda (3), Vanik (4). *SB Rosenheim:* Friesen (1) – Lutz (3), Reil (3), Blum (3), Kretschmer (3), Maidl (3) – Reindl (3), Höfner (3), Merkosky (3), Ahne (2), Berwanger (3), Trattner (2), Pohl (2), Hilger (2). *Zuschauer:* 4200. *Schiedsrichter:* Radosai (Landshut). *Strafminuten:* Kaufbeuren 8, Rosenheim 14. *Tore:* 0:1 (16.) Hilger (Trattner/Pohl), 0:2 (19.) Trattner (Kretschmer), 1:2 (36.) Medicus (Svejda/Heckelsmüller), 1:3 (36.) Fischer

(Berwanger/Franz), 1:4 (46.) Pohl (Trattner/Kretschmer).

Düsseldorfer EG – BSC Preussen 8:6
Düsseldorfer EG: Bornträger (2) – Niederberger (3), Hiemer (4), Topolnisky (4), Amann (3) – Lee (3), Valentine (3), Nentvich (4), Krueger (4), Wolf (3), Maj (4), Roedger (4), Kasper (3), Smicek (4), Brenner (3). *Berliner SC Preussen:* Habnitt (2) – Schirmer (4), Steer (2), Grzesiczek (3), Müller (3), Rentzsch (4), Fliegauf (4) – Tabor (3), Brockmann (3), Attwell (3), Gotsch (4), Zabawa (3), Jaworowski (3), Sochatzky (4), Wasserek (3), Vogel (3). *Zuschauer:* 10500 (ausverkauft). *Schiedsrichter:* Vogt (Moers). *Strafminuten:* Düsseldorf 14 + 5 für Nentvich, Berlin 16 + 5 für Sochatzky + 10 Disziplinarstrafe für Gotsch. *Tore:* 0:1 (12.) Tabor (Schirmer/Rentzsch), 0:2 (26.) Grzesiczek (Gotsch/Zabawa – 4:4), 1:2 (34.) Niederberger (5:3), 2:2 (35.) Valentine (Lee/Hiemer – 5:3), 3:2 (35.) Nentvich (Lee/Valentine – 5:4), 4:2 (36.) Lee (Nentvich – 5:4), 5:2 (38.) Wolf (Niederberger – 5:4), 6:2 (39.) Krueger (Wolf), 6:3 (49.) Jaworowski (Grzesiczek/Gotsch), 6:4 (54.) Jaworowski (Müller – 5:3), 6:5 (54.) Tabor (Attwell/Rentzsch – 5:4), 7:5 (55.) Lee (Valentine/Hiemer), 7:6 (60.) Gotsch, 8:6 (60.) Valentine (5:6).

EV Landshut – ERC Schwenningen 4:2
EV Landshut: Englbrecht (1) – Gandorfer, Murray (3), Wagner (3), Auhuber (3), Naud (2), Seyller (3) – Eder (4), Kopta (4), Hirtreiter (3), Poner (3), Kühnhackl (3), Brittig (3), Lupzig (3), O'Regan (3), Truntschka (3), Cummins (0). *ERC Schwenningen:* Hoppe (1) – Dietrich (1), Königer (3), Altmann (3), Schubert (2), Bürk (3) – Willmann (3), Currie (3), Fritz (2), Lay (2), Brousek (3), Kirchmaier (3), Stejskal (3), Sternkopf (3), Deiter (3). *Zuschauer:* 4200. *Schiedsrichter:* Ondertoller (Geretsried). *Strafminuten:* Landshut 4 + 5 für Kühnhackl, Schwenningen 10. *Tore:* 0:1 (3.) Brousek (5:4), 1:1 (25.) Brittig (Truntschka/O'Regan), 2:1 (31.) Kühnhackl, 2:2 (33.) Willmann (Currie/Brousek), 3:2 (49.) O'Regan (Gandorfer/Kühnhackl – 5:4), 4:2 (54.) Kühnhackl (Wagner).

ECD Iserlohn – Eintracht Frankfurt 2:8
ECD Iserlohn: Meister (4) ab 25. Fous (3) – Olson (4), Gailer (3), Spry (3), Hospodar (3), Duris (4), – Malo (3), Bruce (3), Pouzar (3), Held (3), McNeil (4), Hardy (3), Schnöll (3), Prokes (3), Lechl (3). *Eintracht Frankfurt:* Zankl (2) – Sinner (3), Denisiuk (3), Mucha (3), Mokros (3), Forster (3), Potz (3) – Pöpel (3), Langlois (2), Erhardt (3), Hiemer (3), Egen (3), Baier (3), Werner (3), H. Birk (3), K. Birk (3). *Zuschauer:* 3603. *Schiedsrichter:* Schlimme (Krefeld). *Strafminuten:* Iserlohn 8, Frankfurt 8. *Tore:* 0:1 (13.) Langlois (Potz/Forster – 5:4), 0:2 (17.) Egen (Hiemer/Mucha), 0:3 (23.) Potz (Werner/Forster), 0:4 (25.) Egen (Hiemer/Mucha), 0:5 (39.) Erhardt (Denisiuk/Langlois), 0:6 (42.) Erhardt Mokros/Mucha), 1:6 (50.) Lechl, 1:7 (52.) Hiemer (Egen/Mokros – 5:4), 2:7 (57.) Malo (Pouzar/Bruce), 2:8 (59.) H. Birk (Erhardt/Werner).

---

15. Spieltag

BSC Preussen – Mannheimer ERC 3:5
Berliner SC Preussen: Habnitt (4) – Schirmer (4), Steer (4), Rentzsch (0), Fliegauf (4), Grzesiczek (4), Müller (4) – Tabor (3), Brockmann (4), Attwell (4), Vogel (3), Sochatzky (4), Wasserek (4), Zabawa (4), Jaworowski (3), Gotsch (3). *Mannheimer ERC:* Schlickenrieder (3) – Kreis (2), Eggerbauer (4), Raubal (4), Klaus (4), Hanft (3), Oswald (4) – Messier (2), Holzmann (3), Kuhl (3), Draisaitl (4), Schiller (3), Jonkhans (3), Silk (1), Volland (4). *Zuschauer:* 5300. *Schiedsrichter:* Kompalla (Krefeld). *Strafminuten:* Berlin 2, Mannheim 12. *Tore:* 1:0 (14.) Jaworowski (Steer), 2:0 (15.) Vogel (Sochatzky), 2:1 (19.) Kuhl (Oswald), 3:1 (25.) Fliegauf (Müller – 5:4), 3:2 (27.) Messier (Kreis), 3:3 (27.) Obresa (Messier – 5:4), 3:4 (39.) Silk (Jonkhans), 3:5 (50.) Kuhl (Schiller).

Kölner EC – ESV Kaufbeuren 9:3
Kölner EC: Beeck (3) – Kießling (2), Romberg (3), Thornbury (3), Sterflinger (3), Kühn (3) – Sikora (2), Truntschka (2), Gröger (3), Steiger (3), Berry (3), Nicholas (2), Schmid (3), Hegen (2), Meitinger (3). *ESV Kaufbeuren:* Hölzel (3), ab 26. G. Hegen (2) – Medicus (2), Micheler (4), Steinecker (3), Schuster (3), Reuter (3), Dropmann (4) – Adam (3), Mörz (3), Kauer (4), Schneider (3), Holy (3), Richter (3), Römer (4), Heckelmüller (4), Vanik (3). *Zuschauer:* 4500. *Schiedsrichter:* Schnieder (Iserlohn). *Strafminuten:* Köln 10, Kaufbeuren 10. *Tore:* 1:0 (7.) Schmid (Meitinger), 2:0 (16.) Sikora (Kießling/Truntschka – 5:4), 2:1 (18.) Micheller (Mörz/Adam), 3:1 (19.) Hegen, 4:1 (25.) Meitinger (Hegen), 5:1 (26.) Gröger (Truntschka/Sikora), 5:2 (35.) Heckelmüller (Vanik), 6:2 (39.) Hegen (Truntschka/Sikora – 5:4), 7:2 (45.) Sikora (Truntschka), 8:2 (56.) Berry (Nicholas/Steiger), 9:2 (57.) Nicholas (Berry), 9:3 (60.) Mörz (Medicus).

ERC Schwenningen – Düsseldorfer EG 3:5
ERC Schwenningen: Hoppe (3) – Dietrich (2), Königer (3), Altmann (4), Schubert (3), Bürk (0) – Willmann (2), Currie (3), Fritz (3), Stejskal (3), Sternkopf (3), Deiter (3), Kirchmaier (3), Brousek (4), Lay (4). *Düsseldorfer EG:* Heiß (1) – Niederberger (2), Hiemer (3), Topolnisky (4), Amann (3) – Lee (3), Valentine (3), Nentvich (3), Krueger (3), Wolf (1), Maj (3), Roedger (3), Kasper (3), Smicek (3). *Zuschauer:* 4900 (ausverkauft). *Schiedsrichter:* Barnet (Rosenheim). *Strafminuten:* Schwenningen 2, Düsseldorf 6. *Tore:* 0:1 (17.) Krueger (Hiemer/Wolf – 5:4), 0:2 (20.) Valentine (Lee/Wolf), 1:2 (24.) Willmann (Currie/Fritz – 5:4), 1:3 (31.) Krueger (Amann/Maj), 1:4 (31.) Kasper (Smicek/Niederberger), 1:5 (40.) Wolf (Maj/Krueger), 2:5 (49.) Willmann (Fritz/Dietrich), 3:5 (50.) Fritz (Willmann/Dietrich).

SB Rosenheim – ECD Iserlohn 8:3
SB Rosenheim: Friesen (3) – Lutz (3), Reil (1), Fischer (3), Blum (3), Kretschmer (3), Maidl (3) – Reindl (3), Höfner (2), Merkosky (3), Ahne (3), Berwanger (3), Franz (3), Trattner (3), Pohl (3), Hilger (0), Schädler (3). *ECD Iserlohn:* Meister (2) – Spry (2), Duris (3), Gailer (3), Olson (4), Hospodar (3), Malo (3), Bruce (3), Pouzar (1), Held (2), McNeil (3), Hardy (3), Schnöll (3), Lechl (3), Schwindt (3). *Zuschauer:* 3900. *Schiedsrichter:* Böhm (Landshut). *Strafminuten:* Rosenheim 22 + 5 für Kretschmer, Iserlohn 24 + 5 für Pouzar. *Tore:* 0:1 (4.) Schnöll (Duris), 0:2 (26.) McNeil (Hardy/Spry), 1:2 (28.) Franz (5:4), 2:2 (31.) Kretschmer (Höfner – 4:4), 2:3 (33.) Hardy (Duris/Hospodar), 3:3 (42.) Reil (Blum), 4:3 (42.) Reil (Kretschmer – 4:3), 5:3 (44.) Merkosky (Fischer – 5:4), 6:3 (59.) Berwanger (Blum), 7:3 (60.) Franz (Berwanger), 8:3 (60.) Reindl (Höfner).

Eintracht Frankfurt – EV Landshut 3:2
Eintracht Frankfurt: Zankl (2) – Denisiuk (3), Potz (2), Mucha (2), Mokros (3), Sinner (2), Forster (3) – Pöpel (3), Langlois (3), Erhardt (3), Hiemer (3), Egen (2), Baier (3), Werner (3), H. Birk (3), K. Birk (3), Adams (3). *EV Landshut:* Englbrecht (2) – Wagner (3), Gandorfer (2), Seyller (3), Naud (2), Auhuber (3), Murray (0) – Kopta (3), Kühnhackl (3), Poner (3), Brittig (3), O'Regan (3), Truntschka (3), Eder (3), Lupzig (3), Hirtreiter (3), Cummins (3). *Zuschauer:* 6000 (ausverkauft). *Schiedsrichter:* Schimki (Berlin). *Strafminuten:* Frankfurt 6, Landshut 10. *Tore:* 0:1 (6.) Truntschka (O'Regan), 1:1 (9.) Forster (Erhard/H. Birk – 4:4), 1:2 (47.) Brittig (Naud – 5:4), 2:2 (50.) H. Birk (Mokros/Egen – 5:4), 3:2 (58.) H. Birk.

---

16. Spieltag

SB Rosenheim – Düsseldorfer EG 3:5
SB Rosenheim: Friesen (2) – Reil (2), Fischer (3), Blum (3), Kretschmer (2), Maidl (3). – Reindl (3), Höfner (3), Merkosky (5), Ahne (3), Berwanger (3), Franz (3), Trattner (3), Pohl (3), Schädler (3), Schiffl (3). *Düsseldorfer EG:* Heiß (1) – Hiemer (2), Nieder-
berger (2), Amann (3), Topolinsky (3) – Lee (2), Valentine (3), Nentvich (3), Krueger (3), Wolf (2), Smicek (3), Roedger (3), Kasper (3), Maj (3). *Zuschauer:* 5000. *Schiedsrichter:* Erhard (Hohenfurch). *Tore:* Rosenheim 8, Düsseldorf 8. *Tore:* 1:0 (2.) Ahne (Fischer), 1:1 (4.) Lee (Valentine/Nentwich), 2:1 (18.) Reil (Kretschmer – 5:4), 2:2 (26.) 1:2 (Niederberger/Valentine), 2:3 (32.) Wolf (4:4), 2:4 (38.) Hiemer (Lee/Valentine), 3:4 (52.) Blum (Ahne/Franz), 3:5 (60.) Wolf (Valentine – 5:6).

EV Landshut – Mannheimer ERC 3:8
EV Landshut: Englbrecht (3) – Seyller (4), Naud (3), Auhuber (3), Gandorfer (2), Wagner (3), Murray (5) – Schinko (3), O'Regan (3), Truntschka (2), Poner (4), Kühnhackl (4), Brittig (3), Eder (3), Lupzig (3), Hirtreiter (3). *Mannheimer ERC:* Schlickenrieder (2) – Kreis (2), Eggerbauer (4), Raubal (3), Oswald (4), Raubal (-), Obresa (3), Holzmann (4), Messier (2), Volland (3), Silk (2), Jonkhans (2), Kuhl (2), Draisaitl (3), Schiller (3). *Zuschauer:* 4500. *Schiedsrichter:* Barnet (Rosenheim). *Strafminuten:* Landshut 8, Mannheim 14. *Tore:* 1:0 (1.) Truntschka (O'Regan), 1:1 (4.) Kuhl (Kreis/Schiller – 4:3), 1:2 (5.) Silk (Messier/Kreis – 5:4), 2:2 (23.) Hirtreiter (Poner/Kühnhackl), 2:3 (26.) Silk (Hanft), 2:4 (36.) Silk (Kuhl/Raubal), 3:4 (38.) Truntschka (Naud/Seyller – 5:4), 3:5 (38.) Hanft (Jonkhans), 3:6 (47.) Obresa (Messier), 3:7 (52.) Jonkhans (Volland/Silk), 3:8 (58.) Kuhl (Draisaitl/Raubal).

Eintracht Frankfurt – BSC Preussen 3:1
Eintracht Frankfurt: Zankl (2) – Sinner (3), Denisiuk (3), Mucha (2), Mokros (2), Forster (3), Potz (2) – Pöpel (3), Langlois (3), Erhardt (3), Hiemer (3), Egen (2), Adams (3), Werner (3), H. Birk (3), K. Birk (3), Baier (0). *Berliner SC Preussen:* Habnitt (3) – Schirmer (3), Steer (3), Müller (3), Grzesiczek (0), Rentzsch (0), Fliegauf (3) – Tabor (3), Brockmann (3), Attwell (3), Jaworowski (3), Zabawa (3), Kammerer (3), Sochatzky (3), Wasserek (3), Gotsch (3), Vogel (3), Reiß (0). *Zuschauer:* 6000 (ausverkauft). *Schiedsrichter:* Radosai (Landshut). *Strafminuten:* Frankfurt 4, Berlin 6. *Tore:* 1:0 (16.) Pöpel (Erhardt/Potz), 2:0 (16.) Hiemer (Egen), 2:1 (18.) Vogel (-5:4), 3:1 (31.) Erhardt (H. Birk – 4:5).

ESV Kaufbeuren – ERC Schwenningen 3:1
ESV Kaufbeuren: Hölzel (2) – Medicus (1), Micheller (3), Schuster (3), Steinecker (3), Dropmann (3), Reuter (3) – Kauer (3), Mörz (3), Adam (3), Richter (2), Holy (3), Schneider (3), Römer (3), Heckelmüller (2), Riefler (3), Vanik (3). *ERC Schwenningen:* Hoppe (1) – Dietrich (3), Königer (3), Altmann (3), Schubert (3) – Willmann (3), Currie (3), Lay (3), Kirchmaier (3), Fritz (2), Sternkopf (3), Brousek (3), Deiter (3). *Zuschauer:* 3000. *Schiedsrichter:* Böhm (Landshut). *Strafminuten:* Kaufbeuren 6, Schwenningen 12. *Tore:* 1:0 (6.) Medicus (Mörz), 1:1 (16.) Lay (Currie – 5:4), 2:1 (51.) Adam (Richter), 3:1 (60.) Adam (Holy/Richter).

ECD Iserlohn – Kölner EC 2:3
ECD Iserlohn: Fous (2) – Duris (4), Spry (2), Gailer (3), Olson (4), Hospodar (3) – Malo (3), Bruce (3), Pouzar (1), Held (2), McNeil (3), Hardy (3), Prokes (2), Lechl (3), Schnöll (3), Schwindt (3). *Kölner EC:* Beeck (3) – Kießling (2), Pokorny (3), Sterflinger (3), Thornbury (3), Kühn (3), Romberg (3), Truntschka (2), Gröger (3), Steiger (3), Berry (1), Nicholas (2), Sikora (2). *Zuschauer:* 3821. *Schiedsrichter:* Kompalla (Krefeld). *Strafminuten:* Iserlohn 4, Köln 8. *Tore:* 0:1 (5.) Hegen (Kießling/Sikora – 3:5), 0:2 (20.) Nicholas (Steiger), 1:2 (40.) Pouzar (McNeil), 1:3 (46.) Berry (Steiger), 2:3 (47.) Pouzar (Bruce/Olson).

---

17. Spieltag

Düsseldorfer EG – ESV Kaufbeuren 7:3
Düsseldorfer EG: Heiß (2), ab 28. Bornträger (2) – Niederberger (2), Hiemer (2), Topolnisky (2), Amann (3), Schmidt (2) – Lee (2), Valentine (1), Nentvich (3), Krueger (3), Wolf (2), Maj (3), Roed-

143

ger (3), Kasper (3), Brenner (3), Smicek (3). *ESV Kaufbeuren:* Hölzel (3), ab 28. Hegen (2) – Medicus (3), Micheller (3), Steinecker (3), Schuster (2), Dropmann (4), Reuter (3) – Adam (3), Mörz (3), Kauer (4), Schneider (4), Holy (3), Richter (3), Römer (4), Heckelsmüller (3), Vanik (3). *Zuschauer:* 10400. *Schiedsrichter:* Kompalla (Krefeld). *Strafminuten:* Düsseldorf 10, Kaufbeuren 8. *Tore:* 1:0 (8.) Valentine (Lee), 2:0 (17.) Wolf (Krueger/Maj), 3:0 (22.) Wolf (Krueger/Maj), 4:0 (25.) Hiemer (Lee), 5:0 (27.) Roedger (Brenner), 5:1 (28.) Schuster (Richter/Heckelmüller), 5:2 (29.) Adam (Mörz), 5:3 (38.) Holy, 6:3 (44.) Valentine (Hiemer/Niedenberger – 5:4), 7:3 (58.) Valentine (Nentvich).

Berliner SC Preussen – EV Landshut 5:0
Berliner SC Preussen: Habnitt (2) – Müller (2), Steer (2), Schirmer (4), Fliegauf (3), Rentzsch (3) – Jaworowski (4), Wasserek (3), Gotsch (3), Vogel (3), Sochatzky (3), Kammerer (4), Reiß (2), Tabor (4), Brockmann (4), Attwell (3). *EV Landshut:* Englbrecht (4), 7.–10. Kontny (0) – Auhuber (3), Wagner (4), Seyller (4), Naud (4), Gandorfer (3), Murray (4) – Poner (4), Kühnhackl (3), Brittig (4), Schinko (4), O'Regan (4), Truntschka (3), Hirtreiter (4), Lupzig (4), Eder (4), Feistl (4), Abstreiter (4), Steiger (4). *Zuschauer:* 4543. *Schiedsrichter:* Schlimme (Krefeld). *Strafminuten:* Berlin 8, Landshut 10. *Tore:* 1:0 (3.) Sochatzky (Fliegauf/Vogel), 2:0 (7.) Brockmann (Tabor), 3:0 (8.) Vogel (Reiß/Sochatzky), 4:0 (21.) Wasserek (Gotsch/Steer), 5:0 (27.) Gotsch (Jaworowski).

ERC Schwenningen – Eintracht Frankfurt 9:4
ERC Schwenningen: Hoppe (3) – Dietrich (2), Königer (3), Altmann (3), Schubert (2), Bürk (3), Maier (0) – Lay (2), Currie (2), Stejskal (3), Willmann (3), Brousek (3), Sternkopf (3), Kirchmaier (3), Deiter (3). *Eintracht Frankfurt:* Zankl (4), 14.–23. Schmidt (5) – Sinner (3), Denisiuk (4), Mucha (3), Mokros (3), Potz (4), Göbel (0) – Pöpel (3), Langlois (3), Erhardt (4), Hiemer (3), Egen (3), Adams (3), K. Birk (4), H. Birk (3), Werner (4), Baier (4). *Zuschauer:* 3600. *Schiedsrichter:* Erhard (Hohenfurch). *Strafminuten:* Schwenningen 16, Frankfurt 18. *Tore:* 1:0 (9.) Schubert (Willmann/Dietrich – 3:3), 2:0 (12.) Brousek (Stejskal), 3:0 (13.) Sternkopf (Currie), 4:0 (14.) Brousek (Kirchmaier), 5:0 (15.) Lay (Currie), 6:0 (18.) Lay, 6:1 (21.) Sinner (Langlois/Erhardt – 4:4), 7:1 (23.) Sternkopf (Currie), 8:1 (30.) Currie (Dietrich – 5:3), 8:2 (42.) Langlois (Pöpel), 9:2 (42.) Deiter (Currie/Altmann), 9:3 (48.) Pöpel (Potz – 5:4), 9:4 (53.) Denisiuk (Langlois).

Kölner EC – SB Rosenheim 4:4
Kölner EC: Beeck (3) – Kießling (4), Pokorny (4), Thornbury (2), R. Sterflinger (2), Romberg (4), Kühn (3) – Sikora (3), Truntschka (3), Gröger (4), Steiger (2), Berry (1), Nicholas (2), Schmid (3), Hegen (2), Meitinger (3). *SB Rosenheim:* Friesen (1) – Blum (3), Reil (3), Fischer (1), Schiffl (4), Kretschmer (4), Maidl (3) – Reindl (4), Höfner (2), T. Sterflinger (4), Ahne (4), Berwanger (4), Franz (4), Trattner (4), Pohl (3), Schädler (4). *Zuschauer:* 6000. *Schiedsrichter:* Schnieder (Iserlohn). *Strafminuten:* Köln 16, Rosenheim 20 + 10 Disziplinarstrafe gegen Berwanger. *Tore:* 1:0 (8.) Meitinger (Thornbury/Schmid), 2:0 (13.) Schmid (Meitinger/Hegen), 2:1 (18.) Reindl (Schiffl/Blum – 5:4), 3:1 (22.) R. Sterflinger (Steiger/Nicholas – 5:3), 3:2 (30.) Ahne (Fischer/Kretschmer – 5:4), 3:3 (38.) Reindl (Blum/Höfner – 4:4), 4:3 (49.) Sikora (R. Sterflinger/Berry – 5:4), 4:4 (60.) Blum (Höfner/Fischer – 6:5).

Mannheimer ERC – ECD Iserlohn 6:4
Mannheimer ERC: Schlickenrieder (2) – Kreis (2), Eggerbauer (2), Raubal (2), Klaus (2), Hanft (2), Oswald (4) – Obresa (2), Holzmann (3), Messier (3), Jonkhans (2), Silk (2), Volland (3), Kuhl (2), Draisaitl (1), Schiller (2). *ECD Iserlohn:* Fous (1) – Gailer (2), Olson (3), Spry (3), Duris (3), Hospodar (3) – Malo (4), Bruce (3), Pouzar (3), Held (4), Hardy (4), Schnöll (3), Lechl (3), Schwindt (3), Simon (3). *Zuschauer:* 5500. *Schiedsrichter:* Ondertoller (Geretsried). *Strafminuten:* Mannheim 2 + 10 Disziplinarstrafe für Holzmann, Iserlohn 6. *Tore:* 1:0 (1.)

Messier (Kreis), 2:0 (4.) Obresa (Kreis/Messier), 2:1 (5.) Held (Hardy), 3:1 (20.) Silk, 4:1 (28.) Draisaitl (Kuhl/Schiller), 4:2 (41.) Olson (Pouzar/Malo), 4:3 (43.) Simon (Schnöll/Olson), 5:3 (51.) Draisaitl (Messier/Kuhl – 5:4), 5:4 (53.) Hardy, 6:4 (54.) Kuhl (Draisaitl/Schiller).

18. Spieltag

ESV Kaufbeuren – BSC Preussen 5:3
ESV Kaufbeuren: Hegen (3), ab 13. Hölzel (1) – Medicus (2), Micheller (4), Schuster (3), Steinecker (2), Dropmann (3), Reuter (3) – Adam (2), Mörz (2), Kauer (3), Schneider (3), Holy (3), Richter (1), Riefler (2), Heckelmüller (3), Vanik (3), Römer (3). *Berliner SC Preussen:* Habnitt (2) – Schirmer (4), Steer (3), Müller (3), Fliegauf (3) – Attwell (2), Brockmann (3), Kammerer (4), Jaworowski (3), Wasserek (3), Gotsch (3), Vogel (4), Sochatzky (3), Reiß (3). *Zuschauer:* 2500. *Schiedsrichter:* Barnet (Rosenheim). *Strafminuten:* Kaufbeuren 10, Berlin 18 + 10 Disziplinarstrafe für Wasserek. *Tore:* 0:1 Attwell (Brockmann/Kammerer), 0:2 (13.) Attwell (Brockmann/Kammerer), 1:2 (15.) Richter (Steinecker), 1:3 (16.) Kammerer, 2:3 (17.) Richter (Riefler/Schuster), 3:3 (22.) Schneider (Richter/Holy), 4:3 (38.) Medicus (Holy), 5:3 (40.) Steinecker (Schuster/Mörz – 4:3).

Eintracht Frankfurt – Mannheimer ERC 3:7
Eintracht Frankfurt: Zankl (5) – Sinner (3), Denisiuk (4), Mucha (3), Mokros (3), Forster (3), Potz (4) – Pöpel (3), Langlois (2), Erhardt (4), Hiemer (3), Egen (3), H. Birk (3), Baier (4), Werner (4), Adams (4), K. Birk (0). *Mannheimer ERC:* Schlickenrieder (2) – Klaus (3), Raubal (4), Kreis (1), Eggerbauer (2), Hanft (2), Oswald (3) – Volland (2), Silk (1), Jonkhans (2), Obresa (2), Holzmann (1), Messier (3), Kuhl (2), Draisaitl (3), Schiller (2). *Zuschauer:* 6000 (ausverkauft). *Schiedsrichter:* Peißenberg). *Strafminuten:* Frankfurt 4, Mannheim 8. *Tore:* 1:0 (1.) Langlois (Sinner), 1:1 (9.) Draisaitl (Schiller/Kuhl), 1:2 (11.) Holzmann (Messier/Obresa), 1:3 (26.) Silk (Volland/Klaus), 1:4 (36.) Silk (Klaus/Hanft), 1:5 (40.) Messier (Volland/Hanft – 5:4), 2:5 (42.) H. Birk (Mokros/Hiemer), 2:6 (45.) Volland (Holzmann), 3:6 (47.) Langlois (Potz/Pöpel), 3:7 (57.) Holzmann (Kreis/Messier).

EV Landshut – Kölner EC 8:5
EV Landshut: Englbrecht (3) – Auhuber (3), Wagner (3), Seyller (3), Naud (3), Gandorfer (3) – Poner (3), Kühnhackl (3), Brittig (3), Schinko (3), O'Regan (3), B. Truntschka (2), Lupzig (3), Kopta (3), E. Steiger (3). *Kölner EC:* Beeck (3) – Kießling (3), Pokorny (3), Thornbury (4), Sterflinger (3), Romberg (3), Kühn (4) – Sikora (3), G. Truntschka (3), Hegen (3), H. Steiger (3), Berry (3), Nicholas (2), Schmid (3), Brandl (3), Meitinger (4). *Zuschauer:* 4800. *Schiedsrichter:* Erhard (Hohenfurch). *Strafminuten:* Landshut 14, Köln 10 + 10 Disziplinarstrafe für Kießling. *Tore:* 1:0 (4.) Kopta (Steiger/Lupzig), 2:0 (12.) O'Regan (5:4), 2:1 (16.) Hegen (Truntschka/Sikora), 3:1 (26.) O'Regan (Steiger – 5:4), 4:1 (29.) Kühnhackl (Auhuber), 4:2 (32.) Romberg (Berry), 5:2 (33.) Naud (4:4), 5:3 (37.) Meitinger (Truntschka), 6:3 (38.) Schinko (O'Regan), 7:3 (51.) O'Regan (Schinko), 7:4 (52.) Schmid (Truntschka), 8:4 (58.) Nicholas (Truntschka/Thornbury – 5:4).

SB Rosenheim – ERC Schwenningen 5:1
SB Rosenheim: Friesen (2) – Reil (2), Blum (3), Fischer (2), Schiffl (3), Kretschmer (3), Maidl (3) – Reindl (3), Höfner (3), Sterflinger (4), Ahne (2), Berwanger (3), Franz (2), Trattner (3), Pohl (3), Schädler (3). *ERC Schwenningen:* Hoppe (2) – Dietrich (3), Königer (3), Altmann (3), Schubert (3), Bürk (3) – Lay (3), Currie (3), Stejskal (3), Willmann (4), Sternkopf (3), Brousek (3), Deiter (3). *Zuschauer:* 1800. *Schiedsrichter:* Penz (Kaufbeuren). *Strafminuten:* Rosenheim 8, Schwenningen 8. *Tore:* 1:0 (24.) Ahne (Fischer/Franz – 5:4), 2:0 (31.) Schiffl (Ahne/Berwanger), 3:0 (39.) Franz (Kretschmer/Berwanger), 4:0 (54.) Höfner (Kretschmer – 3:4),

5:0 (56.) Pohl (Ahne/Franz), 5:1 (58.) Schubert (Currie).

ECD Iserlohn – Düsseldorfer EG 8:5
ECD Iserlohn: Fous (2) – Duris (3), Spry (4) – Hospodar (3), Olson (3) – Malo (3), Bruce (2), Pouzar (2), Held (2), McNeil (2), Hardy (2), Schwindt (4), Lechl (3), Schnöll (2), Simon (3). *Düsseldorfer EG:* Bornträger (3) – Hiemer (0), Niederberger (2), Amann (4), Topolnisky (3), Schmidt (3) – Lee (3), Valentine (2), Nentvich (3), Krueger (3), Kasper (3), Brenner (4), Roedger (3), Wolf (2), Maj (4). *Zuschauer:* 4300 (ausverkauft). *Schiedsrichter:* Schlimme (Krefeld). *Strafminuten:* Iserlohn 4, Düsseldorf 8. *Tore:* 0:1 (6.) Hiemer (Valentine), 1:1 (17.) Held (Hospodar/Olson), 1:2 (22.) Valentine (Wolf), 2:2 (25.) Duris (Bruce), 2:3 (32.) Krueger (Maj/Wolf), 2:4 (34.) Roedger (Kasper/Brenner), 2:5 (34.) Wolf (Krueger), 3:5 (44.) Lechl (Simon/Spry), 4:5 (44.) Hardy (Held/McNeil), 5:5 (45.) Duris (Pouzar/Spry), 6:5 (46.) Pouzar (Malo/Bruce), 7:5 (53.) McNeil (Held), 8:5 (60.) McNeil (Held/Hardy).

19. Spieltag

Mannheimer ERC – Düsseldorfer EG 4:3
Mannheimer ERC: Schlickenrieder (1) – Klaus (3), Hanft (2), Kreis (1), Eggerbauer (2), Oswald (3) – Obresa (2), Holzmann (1), Messier (3), Jonkhans (2), Silk (4), Volland (3), Kuhl (2), Draisaitl (3), Schiller (2). *Düsseldorfer EG:* Bornträger (2) – Niederberger (2), Amann (4), Hiemer (3), Schmidt (2), Topolnisky (3) – Lee (3), Valentine (1), Brenner (3), Krueger (3), Kasper (3), Smicek (3), Roedger (3), Wolf (2), Maj (3). *Zuschauer:* 8500 (ausverkauft). *Schiedsrichter:* Schimki (Berlin). *Strafminuten:* Mannheim 6, Düsseldorf 10. *Tore:* 1:0 (3.) Draisaitl (Schiller), 1:1 (13.) Valentine (Hiemer/Brenner), 1:2 (18.) Maj (Krueger/Amann), 2:2 (21.) Messier (Obresa), 3:2 (33.) Valentine (Lee), 3:3 (40.) Holzmann (Obresa – 5:4), 4:3 (44.) Holzmann (Silk/Kreis).

ECD Iserlohn – BSC Preussen 10:4
ECD Iserlohn: Fous (2) ab 41. Meister (3) – Duris (2), Spry (2), Olson (3), Hospodar (3), Fonso (3) – Malo (2), Bruce (2), Pouzar (2), Held (2), McNeil (2), Hardy (2), Schwindt (3), Lechl (2), Schnöll (3), Simon (2). *Berliner SC Preussen:* Habnitt (4) – Schirmer (4), Steer (4), Müller (3), Fliegauf (3), Rentzsch (4) – Attwell (4), Brockmann (4), Kammerer (4), Jaworowski (3), Vogel (4), Gotsch (3), Sochatzky (4), Wasserek (4), Reiß (4), Zabawa (4), Tabor (5). *Zuschauer:* 2648. *Schiedsrichter:* Vogt (Moers). *Strafminuten:* Iserlohn 6, Berlin 4. *Tore:* 1:0 (6.) Hardy (McNeil/Held), 2:0 (6.) Malo (Spry/Bruce), 3:0 (10.) Malo (Pouzar/Olson), 4:0 (11.) Hardy (Duris), 5:0 (12.) Held (Hospodar), 5:1 (16.) Fliegauf (Sochatzky/Attwell), 6:1 (25.) Duris (Bruce/Pouzar), 7:1 (31.) Pouzar (Bruce – 4:5), 7:2 (33.) Kammerer (Fliegauf/Brockmann), 8:2 (47.) Pouzar (Malo/Bruce), 9:2 (49.) Pouzar (Lechl/Simon), 10:2 (54.) McNeil (Held/Hardy – 5:4), 10.3 (55.) Wasserek (Gotsch), 10:4 (56.) Attwell (Kammerer/Brockmann).

SB Rosenheim – Eintracht Frankfurt 4:2
SB Rosenheim: Friesen (2) – Blum (2), Reil (2), Fischer (1), Schiffl (2), Kretschmer (2), Maidl (2) – Reindl (3), Höfner (2), Sterflinger (4), Ahne (2), Berwanger (3), Franz (2), Trattner (3), Pohl (3), Schädler (4). *Eintracht Frankfurt:* Zankl (4) – Sinner (3), Denisiuk (4), Mucha (3), Mokros (3), Potz (3) – Pöpel (3), Langlois (3), Erhardt (3), Hiemer (3), Egen (3), Adams (3), H. Birk (3), Werner (4), Forster (4). *Zuschauer:* 3000. *Schiedsrichter:* Böhm (Landshut). *Strafminuten:* Rosenheim 12, Frankfurt 12. *Tore:* 1:0 (8.) Berwanger (Ahne/Fischer – 5:4), 2:0 (22.) Fischer (Ahne/Berwanger), 3:0 (26.) Fischer (Berwanger/Franz), 3:1 (38.) Werner (Potz/Forster), 4:1 (51.) Franz (Höfner/Pohl – 4:5), 4:2 (55.) Egen.

EV Landshut – ESV Kaufbeuren 5:1
EV Landshut: Englbrecht (2) – Auhuber (3), Wagner (2), Seyller (3), Naud (1), Gandorfer (3) – Poner (3),

Kühnhackl (2), Brittig (2), Schinko (2), O'Regan (3), Truntschka (2), Lupzig (3), Steiger (2), Kopta (3). *ESV Kaufbeuren:* Hölzel (3) – Medicus (3), Micheller (3), Schuster, Steinecker (3), Dropmann (3), Reuter (3) – Kauer (3), Mörz (3), Adam (3), Schneider (3), Holy (3), Richter (3), Riefler (3), Römer (3), Vanik (3), Svejda (0). *Zuschauer:* 3500. *Schiedsrichter:* Welles (Miesbach). *Strafminuten:* Landshut 12, Kaufbeuren 8. *Tore:* 0:1 (4.) Adam, 1:1 (18.) Truntschka (Naud/Seyller), 2:1 (34.) Brittig (Naud/Steiger – 5:4), 3:1 (52.) Naud (Poner), 4:1 (53.) Naud (Truntschka), 5:1 (60.) Brittig (Wagner/Kühnhackl).

Kölner EC – ERC Schwenningen 12:3

Kölner EC: Beeck (3) – Thornbury (3), Sterflinger (3), Kießling (2), Pokorny (3), Romberg (3), Kühn (3) – Steiger (2), Berry (3), Nicholas (3), Sikora (2), Truntschka (3), Hegen (1), Schmid (2), Brandl (3), Meitinger (2), Ledock (3), Köpf (3). *ERC Schwenningen:* Hoppe (2) – Dietrich (3), Königer (4), Altmann (4), Schubert (4), Bürk (0) – Lay (3), Currie (3), Brousek (4), Willmann (3), Sternkopf (3), Kirchmaier (4), Stejskal (4), Deiter (4), Ott (4). *Zuschauer:* 4500. *Schiedsrichter:* Schlimme (Krefeld). *Strafminuten:* Köln 2, Schwenningen 4. *Tore:* 1:0 (7.) Kießling (Hegen), 2:0 (16.) Hegen (Pokorny/Truntschka), 3:0 (18.) Romberg (Meitinger/Schmid), 4:0 (19.) Hegen (Steiger/Berry), 5:0 (21.) Steiger (Nicholas/Berry), 6:0 (21.) Sikora (Hegen), 6:1 (31.) Stejskal (Dietrich/Brousek), 6:2 (32.) Sternkopf (Willmann/Schubert), 7:2 (32.) Steiger (Nicholas/Berry), 8:2 (35.) Kießling (Sikora/Hegen), 9:2 (38.) Sikora (Hegen/Truntschka – 5:4), 10:2 (39.) Truntschka (Sikora/Hegen), 11:2 (49.) Meitinger, 11:3 (53.) Deiter (Brousek), 12:3 (53.) Truntschka (Köpf/Kießling).

20. Spieltag

ESV Kaufbeuren – Mannheimer ERC 7:2

ESV Kaufbeuren: Hölzel (1) – Medicus (1), Dropmann (3), Micheller (2), Schuster (3), Reuter (2) – Adam (3), Mörz (1), Kauer (3), Schneider (2), Holy (0), Richter (1), Riefler (2), Römer (2), Vanik (3), Svejda (3). *Mannheimer ERC:* Schlickenrieder (3) – Kreis (3), Eggerbauer (3), Raubal (3), Klaus (4), Hanft (4), Oswald (3) – Obresa (3), Holzmann (2), Messier (3), Kuhl (3), Draisaitl (3), Silk (3), Volland (3), Jonkhans (3). *Zuschauer:* 4600. *Schiedsrichter:* Radosai (Landshut). *Strafminuten:* Kaufbeuren 10, Mannheim 22 + je 10 Disziplinarstrafe für Schlickenrieder und Silk. *Tore:* 1:0 (6.) Adam (Mörz/Riefler – 5:4), 1:1 (8.) Kuhl (Schiller/Draisaitl), 2:1 (21.) Medicus (Mörz – 4:4), 3:1 (27.) Richter (Mörz/Medicus – 5:4), 3:2 (41.) Holzmann (Kreis/Obresa), 4:2 (51.) Micheller (Medicus/Mörz – 5:4), 5:2 (53.) Mörz (Holy/Medicus – 4:3), 6:2 (54.) Richter (Schneider – 5:4), 7:2 (59.) Schuster (Riefler/Vanik).

Düsseldorfer EG – EV Landshut 4:2

Düsseldorfer EG: Bornträger (1) – Hiemer (2), Schmidt (3), Niederberger (2), Amann (3) – Lee (3), Valentine (2), Brenner (3), Krueger (3), Wolf (2), Maj (3), Roedger (3), Kasper (3), Cazacu (3), Smicek (0). *EV Landshut:* Englbrecht (2) – Seyller (3), Naud (3), Wagner (3), Auhuber (3), Murray (0) – Schinko (2), O'Regan (3), Truntschka (3), Poner (3), Kühnhackl (3), Brittig (3), Lupzig (3), Kopta (3), Steiger (3). *Zuschauer:* 10500 (ausverkauft). *Schiedsrichter:* Schneider (Iserlohn). *Strafminuten:* Düsseldorf 6, Landshut 8. *Tore:* 0:1 (17.) Brittig (Poner/Kühnhackl), 1:1 (18.) Valentine (Hiemer/Lee), 2:1 (27.) Hiemer (Krueger/Wolf), 2:2 (28.) Steiger, 3:2 (41.) Wolf (Krueger), 4:2 (55.) Krueger (Maj).

Eintracht Frankfurt – Kölner EC 1:5

Eintracht Frankfurt: Zankl (4) – Denisiuk (4), Sinner (4), Mucha (3), Mokros (3), Forster (4), Potz (4) – Pöpel (4), Langlois (4), Erhardt (4), Hiemer (3), Egen (3), H. Birk (3), K. Birk (4), Werner (4), Baier (4). *Kölner EC:* Beeck (3) – Thornbury (3), Sterflinger (3), Kießling (2), Ledock (3), Kühn (2), Romberg (3) – Steiger (2), Berry (3), Nicholas (3), Sikora (2), Truntschka (2), Köpf (2), Schmid (3), Hegen (3),

Meitinger (3). *Zuschauer:* 6000 (ausverkauft). *Schiedsrichter:* Ondertoller (Geretsried). *Strafminuten:* Frankfurt 14, Köln 14. *Tore:* 1:0 (14.) Mucha (Hiemer/Egen), 1:1 (27.) Berry (Sterflinger/Nicholas – 5:4), 1:2 (29.) Nicholas (Berry), 1:3 (30.) Kühn (Truntschka), 1:4 (42.) Hegen (Truntschka/Sikora), 1:5 (53.) Truntschka (Kießling/Meitinger).

ERC Schwenningen – ECD Iserlohn 6:2

ERC Schwenningen: Hoppe (1) – Dietrich (2), Königer (2), Altmann (2), Schubert (1), Bürk (3) – Lay (3), Currie (3), Brousek (1), Kirchmaier (2), Sternkopf (3), Willmann (1), Stejskal (3), Deiter (3), Ott (3). *ECD Iserlohn:* Fous (3) – Duris (3), Spry (3), Olson (3), Hospodar (3) – Malo (3), Bruce (3), Pouzar (2), Held (3), McNeil (3), Hardy (3), Schwindt (4), Prokes (3), Lechl (4), Schnöll (4). *Zuschauer:* 3200. *Schiedsrichter:* Tafertshofer (Peißenberg). *Strafminuten:* Schwenningen 6, Iserlohn 12. *Tore:* 1:0 (6.) Kirchmaier (Willmann/Dietrich – 5:4), 2:0 (8.) Ott (Stejskal/Schubert), 3:0 (17.) Brousek (Dietrich/Lay), 3:1 (34.) Pouzar (Bruce/Held), 4:1 (38.) Lay (Currie/Brousek), 5:1 (49.) Dietrich (Brousek/Königer), 5:2 (56.) Pouzar, 6:2 (57.) Currie (Dietrich/Schubert – 4:4).

BSC Preussen – SB Rosenheim 3:5

Berliner SC Preussen: Habnitt (2) – Steer (3), Schirmer (4), Fliegauf (3), Müller (3), Rentzsch (3) – Attwell (3), Brockmann (3), Kammerer (4), Reiß (4), Sochatzky (4), Jaworowski (3), Zabawa (3), Wasserek (3), Gotsch (4). *SB Rosenheim:* Friesen (2) – Reil (3), Blum (4), Kretschmer (3), Maidl (2) – Reindl (3), Höfner (3), Fischer (3), Ahne (3), Berwanger (3), Franz (3), Trattner (3), Pohl (4), Schädler (3). *Zuschauer:* 4800. *Schiedsrichter:* Penz (Kaufbeuren). *Strafminuten:* Berlin 12, Rosenheim 24 + 10 Disziplinarstrafe für Ahne. *Tore:* 0:1 (3.) Reindl (Höfner), 1:1 (10.) Zabawa (Gotsch), 2:1 (15.) Attwell (Fliegauf – 4:3), 3:1 (33.) Zabawa (Wasserek), 3:2 (35.) Maidl (Höfner), 3:3 (36.) Franz (Berwanger) 3:4 (42.) Kretschmer (Maidl), 3:5 (55.) Fischer (Höfner).

21. Spieltag

Mannheimer ERC – SB Rosenheim 1:3

Mannheimer ERC: Schlickenrieder (2) – Kreis (2), Eggerbauer (3), Klaus (4), Hanft (1), Oswald (4), Raubal (3) – Obresa (3), Holzmann (3), Messier (3), Jonkhans (3), Silk (0), Volland (3), Kuhl (3), Draisaitl (3), Schiller (3), Bleicher (3), Flemming (3). *SB Rosenheim:* Friesen (1) – Reil (2), Lutz (2), Schiffl (3), Blum (2), Kretschmer (0), Maidl (2) – Reindl (2), Höfner (2), Fischer (3), Ahne (2), Berwanger (2), Franz (3), Trattner (3), Pohl (2), Schädler (3). *Zuschauer:* 8500 (ausverkauft). *Strafminuten:* Mannheim 8 + Matchstrafe für Silk + 5 für Bleicher, Rosenheim 18 + Matchstrafe für Kretschmer + 5 für Schädler. *Tore:* 0:1 (5.) Fischer (Höfner/Reindl), 0:2 (28.) Fischer (Reindl), 0:3 (50.) Ahne (Berwanger/Franz), 1:3 (56.) Draisaitl (Schiller – 4:4).

Düsseldorfer EG – Kölner EC 4:4

Düsseldorfer EG: Bornträger (2) – Niederberger (2), Amann (2), Hiemer (2), Schmidt (3), Grefges (0) – Krueger (3), Wolf (1), Maj (3), Lee (3), Valentine (2), Brenner (2), Roedger (2), Kasper (3), Cazacu (3). *Kölner EC:* Beeck (2) – Kießling (1), Pokorny (2), Thornbury (2), Sterflinger (2), Kühn (3) – Sikora (1), Truntschka (3), Hegen (3), Steiger (2), Berry (3), Nicholas (3), Schmid (3), Brandl (2), Meitinger (2). *Zuschauer:* 10500 (ausverkauft). *Schiedsrichter:* Vogt (Moers). *Strafminuten:* Düsseldorf 16, Köln 14. *Tore:* 1:0 (2.) Brenner (Lee), 1:1 (3.) Sikora (Berry/Hegen), 2:1 (12.) Lee (Brenner/Valentine), 2:2 (13.) Sikora (Hegen), 3:2 (16.) Amann (Wolf/Maj – 4:4), 3:3 (22.) Berry (Sterflinger/Thornbury – 4:4), 4:3 (22.) Roedger (Wolf/Niederberger), 4:4 (48.) Kießling (Hegen – 4:5).

EV Landshut – ECD Iserlohn 9:5

EV Landshut: Englbrecht (3) – Seyller (3), Naud (1), Auhuber (3), Wagner (3), Gandorfer (2) – Schinko

(3), O'Regan (3), Truntschka (3), Poner (3), Kühnhackl (3), Brittig (3), Lupzig (3), Kopta (3), Steiger (3). *ECD Iserlohn:* Meister (4) – Olson (4), Hospodar (4), Spry (4), Pesut (4) – Malo (4), Bruce (3), Pouzar (3), Held (4), McNeil (3), Hardy (4), Schnöll (4), Lechl (4), Schwindt (4). *Zuschauer:* 3500. *Schiedsrichter:* Schimki (Berlin). *Strafminuten:* Landshut 2, Iserlohn 6. *Tore:* 0:1 (15.) Hardy (McNeil/Held), 1:1 (15.) Poner (Kühnhackl), 2:1 (18.) Naud (Kühnhackl – 5:4), 3:1 (24.) Naud (Steiger/Lupzig), 3:2 (24.) Bruce (Malo), 4:2 (26.) Poner (Brittig/Auhuber), 5:2 (26.) Gandorfer (Lupzig/Kopta), 6:2 (29.) Brittig (Kühnhackl), 6:3 (35.) Olson (Held/Hardy), 6:4 (37.) Schnöll (Schwindt), 7:4 (43.) Steiger, 8:4 (47.) Naud (Gandorfer/O'Regan), 9:4 (55.) Gandorfer (O'Regan/Truntschka), 9:5 (56.) Pouzar (Malo/Bruce).

ESV Kaufbeuren – Eintracht Frankfurt 9:3

ESV Kaufbeuren: Hölzel (3) – Medicus (3), Dropmann (3), Micheller (4), Schuster (2), Reuter (3) – Heckelsmüller (0), Mörz (3), Kauer (3), Schneider (3), Holy (1), Richter (3), Riefler (3), Römer (3), Vanik (3), Adam (0), Svejda (0). *Eintracht Frankfurt:* Zankl (3) – ab 15. Schmidt (3) – Mucha (3), Mokros (5), Sinner (3), Denisiuk (3), Forster (4), Potz (3) – Hiemer (3), Egen (3), H. Birk (3), Pöpel (3), Langlois (4), Erhardt (4), K. Birk (3), Werner (4), Baier (5). *Zuschauer:* 4200. *Schiedsrichter:* Tafertshofer (Peißenberg). *Strafminuten:* Kaufbeuren 12, Frankfurt 20. *Tore:* 1:0 (3.) Mörz (Medicus/Holy – 5:4), 2:0 (10.) Heckelsmüller (Mörz/Kauer), 3:0 (14.) Römer (Vanik/Riefler), 4:0 (15.) Schneider (Holy/Schuster), 5:0 (16.) Mörz (Kauer/Heckelsmüller), 5:1 (20.) Sinner (4:5), 6:1 (22.) Holy (Richter/Schuster), 7:1 (22.) Riefler (Medicus), 8:1 (27.) Holy (Schneider/Richter), 8:2 (32.) Forster (Langlois/Erhardt), 9:2 (40.) Schneider (Richter/Riefler), 9:3 (60.) Erhardt (Langlois/Pöpel).

BSC Preussen – ERC Schwenningen 2:4

Berliner SC Preussen: Habnitt (3) – Schirmer (4), Steer (4), Müller (4), Fliegauf (4), Rentzsch (4) – Attwell (4), Brockmann (3), Kammerer (4), Reiß (4), Sochatzky (4), Vogel (4), Gotsch (4), Wasserek (3), Zabawa (4), Jaworowski (0), Tabor (0). *ERC Schwenningen:* Hoppe (1) – Dietrich (4), Königer (3), Altmann (4), Schubert (4), Bürk (3) – Willmann (4), Currie (4), Fritz (3), Lay (3), Bukowski (3), Stejskal (4), Kirchmaier (4), Brousek (4), Sternkopf (3). *Zuschauer:* 4700. *Schiedsrichter:* Schneider (Iserlohn). *Strafminuten:* Berlin 12, Schwenningen 10 + 5 für Willmann. *Tore:* 1:0 (3.) Brockmann (Kammerer), 1:1 (28.) Königer (4:4), 1:2 (30.) Bukowski (Lay), 1:3 (44.) Willmann (Currie), 1:4 (49.) Dietrich (Currie), 2:4 (50.) Wasserek (Müller).

22. Spieltag

SB Rosenheim – EV Landshut 5:3

SB Rosenheim: Friesen (1) – Reil (2), Lutz (3), Blum (3), Maidl (3) – Reindl (3), Höfner (2), Fischer (1), Ahne (2), Berwanger (2), Franz (1), Trattner (3), Pohl (2), Schädler (3). *EV Landshut:* Englbrecht (2) ab 31. Kontny (3) – Seyller (3), Naud (3), Wagner (3), Gandorfer (3) – Poner (3), Kühnhackl (1), Brittig (2), Schinko (3), O'Regan (3), Truntschka (3), Lupzig (3), Kopta (3), Steiger (3). *Zuschauer:* 7300. *Schiedsrichter:* Ondertoller (Geretsried). *Strafminuten:* Rosenheim 30 + 5 für Reindl, Landshut 32 + 5 für Steiger. *Tore:* 1:0 (3.) Höfner (Franz/Lutz – 4:4), 1:1 (14.) Kühnhackl (Seyller/Gandorfer – 4:4), 2:1 (18.) Franz (4:4), 3:1 (27.) Reil (Fischer – 5:3), 4:1 (30.) Franz (Maidl/Pohl), 4:2 (31.) Kühnhackl (Brittig/Seyller), 4:3 (42.) Naud (Truntschka/Gandorfer – 5:4), 5:3 (53.) Fischer (4:4).

ERC Schwenningen – Mannheimer ERC 5:3

ERC Schwenningen: Hoppe (1) – Dietrich (2), Königer (1), Altmann (2), Schubert (2), Bürk (3) – Willmann, Currie, Fritz, Stejskal (3), Bukowski (2), Lay (3), Sternkopf (3), Brousek (2), Kirchmaier (3), Deiter (3). *Mannheimer ERC:* Schlickenrieder (3) – Kreis (1), Eggerbauer (3), Klaus (4), Raubal (4), Oswald (3), Hanft (2) – Obresa (3),

145

Holzmann (2), Messier (3), Kuhl (2), Draisaitl (3), Schiller (3), Flemming (4), Volland (4), Jonkhans (4). *Zuschauer:* 5000 (ausverkauft). *Schiedsrichter:* Böhm (Landshut). *Strafminuten:* Schwenningen 10, Mannheim 16. *Tore:* 1:0 (4.) Willmann (Currie), 1:1 (16.) Kreis (5:4), 1:2 (20.) Kreis (Holzmann/Eggerbauer – 4:5), 1:3 (30.) Hanft (Kuhl), 2:3 (33.) Willmann (Dietrich – 4:3), 3:3 (46.) Sternkopf (Kirchmaier), 4:3 (49.) Königer (Willmann/Currie – 4:4), 5:3 (51.) Deiter (Dietrich/Fritz).

ECD Iserlohn – ESV Kaufbeuren 6:2

ECD Iserlohn: Fous (2) – Spry (3), Duris (3), Hospodar (3), Olson (3), Pesut (3) – Malo (3), Bruce (3), Pouzar (2), Held (2), McNeil (1), Hardy (1), Simon (3), Prokes (3), Lechl (3). *ESV Kaufbeuren:* Hölzel (2), ab 25. Hegen (2) – Medicus (3), Dropmann (4), Schuster (3), Micheller (4), Reuter (4) – Adam (3), Mörz (3), Kauer (3), Schneider (3), Holy (2), Svejda (3), Riefler (3), Römer (3), Vanik (2). *Zuschauer:* 3011. *Schiedsrichter:* Schlimme (Krefeld). *Strafminuten:* Iserlohn 16, Kaufbeuren 8 + 10 Disziplinarstrafe für Medicus. *Tore:* 1:0 (1.) McNeil (Olson/Hardy), 1:1 (3.) Schneider (Schuster/Holy), 1:2 (4.) Vanik (Römer), 2:2 (22.) Held (McNeil/Hardy), 3:2 (23.) Pouzar (Malo/Bruce), 4:2 (36.) Hardy (Held/Duris), 5:2 (38.) Held (Hardy/McNeil), 6:2 (52.) Hardy (McNeil/Held).

Kölner EC – Berliner SC Preussen 5:0

Kölner EC: de Raaf (1) – Kießling (2), Pokorny (3), Thornbury (2), Sterflinger (2), Kühn (3) – Sikora (2), Truntschka (2), Hegen (2), Berry (2), Nicholas (2), Schmid (2), Brandl (3), Meitinger (3). *Berliner SC Preussen:* Merk (1) – Catterall (3), Steer (3), Panek (4), Fliegauf (4), Müller (4) – Tabor (4), Lupol (3), Kammerer (4), Jaworowski (3), Sochatzky (3), Vogel (3), Schirmer (4), Wasserek (3), Rentzsch (4). *Zuschauer:* 3500. *Schiedsrichter:* Schlimme (Krefeld). *Strafminuten:* Köln 4, Berlin 2. *Tore:* 1:0 (24.) Sikora (Hegen/Truntschka), 2:0 (29.) Meitinger (Schmid/Brandl), 3:0 (30.) Steiger (Kießling/Sterflinger), 4:0 (34.) Sikora (Truntschka/Sterflinger), 5:0 (40.) Kießling (Truntschka/Hegen).

Eintracht Frankfurt – Düsseldorfer EG 5:5

Eintracht Frankfurt: Schulz (3), ab 42. Zankl (2) – Forster (3), Denisiuk (4), Mucha (4), Mokros (2), Sinner (3), Potz (3) – Pöpel (3), Erhardt (5) H. Birk (3), J. Hiemer (3), Egen (1), Baier (2), Werner (4), Langlois (4), K. Birk (3). *Düsseldorfer EG:* Wünsche (2) – Schmidt (3), U. Hiemer (3), Amann (2), Niederberger (3), Topolnisky (3) – Lee (2), Valentine (3), Brenner (3), Lee (2), Valentine (3), Brenner (3), Roedger (4), Wolf (3), Krueger (2), Cazacu (3), Kasper (4), Maj (3), Nentvich (3). *Zuschauer:* 5800. *Schiedsrichter:* Barnet (Rosenheim). *Strafminuten:* Frankfurt 12, Düsseldorf 16. *Tore:* 1:0 (5.) Egen (Hiemer/Mokros), 2:0 (9.) Egen (Mucha) 2:0 (12.) J. Hiemer (Mucha/Mokros), 3:1 (20.) Krueger, 3:2 (26.) Lee (4:5), 4:2 (28.) Mucha (Mokros/Erhardt – 5:4), 4:3 (30.) U. Hiemer (Lee/Valentine), 4:4 (30.) Maj (Krueger), 4:5 (42.) Niederberger (Krueger/Wolf), 5:5 (48.) Erhardt (Pöpel/Forster).

23. Spieltag

SB Rosenheim – Kölner EC 5:3

SB Rosenheim: Friesen (1) – Reil (2), Lutz (3), Blum (2), Maidl (2) – Reindl (4), Höfner (1), Fischer (1), Ahne (1), Berwanger (2), Franz (3), Sterflinger (3), Pohl (2), Hilger (3). *Kölner EC:* Beeck (3) ab 41. de Raaf (2) – Kießling (2), Pokorny (3), Thornbury (2), Sterflinger (2), Kühn (3), Romberg (3) – Sikora (3), Truntschka (2), Köpf (3), Steiger (3), Berry (2), Nicholas (2), Schmid (3), Hegen (2), Meitinger (2). *Zuschauer:* 6000. *Schiedsrichter:* Böhm (Landshut). *Strafminuten:* Rosenheim 8 + 5 für Höfner, Köln 12 + 5 für Steiger. *Tore:* 0:1 (9.) Meitinger (Schmid/Kühn), 1:1 (20.) Ahne, 1:2 (27.) Köpf (Pokorny), 2:2 (30.) Franz (Berwanger), 3:2 (36.) Fischer (Sterflinger/Pohl), 4:2 (39.) Höfner (Reindl/Fischer), 5:2 (46.) Reindl (Höfner/Fischer), 5:3 (57.) Truntschka (Meitinger/Kießling – 4:4).

ESV Kaufbeuren – Düsseldorfer EG 6:3

ESV Kaufbeuren: Hölzel (2) – Medicus (3), Dropmann (3), Micheller (2), Schuster (2), Reuter (3) – Adam (3), Mörz (2), Kauer (3), Schneider (2), Holy (2), Richter (1), Vanik (3), Römer (2), Riefler (2). *Düsseldorfer EG:* Bornträger (2) – Niederberger (3), Amann (3), Hiemer (3), Schmidt (4), Topolnisky (4) – Krueger (3), Wolf (3), Maj (5), Lee (3), Valentine (3), Nentvich (3), Roedger (3), Kasper (4), Cazacu (4), Brenner (0). *Zuschauer:* 4400. *Schiedsrichter:* Welles (Miesbach). *Strafminuten:* Kaufbeuren 8, Düsseldorf 22. *Tore:* 1:0 (11.) Holy (Richter/Mörz – 5:4), 2:0 (30.) Mörz, 3:0 (34.) Schneider (Richter/Holy – 5:4), 3:1 (35.) Niederberger (Valentine/Lee), 4:1 (38.) Richter, 5:1 (55.) Römer, 6:1 (56.) Schneider (Schuster), 6:2 (58.) Lee (Valentine/Schmidt), 6:3 (59.) Nentvich (Lee).

EV Landshut – Berliner SC Preussen 7:3

EV Landshut: Kontny (3) – Seyller (3), Naud (2), Gandorfer (3), Wagner (3), Murray (3) – Poner (3), Kühnhackl (3), Truntschka (3), Brittig (3), O'Regan (2), Steiger (2), Schinko (3), Lupzig (3), Kopta (3). *Berliner SC Preussen:* Habnitt (4) – Steer (3), Müller (4), Schirmer (4), Fliegauf (4), Rentzsch (4) – Zabawa (3), Wasserek (4), Gotsch (4), Attwell (3), Brockmann (4), Kammerer (4), Vogel (4), Sochatzky (3), Jaworowski (4), Tabor (4). *Zuschauer:* 2800. *Schiedsrichter:* Ondertoller (Geretsried). *Strafminuten:* Landshut 4, Berlin 4. *Tore:* 1:0 (5.) Wagner (O'Regan), 2:0 (11.) Kühnhackl (Truntschka/Seyller), 3:0 (12.) Steiger (O'Regan/Brittig), 3:1 (24.) Gotsch (Steer/Zabawa), 4:1 (27.) Kopta (O'Regan/Brittig), 5:1 (28.) Kühnhackl (Truntschka), 5:2 (28.) Sochatzky (Tabor/Vogel), 5:3 (38.) Zabawa (Gotsch/Jaworowski), 6:3 (49.) O'Regan (Steiger/Truntschka), 7:3 (51.) Steiger (O'Regan/Truntschka).

ECD Iserlohn – Mannheimer ERC 3:5

ECD Iserlohn: Fous (2) – Duris (3), Spry (3), Olson (4), Gailer (3), Pesut (3), Hospodar – Schnöll (4), Bruce (3), Pouzar (3), Held (4), McNeil (2), Hardy (3), Schwindt (4), Prokes (4), Lechl (3), Simon (3). *Mannheimer ERC:* Schlickenrieder (3) – Kreis (2), Eggerbauer (3), Klaus (3), Raubal (4), Oswald (3), Hanft (2) – Obresa (3), Holzmann (3), Messier (3), Kuhl (2), Draisaitl (3), Schiller (2), Volland (4), Bleicher (3), Jonkhans (3). *Zuschauer:* 3344. *Schiedsrichter:* Barnet (Rosenheim). *Strafminuten:* Iserlohn 6, Mannheim 6. *Tore:* 0:1 (7.) Eggerbauer (Kreis/Messier), 1:1 (13.) Pesut (Lechl/Schwindt), 1:2 (14.) Holzmann (Obresa), 2:2 (18.) Pouzar (Duris/Spry – 5:3), 2:3 (30.) Draisaitl (Oswald), 3:3 (36.) Held (McNeil/Gailer), 3:4 (37.) Schiller (Draisaitl/Hanft), 3:5 (44.) Schiller.

Eintracht Frankfurt – ERC Schwenningen 7:0

Eintracht Frankfurt: Zankl (1) – Forster (3), Denisiuk (3), Mucha (3), Mokros (3), Sinner (3), Potz (3) – Pöpel (3), Erhardt (4), H. Birk (1), Hiemer (3), Egen (2), Baier (2), Werner (3), Langlois (2), K. Birk (3). *ERC Schwenningen:* Hoppe (2) – Königer (3), Altmann (4), Schubert (4), Bürk (3) – Willmann (2), Currie (3), Fritz (3), Lay (5), Bukowski (5), Deiter (4), Kirchmaier (4), Brousek (4), Sternkopf (4), Stejskal (0). *Zuschauer:* 5800. *Schiedsrichter:* Vogt (Moers). *Strafminuten:* Frankfurt 22, Schwenningen 26 + 5 für Lay. *Tore:* 1:0 (23.) Langlois (Potz/Forster – 5:4), 2:0 (28.) Mokros (Egen – 5:4), 3:0 (44.) K. Birk (Langlois/Sinner), 4:0 (45.) Hiemer (Egen/Mucha), 5:0 (49.) Erhardt (Pöpel/Forster – 5:4) 6:0 (52.) H. Birk (Sinner/Erhardt – 5:3), 7:0 (53.) Mucha (H. Birk/Hiemer – 5:4).

24. Spieltag

ERC Schwenningen – ESV Kaufbeuren 3:3

ERC Schwenningen: Hoppe (2) – Dietrich (3), Königer (3), Altmann (4), Schubert (3), Bürk (3) – Willmann (3), Currie (3), Fritz (3), Stejskal (3), Bukowski (3), Lay (3), Sternkopf (3), Brousek (3), Kirchmaier (4). *ESV Kaufbeuren:* Hölzel (2) – Medicus (1), Dropmann (3), Micheller (2), Schuster (1), Reuter (3) – Schneider (3), Holy (2), Richter (2), Adam (4), Mörz (3), Kauer (4), Riefler (4), Römer (3), Vanik (3). *Zuschauer:* 4500. *Schiedsrichter:* Ondertoller (Geretsried). *Strafminuten:* Schwenningen 14, Kaufbeuren 14. *Tore:* 1:0 (9.) Stejskal (Lay/Bukowski), 2:0 (32.) Altmann (Lay/Bukowski – 4:4), 2:1 (32.) Richter (Holy/Schuster – 4:4), 2:2 (45.) Micheller (Römer/Vanik), 3:2 (56.) Fritz (Currie), 3:3 (60.) Mörz (Holy/Richter – 6:5).

Mannheimer ERC – EV Landshut 3:3

Mannheimer ERC: Schlickenrieder (2) – Kreis (2), Eggerbauer (2), Klaus (4), Hanft (4), Oswald (4), Raubal (4) – Holzmann (3), Obresa (2), Kuhl (2), Draisaitl (3), Schiller (1), Jonkhans (3), Bleicher (3), Volland (4). *EV Landshut:* Kontny (1) – Seyller (2), Naud (3), Gandorfer (3), Wagner (3), Murray (3) – Poner (4), Kühnhackl (2), Brittig (3), Truntschka (2), O'Regan (2), Steiger (2), Schinko (3), Lupzig (3), Kopta (3). *Zuschauer:* 7000. *Schiedsrichter:* Penz (Kaufbeuren). *Strafminuten:* Mannheim 10, Landshut 14. *Tore:* 1:0 (5.) Kuhl (Oswald), 1:1 (11.) O'Regan (Steiger), 1:2 (21.) Poner (Brittig/Kühnhackl), 2:2 (54.) Obresa (Messier/Kreis – 4:3), 2:3 (55.) Schiller (O'Regan – 5:4), 3:3 (56.) Schiller (Kuhl/Draisaitl).

Düsseldorfer EG – SB Rosenheim 3:4

Düsseldorfer EG: Bornträger (2) – Hiemer (3), Schmidt (2), Niederberger (4), Amann (3), Topolnisky (3) – Roedger (4), Wolf (3), Brenner (3), Lee (3), Valentine (3), Nentvich (3), Krueger (3), Kasper (3), Maj (3). *SB Rosenheim:* Friesen (1) – Reil (3), Lutz (3), Blum (2), Maidl (2) – Reindl (4), Höfner (1), Fischer (2), Ahne (2), Berwanger (0), Franz (3), Sterflinger (3), Pohl (2), Hilger (3). *Zuschauer:* 10500 (ausverkauft). *Schiedsrichter:* Ondertoller (Iserlohn). *Strafminuten:* Düsseldorf 6, Rosenheim 10. *Tore:* 1:0 (1.) Valentine (Roedger/Brenner), 1:1 (5.) Höfner (Ahne – 4:5), 1:2 (11.) Franz (Höfner/Ahne), 1:3 (47.) Pohl (Franz/Ahne), 2:3 (48.) Amann (Krueger/Maj), 3:3 (50.) Wolf (Valentine/Hiemer – 5:4), 3:4 (59.) Franz (Höfner/Ahne).

Kölner EC – ECD Iserlohn 3:3

Kölner EC: de Raaf (2) – Kießling (2), Pokorny (3), Thornbury (3), Sterflinger (3), Romberg (4), Kühn (3) – Sikora (2), Truntschka (2), Hegen (2), Steiger (3), Berry (3), Nicholas (3), Schmid (3), Brandl (3), Meitinger (3). *ECD Iserlohn:* Fous (1) – Duris (3), Spry (3), Pesut (3), Olson (3) – Lechl (4), Bruce (3), Pouzar (2), Held (3), McNeil (3), Hardy (3), Schwindt (4), Prokes (3), Lechl (4), Schnöll (4). *Zuschauer:* 5000. *Schiedsrichter:* Kompalla (Krefeld). *Strafminuten:* Köln 4, Iserlohn 14 + 10 Disziplinarstrafe für Held. *Tore:* 1:0 (1.) Hegen (Truntschka/Kießling), 1:1 (19.) Held (Prokes), 1:2 (26.) Pesut, 2:2 (30.) Sikora (Truntschka/Hegen), 2:3 (31.) Pouzar (Duris), 3:3 (58.) Sterflinger (5:3).

BSC Preussen – Eintracht Frankfurt 2:11

Berliner SC Preussen: Habnitt (4), ab 15. Enge (3) – Steer (4), Müller (4), Fliegauf (4), Rentzsch (4), Schirmer (4), Vogel (3), Sochatzky (3), Tabor (4), Kammerer (4), Wasserek (4), Attwell (3), Jaworowski (4), Zabawa (3), Gotsch (3). *Eintracht Frankfurt:* Zankl (3) – Forster (3), Denisiuk (3), Mokros (3), Potz (3), Sinner (3) – Pöpel (3), H. Birk (3), Erhardt (3), Hiemer (3), Egen (1), Baier (3), K. Birk (3), Langlois (3), Werner (3). *Zuschauer:* 3711. *Schiedsrichter:* Vogt (Moers). *Strafminuten:* Berlin 2 + 5 für Müller, Frankfurt 4. *Tore:* 0:1 (2.) Langlois (K. Birk/Werner), 0:2 (3.) Hiemer (Egen), 0:3 (10.) Pöpel (H. Birk), 0:4 (15.) Egen (Mucha/Hiemer), 1:4 (18.) Kammerer, 1:5 (19.) Langlois, 1:6 (19.) Erhardt (Pöpel/Forster), 1:7 (29.) Hiemer (Egen), 1:8 (36.) Pöpel (H. Birk), 1:9 (45.) H. Birk (Erhardt/Pöpel), 2:9 (48.) Wasserek (Zabawa/Gotsch), 2:10 (55.) Egen (Hiemer), 2:11 (59.) Pöpel (Erhardt).

25. Spieltag

ECD Iserlohn – SB Rosenheim 3:3

ECD Iserlohn: Fous (2) – Olson (3), Spry (3), Pesut

(2), Gailer (3), Hospodar (3) – Malo (3), Bruce (3), Pouzar (1), Held (3), McNeil (3), Hardy (3), Schmidt (3), Lechl (3), Schnöll (3). *SB Rosenheim:* Friesen (2) – Fischer (2), Reil (3), Blum (3), Maidl (3), Lutz (0) – Reindl (3), Höfner (2), Sterflinger (3), Ahne (3), Pohl (3), Franz (2), Hilger (3), Trattner (0). *Zuschauer:* 3800. *Schiedsrichter:* Kompalla (Krefeld). *Strafminuten:* Iserlohn 16 + 10 Disziplinarstrafe für Held, Rosenheim 18 + 5 für Fischer + 10 Disziplinarstrafe für Ahne. *Tore:* 0:1 (3.) Ahne, 0:2 (5.) Fischer (Ahne – 4:5), 1:2 (35.) Hardy (McNeil/Gailer – 5:4), 2:2 (39.) Pouzar (4:5), 2:3 (49.) Franz (5:4), 3:3 (51.) Lechl.

EV Landshut – Eintracht Frankfurt 4:7

EV Landshut: Kontny (0), ab 11. Englbrecht (4) – Seyller (3), Naud (3), Gandorfer (3), Wagner (3), Duris (3), Kühnhackl (3), Brittig (3), Truntschka (3), O'Regan (3), Steiger (3), Prokes (3), Lupzig (4), Kopta (4), Schinko (0). *Eintracht Frankfurt:* Zankl (2) – Denisiuk (2), Forster (3), Mucha (2), Mokros (2), Potz (2), Sinner (3) – H. Birk (1), Erhardt (1), Pöpel (3), Hiemer (3), Egen (4), Baier (3), K. Birk (3), Langlois (3), Werner (3). *Zuschauer:* 3000. *Schiedsrichter:* Penz (Kaufbeuren). *Strafminuten:* Landshut 12, Frankfurt 12. *Tore:* 0:1 (10.) Langlois, 0:2 (11.) Erhardt (Forster – Birk), 0:3 (19.) H. Birk (Erhardt/Potz – 5:4), 1:3 (29.) Truntschka (O'Regan/Wagner), 2:3 (31.) Brittig (Kühnhackl/Duris), 2:4 (39.) H. Birk (Erhardt/Potz), 2:5 (40.) Mucha (Erhardt/H. Birk), 2:6 (46.) Forster (H. Birk/Langlois), 3:6 (48.) Brittig (O'Regan – 5:4), 3:7 (50.) Forster (Erhardt/Potz – 5:4), 4:7 (60.) Poner (Seyller/Kühnhackl – 4:4).

Mannheimer ERC – BSC Preussen 4:1

Mannheimer ERC: Schlickenrieder (2) – Kreis (2), Eggerbauer (3), Oswald (5), Hanft (3), Klaus (4), Raubal (3) – Obresa (3), Holzmann (3), Messier (2), Kuhl (2), Draisaitl (3), Schiller (3), Jonkhans (3), Volland (3), Flemming (3). *Berliner SC Preussen:* Habnitt (2) – Rentzsch (2), Steer (2), Catterall (1), Müller (2), Fliegauf (3) – Tabor (3), Lupol (3), Kammerer (2), Gotsch (3), Wasserek (2), Schirmer (2), Jaworowski (3), Sochatzky (4), Vogel (3). *Zuschauer:* 4500. *Schiedsrichter:* Radosai (Landshut). *Strafminuten:* Mannheim 4, Berlin 6. *Tore:* 0:1 (2.) Schirmer (Wasserek/Gotsch), 1:1 (52.) Oswald (Kuhl/Draisaitl), 2:1 (53.) Kreis (Holzmann/Messier), 3:1 (58.) Messier, 4:1 (60.) Draisaitl (Messier).

ESV Kaufbeuren – Kölner EC 1:4

ESV Kaufbeuren: Hölzel (2) – Medicus, Steinecker (3), Schuster (2), Micheller (4), Dropmann (3), Reuter (3) – Kauer (2), Mörz (2), Adam (3), Schneider (2), Holy (3), Richter (3), Riefler (3), Römer (3), Vanik (3). *Kölner EC:* de Raaf (1) – Kießling (2), Pokorny (3), Thornbury (3), Sterflinger (2), Kühn (3) – Berry (3), Truntschka (2), Hegen (1), Steiger (1), Nicholas (3), Schmid (3), Brandl (3), Meitinger (2). *Zuschauer:* 4900. *Schiedsrichter:* Tafertshofer (Peißenberg). *Strafminuten:* Kaufbeuren 14, Köln 30 + 10 Disziplinarstrafe für Hegen. *Tore:* 1:0 (8.) Holy, 1:1 (29.) Hegen, 1:2 (50.) Steiger (Nicholas/Berry), 1:3 (55.) Hegen (Sikora/Thornbury – 3:3) 1:4 (60.) Sikora (Truntschka – 4:5).

Düsseldorfer EG – ERC Schwenningen 5:5

Düsseldorfer EG: Wünsche (2), ab 52. Bornträger (0) – Hiemer (2), Schmidt (2), Niederberger (2), Amann (3), Topolnisky (3), Grefges (0) – Roedger (3), Wolf (2), Krueger (4), Lee (3), Valentine (3), Brenner (3), Kasper (3), Cazacu (3), Nentvich (0). *ERC Schwenningen:* Hoppe (2) – Dietrich (2), Königer (2), Altmann (3), Schubert (3) – Willmann (3), Currie (3), Fritz (3) Lay (3), Bukowski (3), Sternkopf (3), Brousek (3), Kirchmaier (3). *Zuschauer:* 10500 (ausverkauft). *Schiedsrichter:* Erhard (Hohenfurch). *Strafminuten:* Düsseldorf 8 + 10 Disziplinarstrafe für Hiemer, Schwenningen 12. *Tore:* 1:0 (8.) Hiemer (Valentine/Amann – 5:4), 2:0 (11.) Maj (Lee/Valentine – 5:4), 2:1 (12.) Currie (Altmann), 3:1 (25.) Krueger (Valentine/Roedger), 3:2 (26.) Bukowski (Ott/Lay), 3:3 (37.) Fritz Willmann, 4:3 (50.) Lee (Amann/Maj), 4:4 (51.) Currie 4:5 (52.) Lay, 5:5 (56.) Lee (Valentine/Schmidt).

26. Spieltag

ERC Schwenningen – EV Landshut 4:2

ERC Schwenningen: Hoppe (1) – Dietrich (2), Königer (3), Altmann (3), Schubert (2) – Lay (3), Bukowski (3), Stejskal (3), Willmann (2), Currie (2), Fritz (2), Kirchmaier (3), Brousek (3), Deiter (3), Sternkopf (0), Ott (0). *EV Landshut:* Englbrecht (2) – Wagner (3), Duris (3), Naud (3), Seyller (3), Gandorfer (3) – Poner (3), Kühnhackl (3), Brittig (3), Truntschka (3), O'Regan (3), Steiger (3), Prokes (3), Lupzig (4), Schinko (0). *Zuschauer:* 4800. *Schiedsrichter:* Welles (Miesbach). *Strafminuten:* Schwenningen 10 + 10 Disziplinarstrafe für Lay + Spieldauer-Disziplinarstrafe für Bukowski, Landshut 16 + Spieldauer-Disziplinarstrafe für O'Regan. *Tore:* 1:0 (12.) Willmann (Fritz/Currie), 2:0 (32.) Dietrich (Currie/Willmann – 5:4), 2:1 (49.) O'Regan, 3:1 (58.) Fritz (Willmann/Brousek), 3:2 (59.) Naud (Kühnhackl), 4:2 (60.) Fritz (Willmann).

SB Rosenheim – ESV Kaufbeuren 3:0

SB Rosenheim: Friesen (1) – Reil (2), Lutz (2), Blum (2), Maidl (2) – Reindl (2), Höfner (2), Sterflinger (4), Ahne (1), Fischer (2), Franz (2), Trattner (2), Pohl (2), Hilger (2). *ESV Kaufbeuren:* Hölzel (2) – Medicus (3), Steinecker (3), Schuster (2), Micheller (3), Dropmann (3), Reuter (3) – Kauer (3), Mörz (2), Adam (3), Schneider (2), Holy (3), Richter (3), Riefler (3), Römer (3), Vanik (3). *Zuschauer:* 3700. *Schiedsrichter:* Schnieder (Iserlohn). *Strafminuten:* Rosenheim 12, Kaufbeuren 14. *Tore:* 1:0 (5.) Ahne (Fischer/Franz), 2:0 (37.) Hilger (Reindl/Höfner – 5:4), 3:0 (44.) Ahne (4:5).

BSC Preussen – Düsseldorfer EG 2:2

Berliner SC Preussen: Merk (1) – Catterall (3), Steer (3), Panek (3), Fliegauf (3), Rentzsch (3), Müller (3) – Tabor (3), Lupul (3), Kammerer (3), Sochatzky (3), Vogel (3), Jaworowski (3), Gotsch (3), Wasserek (3), Schirmer (3). *Düsseldorfer EG:* Bornträger (3) – Hiemer (3), Schmidt (4), Niederberger (3), Amann (3), Toplinsky (3), Grefges (3) – Lee (3) Valentine (4), Maj (3), Roedger (3), Wolf (3), Krueger (4), Brenner (0), Kasper (0), Cazacu (0), Nentvich (0). *Zuschauer:* 4800. *Schiedsrichter:* Böhm (Landshut). *Strafminuten:* Berlin 10, Düsseldorf 22. *Tore:* 1:0 (7.) Sochatzky, 1:1 (21.) Hiemer 2:1 (26.) Jaworowski (Sochatzky – 5:4), 2:2 (53.) Lee (Penalty).

Kölner EC – Mannheimer ERC 4:1

Kölner EC: de Raaf (2) – Kießling (2), Pokorny (3), Thornbury (3), Sterflinger (2) – Kühn (3), Sikora (2), Truntschka (2), Hegen (3), Steiger (2), Berry (3), Nicholas (3), Schmid (3), Brandl (3), Meitinger (3). *Mannheimer ERC:* Schlickenrieder (2) – Kreis (2), Eggerbauer (4), Oswald (5), Hanft (3), Klaus (2), Raubal (3) – Obresa (3), Holzmann (3), Messier (3), Kuhl (3), Draisaitl (3), Schiller (3), Flemming (4), Volland (3), Jonkhans (3), Bleicher (3). *Zuschauer:* 6800. *Schiedsrichter:* Erhard (Hohenfurch). *Strafminuten:* Köln 6, Mannheim 12. *Tore:* 1:0 (7.) Schmid (Kießling), 2:0 (24.) Nicholas (Schmid), 3:0 (26.) Sikora (Kießling/Truntschka – 4:5), 4:0 (39.) Hegen (Steiger – 4:5), 4:1 (46.) Bleicher (Oswald).

Eintracht Frankfurt – ECD Iserlohn 7:3

Eintracht Frankfurt: Zankl (3) – Denisiuk (3), Forster (3), Mucha (2), Mokros (2), Sinner (3), Potz (2) – H. Birk (1), Erhardt (3), Pöpel (3), Baier (2), Egen (2), Hiemer (2), K. Birk (3), Langlois (2), Werner (2). *ECD Iserlohn:* Fous (1) – Olson (4), Gailer (3), Spry (4), Pesut (3), Hospodar (3) – Pouzar (3), Bruce (3), Malo (3), Hardy (5), McNeil (3), Simon (3), Schnöll (4), Schwindt (3), Lechl (4). *Zuschauer:* 6000 (ausverkauft). *Schiedsrichter:* Schimki (Berlin). *Strafminuten:* Frankfurt 4, Iserlohn 12. *Tore:* 0:1 (2.) McNeil (Hardy/Simon), 1:1 (10.) Werner (Langlois/Sinner), 2:1 (14.) Baier (Hiemer/Egen), 2:2 (15.) Schwindt (Malo), 3:2 (27.) Mokros (Mucha/Hiemer – 5:3), 4:2 (29.) Baier (Egen/Mucha – 5:4), 5:2 (39.) Mokros (Hiemer/Mucha – 5:3), 6:2 (43.) Erhardt (Potz), 7:2 (53.) Hiemer (Egen/H. Birk), 7:3 (60.) Hardy (McNeil/Simon).

● Das letzte Spiel des ECD Iserlohn. Der Konkursverwalter hat danach den Verein vom Spielbetrieb zurückgezogen!

27. Spieltag

Kölner EC – EV Landshut 13:0

Kölner EC: de Raaf (1) – Kießling (2), Pokorny (2), Thornbury (2), Sterflinger (2), Kühn (2), Sikora (1), G. Truntschka (1), Hegen (1), H. Steiger (2), Berry (2), Nicholas (2), Schmid (2), Brandl (2), Meitinger (2). *EV Landshut:* Englbrecht (2), 23.–47. Kontny (2) – Wagner (4), Duris (5), Seyller (3), Naud (3), Gandorfer (4), Poner (4), Kühnhackl (4), Brittig (4), Schinko (4), Prokes (4), B. Truntschka (4), Absteiter (5), Lupzig (4), E. Steiger (4). *Zuschauer:* 7000. *Schiedsrichter:* Vogt (Moers). *Strafminuten:* Köln 6, Landshut 4. *Tore:* 1:0 (6.) Schmid (Brandl – 5:4), 2:0 (14.) Hegen (Sikora), 3:0 (14.) Truntschka (Sikora/Hegen), 4:0 (22.) Sikora (Truntschka/Kießling), 5:0 (27.) Steiger (Nicholas/Berry), 6:0 (31.) Hegen (Truntschka/Thornbury), 7:0 (35.) Truntschka (Hegen), 8:0 (46.) Kießling (Steiger/Berry), 9:0 (46.) Schmid (Meitinger), 10:0 (48.) Pokorny (Truntschka/Sikora – 4:5), 11:0 (53.) Berry (Nicholas), 12:0 (55.) Sikora (Truntschka/Hegen), 13:0 (59.) Sikora (Hegen/Truntschka).

ERC Schwenningen – SB Rosenheim 1:2

ERC Schwenningen: Hoppe (1) – Dietrich (2), Königer (3), Altmann (3), Schubert (3) – Willmann (3), Currie (3), Kirchmaier (3), Brousek (3), Ott (4), Lay (2), Sternkopf (4), Stejskal (4). *SB Rosenheim:* Friesen (1) – Reil (2), Lutz (2), Blum (2), Maidl (2) – Reindl (2), Höfner (2), Fischer (2), Sterflinger (2), Ahne (2), Franz (1), Trattner (2), Pohl (3), Hilger (2). *Zuschauer:* 4900 (ausverkauft). *Schiedsrichter:* Radosai (Landshut). *Strafminuten:* Schwenningen 16, Rosenheim 18. *Tore:* 0:1 (4.) Franz, 0:2 (23.) Franz (Ahne), 1:2 (49.) Dietrich (Currie/Königer – 4:3).

BSC Preussen – ESV Kaufbeuren 2:4

Berliner SC Preussen: Merk (3) – Catterall (4), Steer (4), Müller (3), Panek (4), Fliegauf (3) – Jaworowski (4), Vogel (3), Tabor (4), Lupol (4), Kammerer (4), Rentzsch (3), Wasserek (4), Schirmer (4). *ESV Kaufbeuren:* Hölzel (2) – Medicus (3), Schuster (3), Steinecker (3), Micheller (3), Dropmann (3) – Adam (3), Mörz (3), Kauer (4), Holy (3), Richter (3), Riefler (4), Römer (4), Vanik (3). *Zuschauer:* 3800. *Schiedsrichter:* Barnet (Rosenheim). *Strafminuten:* Berlin 8 + 10 Disziplinarstrafe für Rentzsch, Kaufbeuren 16. *Tore:* 1:0 (6.) Holy (Richter), 1:1 (21.) Sochatzky (Müller – 5:3), 1:2 (25.) Holy (Schneider/Richter), 1:3 (43.) Schneider (Richter), 2:3 (46.) Sochatzky (Jaworowski – 5:4), 2:4 (60.) Riefler.

Mannheimer ERC – Eintracht Frankfurt 1:4

Mannheimer ERC: Schlickenrieder (2) – Kreis (2), Eggerbauer (3), Oswald (5), Hanft (3), Klaus (5) – Obresa (3), Holzmann (3), Messier (3), Kuhl (3), Draisaitl (3), Schiller (3), Jonkhans (3), Volland (4), Bleicher (3). *Eintracht Frankfurt:* Zankl (2) – Denisiuk (2), Forster (3), Mucha (3), Mokros (2), Sinner (3), Potz (2) – Pöpel (3), Bleicher (3), H. Birk (1), Baier (2), Egen (2), Hiemer (2), K. Birk (3), Langlois (2), Werner (2). *Zuschauer:* 6000. *Schiedsrichter:* Böhm (Landshut). *Strafminuten:* Mannheim 6, Frankfurt 6. *Tore:* 0:1 (20.) Hiemer (Egen – 4:5), 0:2 (28.) H. Birk, 1:2 (31.) Volland (Jonkhans/Bleicher), 1:3 (38.) H. Birk (4:4), 1:4 (58.) Pöpel (Erhardt).

28. Spieltag

EV Landshut – Mannheimer ERC 6:2

EV Landshut: Englbrecht (1) – Wagner (2), Duris (3), Seyller (3), Naud (2), Gandorfer (3), Prokes (3), O'Regan (1), Truntschka (3), Poner (3), Kühnhackl (2), Brittig (3), Lupzig (3), Steiger (3), Schinko (3). *Mannheimer ERC:* Schlickenrieder (3) – Kreis (2), Eggerbauer (4), Hanft (3), Oswald (4), Klaus (4) –

147

Obresa (3), Holzmann (3), Messier (3), Kuhl (3), Draisaitl (3), Schiller (3), Jonkhans (3), Silk (3), Flemming (3). *Zuschauer:* 4500. *Schiedsrichter:* Ondertoller (Geretsried). *Strafminuten:* Landshut 6, Mannheim 6. *Tore:* 1:0 (5.) Truntschka (Prokes/O'Regan), 2:0 (20.) O'Regan (Prokes/Truntschka), 3:0 (24.) Wagner (Brittig/Kühnhackl), 3:1 (33.) Messier (Holzmann), 4:1 (35.) Kühnhackl (Poner), 4:2 (42.) Draisaitl (Schiller/Kuhl), 5:2 (46.) Seyller (O'Regan)/Truntschka), 6:2 (54.) O'Regan (Naud/Truntschka – 5:4).

ESV Kaufbeuren – ERC Schwenningen 10:4
ESV Kaufbeuren: Hölzel (3), ab 20. Hegen (2) – Medicus (1), Steinecker (3), Schuster (2), Micheller (3), Dropmann (2), Reuter (3) – Adam (2), Mörz (1), Kauer (2), Schneider (2), Poly (3), Richter (2), Riefler (2), Römer (2), Vanik (3), Heckelsmüller (0). *ERC Schwenningen:* Hoppe (3) – Dietrich (3), Königer (3), Schubert (4), Altmann (3) – Bukowski (3), Lay (3), Kirchmaier (3), Brousek (3), Sternkopf (3), Ott (2), Willmann (3), Currie (3), Fritz (3). *Zuschauer:* 3600. *Schiedsrichter:* Erhard (Hohenfurch). *Strafminuten:* Kaufbeuren 18, Schwenningen 24 + 5 für Bukowski + 10 Disziplinarstrafe für Fritz. *Tore:* 1:0 (2.) Kauer (Mörz – 5:4), 2:0 (5.) Kauer (Richter), 2:1 (5.) Bukowski (Altmann), 3:1 (8.) Mörz (Adam/Kauer – 5:4), 4:1 (12.) Holy (Richter), 4:2 (19.) Kirchmaier (Brousek), 4:3 (21.) Ott (Lay/Bukowski), 5:3 (30.) Schneider (Holy), 6:3 (30.) Medicus (Mörz/Adam), 6:4 (33.) Currie (Dietrich – 4:5), 7:4 (36.) Vanik (Schuster/Mörz), 8:4 (45.) Medicus (Holy – 5:4), 9:4 (43.) Medicus (Mörz/Kauer – 4:3), 10:4 (59.) Riefler (Vanik).

SB Rosenheim – Düsseldorfer EG 3:2
SB Rosenheim: Friesen (1) – Kretschmer (1), Reil (2), Blum (2), Maidl (2) – Reindl (2), Höfner (2), Fischer (2), Ahne (1), Pouzar (2), Franz (1), Trattner (2), Pohl (2), Hilger (2). *Düsseldorfer EG:* Bornträger (1) – Hiemer (2), Schmidt (3), Niederberger (2), Amann (3), Topolnisky (3) – Lee (3), Valentine (3), Maj (3), Roedger (3), Wolf (3), Krueger (2), Hardy (3), Kasper (3), Nentvich (3). *Zuschauer:* 6400. *Schiedsrichter:* Penz (Iserlohn). *Strafminuten:* Rosenheim 14 + 5 für Fischer, Düsseldorf 24 + 5 für Valentine. *Tore:* 0:1 (21.) Wolf (Niederberger – 3:3), 1:1 (24.) Franz (Kretschmer – 3:3), 2:1 (25.) Kretschmer (Ahne/Reil – 3:3), 2:2 (46.) Lee (Valentine/Wolf – 5:4), 3:2 (51.) Franz (Kretschmer/Ahne – 5:4).

Eintracht Frankfurt – BSC Preussen 3:4
Eintracht Frankfurt: Zankl (3) – Forster (4), Denisiuk (3), Mucha (4), Mokros (3), Sinner (3), Potz (4) – Pöpel (4), Erhardt (3), H. Birk (4), Hiemer (3), Egen (3), Baier (2), Werner (4), Langlois (3), K. Birk (4). *Berliner SC Preussen:* Merk (2) – Catterall (2), Müller (2), Panek (4), Fliegauf (3), Steer (3) – Tabor (4), Sochatzky (4), Vogel (3), Jaworowski (3), Zabawa (2), Kammerer (3), Schirmer (3), Wasserek (3), Rentsch (3). *Zuschauer:* 6000 (ausverkauft). *Schiedsrichter:* Tafertshofer (Peißenberg). *Strafminuten:* Frankfurt 8 + 10 Disziplinarstrafe für Hiemer, Berlin 18. *Tore:* 0:1 (2.) Kammerer (Panek/Jaworowski), 0:2 (4.) Vogel (Fliegauf/Jaworowski), 1:2 (18.) Egen (K. Birk/Hiemer), 1:3 (27.) Sochatzky (Zabawa/Vogel), 1:4 (47.) Vogel (Catterall/Müller – 5:4), 2:4 (51.) Langlois (K. Birk – 5:4), 3:4 (58.) Langlois (Egen/Mucha – 5:4).

29. Spieltag

Eintracht Frankfurt – SB Rosenheim 2:1
Eintracht Frankfurt: Zankl (1) – Denisiuk (4), Forster (2), Mucha (4), Mokros (4), Potz (2), Sinner (2) – H. Birk (3), Erhardt (3), Pöpel (3), Hiemer (3), Egen (2), Bauer (2), Langlois (3), Smicek (2), K. Birk (3). *SB Rosenheim:* Friesen (1) – Blum (2), Reil (3), Kretschmer (2), Maidl (3), Schiffl (2), Lutz (2) – Reindl (3), Höfner (2), Hilger (2), Crawford (2), Pouzar (2), Franz (2), Trattner (2), Eylert (2), Schädler (2). *Zuschauer:* 6000 (ausverkauft). *Schiedsrichter:* Schnieder (Iserlohn). *Strafminuten:* Frankfurt 19, Rosenheim 24. *Tore:* 1:0 (3.) Erhardt (For-

ster/Potz – 5:4), 2:0 (56.) Pöpel (H. Birk/Potz – 5:4), 2:1 (56.) Kretschmer (Pouzar/Franz).

ERC Schwenningen – Kölner EC 2:4
ERC Schwenningen: Hoppe (1) – Dietrich (3), Königer (3), Altmann (3), Schubert (3) – Willmann (2), Currie (3), Fritz (3), Lay (4), Bukowski (3), Brousek (4), Kirchmaier (3), Sternkopf (3), Stejskal (3). *Kölner EC:* de Raaf (2) – Kießling (1), Pokorny (3), Thornbury (2), Sterflinger (3), Kühn (3) – Sikora (3), Truntschka (2), Hegen (3), Steiger (3), Berry (2), Nicholas (2), Schmid (4), Brandl (3), Meitinger (4). *Zuschauer:* 4900 (ausverkauft). *Schiedsrichter:* Ondertoller (Geretsried). *Strafminuten:* Schwenningen 16, Köln 20. *Tore:* 0:1 (2.) Nicholas (Berry/Steiger), 1:1 (19.) Willmann (Currie/Königer), 1:2 (37.) Nicholas (Thornbury), 2:2 (49.) Willmann (Currie), 2:3 (51.) Kießling (Berry), 2:4 (60.) Berry (4:5).

Düsseldorfer EG – Mannheimer ERC 0:0
Düsseldorfer EG: Heiß (1) – Hiemer (2), Schmidt (2), Niederberger (2), Amann (2), Topolnisky (3) – Krueger (2), Wolf (2), Maj (3), Lee (2), Valentine (2), Nentvich (2), Roedger (2), Kasper (2), Hardy (2). *Mannheimer ERC:* Schlickenrieder (1) – Kreis (2), Eggerbauer (2), Klaus (2), Obresa (2), Holzmann (2), Messier (2), Volland (3), Draisaitl (2), Schiller (2). *Zuschauer:* 10500 (ausverkauft). *Schiedsrichter:* Vogt (Moers). *Strafminuten:* Düsseldorf 4, Mannheim 6.

ESV Kaufbeuren – EV Landshut 6:2
ESV Kaufbeuren: Hölzel (3) – Medicus (1), Micheller (2), Steinecker (2), Schuster (2), Dropmann (3), Reuter (3) – Adam (3), Mörz (2), Kauer (3), Schneider (2), Heckelsmüller (2), Richter (2), Römer (2), Riefler (2). *EV Landshut:* Englbrecht (3) – Seyller (3), Naud (3), Duris (3), Auhuber (3), Gandorfer (3), Wagner (3) – Prokes (4), Truntschka (2), Poner (3), Kühnhackl (2), Brittig (2), Brunner (3), Steiger (4), Lupzig (4). *Zuschauer:* 5900. *Schiedsrichter:* Tafertshofer (Peißenberg). *Strafminuten:* Kaufbeuren 6, Landshut 18. *Tore:* 1:0 (8.) Richter (Medicus/Schuster – 4:3), 1:1 (14.) Brittig (Kühnhackl/Poner), 1:2 (16.) Kühnhackl (Poner/Auhuber), 2:2 (18.) Heckelsmüller (Richter/Schuster), 3:2 (26.) Medicus (Richter/Mörz – 5:4), 4:2 (43.) Römer (Richter/Medicus – 4:5), 5:2 (47.) Adam (Micheller – 5:4), 6:2 (55.) Micheller (Medicus/Vanik).

30. Spieltag

Kölner EC – Eintracht Frankfurt 10:2
Kölner EC: de Raaf (2) – Kießling (2), Pokorny (2), Thornbury (1), Sterflinger (2), Kühn (2), Sikora (3), Truntschka (3), Hegen (3), Steiger (1), Berry (1), Nicholas (1), Schmid (2), Brandl (2), Meitinger (3). *Eintracht Frankfurt:* Zankl (3) – Forster (3), Denisiuk (3), Mucha (4), Mokros (3), Sinner (4), Potz (3) – Pöpel (4), H. Birk (4), Hiemer (0), Egen (4), Baier (2), Smicek (2), Langlois (2), K. Birk (4), Werner (2). *Zuschauer:* 6500. *Schiedsrichter:* Kompalla (Krefeld). *Strafminuten:* Köln 4, Frankfurt 8. *Tore:* 1:0 (2.) Thornbury (Berry), 2:0 (9.) Berry (Sterflinger – 4:4), 3:0 (20.) Nicholas (Berry/Sterflinger), 4:0 (27.) Nicholas, 5:0 (36.) Steiger (Berry), 6:0 (39.) Nicholas (Kießling/Steiger), 7:0 (41.) Hegen (Truntschka/Sikora), 8:0 (43.) Schmid, 8:1 (48.) Denisiuk (Erhardt/Pöpel), 9:1 (52.) Truntschka (Hegen/Sikora), 10:1 (59.) Nicholas (Schmid/Thornbury – 5:4), 10:2 (59.) Werner (Smicek/Langlois).

EV Landshut – Düsseldorfer EG 3:3
EV Landshut: Englbrecht (1) – Naud (2), Seyller (3), Duris (3), Auhuber (3), Gandorfer (3), Wagner (3) – Prokes (4), O'Regan (3), Truntschka (2), Poner (3), Kühnhackl (2), Brittig (2), Brunner (3), Steiger (3), Lupzig (4), Schinko (?). *Düsseldorfer EG:* Heiß (1) – Amann (3), Niederberger (2), Hiemer (2), Schmidt (2), Topolnisky (3) – Lee (2), Valentine (2), Nentvich (3), Roedger (2), Wolf (3), Hardy (3), Maj (3), Kasper (3), Krueger (3), Brenner (3). *Zuschauer:* 5500. *Schiedsrichter:* Erhard (Hohenfurch). *Strafminuten:* Landshut 12, Düsseldorf 18. *Tore:* 1:0 (4.)

Poner (Naud – 5:3), 2:0 (10.) Lupzig (Gandorfer), 2:1 (16.) Valentine (Lee/Nentvich – 5:4), 3:1 (22.) Brittig (Auhuber/Poner), 3:2 (22.) Hardy (Roedger), 3:3 (58.) Lee (Hiemer).

Mannheimer ERC – ESV Kaufbeuren 6:3
Mannheimer ERC: Schlickenrieder (1) – Kreis (2), Eggerbauer (2), Hanft (2), Oswald (3), Klaus (2) – Kuhl (2), Silk (3), Messier (2), Jonkhans (3), Draisaitl (2), Volland (3), Obresa (1), Holzmann (2), Schüller (2). *ESV Kaufbeuren:* Hölzel (2) – Schuster (3), Steinecker (3), Medicus (3), Micheller (3) – Kauer (2), Adam (2), Schneider (3), Vanik (3), Richter (2), Riefler (2), H. Heckelsmüller (3), Römer (2). *Zuschauer:* 5000. *Schiedsrichter:* Schimki (Berlin). *Strafminuten:* Mannheim 10, Kaufbeuren 6. *Tore:* 1:0 (8.) Schiller, 2:0 (16.) Obresa (Silk/Messier), 2:1 (17.) Medicus, 3:1 (35.) Klaus (Holzmann/Obresa), 3:2 (44.) Richter (Schuster/Adam), 3:3 (48.) Mörz (4:5), 4:3 (54.) Messier (Silk – 4:5), 5:3 (56.) Obresa (Silk – 4:4), 6:3 (59.) Draisaitl (Silk/Jonkhans – 5:6).

SB Rosenheim – BSC Preussen 5:3
SB Rosenheim: Friesen (2) – Lutz (4), Reil (3), Kretschmer (2), Maidl (3), Blum (2), Schiffl (3) – Reindl (3), Höfner (2), Fischer (1), Crawford (3), Pouzar (2), Franz (2), Trattner (3), Eylert (3), Hilger (3). *Berliner SC Preussen:* Merk (2) – Steer (3), Catterall (2), Panek (3), Rentzsch (3), Müller (3), Schirmer (3) – Kammerer (3), Brockmann (2), Gotsch (3), Vogel (3), Sochatzky (3), Lupul (3), Zabawa (2), Preuß (3), Tabor (3). *Zuschauer:* 3600. *Schiedsrichter:* Böhm (Landshut). *Strafminuten:* Rosenheim 8, Berlin 16. *Tore:* 1:0 (8.) Kretschmer (Pouzar/Maidl – 4:3), 1:1 (12.) Preuß (Zabawa/Tabor), 2:1 (12.) Reindl (Fischer/Höfner), 2:2 (16.) Kammerer (Brockmann), 3:2 (22.) Fischer (Hilger – 4:4), 4:2 (29.) Eylert (Hilger), 4:3 (29.) Brockmann (4:5), 5:3 (52.) Fischer (Höfner).

31. Spieltag

SB Rosenheim – Mannheimer ERC 4:7
SB Rosenheim: Friesen (3) – Blum (3), Reil (2), Kretschmer (2), Maidl (4), Lutz (4), Schiffl (4) – Reindl (3), Höfner (2), Fischer (1), Crawford (3), Pouzar (2), Franz (4), Trattner (4), Hilger (3), Schädler (4). *Mannheimer ERC:* Schlickenrieder (1) – Kreis (1), Eggerbauer (2), Klaus (1), Hanft (2), Oswald (3) – Gailer (3), Obresa (3), Holzmann (3), Schiller (3), Kuhl (3), Silk (3), Messier (2), Volland (3), Jonkhans (3). *Zuschauer:* 5800. *Schiedsrichter:* Ondertoller (Geretsried). *Strafminuten:* Rosenheim 14 + 5 für Fischer, Mannheim 22 + 5 für Gailer. *Tore:* 0:1 (27.) Holzmann (4:4), 0:2 (29.) Klaus (Messier/Kuhl), 0:3 (32.) Silk (Kuhl/Messier), 1:3 (33.) Crawford (Höfner), 1:4 (38.) Schiller (Obresa/Holzmann), 1:5 (41.) Silk (Kreis), 1:6 (43.) Jonkhans (Draisaitl/Volland), 2:6 (50.) Reil (Blum/Pouzar – 3:3), 3:6 (52.) Reil (Kretschmer/Reindl 4:3), 4:6 (54.) Höfner (Reindl/Hilger), 4:7 (60.) Holzmann (Silk/Messier – 5:6).

Kölner EC – Düsseldorfer EG 9:6
Kölner EC: de Raaf (3) – Kießling (3), Pokorny (3), Thornbury (3), Sterflinger (3), Kühn (3) – Sikora (1), Truntschka (3), Hegen (1), Steiger (2), Berry (2), Nicholas (3), Schmid (2), Brandl (3), Meitinger (2). *Düsseldorfer EG:* Heiß (3), ab 32. Bornträger (3) – Hiemer (4), Schmidt (3), Niederberger (2), Amann (3), Topolnisky (3) – Lee (3), Valentine (3), Nentvich (2), Krueger (3), Wolf (3), Maj (3), Roedger (2), Kasper (3), Hardy (4). *Zuschauer:* 7600 (ausverkauft). *Schiedsrichter:* Kompalla (Krefeld). *Strafminuten:* Köln 8, Düsseldorf 10. *Tore:* 1:0 (1.) Hegen (Kießling/Sikora), 1:1 (5.) Lee (Schmidt), 2:1 (9.) Truntschka (Sikora/Hegen), 2:2 (12.) Wolf (Roedger/Niederberger – 4:5), 3:2 (13.) Kießling (Brandl/Schmid), 3:3 (16.) Valentine, 3:4 (22.) Lee (Valentine/Nentvich), 4:4 (25.) Sikora (Truntschka/Hegen), 5:4 (28.) Hegen (Steiger/Berry), 6:4 (34.) Truntschka (Pokorny/Sikora), 6:5 (40.) Valentine (Hiemer), 7:5 (42.) Sikora (Hegen/Truntschka), 8:5 (51.) Hegen (Sikora/Truntschka), 9:5 (56.) Berry (Steiger/Nicholas), 9:6 (60.) Amann (Roedger/Wolf – 4:5).

ERC Schwenningen – BSC Preussen 3:1
ERC Schwenningen: Hoppe (1) – Dietrich (3), Königer (3), Altmann (3), Schubert (4) – Willmann (2), Currie (2), Fritz (3), Lay (4), Bukowski (3), Brousek (4), Kirchmaier (3), Sternkopf (3), Stejskal (3). *Berliner SC Preussen:* Merk (1) – Catterall (3), Steer (3), Panek (3), Malo (3), Schirmer (4), Müller (3) – Gotsch (4), Brockmann (3), Kammerer (3), Lupul (3), Sochatzky (4), Vogel (4), Tabor (3), Preuß (3), Zabawa (3), Schwindt (3). *Zuschauer:* 2800. *Schiedsrichter:* Welles (Miesbach). *Strafminuten:* Schwenningen 10, Berlin 10. *Tore:* 1:0 (35.) Currie (Willmann – 5:4), 2:0 (45.) Willmann (Currie/Königer), 2:1 (46.) Schwindt (Preuß/Steer), 3:1 (53.) Stejskal (Kirchmaier).

Eintracht Frankfurt – ESV Kaufbeuren 4:2
Eintracht Frankfurt: Zankl (1) – Denisiuk (3), Forster (3), Mucha (3), Mokros (3), Potz (3), Sinner (3) – H. Birk (2), Erhardt (3), Pöpel (3), Baier (3), Egen (3), Smicek (4), Langlois (2), K. Birk (4), Werner (3), Hiemer (3). *ESV Kaufbeuren:* Hölzel (1) – Schuster (2), Steinecker (3), Medicus (4), Micheller (4), Dropmann (3), Reuter (3) – Adam (4), Mörz (3), Kauer (4), Riefler (5), Schneider (3), Richter (1), Heckelsmüller (4), Römer (4), Vanik (3). *Zuschauer:* 5850. *Schiedsrichter:* Radosai (Landshut). *Strafminuten:* Frankfurt 6 + je 5 für Baier, Smicek und Erhardt, Kaufbeuren 2 + je 5 für Medicus, Vanik, Steinecker und Kauer. *Tore:* 1:0 (16.) H. Birk (Erhardt/Denisiuk), 2:0 (31.) Langlois (Hiemer/Mucha – 5:4), 2:1 (51.) Mörz (Richter/Schuster – 3:3), 3:1 (51.) Hiemer (Forster/Denisiuk – 3:3), 3:2 (52.) Richter (3:3), 4:2 (55.) Mucha (Mokros – 3:3).

32. Spieltag

Mannheimer ERC – ERC Schwenningen 2:3
Mannheimer ERC: Schlickenrieder (3) – Kreis (2), Eggerbauer (2), Klaus (3), Hanft (2), Gailer (3), Oswald (4) – Kuhl (2), Silk (2), Messier (3), Obresa (3), Holzmann (3), Schiller (3), Jonkhans (3), Draisaitl (3), Volland (3). *ERC Schwenningen:* Hoppe (1) – Dietrich (3), Königer (3), Schubert (3) – Altmann (2), Maier (3) – Willmann (2), Currie (3), Fritz (3), Lay (3), Bukowski (2), Brousek (2), Stejskal (3), Sternkopf (3), Kirchmaier (3). *Zuschauer:* 5500. *Schiedsrichter:* Böhm (Landshut). *Strafminuten:* Mannheim 6, Schwenningen 8. *Tore:* 0:1 (23.) Bukowski (Lay), 1:1 (28.) Schiller (Holzmann), 1:2 (32.) Königer (Brousek), 2:2 (57.) Kuhl (Silk), 2:3 (57.) Fritz (Currie/Willmann).

Düsseldorfer EG – Eintracht Frankfurt 6:6
Düsseldorfer EG: Heiß (3) – Niederberger (2), Amann (3), U. Hiemer (3), Schmidt (4), Topolnisky (3) – Lee (2), Valentine (2), Nentvich (3), Krueger (4), Wolf (4), Maj (4), Roedger (3), Brenner (3), Hardy (2). *Eintracht Frankfurt:* Fous (3) – Forster (3), Denisiuk (3), Mucha (2), Mokros (3), Sinner (3), Potz (2) – Pöpel (3), Erhardt (3), H. Birk (3), Smicek (3), Egen (3), Baier (3), Held (3), Langlois (3), Werner (3), J. Hiemer (3). *Zuschauer:* 10500 (ausverkauft). *Schiedsrichter:* Kompalla (Krefeld). *Strafminuten:* Düsseldorf 10, Frankfurt 10. *Tore:* 1:0 (2.) Brenner, 1:1 (6.) Mucha (Smicek/Egen), 1:2 (7.) Langlois (Forster/Held), 1:3 (16.) H. Birk (Erhardt – 4:5), 1:4 (22.) Egen (Mokros/U. Hiemer – 5:4), 2:4 (22.) Hardy (Roedger/Schmidt), 3:4 (25.) Lee (U. Hiemer/Valentine), 3:5 (33.) J. Hiemer (Smicek/Egen), 4:5 (37.) Niederberger (Schmidt – 5:4), 5:5 (38.) Valentine (Nentvich), 6:5 (38.) U. Hiemer (Lee), 6:6 (39.) Held (Langlois/Werner).

EV Landshut – SB Rosenheim 0:4
EV Landshut: Englbrecht (1) – Naud (3), Seyller (2), Duris (3), Auhuber (3), Gandorfer (3), Wagner (3) – Brunner (4), O'Regan (3), Truntschka (3), Poner (3), Kühnhackl (3), Brittig (3), Prokes (3), Steiger (4), Lupzig (3). *SB Rosenheim:* Friesen (3) – Blum (3), Reil (2), Kretschmer (3), Maidl (3), Lutz (3), Schiffl (3) – Reindl (3), Höfner (3), Fischer (1), Crawford (3), Pouzar (2), Franz (2), Trattner (3), Hilger (3), Schädler (3). *Zuschauer:* 5500. *Schiedsrichter:* Penz (Kaufbeuren). *Strafminuten:* Landshut 6, Rosenheim 8. *Tore:* 0:1 (2.) Pouzar (Crawford/Maidl), 0:2 (25.) Franz (Crawford/Pouzar), 0:3 (57.) Kretschmer (Franz/Reil), 0:4 (60.) Trattner (Hilger/Lutz).

Berliner SC Preussen – Kölner EC 4:10
Berliner SC Preussen: Merk (4), ab 30. Habnitt (3) – Steer (3), Catterall (3), Panek (4), Rentzsch (4), Schirmer (4), Malo (4) – Gotsch (4), Brockmann (4), Kammerer (4), Lupul (4), Sochatzky (4), Vogel (3), Schwindt (4), Preuß (4), Zabawa (4). *Kölner EC:* de Raaf (2) – Kießling (4), Pokorny (4), Sterflinger (2), Kühn – Sikora (3), Truntschka (1), Hegen (2), Steiger (2), Berry (3), Nicholas (3), Meitinger (2), Brandl (3), Schmid (3). *Zuschauer:* 4600. *Schiedsrichter:* Erhard (Hohenfurch). *Strafminuten:* Berlin 8, Köln 10. *Tore:* 1:0 (3.) Zabawa (Preuß/Schwindt), 2:0 (3.) Steer (Gotsch/Kammerer), 3:0 (4.) Panek (Lupul/Vogel), 3:1 (4.) Meitinger (Thornbury 5:4), 4:1 (9.) Vogel (Preuß/Sochatzky), 4:2 (10.) Sikora (Hegen), 4:3 (12.) Pokorny (Truntschka), 4:4 (25.) Steiger, 4:5 (30.) Berry (Steiger/Nicholas), 4:6 (33.) Hegen (Sikora/Truntschka), 4:7 (41.) Sikora (Truntschka), 4:8 (42.) Meitinger (Brandl), 4:9 (50.) Truntschka (Hegen 5:4), 4:10 (53.) Truntschka (Thornbury/Meitinger).

33. Spieltag

Kölner EC – ESV Kaufbeuren 8:2
Kölner EC: de Raaf (2) – Kießling (2), Pokorny (3), Thornbury (3), Sterflinger (2), Romberg (4), Kühn (3) – Sikora (2), Truntschka (2), D. Hegen (2), Steiger (2), Berry (2), Köpf (3), Schmid (3), Brandl (4), Meitinger (3). *ESV Kaufbeuren:* G. Hegen (2) – Medicus (3), Micheller (4), Steinecker (3), Schuster (3), Reuter (4) – Adam (4), Mörz (3), Kauer (4), Schneider (3), Heckelsmüller (3), Richter (3), Riefler (4), Römer (4), Schnöll (4). *Zuschauer:* 5500. *Schiedsrichter:* Vogt (Moers). *Strafminuten:* Köln 4, Kaufbeuren 6. *Tore:* 1:0 (8.) Sterflinger (Kießling/Hegen), 2:0 (11.) Sterflinger (Köpf/Berry), 2:1 (13.) Heckelsmüller (Schuster/Richter), 2:2 (18.) Mörz (Medicus), 3:2 (21.) Hegen (Truntschka/Sikora), 4:2 (30.) Sikora (Kießling), 5:2 (42.) Thornbury (Truntschka/Hegen – 6:5), 6:2 (51.) Truntschka (Pokorny/Sikora – 5:4), 7:2 (53.) Schmid (Meitinger), 8:2 (57.) Köpf (Berry/Thornbury).

BSC Preussen – Mannheimer ERC 3:8
Berliner SC Preussen: Habnitt (4) – Catterall (3), Schirmer (4), Grzesiczek (3), Steer (4), Rentzsch (4), Schwindt (3) – Malo (4), Brockmann (4), Tabor (0), Kammerer (4), Preuß (4), Lupul (4), Vogel (4), Sochatzky (0), Gotsch (4), Wasserek (0), Jaworowski (4). *Mannheimer ERC:* Schlickenrieder (3), ab 51. Franke (0) – Kreis (2), Eggerbauer (2), Hanft (2), Oswald (4), Klaus (4), Gailer (3) – Obresa (3), Messier (2), Volland (4), Silk (1), Jonkhans (2), Kuhl (2), Draisaitl (2), Schiller (3). *Zuschauer:* 3500. *Schiedsrichter:* Radosai (Landshut). *Strafminuten:* Berlin 8, Mannheim 8. *Tore:* 0:1 (4.) Holzmann (Obresa/Messier), 0:2 (6.) Klaus (Draisaitl/Kuhl), 0:3 (9.) Kuhl (Draisaitl/Schiller), 0:4 (21.) Silk (Kreis/Jonkhans – 4:5), 0:5 (27.) Kuhl (Klaus – 4:4), 1:5 (37.) Kammerer (Preuß/Tabor), 1:6 (48.) Silk (Messier – 5:4), 1:7 (48.) Hanft, 2:7 Malo (Lupul), 3:7 (56.) Jaworowski (Preuß/Kammerer), 3:8 (58.) Holzmann (Messier).

Eintracht Frankfurt – EV Landshut 7:8
Eintracht Frankfurt: Fous (4), 21.–36. Zankl (4) – Forster (3), Denisiuk (5), Mucha (3), Mokros (3), Sinner (3) – Pöpel (3), Erhardt (3), H. Birk (3), Hiemer (3), Egen (3), Smicek (3), Held (3), Langlois (3), Werner (0), Baier (3). *EV Landshut:* Englbrecht (3) – Duris (3), Auhuber (3), Naud (3), Seyller (2), Gandorfer (3), Wagner (3) – Poner (1), Kühnhackl (1), Steiger (3), Truntschka (3), O'Regan (3), Lupzig (3), Brunner (3), Prokes (4), Brittig (3). *Zuschauer:* 6000 (ausverkauft). *Schiedsrichter:* Schimki (Berlin). *Strafminuten:* Frankfurt 8 + 5 für Mucha, Landshut 20 + 5 für O'Regan. *Tore:* 1:0 (1.) Pöpel (H. Birk), 1:1 (4.) Brunner (Prokes/Brittig), 1:2 (8.) Poner (Kühnhackl – 4:4), 1:3 (12.) O'Regan (4:5), 2:3 (12.) Mucha (Egen/Hiemer – 5:4), 2:4 (18.) Kühnhackl (4:4), 2:5 (25.) Poner, 3:5 (29.) Mokros (Egen/Hiemer – 5:4), 3:6 (30.) Poner (Kühnhackl), 4:6 (34.) Langlois (Hiemer/Egen – 5:4), 5:6 (34.) Hiemer (Egen), 5:7 (35.) O'Regan (4:5), 5:8 (36.) Poner (Seyller – 5:4), 6:8 (48.) Baier (Nachschuß), 7:8 (56.) Held (Hiemer/Egen).

ERC Schwenningen – Düsseldorfer EG 3:5
ERC Schwenningen: Hoppe (1) – Dietrich (2), Königer (2), Altmann (2), Schubert (4) – Willmann (2), Currie (3), Fritz (3), Lay (3), Bukowski (3), Brousek (4), Kirchmaier (3), Sternkopf (3), Stejskal (3), Ott (0). *Düsseldorfer EG:* Heiß (3) – Amann (3), Niederberger (3), Hiemer (3), Schmidt (3), Topolnisky (3) – Lee (2), Valentine (2), Nentvich (3), Roedger (3), Wolf (3), Hardy (3), Brenner (3), Kasper (4), Maj (4). *Zuschauer:* 4600. *Schiedsrichter:* Barnet (Rosenheim). *Strafminuten:* Schwenningen 6, Düsseldorf 6. *Tore:* 1:0 (3.) Lay (Dietrich/Königer), 1:1 (15.) Schmidt (Valentine), 2:1 (38.) Kirchmaier (Sternkopf/Stejskal), 3:1 (40.) Currie (Fritz/Altmann), 3:2 (40.) Roedger (Wolf), 3:3 (45.) Valentine (Lee/Niederberger), 3:4 (55.) Hardy (Wolf/Hiemer), 3:5 (60.) Lee.

34. Spieltag

Mannheimer ERC – Kölner EC 3:3
Mannheimer ERC: Schlickenrieder (2) – Kreis (1), Eggerbauer (2), Klaus (3), Hanft (2), Gailer (3), Oswald (4) – Obresa (3), Holzmann (3), Messier (3), Kuhl (3), Silk (3), Jonkhans (3), Volland (3), Draisaitl (3), Schiller (3). *Kölner EC:* de Raaf (2) – Kießling (2), Pokorny (2), Thornbury (2), Sterflinger (2), Kühn (2), Romberg (3) – Sikora (2), Truntschka (2), Hegen (2), Steiger (2), Berry (1), Nicholas (2), Meitinger (2), Brandl (2), Schmid (2). *Zuschauer:* 7400. *Schiedsrichter:* Erhard (Hohenfurch). *Strafminuten:* Mannheim 4, Köln 10. *Tore:* 0:1 (13.) Nicholas (Sterflinger/Steiger), 1:1 (16.) Messier (Holzmann/Obresa), 1:2 (22.) Berry (Nicholas/Steiger), 2:2 (23.) Messier (Holzmann), 3:2 (32.) Messier (Kreis – 5:3), 3:3 (40.) Berry (Steiger/Sterflinger).

EV Landshut – ERC Schwenningen 5:2
EV Landshut: Englbrecht (2) – Duris (3), Auhuber (3), Naud (3), Seyller (3), Gandorfer (3), Wagner (3) – Poner (1), Kühnhackl (3), Steiger (3), Lupzig (1), O'Regan (2), Truntschka (3), Brunner (3), Prokes (3), Brittig (3). *ERC Schwenningen:* Hoppe (2) – Dietrich (3), Königer (3), Schubert (3), Altmann (3), Willmann (3). Currie (3), Fritz (3), Lay (3), Bukowski (3), Brousek (3), Stejskal (3), Sternkopf (3), Kirchmaier (3). *Zuschauer:* 3200. *Schiedsrichter:* Ondertoller (Geretsried). *Strafminuten:* Landshut 8, Schwenningen 10. *Tore:* 1:0 (16.) Lupzig (O'Regan/Truntschka), 2:0 (28.) Lupzig (O'Regan), 2:1 (29.) Willmann (Fritz/Dietrich), 3:1 (38.) Lupzig (Poner/Gandorfer), 3:2 (40.) Fritz (Willmann/Currie), 4:2 (44.) O'Regan (Brittig/Duris – 5:4), 5:2 (54.) Poner (Auhuber/Duris).

Düsseldorfer EG – BSC Preussen 1:4
Düsseldorfer EG: Heiß (4) – Hiemer (4), Schmidt (4), Niederberger (3), Amann (3), Topolnisky (5) – Lee (3), Valentine (3), Nentvich (3), Roedger (3), Wolf (3), Krueger (3), Hardy (3), Brenner (3), Maj (3), Kasper (4). *Berliner SC Preussen:* Merk (1) – Catterall (3), Steer (3), Grzesiczek (3), Rentzsch (3) – Malo (3), Brockmann (3), Gotsch (3), Lupul (3), Preuß (3), Kammerer (3), Schwindt (3), Sochatzky (3), Vogel (3). *Zuschauer:* 10150. *Schiedsrichter:* Schlimme (Krefeld). *Strafminuten:* Düsseldorf 6, Berlin 6. *Tore:* 0:1 (29.) Vogel (Sochatzky – 4:4), 0:2 (31.) Schwindt (Vogel), 1:2 (51.) Kasper (Amann/Niederberger), 1:3 (59.) Malo (Sochatzky/Steer), 1:4 (60.) Kammerer (Sochatzky – 5:6).

ESV Kaufbeuren – SB Rosenheim 2:9
ESV Kaufbeuren: Hegen (3) ab 18. Hölzel (3) – Schuster (3), Steinecker (3), Medicus (3), Micheller (4), Reuter (3) – Kauer (3), Mörz (3), Vanik (3), Schneider (3), Heckelsmüller (4), Richter (3), Riefler

(3), Römer (3), Schnöll (4), Adam (3). *SB Rosenheim:* Friesen (2) – Blum (2), Reil (2), Kretschmer (2), Maidl (2), Lutz (3), Schiffl (3) – Reindl (2), Höfner (1), Fischer (2), Crawford (2), Pouzar (2), Franz, Trattner (2), Hilger (2), Schädler (3), Sterflinger (0). *Zuschauer:* 5200. *Schiedsrichter:* Böhm (Landshut). *Strafminuten:* Kaufbeuren 4, Rosenheim 6. *Tore:* 0:1 (2.) Franz (Crawford/Pouzar), 0:2 (8.) Blum (Franz), 0:3 (18.) Fischer (Kretschmer), 0:4 (21.) Höfner (Reindl), 0:5 (25.) Reil (Höfner), 0:6 (26.) Crawford (Franz), 1:6 (38.) Steinecker, 1:7 (43.) Schädler (Trattner/Fischer), 1:8 (47.) Höfner, 1:9 (54.) Trattner (Sterflinger/Höfner), 2:9 (55.) Vanik (Richter/Römer).

35. Spieltag

Kölner EC – SB Rosenheim 2:4
Kölner EC: de Raaf (2) – Kießling (3), Pokorny (3), Thornbury (2), Sterflinger (3), Romberg (3), Kühn (3) – Sikora (2), Truntschka (2), Hegen (3), Steiger (2), Berry (2), Nicholas (3), Schmid (3), Brandl (3), Meitinger (2), Köpf (3). *SB Rosenheim:* Friesen (1) – Blum (2), Reil (3), Kretschmer (2), Maidl (3), Lutz (3), Schiffl (3) – Reindl (2), Höfner (1), Fischer (1), Crawford (3), Pouzar (3), Franz (2), Trattner (3), Pohl (3), Hilger (3), T. Sterflinger (0). *Zuschauer:* 8000 (ausverkauft). *Schiedsrichter:* Kompalla (Krefeld). *Strafminuten:* Köln 12, Rosenheim 12. *Tore:* 0:1 (5.) Höfner, 1:1 (18.) Brandl, 1:2 (28.) Fischer (Höfner/Lutz), 2:2 (33.) Sikora, 2:3 (40.) Franz (4:4), 2:4 (54.) Höfner (Crawford/Kretschmer).

Düsseldorfer EG – ESV Kaufbeuren 11:7
Düsseldorfer EG: Heiß (3) – Hiemer (3), Schmidt (3), Niederberger (3), Amann (3), Topolnisky (0) – Roedger (2), Wolf (2), Hardy (3), Lee (2), Valentine (2), Nentvich (4), Krueger (3), Kasper (2), May (4), Brenner (4). *ESV Kaufbeuren:* Hölzel (4), ab 19. Hegen (3) – Steinecker (2), Schuster (3), Medicus (2), Micheller (3), Reuter (0) – Adam (3), Mörz (3), Kauer (4), Schneider (3), Heckelmüller (3), Richter (3), Riefler (3), Römer (3), Vanik (2). *Zuschauer:* 10500 (ausverkauft). *Schiedsrichter:* Vogt (Moers). *Strafminuten:* Düsseldorfer 8, Kaufbeuren 4. *Tore:* 1:0 (2.) Roedger (Wolf/Hardy), 1:1 (3.) Vanik (Medicus/Riefler), 2:1 (8.) Valentine (Lee/Niederberger – 4:4), 3:1 (13.) Brenner (Lee/Valentine), 4:1 (17.) Wolf, 5:1 (19.) Krueger (Kasper/Mai), 6:1 (20.) Amann (Niederberger/Nentvich – 5:4), 6:2 (22.) Vanik (Reuter), 6:3 (3.) Richter (Heckelmüller/Steinecker), 6:4 (33.) Römer (Mörz/Schuster – 5:4), 6:5 (47.) Schuster (Heckelmüller/Richter), 6:6 (48.) Vanik (Mörz/Medicus), 7:6 (48.) Valentine (Lee/Nentvich), 8:6 (54.) Nentvich (Valentine/Lee), 9:6 (54.) Kasper (Krueger/Brenner), 10:6 (54.) Roedger (Schmidt/Wolf), 10:7 (55.) Heckelmüller, 11:7 (59.) Hardy (Wolf/Roedger).

Berliner SC Preussen – EV Landshut 3:3
Berliner SC Preussen: Merk (2) – Catterall (4), Steer (3), Grzesiczek (3), Müller (2) – Malo (2), Wasserek (2), Gotsch (4), Vogel (3), Sochatzky (4), Schwindt (4), Lupul (2), Preuß (3), Kammerer (2). *EV Landshut:* Englbrecht (2) – Duris (3), Auhuber (4), Naud (4), Seyller (4) – Poner (4), Kühnhackl (2), Steiger (3), Lupzig (4), O'Regan (4), Truntschka (3), Brunner (4), Prokes (3), Brittig (3). *Zuschauer:* 3500. *Schiedsrichter:* Schnieder (Iserlohn). *Strafminuten:* Berlin 14, Landshut 26. *Tore:* 1:0 (6.) Wasserek (Gotsch/Malo), 1:1 (21.) Kühnhackl (Naud/O'Regan – 5:4), 1:2 (34.) O'Regan (Brittig/Duris – 5:4), 2:2 (41.) Vogel (Malo/Schwindt – 5:4), 3:2 (46.) Malo (Wasserek/Steer), 3:3 (53.) Kühnhackl (Naud – 5:4).

ERC Schwenningen – Eintracht Frankfurt 6:7
ERC Schwenningen: Hoppe (3) – Dietrich (3), Königer (2), Altmann (3), Schubert (3) – Lay (3), Bukowski (3), Brousek (3), Willmann (3), Currie (3), Fritz (2), Kirchmaier (3), Sternkopf (3), Stejskal (3). *Eintracht Frankfurt:* Fous (2) – Forster (3), Denisiuk (3), Mucha (3), Sinner (3) – Pöpel (3), Erhardt (2), H. Birk (3), Hiemer (3), Egen (3), Baier (3), Langlois (3), Held (3), Smicek (3), Adams (3), K. Birk (3). *Zuschauer:* 2800. *Schiedsrichter:* Welles (Miesbach). *Strafminuten:* Schwenningen 2, Frankfurt 10. *Tore:* 1:0 (23.) Fritz (Currie/Königer – 5:4), 1:1 (24.) Erhardt (H. Birk), 2:1 (27.) Stejskal, 2:2 (31.) Erhardt (H. Birk), 2:3 (33.) Baier, 3:3 (36.) Willmann (Fritz – 5:4), 3:4 (37.) Forster (Denisiuk), 3:5 (40.) Held (Sinner), 3:6 (43.) Langlois, 4:6 (44.) Fritz (Currie/Willmann), 4:7 (45.) Hiemer (Langlois – 5:4), 5:7 (48.) Dietrich (Willmann/Currie – 5:4), 6:7 (56.) Fritz (Currie).

36. Spieltag

Eintracht Frankfurt – Mannheimer ERC 4:6
Eintracht Frankfurt: Fous (3) – Forster (4), Denisiuk (5), Sinner (4), Mucha (3) – Pöpel (4), Erhardt (3), H. Birk (3), Hiemer (3), Egen (3), Baier (3), Held (3), Langlois (3), Adams (3). *Mannheimer ERC:* Schlickenrieder (–) – Kreis (2), Eggerbauer (3), Klaus (3), Hanft (3), Oswald (3) – Gailer (3), Obresa (3), Holzmann (3), Messier (3), Kuhl (3), Draisaitl (1), Schiller (2), Jonkhans (4), Silk (2), Volland (3), Bleicher (3). *Zuschauer:* 6000 (ausverkauft). *Schiedsrichter:* Barnet (Rosenheim). *Strafminuten:* Frankfurt 6, Mannheim 6 + 10 Disziplinarstrafe für Silk. *Tore:* 1:0 (6.) Mucha (Hiemer/Egen – 5:4), 2:0 (10.) Erhardt (Pöpel/H. Birk), 3:0 (11.) Adams (Langlois), 3:1 (12.) Hanft (Solo), 3:2 (30.) Kuhl (Schiller), 3:3 (38.) Draisaitl (Schiller/Kreis – 5:4), 4:3 (46.) Baier, 4:4 (46.) Kreis, 4:5 (53.) Draisaitl (Schiller), 4:6 (54.) Gailer (Silk).

ESV Kaufbeuren – BSC Preussen 7:3
ESV Kaufbeuren: Hölzel (2) – Medicus (2), Micheller (2), Schuster (2), Steinecker (2), Reuter (3) – Kauer (3), Adam (3), Mörz (1), Adam (3), Richter (3), Schneider (3), Riefler (2), Römer (3), Vanik (3), Schnöll (3). *Berliner SC Preussen:* Merk (3) – Müller (3), Grzesiczek (3), Steer (3), Rentzsch (4), Schirmer (4) – Kammerer (3), Preuß (3), Lupul (3), Gotsch (3), Wasserek (4), Malo (4), Jaworowski (3), Zabawa (4), Schwindt (2). *Zuschauer:* 2900. *Schiedsrichter:* Ondertoller (Geretsried). *Strafminuten:* Kaufbeuren 10 + 5 für Schneider, Berlin 16 + je 5 für Grzesiczek und Schwindt. *Tore:* 1:0 (6.) Micheller (Mörz/Adam), 2:0 (5.) Micheller (Mörz), 3:0 (8.) Kauer (Mörz), 4:0 (8.) Steinecker (Schneider/Schnöll – 5:4), 4:1 (9.) Schwindt (Zabawa/Jaworowski – 5:4), 5:1 (17.) Mörz (Richter/Schuster – 5:4), 6:1 (30.) Richter, 7:1 (51.) Riefler (Steinecker/Vanik), 7:2 (58.) Lupul (Preuß/Kammerer), 7:3 (59.) Jaworowski (Schirmer).

EV Landshut – Kölner EC 3:1
EV Landshut: Englbrecht (1) – Auhuber (2), Duris (2), Seyller (2), Naud (3), Wagner (2), Gandorfer (2) – Poner (2), Kühnhackl (1), E. Steiger (3), Lupzig (3), O'Regan (3), B. Truntschka (3), Brunner (3), Prokes (3), Brittig (3), Schinko (0). *Kölner EC:* de Raaf (1) – Kießling (3), Pokorny (3), Thornbury (3), Sterflinger (3), Kühn (3), Romberg (3) – Sikora (2), G. Truntschka (3), Hegen (3), H. Steiger (3), Berry (3), Nicholas (3), Schmid (3), Brandl (3), Meitinger (3). *Zuschauer:* 5500. *Schiedsrichter:* Schimki (Berlin). *Strafminuten:* Landshut 10 + Spieldauer-Disziplinarstrafe für Auhuber, Köln 8 + 5 für Romberg. *Tore:* 1:0 (13.) Naud (Lupzig/O'Regan), 1:1 (18.) Nicholas (Berry), 2:1 (39.) Kühnhackl (Poner), 3:1 (44.) Kühnhackl (Naud – 4:4).

SB Rosenheim – ERC Schwenningen 4:5
SB Rosenheim: Friesen (2) – Blum (2), Reil (3), Kretschmer (2), Lutz (2) – Reindl (2), Höfner (2), Fischer (2), Crawford (2), Pouzar (1), Franz (2), Hilger (3), Pohl (3), Trattner (3). *ERC Schwenningen:* Hoppe (1) – Dietrich (2), Königer (2), Schubert (2), Altmann (3), Maly (3) – Willmann (3), Currie (3), Fritz (3), Lay (3), Bukowski (3), Brousek (3), Kirchmaier (3), Sternkopf (3), Stejskal (3). *Zuschauer:* 3500. *Schiedsrichter:* Radosai (Landshut). *Strafminuten:* Rosenheim 0, Schwenningen 2. *Tore:* 0:1 (13.) Fritz (Willmann/Currie), 1:1 (18.) Crawford (Franz/Pouzar), 1:2 (30.) Kirchmaier (Stejskal/Dietrich), 2:2 (35.) Pouzar (Crawford/Lutz), 2:3 (40.) Fritz, 2:4 (43.) Bukowski, 2:5 (45.) Fritz, 3:5 (50.) Pouzar (Lutz/Franz), 4:5 (56.) Reindl.

Play-Off-Runde

■ Viertelfinale, 1. Runde

EV Landshut – Düsseldorfer EG 4:2
EV Landshut: Englbrecht (2) – Naud (1), Seyller (3), Wagner (4), Gandorfer (3), Duris (4) – Lupzig (3), O'Regan (1), Truntschka (3), Poner (3), Kühnhackl (2), Brittig (3), Brunner (4), Prokes (4), Steiger (3). *Düsseldorfer EG:* Heiß (3) – Hiemer (5), Schmidt (2), Niederberger (3), Amann (5) – Lee (3), Valentine (4), Nentvich (4), Roedger (3), Wolf (4), Hardy (3), Krueger (4), Kasper (4), Maj (3), Brenner (3). *Zuschauer:* 6500. *Schiedsrichter:* Schnieder (Iserlohn). *Strafminuten:* Landshut 12, Düsseldorf 18 + 5 für Amann. *Tore:* 1:0 (18.) O'Regan (Naud/Kühnhackl – 5:3), 1:1 (34.) Amann (Hiemer/Maj – 4:5), 1:2 (37.) Lee (Valentine), 2:2 (39.) O'Regan (Truntschka/Luczig), 3:2 (41.) Kühnhackl (Naud – 4:4), 4:2 (48.) O'Regan (Naud/Truntschka – 5:4).

Kölner EC – Eintracht Frankfurt 7:2
Kölner EC: de Raaf (2) – Kießling (2), Pokorny (3), Thornbury (3), Sterflinger (3), Kühn (3) – Sikora (2), Truntschka (2), Hegen (2), Steiger (1), Berry (2), Nicholas (3), Schmid (3), Brandl (3), Meitinger (3). *Eintracht Frankfurt:* Fous (3) – Forster (3), Denisiuk (3), Mucha (3), Mokros (3), Sinner (3), Potz (2) – Held (3), Erhardt (3), Adams (3), Hiemer (3), Egen (3), Pöpel (3), Werner (4), Langlois (3), K. Birk (3). *Zuschauer:* 7000. *Schiedsrichter:* Vogt (Moers). *Strafminuten:* Köln 24, Frankfurt 28. *Tore:* 1:0 (10.) Truntschka (Held), 1:1 (17.) Erhardt (Sikora), 2:1 (17.) Steiger (Thornbury), 2:2 (25.) Langlois (Forster), 3:2 (38.) Steiger (Nicholas/Berry – 5:3), 4:2 (43.) Truntschka (Hegen/Thornbury – 3:3), 5:2 (50.) Brandl (Schmid/Meitinger), 6:2 (53.) Berry (Steiger/Thornbury), 7:2 (57.) Pokorny (Sikora/Hegen – 4:5).

SB Rosenheim – ERC Schwenningen 3:0
SB Rosenheim: Friesen (1) – Blum (2), Reil (3), Kretschmer (2), Maidl (3) – Reindl (2), Höfner (1), Fischer (2), Roulston (2), Pouzar (2), Hilger (2), Ahne (2), Pohl (3), Franz (2). *ERC Schwenningen:* Hoppe (3) – Dietrich (2), Königer (2), Schubert (3), Altmann (3), Maly (3) – Willmann (3), Currie (3), Fritz (3), Lay (3), Bukowski (3), Brousek (3), Kirchmaier (3), Sternkopf (3), Stejskal (3). *Zuschauer:* 4400. *Schiedsrichter:* Würth (Peiting). *Strafminuten:* Rosenheim 10, Schwenningen 16. *Tore:* 1:0 (1.) Fischer (Höfner/Blum), 2:0 (8.) Reindl (Fischer/Höfner – 4:3), 3:0 (9.) Ahne (Franz/Kretschmer – 5:4).

Mannheimer ERC – ESV Kaufbeuren 3:2
Mannheimer ERC: Schlickenrieder (2). – Kreis (1), Eggerbauer (3), Klaus (3), Hanft (3), Gailer (3), Raubal (3), Oswald (0) – Obresa (3), Holzmann (3), Messier (3), Kuhl (3), Schiller (3), Silk (3), Volland (3), Draisaitl (3), Bleicher (3). *ESV Kaufbeuren:* Hegen (3) – Schuster (3), Steinecker (3), Medicus (3), Micheller (3) – Riefler (3), Mörz (3), Adam (3), Richter (3), Holy (3), Heckelmüller (3), Vanik (3), Römer (3), Kauer (3). *Zuschauer:* 7000. *Schiedsrichter:* Schimki (Berlin). *Strafminuten:* Mannheim 6, Kaufbeuren 8. *Tore:* 1:0 (25.) Messier (Obresa/Holzmann), 1:1 (35.) Adam (Mörz), 2:1 (58.) Kuhl (Hanft/Silk), 2:2 (58.) Adam (Medicus), 3:2 (60.) Holzmann.

■ Viertelfinale, 2. Runde

Düsseldorfer EG – EV Landshut 5:2
Düsseldorfer EG: Heiß (3) – Hiemer (3), Schmidt (3), Niederberger (2), Amann (3), Topolnisky (3) – Roedger (3), Wolf (3), Hardy (3), Krueger (3), Kasper (3), Maj (3), Lee (2), Valentine (3), Nentvich (3), Brenner (0). *EV Landshut:* Englbrecht – Seyller (3), Naud (3), Auhuber (3), Duris (3), Wagner (3), Gandorfer (3) – Lupzig (3), O'Regan (3), Truntschka (3), Poner (3), Kühnhackl (3), Steiger (3), Brunner (3), Prokes (4), Hirtreiter (4). *Zuschauer:* 10500 (ausverkauft). *Schiedsrichter:* Schnieder (Iserlohn). *Strafminuten:* Düsseldorf 12 + je 5 für

Wolf und Hardy, Landshut 14 + je 5 für Lupzig und Poner. *Tore:* 0:1 (4.) Kühnhackl (Duris), 1:1 (11.) Valentine (Niederberger/Hiemer – 5:4), 2:1 (27.) Hardy (Wolf/Roedger), 3:1 (44.) Valentine, 4:1 (49.) Kasper (Niederberger), 5:1 (49.) Hiemer (Valentine/Nentvich), 5:2 (57.) Seyller (Lupzig).

Eintracht Frankfurt – Kölner EC 4:5
Eintracht Frankfurt: Fous (2) – Forster (0), Denisiuk (4), Mucha (2), Mokros (3), Sinner (0), Potz (3) – Held (4), Erhardt (3), Adams (3), Hiemer (3), Egen (3), H. Birk (4), Göbel (3), Langlois (3), Werner (3). *Kölner EC:* de Raaf (2) – Sterflinger (3), Thornbury (3), Kühn (2), Romberg (3), Kießling (3), Pokorny (3) – Steiger (3), Berry (3), Nicholas (3), Meitinger (3), Brandl (2), Schmid (3), Sikora (2), Truntschka (2), Hegen (2). *Zuschauer:* 6400 (ausverkauft). *Schiedsrichter:* Vogt (Moers). *Strafminuten:* Frankfurt 22 + 5 für Mokros, Köln 20 + 5 für Truntschka. *Tore:* 1:0 (7.) H. Birk (Hiemer/Egen), 1:1 (7.) Hegen (Sikora), 1:2 (11.) Sikora (Kießling – 4:5), 2:2 (20.) Mucha (Egen/Hiemer – 5:3), 3:2 (43.) Mucha (Held – 4:4), 3:3 (45.) Brandl (Schmid), 4:3 (48.) Held (Denisiuk/Potz – 5:4), 4:4 (52.) Steiger (Sterflinger), 4:5 (58.) Truntschka (Meitinger).

ERC Schwenningen – SB Rosenheim 5:4
ERC Schwenningen: Hoppe (1) – Dietrich (2), Königer (2), Altmann (2), Schubert (1), Maly (3) – Fritz (2), Currie (2), Willmann (3), Lay (3), Bukowski (2), Brousek (2), Kirchmaier (3), Sternkopf (3), Stejskal (2). *SB Rosenheim:* Friesen (1) – Blum (2), Reil (3), Kretschmer (3), Maidl (2) – Reindl (3), Höfner (2), Fischer (1), Roulston (2), Pouzar (2), Hilger (2), Ahne (2), Pohl (3), Franz (3). *Zuschauer:* 4900. *Schiedsrichter:* Würth (Peiting). *Strafminuten:* Schwenningen 4 + 5 gegen Currie, Rosenheim 12 + 5 gegen Höfner. *Tore:* 1:0 (31.) Lay, 2:0 (33.) Willmann (Dietrich/Currie – 4:3), 2:1 (50.) Fischer (Höfner), 2:2 (50.) Hilger (Roulston/Pouzar). Penaltyschießen: 2:3 Roulston, 2:4 Franz, 3:4 Willmann, 4:4 Lay, 5:4 Stejskal.

ESV Kaufbeuren – Mannheimer ERC 0:3
ESV Kaufbeuren: Hegen (2) – Schuster (3), Steinekker (3), Medicus (3), Ott (3), Riefler (3), Mörz (3), Adam (3), Richter (3), Heckelsmüller (4), Holy (3), Römer (3), Kauer (3), Vanik (4). *Mannheimer ERC:* Schlickenrieder (1) – Kreis (1), Eggerbauer (3), Hanft (3), Klaus (3), Gailer (3), Raubal (3) – Obresa (2), Holzmann (3), Messier (1), Kuhl (3), Silk (3), Schiller (1), Volland (3), Draisaitl (3), Bleicher (3). *Zuschauer:* 4500. *Schiedsrichter:* Schimki (Berlin). *Strafminuten:* Kaufbeuren 6, Mannheim 16. *Tore:* 0:1 (43.) Schiller (Kuhl), 0:2 (44.) Schiller (Hanft), 0:3 (54.) Silk (5:4).

■ **Viertelfinale, 3. Runde**
EV Landshut – Düsseldorfer EG 4:5
EV Landshut: Englbrecht (3) – Naud (2), Duris (3), Wagner (3), Gandorfer (3), Seyller (3), Poner (3), Kühnhackl (3), Hirtreiter (3), Lupzig (3), O'Regan (2), Truntschka (2), Brunner (3), Prokes (3), Schinko (3). *Düsseldorfer EG:* Heiß (2) – Hiemer (3), Schmidt (3), Niederberger (3), Amann (3), Topolnisky (3) – Roedger (3), Wolf (3), Hardy (3), Krueger (3), Kasper (3), Maj (4), Lee (2), Valentine (1), Brenner (0). *Zuschauer:* 6000. *Schiedsrichter:* Würth (Peiting). *Strafminuten:* Landshut 10, Düsseldorf 16. *Tore:* 0:1 (5.) Nentvich (Valentine/Lee), 1:1 (24.) Seyller, 1:2 (28.) Roedger (Niederberger), 2:2 (30.) O'Regan (Truntschka/Wagner – 5:4), 3:2 (40.) Naud (Poner – 5:4), 3:3 (49.) Nentvich (Valentine/Lee), 3:4 (51.) Lupzig (O'Regan), 4:4 (58.) Nentvich, 4:5 (59.) Lee (Valentine).

Mannheimer ERC – ESV Kaufbeuren 4:2
Mannheimer ERC: Schlickenrieder (2) – Kreis (2), Eggerbauer (3), Klaus (3), Hanft (3), Raubal (4), Gailer (3), Obresa (3), Holzmann (3), Kuhl (3), Schiller (3), Silk (3), Bleicher (3), Draisaitl (3), Volland (3). *ESV Kaufbeuren:* Hegen (1) – Schuster (3), Steinecker (3), Medicus (3), Ott (4), Riefler (3), Mörz (3), Adam (2), Richter (3), Hek-

kelsmüller (3), Holy (2), Vanik (2), Römer (3), Kauer (3). *Zuschauer:* 6500. *Schiedsrichter:* Barnet (Rosenheim). *Strafminuten:* Mannheim 8, Kaufbeuren 6. *Tore:* 0:1 (11.) Holy (Richter), 0:2 (14.) Vanik (Römer), 1:2 (15.) Messier (5:4), 2:2 (25.) Messier (Kreis/Silk – 5:4), 3:2 (25.) Gailer (Eigentor), 4:2 (60.) Kuhl.

Kölner EC – Eintracht Frankfurt 9:4
Kölner EC: de Raaf (2) – Thornbury (2), Sterflinger (2), Kießling (2), Pokorny (2), Romberg (3), Kühn (3) – Sikora (2), Truntschka (2), Hegen (3), Steiger (2), Berry (2), Nicholas (2), Schmid (3), Brandl (3), Meitinger (2), Köpf (0). *Eintracht Frankfurt:* Fous (2) – Potz (2), Denisiuk (2), Mucha (2), Mokros (2) – Held (3), Erhardt (3), Adams (4), Pöpel (3), Langlois (3), Werner (4), Hiemer (3), Egen (3), H. Birk (3). *Zuschauer:* 6800. *Schiedsrichter:* Kompalla (Krefeld). *Strafminuten:* Köln 10, Frankfurt 16 + 10 Disziplinarstrafe für Pöpel. *Tore:* 1:0 (4.) Schmid (Meitinger), 2:0 (19.) Thornbury – 5:4), 3:0 (24.) Steiger (Nicholas/Thornbury – 5:4), 4:0 (34.) Thornbury (5:4), 4:1 (37.) H. Birk, 5:1 (38.) Sterflinger (Berry/Steiger), 6:1 (38.) Sikora (Truntschka/Kießling), 6:2 (39.) Langlois (Werner), 7:2 (42.) Hegen (Sikora/Meitinger), 7:3 (43.) Hiemer (Egen/Denisiuk), 8:3 (43.) Nicholas (Steiger/Berry), 9:3 (44.) Meitinger (Hegen/Kießling), 9:4 (54.) Held (Potz/Erhardt – 4:3).

SB Rosenheim – Schwenningen 4:5
SB Rosenheim: Friesen (2) – Blum (3), Reil (4), Kretschmer (2), Maidl (2), Schiffl (2) – Reindl (3), Höfner (3), Fischer (3), Ahne (2), Pouzar (2), Franz (2), Crawford (2), Pohl (3), Hilger (3). *ERC Schwenningen:* Hoppe (1) – Dietrich (2), Königer (3), Schubert (3), Altmann (2), Maly (3) – Willmann (3), Currie (2), Fritz (2), Lay (3), Bukowski (2), Brousek (3), Kirchmaier (3), Sternkopf (2), Stejskal (2). *Zuschauer:* 5000. *Schiedsrichter:* Böhm (Landshut). *Strafminuten:* Rosenheim 12, Schwenningen 16. *Tore:* 0:1 (1.) Currie (Willmann), 0:2 (5.) Willmann, 0:3 (6.) Stejskal (Maly/Kirchmaier), 1:3 (12.) Pouzar (Franz), 2:3 (16.) Ahne (Franz), 2:4 (17.) Kirchmaier (Stejskal), 2:5 (23.) Lay (Bukowski), 3:5 (32.) Crawford (Ahne/Pouzar), 4:5 (36.) Kretschmer (Fischer/Höfner).

■ **Viertelfinale, 4. Runde**
ERC Schwenningen – SB Rosenheim 1:3
ERC Schwenningen: Hoppe (1) – Dietrich (2), Königer (2) Altmann (1), Schubert (2), Maly (2) – Willmann (3), Currie (2), Fritz (1), Lay (2), Bukowski (3), Brousek (3), Kirchmaier (3), Sternkopf (3), Stejskal (3), Deiter (3). *SB Rosenheim:* Friesen (2) – Blum (2), Fischer (1), Reil (2), Kretschmer (2), Maidl (0) – Reindl (3), Höfner (1), Franz (2), Ahne (2), Pouzar (3), Crawford (3), Trattner (0), Pohl (3), Hilger (2). *Zuschauer:* 5000 (ausverkauft). *Schiedsrichter:* Böhm (Landshut). *Strafminuten:* Schwenningen 14, Rosenheim 20. *Tore:* 1:0 (12.) Currie (Fritz – 5:3), 1:1 (31.) Reindl (Höfner/Franz), 1:2 (33.) Hilger (Höfner), 1:3 (55.) Ahne (Pouzar).

Düsseldorfer EG – EV Landshut 9:1
Düsseldorfer EG: Heiß (2) – Niederberger (2), Amann (1), Hiemer (2), Schmidt (3), Topolnisky (3) Grefges (0) – Roedger (2), Wolf (3), Hardy (3), Krueger (2), Kasper (2), Maj (3), Lee (2), Valentine (2), Nentvich (3), Brenner (0). *EV Landshut:* Kontny (3), ab 12. Englbrecht – Duris, Auhuber (4), Seyller (3), Naud (3), Wagner (3), Eder (3) – Poner (3), Kühnhackl (3), Hirtreiter (3), Lupzig (3), O'Regan (3), Truntschka (3), Prokes (3), Brunner (3), Schinko (4). *Zuschauer:* 10500 (ausverkauft). *Schiedsrichter:* Vogt (Moers). *Strafminuten:* Düsseldorf 22, Landshut 22 + 10 Disziplinarstrafe für Poner. *Tore:* 1:0 (8.) Hiemer (Hardy – 5:4), 2:0 (11.) Amann (Roedger/Valentine), 3:0 (13.) Krueger (Kasper), 3:1 (14.) Duris (Naud – 5:4), 4:1 (17.) Wolf (Schmidt – 5:4), 5:1 (25.) Amann (Valentine/Nentvich), 6:1 (37.) Valentine (Niederberger – 5:4), 7:1 (38.) Kasper (Nentvich), 8:1 (45.) Krueger (Kasper), 9:1 (53.) Kasper (Hiemer).

■ **Viertelfinale, 5. Runde**
SB Rosenheim – ERC Schwenningen 4:0
SB Rosenheim: Friesen (2) – Blum (2), Fischer (2), Reil (2), Kretschmer (1) – Reindl (2), Höfner (2), Franz (2), Ahne (2), Pouzar (2), Crawford (2), Trattner (2), Pohl (2), Hilger (2). *ERC Schwenningen:* Hoppe (2) – Dietrich (2), Königer (3), Schubert (2), Altmann (2), Maly (3) – Deiter (3), Currie (3), Fritz (3), Lay (3), Bukowski (2), Brousek (3), Kirchmaier (3), Sternkopf (3), Stejskal (3). *Zuschauer:* 6200. *Schiedsrichter:* Würth (Peiting). *Strafminuten:* Rosenheim 10 + 5 für Fischer, Schwenningen 14 + 5 für Fritz. *Tore:* 1:0 (7.) Fischer (Höfner), 2:0 (10.) Pohl (Hilger/Crawford), 3:0 (16.) Hilger (Trattner/Pohl), 4:0 (31.) Hilger (Trattner/Pohl).

■ **Halbfinale, 1. Runde**
Kölner EC – Mannheimer ERC 3:2
Kölner EC: de Raaf (2) – Kießling (2), Pokorny (3), Thornbury (2), Sterflinger (2), Kühn (3) – Sikora (3), Truntschka (3), Hegen (3), Steiger (3), Berry (3), Nicholas (3), Schmid (3), Brandl (3), Meitinger (2). *Mannheimer ERC:* Schlickenrieder (2) – Kreis (3), Eggerbauer (3), Klaus (3), Hanft (3), Raubal (3) – Gailer (3) – Volland (4), Schiller (3), Jonkhans (3), Obresa (3), Holzmann (3), Messier (3), Kuhl (3), Draisaitl (3), Silk (3). *Zuschauer:* 7600. *Schiedsrichter:* Schnieder (Iserlohn). *Strafminuten:* Köln 8, Mannheim 16. *Tore:* 1:0 (66.) Silk (Kuhl/Raubal), 1:1 (20.) Thornbury (Berry/Kießling – 5:4), 1:2 (23.) Kuhl (Draisaitl), 2:2 (44.) Thornbury (Truntschka), 3:2 (47.) Berry (Hegen/Sikora).

SB Rosenheim – Düsseldorfer EG 3:1
SB Rosenheim: Friesen (1) – Reil (2), Kretschmer (2), Blum (2), Fischer (2) – Ahne (2), Roulston (2), Crawford (1), Trattner (2), Pohl (2), Hilger (2), Reindl (2), Höfner (1), Franz (1). *Düsseldorfer EG:* Heiß (2) – Niederberger (2), Amann (2), Hiemer (2), Schmidt (3), Hiemer – Roedger (2), Wolf (3), Hardy (3), Krueger (3), Kasper (3), Maj (3), Lee (2), Valentine (3), Nentvich (3). *Zuschauer:* 7200. *Schiedsrichter:* Böhm (Landshut). *Strafminuten:* Rosenheim 4, Düsseldorf 4. *Tore:* 1:0 (5.) Franz (Höfner), 2:0 (22.) Franz (Reindl/Fischer), 2:1 (30.) Nentvich (Niederberger), 3:1 (60.) Höfner (Franz).

■ **Halbfinale, 2. Runde**
Mannheimer ERC – Kölner EC 2:4
Mannheimer ERC: Schlickenrieder (3), ab 24. Franke (2) – Kreis (2), Eggerbauer (3), Hanft (2), Klaus (4), Gailer (4), Raubal (4) – Schiller (3), Silk (3), Jonkhans (4), Obresa (1), Holzmann (3), Messier (3), Kuhl (3), Draisaitl (3), Volland (4). *Kölner EC:* de Raaf (2) – Kießling (2), Pokorny (3), Sterflinger (2), Thornbury (2) – Sikora (2), Truntschka (2), Hegen (2), Steiger (2), Berry (2), Nicholas (2), Schmid (2), Brandl (2), Meitinger (3). *Zuschauer:* 9200 (ausverkauft). *Schiedsrichter:* Schnieder (Iserlohn). *Strafminuten:* Mannheim 8, Köln 8. *Tore:* 0:1 (2.) Nicholas (Sterflinger), 0:2 (11.) Sikora (Meitinger), 0:3 (19.) Truntschka (Kießling/Sikora 4:5), 1:3 (47.) Obresa (Messier/Klaus), 2:3 (52.) Obresa (Messier/Holzmann), 2:4 (60.) Berry (Steiger – 6:5).

Düsseldorfer EG – SB Rosenheim 4:2
Düsseldorfer EG: Heiß (1) – Niederberger (2), Amann (2), Hiemer (2), Schmidt (2), Topolnisky (3) – Roedger (2), Wolf (1), Hardy (3), Lee (2), Valentine (2), Nentvich (3), Krueger (2), Kasper (2), Maj (3), Brenner (2). *SB Rosenheim:* Friesen (3) – Blum (3), Fischer (2), Kretschmer (3), Reil (2), Maidl (2), Lutz (0) – Reindl (2), Höfner (2), Franz (2), Ahne (2), Roulston (2), Crawford (3), Trattner (2), Pohl (3), Hilger (2). *Zuschauer:* 10500 (ausverkauft). *Schiedsrichter:* Böhm (Landshut). *Strafminuten:* Düsseldorf 18, Rosenheim 16. *Tore:* 1:0 (16.) Schmidt (Valentine – 5:4), 2:0 (26.) Lee (Schmidt/Valentine – 4:4), 2:1 (27.) Trattner (Fischer), 3:1 (30.) Wolf (Roedger/Niederberger), 4:1 (38.) Wolf (Amann/Niederberger – 4:5), 4:2 (57.) Franz (Höfner/Kretschmer – 4:4).

Halbfinale, 3. Runde

Kölner EC – Mannheimer ERC 6:2

Kölner EC: de Raaf (1) – Kießling (2), Pokorny (2), Thornbury (2), Sterflinger (2), Kühn (3) – Sikora (2), Truntschka (2), Hegen (2), Steiger (2), Berry (2), Nicholas (3), Schmid (3), Brandl (3), Meitinger (2). *Mannheimer ERC:* Franke (3) – Kreis (2), Eggerbauer (3), Klaus (3), Hanft (2), Raubal (3), Gailer (3) – Volland (4), Schiller (3), Jonkhans (3), Obresa (3), Holzmann (3), Messier (2), Kuhl (3), Draisaitl (3), Silk (2). *Zuschauer:* 8000 (ausverkauft). *Schiedsrichter:* Kompalla (Krefeld). *Strafminuten:* Köln 6, Mannheim 18. *Tore:* 1:0 (15.) Meitinger (Sterflinger/Brandl), 2:0 (20.) Kießling (Kühn/Schmid), 2:1 (21.) Holzmann (Messier), 2:2 (22.) Hanft (Messier/Holzmann), 3:2 (36.) Hegen (Sikora – 5:4), 4:2 (37.) Sikora (Nicholas/Kießling), 5:2 (41.) Thornbury, 6:2 (60.) Sikora (Berry – 4:3).

SB Rosenheim – Düsseldorfer EG 7:2

SB Rosenheim: Friesen (2) – Blum (2), Reil (2), Kretschmer (2), Maidl (2), Lutz (2), Schiffl (0) – Reindl (2), Höfner (2), Franz (1), Roulston (2), Fischer (2), Crawford (1), Ahne (2), Pohl (2), Hilger (2). *Düsseldorfer EG:* Heiß (2), ab 41. Bornträger (3) – Schmidt (2), Hiemer (2), Niederberger (3), Amann (3), Topolnisky (0) – Lee (2), Valentine (2), Nentvich (3), Roedger (2), Wolf (2), Hardy (2), Brenner (3), Kasper (2), Maj (3). *Zuschauer:* 7500 (ausverkauft). *Schiedsrichter:* Würth (Peiting). *Strafminuten:* Rosenheim 16 + Spieldauer-Disziplinarstrafe für Blum, Düsseldorf 18 + Spieldauer-Disziplinarstrafe für Wolf. *Tore:* 1:0 (1.) Franz (Höfner/Blum), 1:1 (17.) Amann (Roedger), 2:1 (23.) Ahne (Höfner/Hilger), 3:1 (25.) Franz (Höfner/Reindl), 4:1 (33.) Crawford (Fischer), 5:1 (40.) Fischer (Höfner), 5:2 (41.) Lee (Solo – 3:3), 6:2 (45.) Fischer (Crawford), 7:2 (48.) Reindl (Kretschmer).

Halbfinale, 4. Runde

Düsseldorfer EG – SB Rosenheim 1:3

Düsseldorfer EG: Heiß (3) – Niederberger (1), Amann (3), Hiemer (2), Schmidt (3), Topolnisky (0) – Roedger (3), Brenner (3), Hardy (3), Lee (2), Valentine (2), Nentvich (2), Krueger (3), Kasper (3), Maj (3). *SB Rosenheim:* Friesen (1) – Reil (3), Lutz (2), Kretschmer (2), Maidl (2) – Reindl (2), Höfner (2), Franz)2), Crawford (3), Fischer (2), Roulston (2), Ahne (2), Pohl (3), Hilger (2). *Zuschauer:* 10500 (ausverkauft). – *Schiedsrichter:* Würth (Peiting). – *Strafminuten:* Düsseldorf 2, Rosenheim 4. *Tore:* 0:1 (1.) Reindl (Höfner), 1:1 (16.) Maj (Kasper/Krueger), 1:2 (50.) Crawford (Lutz/Kretschmer), 1:3 (52.) Franz (Höfner/Reindl).

Finale

SB Rosenheim – Kölner EC 2:1

SB Rosenheim: Friesen (1) – Blum (2), Reil (2), Kretschmer (1), Maidl (2), Lutz (2) – Reindl (2), Höfner (1), Franz (1), Roulston (2), Fischer (1), Crawford (2), Ahne (2), Pohl (2), Hilger (2). *Kölner EC:* de Raaf (2) – Kießling (2), Pokorny (2), Thornbury (2), Sterflinger (2), Kühn (3) – Steiger (2), Truntschka (2), Meitinger (3), Sikora (3), Berry (2), Hegen (2), Köpf (3), Brandl (3), Nicholas (2), Gröger (0). *Zuschauer:* 7500 (ausverkauft). *Schiedsrichter:* Böhm (Landshut). *Strafminuten:* Rosenheim 18, Köln 20. *Tore:* 1:0 (31.) Höfner (Franz – 5:4), 2:0 (41.) Franz (Höfner/Reindl), 2:1 (49.) Berry (Steiger/Thornbury).

Kölner EC – SB Rosenheim 5:2

Kölner EC: de Raaf (1) – Kießling (1), Pokorny (3), Thornbury (3), Sterflinger (3), Kühn (3) – Steiger (2), Brandl (2), Nicholas (3), Sikora (2), Berry (2), Hegen (3), Schmid (3), Truntschka (3), Meitinger (3). *SB Rosenheim:* Friesen (1) – Blum (3), Reil (3), Kretschmer (4), Maidl (3), Schiffl (4) – Reindl (3), Höfner (2), Franz (2), Trattner (2), Fischer (1), Roulston (2), Ahne (2), Pohl (3), Hilger (3), Crawford (0), Schädler (0). *Zuschauer:* 8000 (ausverkauft). *Schiedsrichter:* Würth (Peiting). *Strafminuten:* Köln 18 + 5 für Sterflinger, Rosenheim 18 + 5 für Kretschmer + 10 Disziplinarstrafe für Roulston. *Tore:* 1:0 (1.) Berry (Sikora – 4:3), 2:0 (18.) Ahne, 2:2 (22.) Roulston (Blum/Fischer – 4:5), 3:2 (23.) Kießling (Thornbury – 4:3), 4:2 (37.) Steiger (Nicholas/Brandl), 5:2 (50.) Meitinger (Truntschka).

SB Rosenheim – Kölner EC 6:0

SB Rosenheim: Friesen (1) – Blum (2), Reil (2), Kretschmer (2), Maidl (3) – Reindl (3), Höfner (1), Franz (2), Trattner (2), Fischer (2), Roulston (2), Ahne (3), Pohl (3), Hilger (3). *Kölner EC:* de Raaf (3) – Kießling (3), Pokorny (3), Thornbury (3), Sterflinger (3), Kühn (3), Romberg (4) – Sikora (3), Truntschka (3), Hegen (3), Steiger (3), Berry (2), Nicholas (3), Schmid (4), Brandl (3), Meitinger (3), Köpf (0), Gröger (0). *Zuschauer:* 7500 (ausverkauft). *Schiedsrichter:* Würth (Peiting). *Strafminuten:* Rosenheim 26 + 5 für Reil, Köln 34. *Tore:* 1:0 (2.) Roulston (Fischer), 2:0 (10.) Franz, 3:0 (10.) Kretschmer (Roulston/Trattner – 5:4), 4:0 (38.) Reil (Fischer/Roulston – 5:3), 5:0 (50.) Höfner (4:4), 6:0 (58.) Roulston (Fischer/Kretschmer).

Kölner EC – SB Rosenheim 4:2

Kölner EC: de Raaf (1) – Kießling (1), Pokorny (3), Thornbury (2), Sterflinger (2), Kühn (3) – Sikora (2), Truntschka (2), Hegen (3), Steiger (2), Berry (1), Meitinger (2), Schmid (3), Brandl (3), Gröger (0). *SB Rosenheim:* Friesen (1) – Blum (2), Reil (2), Kretschmer (3), Maidl (3), Lutz (3) – Reindl (3), Höfner (2), Franz (2), Crawford (2), Fischer (1), Roulston (2), Ahne (2), Hilger (3), Trattner (2). *Zuschauer:* 8000 (ausverkauft). *Schiedsrichter:* Böhm (Landshut). *Strafminuten:* Köln 16, Rosenheim 22 + 10 Disziplinarstrafe für Kretschmer. *Tore:* 1:0 (8.) Berry (Meitinger/Steiger), 2:0 (20.) Steiger (Meitinger/Sterflinger – 5:4), 2:1 (31.) Ahne (Kretschmer – 5:4), 3:1 (40.) Sikora (Kießling/Sterflinger – 5:4), 4:1 (59.) Truntschka, 4:2 (60.) Fischer (Reil – 5:4).

SB Rosenheim – Kölner EC 1:4

SB Rosenheim: Friesen (2) – Reil (3), Lutz (3), Blum (2), Maidl (3), Reindl (3), Höfner (2), Franz (3), Trattner (3), Fischer (1), Roulston (2), Ahne (2), Pohl (3), Crawford (3). *Kölner EC:* de Raaf (1) – Kießling (1), Kühn (3), Thornbury (3), Sterflinger (3), Pokorny (3) – Schmid (2), Truntschka (3), Meitinger (3), Steiger (3), Berry (1), Nicholas (3), Sikora (3), Brandl (2), Hegen (2), Gröger (0). *Zuschauer:* 7500 (ausverkauft). *Schiedsrichter:* Böhm (Landshut). *Strafminuten:* Rosenheim 16, Köln 22 + 10 Disziplinarstrafe für Thornbury. *Tore:* 1:0 (35.) Fischer (Reil/Roulston), 1:1 (37.) Kießling (Thornbury – 5:4), 1:2 (52.) Schmid (Berry – 4:5), 1:3 (57.) Berry (Meitinger/Schmid), 1:4 (60.) Hegen (Eigentor Reil – 5:6).

Spiele um Platz drei

Düsseldorfer EG – Mannheimer ERC 3:3

Düsseldorfer EG: Heiß (3) – Hiemer (3), Schmidt (3), Niederberger (2), Amann (3), Topolnisky (3) – Lee (3), Valentine (3), Nentvich (3), Roedger (3), Wolf (3), Hardy (3), Krueger (4), Brenner (3), Maj (4). *Mannheimer ERC:* Franke (3) – Klaus (3), Hanft (3), Oswald (3), Eggerbauer (3), Raubal (3), Gailer (3) – Volland (3), Schiller (3), Silk (2), Obresa (3), Holzmann (3), Messier (3), Kuhl (3), Draisaitl (3), Bleicher (3). *Zuschauer:* 6200. *Schiedsrichter:* Barnet (Rosenheim). *Strafminuten:* Düsseldorf 8, Mannheim 10. *Tore:* 0:1 (5.) Obresa (Messier/Holzmann), 1:1 (10.) Roedger (Hardy), 2:1 (23.) Niederberger (Lee/Amann – 5:4), 3:1 (28.) Schmidt (Valentine/Hiemer – 5:4), 3:2 (40.) Silk (4:5), 3:3 (56.) Kuhl (Silk/Draisaitl).

Mannheimer ERC – Düsseldorfer EG 10:9

Mannheimer ERC: Franke (5) – Hanft (2), Klaus (3), Eggerbauer (4), Oswald (4), Raubal (2), Gailer (2) – Volland (1), Silk (2), Schiller (2), Obresa (3), Holzmann (2), Messier (2), Kuhl (2), Draisaitl (2), Jonkhans (3), Bleicher (3). *Düsseldorfer EG:* Bornträger (5) – Schmidt (3), Hiemer (2), Niederberger (2), Topolnisky (3) – Lee (3), Valentine (2), Nentvich (2), Roedger (3), Wolf (3), Hardy (4), Krueger (3), Brenner (3), Maj (3). *Zuschauer:* 3500. *Schiedsrichter:* Barnet (Rosenheim). *Strafminuten:* Mannheim 14, Düsseldorf 16. *Tore:* 1:0 (5.) Obresa (Messier), 1:1 (6.) Roedger (Hardy/Niederberger), 2:1 (10.) Silk (Schiller/Hanft), 2:2 (18.) Niederberger (Krueger/Topolnisky), 2:3 (20.) Nentvich (Valentine/Schmidt), 2:4 (22.) Wolf, 3:4 (24.) Hanft (Silk/Messier – 5:4), 4:4 (32.) Schiller (Silk), 4:5 (32.) Nentvich (Lee), 4:6 (32.) Valentine (Nentvich), 5:6 (35.) Hanft (Silk/Messier – 5:3), 6:6 (36.) Hanft (Klaus/Holzmann – 5:4), 6:7 (40.) Maj (Wolf/Topolnisky), 7:7 (42.) Obresa (Hanft/Holzmann), 7:8 (48.) Roedger (Hardy/Wolf), 8:8 (53.) Messier (Holzmann), 9:8 (56.) Holzmann (Obresa), 9:9 (60.) Hiemer (6:5), 10:9 (62.) Silk (Schiller).

Ergebnisse Doppelrunde auf einen Blick

Bundesliga 1987/88		Berliner SC Preussen	Düsseldorfer EG	Eintracht Frankfurt	ECD Iserlohn*	ESV Kaufbeuren	Kölner EC	EV Landshut	Mannheimer ERC	SB Rosenheim	ERC Schwenningen
Berliner SC Preussen	H		3:6/2:2	5:7/2:11	6:1/	2:5/2:4	4.6/4:10	5:0/3:3	3:5/3:8	1:4/3:5	3:5/2:4
	A		6:8/4:1	1:3/4:3	4:7/4:10	3:5/3:7	2:7/0:5	6:8/3:7	2:4/1:4	1:6/3:5	3:3/1:3
Düsseldorfer EG	H	8:6/1:4		6:3/6:6	11:4/	7:3/11:7	2:6/4:4	6:6/4:2	2:3/0:0	2:3/3:4	9:2/5:5
	A	6:3/2:2		5:3/5:5	5:8/	6:4/3:6	4:4/6:9	5:6/3:3	5:3/3:4	5:3/2:3	5:3 /5:3
Eintracht Frankfurt	H	3:1/3:4	3:5/5:5		2:5/7:3	6:9/4:2	4:6/1:5	3:2/7:8	3:7/4:6	3:0/2:1	4:4/7:0
	A	7:5/11:2	3:6/6:6		8:2/	1:4/3:9	8:5/2:10	3:7/7:4	2:2/4:1	3:4/2:4	4 :9/7:6
ECD Iserlohn*	H	7:4/10:4	8:5/	2:8/		5:4/6:2	2:3/	9:2/	2:6/3:5	7:1/3:3	0:2/
	A	1:6/	4:11/	5:2/3:7		8:5/	4:8/3:3	2:9/5:9	4:6/	3:8/	2:6/2:6
ESV Kaufbeuren	H	5:3/7:3	4:6/6:3	4:1/9:3	5:8/		3:2/1:4	4:6/6:2	2:9/7:2	1:4/2:9	3:1/10:4
	A	5:2/4:2	3:7/7:11	9:6/2:4	4:5/2:6		3:9/2:8	1:7/1:5	3:3/3:6	1:5/0:3	5:6/3:3
Kölner EC	H	7:2/5:0	4:4/9:6	5:8/10:2	8:4/3:3	9:3/8:2		3:3/13:0	5:5/4:1	4:4/2:4	2 :0/12:3
	A	6:4/10:4	6:2/4:4	6:4/5:1	3:2/	2:3/4:1		5:8/1:3	2:4/3:3	0:1/3:5	4:2/4:2
EV Landshut	H	8:6/7:3	6:5/3:3	7:3/4:7	9:2/9:5	7:1/5:1	8:5/3:1		3:8/6:2	2:2/0:4	4:2 /5:2
	A	0:5/3:3	6:6/2:4	2:3/8:7	2:9/	6:4/2:6	3:3/0:13		2:3/3:3	5:3/3:5	4:2/2:4
Mannheimer ERC	H	4:2/4:1	3:5/4:3	2:2/1:4	6:4/	3:3/6:3	4:2/3:3	3:2/3:3		3:2/1:3	6:2/2:3
	A	5:3/8:3	3:2/0:0	7:3/6:4	6:2/5:3	9:2/2:7	5:5/1:4	8:3/2:6		3:3/7:4	6:3 /3:5
SB Rosenheim	H	6:1/5:3	3:5/3:2	4:3/4:2	8:3/	5:1/3:0	1:0/5:3	3:5/5:3	3:3/4:7		5:1 /4:5
	A	4:1/5:3	3:2/4:3	0:3/1:2	1:7/3:3	4:1/9:2	4:4/4:2	2:2/4:0	2:3/3:1		4:2/2:1
ERC Schwenningen	H	3:3/3:1	3:5/3:5	9:4/6:7	6:2/6:2	6:5/3:3	2:4/2:4	2:4/4:2	3:6/5:3	2:4/1:2	
	A	5:3/4:2	2:9/5:5	4:4/0:7	2:0/	1:3/4:10	0:2/3:12	2:4/2:5	2:6/3:2	1:5/5:4	

* Ab dem 27. Spieltag war der ECD Iserlohn nicht mehr dabei.

Abschlußtabelle Doppelrunde

	S	g.	u.	v.	Tore	Punkte	zu Hause Tore	zu Hause Punkte	auswärts Tore	auswärts Punkte
1. SB Rosenheim	32	22	3	7	118:76	47:17	63:44	23:9	55:32	24:8
2. Kölner EC	32	18	6	8	167:98	42:22	102:47	24:8	65:51	18:14
3. Mannheimer ERC	32	17	7	8	127:100	41:23	52:43	20:12	75:57	21:11
4. EV Landshut	32	15	6	11	129:129	36:28	78:55	24:8	51:74	12:20
5. Düsseldorfer EG	32	13	9	10	146:128	35:29	76:64	17:15	70:64	18:14
6. ESV Kaufbeuren	32	13	2	17	126:149	28:36	74:62	20:12	52:87	8:24
7. Eintracht Frankfurt	32	12	4	16	135:149	28:36	62:65	14:18	73:84	14:18
8. ERC Schwenningen	32	9	4	19	100:145	22:42	57:62	12:20	43:83	10:22
9. Berliner SC Preussen	32	3	3	26	90:164	9:55	47:85	4:28	43:79	5:27

Der ECD Iserlohn ist vorzeitig ausgeschieden, die Spiele wurden annulliert.

Play-Off-Runde

Viertelfinale (Best of five)	
SB Rosenheim – ERC Schwenningen	3:0
Kölner EC – Eintracht Frankfurt	7:2
Mannheimer ERC – ESV Kaufbeuren	3:2
EV Landshut – Düsseldorfer EG	4:2
ERC Schwenningen – SB Rosenheim	n. Pen. 5:4
Eintracht Frankfurt – Kölner EC	4:5
ESV Kaufbeuren – Mannheimer ERC	0:3
Düsseldorfer EG – EV Landshut	5:2
SB Rosenheim – ERC Schwenningen	4:5
Kölner EC – Eintracht Frankfurt	9:4
Mannheimer ERC – ESV Kaufbeuren	4:2
EV Landshut – Düsseldorfer EG	4:5
ERC Schwenningen – SB Rosenheim	1:3
Düsseldorfer EG – EV Landshut	9:1
SB Rosenheim – ERC Schwenningen	4:0

Halbfinale (Best of five)	
SB Rosenheim – Düsseldorfer EG	3:1
Kölner EC – Mannheimer ERC	3:2
Düsseldorfer EG – SB Rosenheim	4:2
Mannheimer ERC – Kölner EC	2:4
SB Rosenheim – Düsseldorfer EG	7:2
Kölner EC – Mannheimer ERC	6:2
Düsseldorfer EG – SB Rosenheim	1:3
Spiele um Platz drei (nur zwei Spiele)	
Düsseldorfer EG – Mannheimer ERC	3:3
Mannheimer ERC – Düsseldorfer EG	n. V. 10:9
Finale (Best of five)	
SB Rosenheim – Kölner EC	2:1
Kölner EC – SB Rosenheim	4:2
SB Rosenheim – Kölner EC	6:0
Kölner EC – SB Rosenheim	5:2
SB Rosenheim – Kölner EC	1:4

Bundesliga-Cup (Wettbewerb in der Olympia-Pause)

Gruppe Süd

ESV Kaufbeuren – ERC Schwenningen	3:7
SB Rosenheim – EV Landshut	3:3
EV Landshut – ESV Kaufbeuren	8:3
ERC Schwenningen – SB Rosenheim	6:5
ERC Schwenningen – EV Landshut	5:6
EV Landshut – ERC Schwenningen	1:5
SB Rosenheim – ERC Schwenningen	3:8
ESV Kaufbeuren – EV Landshut	6:4
EV Landshut – SB Rosenheim	6:2
ERC Schwenningen – ESV Kaufbeuren	5:2
ESV Kaufbeuren – SB Rosenheim	3:4
SB Rosenheim – ESV Kaufbeuren	8:2

1. ERC Schwenningen	6	5	0	1	36:20	10:2
2. EV Landshut	6	3	1	2	28:24	7:5
3. SB Rosenheim	6	2	1	3	25:28	5:7
4. ESV Kaufbeuren	6	1	0	5	19:36	2:10

Finale

Mannheimer ERC – ERC Schwenningen	3:7

(Mannheim zum Rückspiel in Schwenningen nicht angetreten)

Gruppe West

Eintr. Frankfurt – Düsseldorfer EG	6:3
Mannheimer ERC – Kölner EC	6:4
Düsseldorfer EG – Mannheimer ERC	7:3
Mannheimer ERC – Eintr. Frankfurt	8:4
Düsseldorfer EG – Kölner EC	9:5
Kölner EC – Düsseldorfer EG	8:8
Eintr. Frankfurt – Mannheimer ERC	1:5
Eintr. Frankfurt – Kölner EC	4:4
Mannheimer ERC – Düsseldorfer EG	13:4
Kölner EC – Mannheimer ERC	9:5
Düsseldorfer EG – Eintr. Frankfurt	6:10
Kölner EC – Eintr. Frankfurt	8:3

1. Mannheimer ERC	6	4	0	2	40:29	8:4
2. Kölner EC	6	2	2	2	38:35	6:6
3. Eintr. Frankfurt	6	2	1	3	28:34	5:7
4. Düsseldorfer EG	6	2	1	3	37:45	5:7

Offizielle DEB-Statistik der Saison

Doppelrunde

Die besten Skorer
Tore + Assists = Punkte

1. Gerd Truntschka (Köln) — 21 + 48 = 69
2. Chris Valentine (DEG) — 30 + 36 = 66
3. Peter John Lee (DEG) — 31 + 31 = 62
4. Dieter Hegen (Köln) — 26 + 35 = 61
5. Miro Sikora (Köln) — 27 + 33 = 60
6. Tony Currie (SERC) — 17 + 43 = 60
7. Pavel Richter (ESVK) — 18 + 40 = 58
8. Tom O'Regan (EVL) — 27 + 29 = 56
9. Uli Egen (Frankfurt) — 18 + 33 = 51
10. Paul Messier (MERC) — 21 + 29 = 50

Strafbankkönige
Str. + D = Ges.

1. Tom O'Regan (EVL) — 80 + 30 = 110
2. Uli Hiemer (DEG) — 68 + 10 = 78
3. Ron Fischer (SBR) — 72 + 0 = 72
4. Dany Held (ECD/EF) — 50 + 20 = 70
5. Dieter Medicus (ESVK) — 45 + 20 = 65
6. Mike Lay (SERC) — 53 + 10 = 63
7. Harald Birk (EF) — 50 + 10 = 60
8. H.-P. Kretschmer (SBR) — 56 + 0 = 56
   Andr. Schubert (SERC) — 56 + 0 = 56
10. Jiri Poner (EVL) — 46 + 10 = 56

Fair-Play-Cup
	Spiele	Strafminuten	Schnitt
1. Berliner SC Preussen	35	384	11,0
2. Mannheimer ERC	35	396	11,3
3. Kölner EC	35	387	11,3
4. ESV Kaufbeuren	35	433	12,4
5. ERC Schwenningen	35	435	12,4
6. Eintracht Frankfurt	35	437	12,5
7. Düsseldorfer EG	35	425	12,5
8. EV Landshut	35	480	13,7
9. SB Rosenheim	35	556	15,9

Zuschauer*
	Heimspiele	Gesamt	Schnitt
1. Düsseldorfer EG	17	176550	10390
2. Mannheimer ERC	17	110900	6520
3. Eintracht Frankfurt	18	107000	5940
4. Kölner EC	18	101900	5660
5. Berliner SC Preussen	17	80900	4760
6. EV Landshut	18	83900	4660
7. SB Rosenheim	17	71600	4210
8. ERC Schwenningen	18	75400	4190
9. ESV Kaufbeuren	17	71200	4190
10. ECD Iserlohn	13	42500	3270

* nach SPORT-Kurier

Play-Off-Runde

Die besten Skorer
Tore + Assists = Punkte

1. Ernst Höfner (SBR) — 3 + 16 = 19
2. Chris Valentine (DEG) — 4 + 14 = 18
3. Ron Fischer (SBR) — 7 + 9 = 16
4. Georg Franz (SBR) — 9 + 6 = 15
5. Doug Berry (Köln) — 7 + 7 = 14
6. Miro Sikora (Köln) — 6 + 8 = 14
7. Tom Thornbury (Köln) — 4 + 9 = 13
   Paul Messier (MERC) — 4 + 9 = 13
9. Helmut Steiger (Köln) — 6 + 6 = 12
10. A. Niederberger (DEG) — 2 + 9 = 11

Strafbankkönige
Str. + D = Ges.

1. Joachim Reil (SBR) — 31 + 0 = 31
2. H.-P. Kretschmer (SBR) — 21 + 10 = 31
3. Rainer Blum (SBR) — 20 + 10 = 30
4. Franz Reindl (SBR) — 28 + 0 = 28
5. Gerd Truntschka (Köln) — 27 + 0 = 27
6. Manfred Wolf (DEG) — 17 + 10 = 27
   Jiri Poner (EVL) — 17 + 10 = 27
8. Tom Roulston (SBR) — 16 + 10 = 26
9. Rick Amann (DEG) — 25 + 0 = 25
10. Georg Franz (SBR) — 22 + 0 = 22

Fair-Play-Cup
	Spiele	Strafminuten	Schnitt
1. ESV Kaufbeuren	3	20	6,7
2. Mannheimer ERC	8	96	12,0
3. ERC Schwenningen	5	72	14,4
4. Düsseldorfer EG	10	173	17,3
5. SB Rosenheim	14	264	18,9
6. Kölner EC	11	210	19,1
7. EV Landshut	4	78	19,5
8. Eintracht Frankfurt	3	81	27,0

Zuschauer*
	Heimspiele	Gesamt	Schnitt
1. Düsseldorfer EG	5	48200	9640
2. Kölner EC	6	45400	7550
3. SB Rosenheim	8	52800	6600
4. Mannheimer ERC	4	26200	6550
5. Eintracht Frankfurt	1	6400	6400
6. EV Landshut	2	12500	6250
7. ERC Schwenningen	2	10000	5000
8. ESV Kaufbeuren	1	4500	4500

*nach SPORT-Kurier

Gesamtbilanz

Die besten Skorer
Tore + Assists = Punkte

1. Chris Valentine (DEG) — 34 + 50 = 84
2. Gerd Truntschka (Köln) — 26 + 53 = 79
3. Miro Sikora (Köln) — 33 + 41 = 74
4. Peter John Lee (DEG) — 35 + 36 = 71
5. Dieter Hegen (Köln) — 30 + 40 = 70
6. Ernst Höfner (SBR) — 20 + 48 = 68
7. Paul Messier (MERC) — 25 + 38 = 63
8. Tony Currie (SERC) — 19 + 44 = 63
9. Doug Berry (Köln) — 22 + 40 = 62
10. Tom O'Regan (EVL) — 31 + 30 = 61

Strafbankkönige
Str. + D = Ges.

1. Tom O'Regan (EVL) — 80 + 30 = 110
2. Uli Hiemer (DEG) — 92 + 10 = 102
3. Ron Fischer (SBR) — 89 + 0 = 89
4. H.-P. Kretschmer (SBR) — 77 + 10 = 87
5. Dany Held (ECD/EF) — 66 + 20 = 86
6. Jiri Poner (EVL) — 63 + 20 = 83
7. Rainer Blum (SBR) — 68 + 10 = 78
8. Joachim Reil (SBR) — 77 + 0 = 77
9. Udo Kießling (Köln) — 66 + 10 = 76
10. Franz Reindl (SBR) — 74 + 0 = 74

Fair-Play-Cup
	Spiele	Strafminuten	Schnitt
1. Berliner SC Preussen	35	384	11,0
2. Mannheimer ERC	43	492	11,4
3. ESV Kaufbeuren	38	453	11,9
4. ERC Schwenningen	40	507	12,7
5. Kölner EC	46	607	13,2
6. Düsseldorfer EG	44	598	13,6
7. Eintracht Frankfurt	38	518	13,6
8. EV Landshut	39	558	14,3
9. SB Rosenheim	49	820	16,7

Zuschauer*
	Heimspiele	Gesamt	Schnitt
1. Düsseldorfer EG	22	224750	10215
2. Mannheimer ERC	21	137100	6530
3. Kölner EC	24	147300	6140
4. Eintracht Frankfurt	19	113400	5970
5. SB Rosenheim	25	124400	4980
6. EV Landshut	20	96400	4820
7. Berliner SC Preussen	17	80900	4760
8. ERC Schwenningen	20	85400	4270
9. ESV Kaufbeuren	18	75700	4200
10. ECD Iserlohn	13	42500	3270

*nach SPORT-Kurier

Ehrentafel der Deutschen Meister

1912	Berliner Schlittschuh-Club	1941	SC Riessersee	1965	EV Füssen
1913	Berliner Schlittschuh-Club	1942	nicht ausgetragen	1966	EC Bad Tölz
1914	Berliner Schlittschuh-Club	1943	nicht ausgetragen	1967	Düsseldorfer EG
1915	bis 1919 nicht ausgetragen	1944	Berliner Schlittschuh-Club Brandenburg kombiniert	1968	EV Füssen
1920	Berliner Schlittschuh-Club			1969	EV Füssen
1921	Berliner Schlittschuh-Club	1945	nicht ausgetragen	1970	EV Landshut
1922	MTV München 1879	1946	nicht ausgetragen	1971	EV Füssen
1923	Berliner Schlittschuh-Club	1947	SC Riessersee	1972	Düsseldorfer EG
1924	Berliner Schlittschuh-Club	1948	SC Riessersee	1973	EV Füssen
1925	Berliner Schlittschuh-Club	1949	EV Füssen	1974	Berliner SC
1926	Berliner Schlittschuh-Club	1950	SC Riessersee	1975	Düsseldorfer EG
1927	SC Riessersee	1951	Preußen Krefeld	1976	Berliner SC
1928	Berliner Schlittschuh-Club	1952	Krefelder EV	1977	Kölner EC
1929	Berliner Schlittschuh-Club	1953	EV Füssen	1978	SC Riessersee
1930	Berliner Schlittschuh-Club	1954	EV Füssen	1979	Kölner EC
1931	Berliner Schlittschuh-Club	1955	EV Füssen	1980	Mannheimer ERC
1932	Berliner Schlittschuh-Club	1956	EV Füssen	1981	SC Riessersee
1933	Berliner Schlittschuh-Club	1957	EV Füssen	1982	SB Rosenheim
1934	Brandenburg Berlin	1958	EV Füssen	1983	EV Landshut
1935	SC Riessersee	1959	EV Füssen	1984	Kölner EC
1936	Berliner Schlittschuh-Club	1960	SC Riessersee	1985	SB Rosenheim
1937	Berliner Schlittschuh-Club	1961	EV Füssen	1986	Kölner EC
1938	SC Riessersee	1962	EC Bad Tölz	1987	Kölner EC
1939	Engelmann Wien	1963	EV Füssen	1988	Kölner EC
1940	Wiener EG	1964	EV Füssen		

Ans Jubeln hat man sich bei den »Haien« gewöhnt. Der Kölner EC ist die beherrschende Mannschaft der 80er Jahre. Wie die Ehrentafel der Meister zeigt, wandeln die Rheinländer auf den Spuren des EV Füssen, der in den 50er und 60er Jahren dominierte.

Die »ewige« Bundesliga-Tabelle

30 Jahre Eishockey-Bundesliga von 1958/59 – 1987/88

Eine Statistik von Willibald Fischl

In der Wertung nach Punkten pro Spiel liegt nun das Duo Kölner EC und SB Rosenheim mit je 1,21 gemeinsam an der Spitze. Dichtauf folgen der EV Landshut und der EV Füssen (je 1,20).
Das langjährige Erfolgstrio aus Bayern, SC Riessersee (1,07), EC Bad Tölz (1,19) und EV Füssen (1,20) spielt nur mehr in der II. Bundesliga Süd.
In die »ewige« Bundesligatabelle eingerechnet sind alle Spiele der Vorrunden, der Meisterrunden, Play-Off-Runden und die Qualifikationsspiele der Erstligisten. Deshalb ergeben sich bei den Toren geringfügige Abweichungen (44105:43791). Die Punkte in Soll und Haben stimmen ebenfalls nicht überein (10531:10385), ergeben aber zusammen die Punkte aus inzwischen 10458 durchgeführten Bundesligaspielen.

		Spiel-Jahre	Spiele	Tore	Punkte	Punkte je Spiel
1.	EV Landshut	25	926	4241:3423	1108:744	1,20
2.	Düsseldorfer EG	24	926	4275:3608	1061:791	1,15
3.	SC Riessersee	28	983	4207:3792	1021:945	1,04
4.	EV Füssen	25	836	3939:3128	1006:666	1,20
5.	Kölner EC	18	698	3528:2594	846:550	1,21
6.	Mannheimer ERC	23	772	3355:2945	828:716	1,07
7.	EC Bad Tölz	18	498	2090:1586	593:403	1,19
8.	SB Rosenheim	10	468	2026:1609	566:370	1,21
9.	ESV Kaufbeuren	20	679	2485:3335	550:808	0,81
10.	VfL Bad Nauheim	18	644	2522:3170	530:758	0,82
11.	Berliner SC	11	454	2030:1766	517:391	1,14
12.	Krefelder EV	20	550	2294:2494	503:597	0,91
13.	ECD Iserlohn	8	357	1358:1786	275:439	0,77
14.	ERC Schwenningen	8	298	1084:1266	266:330	0,89
15.	Augsburger EV	8	310	1127:1527	235:385	0,76
16.	Preußen Krefeld	10	196	678:995	133:259	0,68
17.	EV Rosenheim	4	172	579:924	97:247	0,56
18.	Eintracht Frankfurt	4	121	450:632	84:158	0,69
19.	ERC Freiburg	3	136	429:768	76:196	0,56
20.	Duisburger SC	2	98	312:621	47:149	0,48
21.	Berliner SC Preussen	1	50	197:212	42:58	0,84
22.	Eintracht Dortmund	4	88	229:466	42:134	0,31
23.	EHC 70 München	1	50	180:235	36:64	0,72
24.	SV Bayreuth	1	54	200:298	31:77	0,57
25.	EHC Essen-West	1	54	193:337	28:80	0,52
26.	FC Bayern München	2	18	52:96	8:28	0,44
27.	SC Weßling	1	14	34:117	2:26	0,14
28.	SG Oberstdorf/Sonthofen	1	8	11:61	0:16	0,00

Saison 1987/88: Namen, Daten, Fakten

Die Saison-Bilanz der Eishockey-Bundesliga darf natürlich auch in diesem Jahrbuch nicht fehlen. Alles über die Leistungen der Spieler finden die Statistik-Fans auf diesen Seiten. Willi Penz hat die offiziellen DEB-Zahlen zusammengetragen. Interessant natürlich immer die Spielereien, die man mit den Zahlen anstellen kann. So offenbart die Skorerliste eine neue Superreihe der Bundesliga: Die Kölner Miro Sikora, Gerd Truntschka und Dieter Hegen erwiesen sich mit 223 Skorerpunkten als der mit Abstand erfolgreichste Sturm. Sie spielten lange Zeit zusammen, aber nicht immer, denn Kölns Trainer Hardy Nilsson liebt ja die Abwechslung in seinen Sturmreihen. Die Kölner stahlen jedenfalls dem Erfolgstrio der letzten Jahre aus Düsseldorf, Lee, Valentine, Nentvich, die Show. Hätte Hardy Nilsson den besten Sturm der Nationalmannschaft spielen lassen, mit Helmut Steiger (48 Punkte) für Sikora (74), die Kölner hätten auch dann die Nase vorn gehabt! Dennoch zweimal Platz eins für Düsseldorfs Kanadier: Peter John Lee war mit 35 Treffern der Torschützenkönig, Chris Valentine mit 84 Punkten der Skorerkönig. Der »größte Sünder« kam aus Landshut: Tom O'Regan sammelte insgesamt 110 Strafminuten!
Das bedeuten die Abkürzungen: Wie oft war ein Spieler im Einsatz, und zwar laut Spielberichtsbogen (Sp.), wie viele Tore hat er geschossen (T.), wie viele Vorlagen zu Toren (Assists) gab er (A.) und die dabei erzielten Skorerpunkte (P.). Danach die Negativbilanzen: Strafminuten (Str.) plus Disziplinarstrafen (D.) ergeben die Gesamtstrafminuten (Ges.).

BSC Preussen

	Sp.	T.	A.	P.	Str.	D.	Ges.
Gaetan Malo	39	20	26	46	22	0	22
Antony Vogel	51	16	25	41	28	10	38
Klaus Gotsch	49	11	26	37	20	20	40
Mark Sochatzky	46	19	17	36	42	0	42
Axel Kammerer	47	13	20	33	16	0	16
Günther Preuß	25	10	22	32	4	0	4
Gary Schwindt	49	17	13	30	54	20	74
Andrzej Zabawa	33	16	14	30	2	0	2
Gary Lupul	27	17	12	29	20	0	20
Andreas Brockmann	41	13	15	28	44	10	54
Erwin Jaworowski	44	13	15	28	27	0	27
Franz-Xaver Müller	49	11	17	28	67	10	77
Joe Wasserek	48	9	16	25	14	10	24
Jan Tabor	43	9	12	21	14	0	14
Karl-Heinz Fliegauf	45	3	15	18	30	0	30
Czeslav Panek	38	2	16	18	46	10	56
Robert Attwell	23	8	5	13	6	0	6
Nowell Cattarall	27	4	9	13	38	10	48
Franz Steer	51	2	11	13	40	0	40
Siegfried Reiß	19	3	8	11	8	0	8
Lutz Schirmer	45	2	8	10	4	0	4
Engelbert Grzesiczek	33	3	5	8	19	0	19
Marco Rentsch	48	1	6	7	27	10	37
Klaus Merk	42	0	7	7	23	0	23
Bankstrafe	0	0	0	0	8	0	8
Dietmar Habnitt	51	0	0	0	0	0	0
Oliver Stronsik	2	0	0	0	0	0	0
Andreas Enge (siehe SBR)	0	0	0	0	0	0	0

Düsseldorfer EG

	Sp.	T.	A.	P.	Str.	D.	Ges.
Chris Valentine	43	34	50	84	53	10	63
Peter-John Lee	44	35	36	71	42	0	42
Manfred Wolf	43	23	30	53	33	10	43
Bruce Hardy	41	24	20	44	37	0	37
Miroslav Nentvich	41	15	24	39	17	0	17
Uli Hiemer	44	12	25	37	92	10	102
Ralph Krueger	43	14	22	36	32	0	32
Andreas Niederberger	43	7	27	34	18	0	18
Roy Roedger	39	13	15	28	30	10	40
Oliver Kasper	44	11	14	25	8	0	8
Boguslaw Maj	44	10	15	25	22	0	22
Rick Amann	43	11	12	23	63	10	73
Tony Brenner	34	4	12	16	40	0	40
Michael Schmidt	29	3	12	15	34	0	34
Craig Topolnisky	33	3	12	15	32	0	32
Thomas Grefges	40	0	1	1	4	0	4
Alexander Schwaiger	17	0	1	1	0	0	0
Thomas Bornträger	42	0	0	0	2	0	2
Josef Heiß	34	0	0	0	2	0	2
Bankstrafe	0	0	0	0	2	0	2
Mike van Hauten	13	0	0	0	0	0	0
Lars Wünsche	8	0	0	0	0	0	0
Trojan Cazacu	8	0	0	0	0	0	0
Thomas Schütt	4	0	0	0	0	0	0
Jiri Smicek (siehe FRA)	0	0	0	0	0	0	0

Kölner EC

	Sp.	T.	A.	P.	Str.	D.	Ges.
Gerd Truntschka	46	26	53	79	45	0	45
Miro Sikora	42	33	41	74	42	0	42
Dieter Hegen	46	30	40	70	36	10	46
Doug Berry	46	22	40	62	30	0	30
Helmut Steiger	46	19	29	48	27	0	27
Roger Nicholas	44	23	20	43	22	0	22
Udo Kießling	46	12	27	39	66	10	76
Holger Meitinger	46	15	22	37	34	0	34
Tom Thornbury	46	10	23	33	62	10	72
Udo Schmid	46	14	16	30	39	0	39
Robert Sterflinger	46	9	20	29	43	0	43
Thomas Brandl	46	4	8	12	28	0	28
Andreas Pokorny	44	4	4	8	30	0	30
Thomas Gröger	43	2	4	6	6	0	6
Peter Romberg	44	3	2	5	41	0	41
Ernst Köpf	46	2	3	5	2	0	2
Werner Kühn	46	1	3	4	10	0	10
Marcus Beeck	41	0	1	1	2	0	2
Helmut de Raaf	29	0	0	0	10	0	10
René Ledock	23	0	0	0	2	0	2
Dirk Voss	15	0	0	0	0	0	0
Jörg Jung	7	0	0	0	0	0	0

Eintr. Frankfurt

	Sp.	T.	A.	P.	Str.	D.	Ges.
Ulrich Egen	38	18	36	54	37	0	37
Jörg Hiemer	38	20	31	51	8	10	18
Daniel Held	32	22	21	43	66	20	86
Trevor Erhardt	35	19	22	41	25	0	25
Harald Birk	37	16	25	41	56	10	66
Don Langlois	29	20	19	39	30	0	30
Jaroslav Mucha	34	11	24	35	47	0	47
Ralph Pöpel	38	16	11	27	10	10	20
Anton Forster	37	7	19	26	19	0	19
Milan Mokros	36	4	19	23	61	0	61
Jerzy Potz	35	3	16	19	20	0	20
Justyn Denisiuk	38	2	12	14	16	0	16
Thomas Werner	38	5	8	13	30	0	30
Klaus Birk	33	5	8	13	24	0	24
Jiri Smicek	27	5	7	12	10	0	10
Stephan Sinner	38	3	5	8	22	0	22
Christian Baier	35	6	1	7	23	0	23
Jürgen Adams	26	2	2	4	16	0	16
Cestmir Fous	31	0	1	1	4	0	4
Peter Zankl	38	0	0	0	19	0	19
Bankstrafe	0	0	0	0	4	0	4
Guido Göbel	38	0	0	0	0	0	0
Michael Schmidt	17	0	0	0	0	0	0
Oliver Schulz	14	0	0	0	0	0	0

ESV Kaufbeuren

	Sp.	T.	A.	P.	Str.	D.	Ges.
Pavel Richter	37	19	41	60	36	0	36
Jochen Mörz	38	17	31	48	35	0	35
Karel Holy	34	15	30	45	32	0	32
Dieter Medicus	38	11	21	32	47	20	67
Manfred Schuster	38	8	20	28	28	0	28
Rochus Schneider	35	14	9	23	39	0	39
Stefan Steinecker	33	10	11	21	9	0	9
Dietrich Adam	38	11	8	19	29	0	29
Milos Vanik	37	8	11	19	27	0	27
Horst Heckelsmüller	30	6	9	15	0	0	0
Klaus Micheller	36	8	5	13	44	0	44
Alexander Schnöll	33	6	5	11	2	0	2
Heinrich Römer	38	5	6	11	10	0	10
Josef Riefler	25	4	6	10	8	0	8
Arnim Kauer	38	3	4	7	33	0	33
Christian Reuter	38	1	1	2	18	0	18
Martin Svejda	24	1	1	2	6	0	6
Thomas Dropmann	31	0	1	1	20	0	20
Thomas Hölzel	37	0	0	0	4	0	4
Christian Ott	3	0	0	0	2	0	2
Gerhard Hegen	38	0	0	0	0	0	0
Christian Langer	7	0	0	0	0	0	0
Rolf Hammer	3	0	0	0	0	0	0
Eric Strak	1	0	0	0	0	0	0

EV Landshut

	Sp.	T.	A.	P.	Str.	D.	Ges.
Tom O'Regan	39	31	30	61	80	30	110
Erich Kühnhackl	39	22	30	52	53	0	53
Bernd Truntschka	39	14	29	43	28	0	28
Jiri Poner	39	21	21	42	63	20	83
Daniel Naud	39	15	26	41	14	0	14
Christian Brittig	36	23	17	40	18	0	18
Vitezslav Duris	37	4	18	22	37	0	37
Bernhard Seyller	39	5	10	15	24	0	24
Bernd Wagner	39	3	12	15	41	0	41
Andreas Lupzig	32	7	7	14	33	0	33
Pavel Prokes	35	4	10	14	20	0	20
Ewald Steiger	22	5	6	11	5	0	5
Thomas Gandorfer	37	2	10	16	0	16
Klaus Auhuber	25	1	8	9	44	10	54
Petr Kopta	24	2	3	5	4	0	4
Thomas Schinko	36	2	2	4	6	0	6
Fritz Brunner	14	2	2	4	6	0	6
Frank Hirtreiter	35	3	0	3	11	0	11
Cary Cummins	9	1	0	1	2	0	2
Bob Murray	23	0	1	1	2	0	2
Bernhard Englbrecht	39	0	0	0	20	0	20
Stefan Eder	26	0	0	0	4	0	4
Josef Kontny	39	0	0	0	0	0	0
Klaus Feistl	24	0	0	0	0	0	0
Tobias Abstreiter	18	0	0	0	0	0	0

Mannheimer ERC

	Sp.	T.	A.	P.	Str.	D.	Ges.
Paul Messier	43	25	38	63	36	10	46
David Silk	37	28	23	51	37	20	57
Marcus Kuhl	43	21	28	49	8	0	8
Georg Holzmann	43	17	32	49	52	10	62
Peter Obresa	43	20	20	40	22	0	22
Peter Draisaitl	43	15	22	37	18	0	18
Harold Kreis	41	7	25	32	16	0	16
Peter Schiller	43	10	18	28	38	0	38
Jörg Hanft	43	8	13	21	43	0	43
Ron Jonkhans	40	6	10	16	18	0	18
Josef Klaus	43	4	12	16	24	0	24
Wolfgang Oswald	43	3	7	10	30	0	30
Andreas Volland	43	3	7	10	2	0	2
Peter Gailer	34	2	7	9	21	0	21
Anton Raubal	38	1	7	8	28	0	28
Michael Eggerbauer	43	1	3	4	32	0	32
Michael Flemming	28	1	1	2	6	0	6
Markus Bleicher	43	1	1	2	0	0	0
Josef Schlickenrieder	40	0	0	0	15	10	25
Bankstrafe	0	0	0	0	8	0	8
Peter Franke	43	0	0	0	0	0	0
Richard Trojan	23	0	0	0	0	0	0
Frank Naumann	3	0	0	0	0	0	0

SB Rosenheim

	Sp.	T.	A.	P.	Str.	D.	Ges.
Ernst Höfner	49	20	48	68	56	0	56
Georg Franz	49	33	25	58	48	0	48
Jaroslav Pouzar	38	20	28	48	29	0	29
Ron Fischer	47	19	25	44	89	0	89
Franz Reindl	49	17	22	39	74	0	74
Manfred Ahne	40	16	19	35	24	20	44
Horst-Peter Kretschmer	42	9	25	34	77	10	87
Tom Roulston	21	10	13	23	24	10	34
Raimond Hilger	42	9	10	19	38	0	38
Markus Berwanger	24	3	14	17	24	10	34
Joachim Reil	49	7	9	16	77	0	77
Michael Pohl	44	7	9	16	22	0	22
Bob Crawford	19	6	7	13	16	0	16
Jürgen Trattner	41	5	8	13	10	0	10
Rainer Blum	48	3	7	10	68	10	78
Anton Maidl	48	1	7	8	50	0	50
Rainer Lutz	46	0	6	6	14	0	14
Glen Merkosky	16	2	3	5	17	0	17
Thomas Sterflinger	49	0	4	4	8	0	8
Heinrich Schiffl	47	3	0	3	2	0	2
Thomas Schädler	47	1	0	1	6	0	6
Robert Eyllert	8	1	0	1	0	0	0
Bankstrafe	0	0	0	0	8	0	8
Karl Friesen	49	0	0	0	0	0	0
Andreas Enge	48	0	0	0	0	0	0
Klaus Merk	24	0	0	0	0	0	0
Reemt Pyka	2	0	0	0	0	0	0
Helmut Elters	1	0	0	0	0	0	0

ERC Schwenningen

	Sp.	T.	A.	P.	Str.	D.	Ges.
Tony Currie	40	19	44	63	45	20	65
Dieter Willmann	39	21	28	49	17	0	17
George Fritz	38	19	16	35	45	10	55
Mike Lay	36	14	12	26	53	10	63
Don Dietrich	27	5	19	24	10	0	10
Walter Kirchmaier	40	8	10	18	14	0	14
Jiri Brousek	36	6	12	18	12	0	12
Michael Stejskal	40	8	8	16	12	0	12
Rudi Sternkopf	40	5	8	13	16	0	16
Michael Bukowski	19	5	4	9	31	10	41
Stefan Königer	39	3	5	8	50	0	50
Karl Altmann	40	2	6	8	32	10	42
Thomas Deiter	37	4	1	5	10	0	10
Andrzej Schubert	33	2	3	5	62	0	62
Christian Ott	25	2	2	4	10	0	10
Miroslav Maly	16	1	2	3	12	0	12
Thomas Bürk	40	1	1	2	4	0	4
Matthias Hoppe	40	0	1	1	6	0	6
Bankstrafe	0	0	0	0	6	0	6
Rudolf Hipp	40	0	0	0	0	0	0
Stefen Meier	38	0	0	0	0	0	0

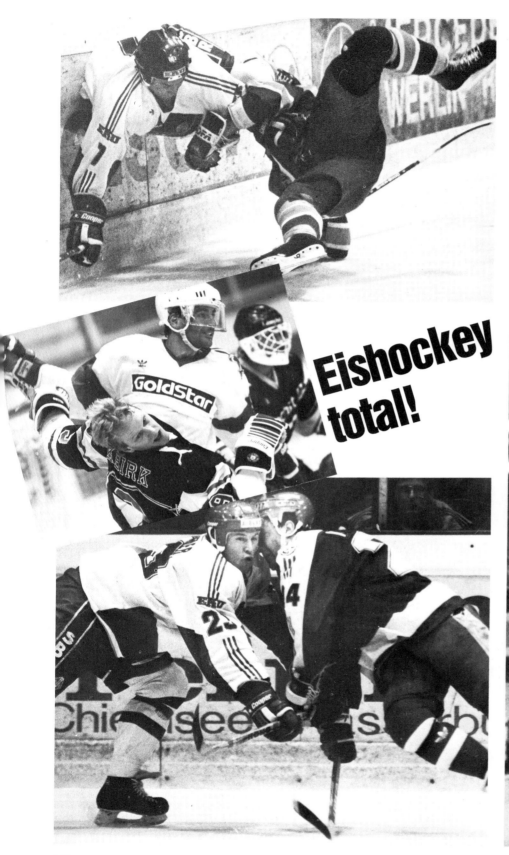

Eishockey total!

Rangliste der I. Bundesliga

Karl Friesen ist der »König der Bundesliga«

Vor einem Jahr kehrte er mit Glanz und Gloria in die Bundesliga zurück, in der Saison 1987/88 sorgte Rosenheims Nationaltorhüter Karl Friesen für einen neuen Höhepunkt in der Geschichte der Eishockey-Bundesliga. Mit einem Rekord-Notenschnitt in der Rangliste erwies er sich endgültig als »König der Bundesliga«. 1,54 im Schnitt war seine Beurteilung in insgesamt 48 Spielen, in denen er benotet wurde. Damit löschte er die Bestmarke von Udo Kießling aus dem Jahre 1980. Der kam damals in den Beurteilungen der SPORT-Kurier-Mitarbeiter auf 1,56.

Der Doppelsieg von Karl Friesen und Ron Fischer in der Bundesliga-Rangliste mag den SB Rosenheim ein wenig über die entgangene Meisterschaft hinweggetröstet haben. Ein Phänomen stellt dabei Ron Fischer dar. Vor einem Jahr eroberte er die Bundesliga als Verteidiger, jetzt erwies er sich als bester Außenstürmer. Einen derart starken Allrounder hat es noch nie gegeben. Im Play-Off-Finale, als beim SBR Personalnot herrschte, da kam der Nationalmannschafts-Neuling auch noch als Mittelstürmer zum Einsatz. Und seine Einstellung gab er auch Bundestrainer Xaver Unsinn zum besten: »Es ist egal, was ich spiele, Hauptsache, ich spiele überhaupt.« Wenn auch sein internationales Debüt nicht so überzeugend ausfiel, Ron Fischer entwickelte sich zu einem der neuen Stars in der Eliteliga.

Die anderen Sieger der Rangliste haben sich schon längst einen Namen gemacht: der Mannheimer Kapitän Harold Kreis und Kölns Sturm-As Gerd Truntschka. Überraschend, mit welch großem Abstand Kreis die Hitliste der Verteidiger anführt. Er zeigte sich in seiner Leistung nicht nur überragend, sondern auch beständig. Es war also nicht so, daß ihm Fischer den Weg freigemacht hätte, sondern der Mannheimer erreichte in diesem Jahr die besseren Noten. Er lag aber wohl deshalb so deutlich vor Udo Kießling, weil es der Kölner Kapitän langsamer angehen ließ. In den Play-Offs war er dann voll da.

Das war auch sein Vereinskamerad Gerd Truntschka. Doch der kleine Mittelstürmer erlebte seine beste Zeit der Saison sicherlich außerhalb der Bundesliga: Er war bei Olympia der überragende deutsche Spieler. Doch auch in der Bundesliga brachte er seine Leistung, obwohl ihm der Mannheimer Dave Silk lange Zeit Platz eins in der Rangliste streitig machte. Erst in den Play-Offs zog Truntschka vorbei und wiederholte seinen Vorjahreserfolg. Da sprang sogar auch noch der Rosenheimer Ernst Höfner auf Platz zwei vor. Für Olympia zeigte er sich eishockeymüde, war er von Rückenproblemen geplagt, doch als es darauf ankam, da spielte der inzwischen 31jährige wie ein 20jähriger junger Hupfer.

Für eine positive Entwicklung des deutschen Eishockeys spricht: Kein Ausländer nahm einen der ersten Plätze ein. Und auch Bundestrainer Xaver Unsinn konnte sich größtenteils bei seiner Olympia-Nominierung bestätigt sehen. Was aber wiederum Kummer bereitet: Eher setzten sich wieder »alte Hasen« in Szene, wie der Landshuter Erich Kühnhackl, als daß sich junge Talente in den Vordergrund geschoben hätten. Was die Dominanz der Ausländer betrifft, so hat sich gegenüber den letzten Jahren auch in der Saison 87/88 wenig geändert.

Klaus-Peter Knospe

Der beste Torhüter: Karl Friesen

Torhüter

1. Karl Friesen (Rosenheim) 1,54
2. Matthias Hoppe (SERC) 1,75
3. Helmut de Raaf (Köln) 1,89
4. Josef Schlickenrieder (MERC) 2,03
5. Thomas Bornträger (DEG) 2,06
6. Bernd Englbrecht (Landshut) 2,19
7. Cestmir Fous (ECD/EF) 2,21
8. Josef Heiß (Düsseldorf) 2,33
9. Gerhard Hegen (Kaufbeuren) 2,35
10. Thomas Hölzel (Kaufbeuren) 2,41

Rangliste der I. Bundesliga

Der beste Verteidiger: Harold Kreis

Der beste Mittelstürmer: Gerd Truntschka

Der beste Außenstürmer: Ron Fischer

Verteidiger

1. Harold Kreis (Mannheim) 1,73
2. Udo Kießling (Köln) 2,13
3. Daniel Naud (Landshut) 2,21
4. Don Dietrich (SERC) 2,22
5. Horst-P. Kretschmer (SBR) 2,24
6. Dieter Medicus (ESVK) 2,37
   Andreas Niederberger (DEG) 2,37
8. Jörg Hanft (Mannheim) 2,40
9. Tom Thornbury (Köln) 2,41
10. Joachim Reil (Rosenheim) 2,49

Mittelstürmer

1. Gerd Truntschka (Köln) 2,00
2. Ernst Höfner (Rosenheim) 2,06
3. Erich Kühnhackl (Landshut) 2,10
4. David Silk (Mannheim) 2,14
5. Doug Berry (Köln) 2,17
6. Chris Valentine (DEG) 2,27
7. Manfred Wolf (Düsseldorf) 2,40
   Karel Holy (Kaufbeuren) 2,40
9. Peter Draisaitl (Mannheim) 2,42
10. Tony Currie (Schwenningen) 2,43

Außenstürmer

1. Ron Fischer (Rosenheim) 1,79
2. Jaroslav Pouzar (ECD/SBR) 2,15
3. Peter John Lee (DEG) 2,20
4. Paul Messier (Mannheim) 2,23
5. Dieter Hegen (Köln) 2,24
6. Georg Franz (Rosenheim) 2,27
7. Manfred Ahne (Rosenheim) 2,30
   Marcus Kuhl (Mannheim) 2,30
9. Pavel Richter (Kaufbeuren) 2,32
10. Tom Roulston (Rosenheim) 2,35

Rangliste der I. Bundesliga

Die Stars der Vereine

Aufgeführt sind alle Spieler, die in der Doppelrunde und den Play-Offs mindestens 18 Spiele absolviert haben. Angegeben ist der Notenschnitt aus allen Begegnungen. In Klammern die Position des Spielers, auf der er mehrheitlich eingesetzt wurde: T = Torhüter, V = Verteidiger, S = Stürmer.

An den Bewertungskriterien hat sich gegenüber den letzten Jahren nichts geändert. Die SPORT-Kurier-Mitarbeiter vergeben bei jedem Spiel Noten wie in der Schule. Der Überblick über die Rangliste der neun Vereine darf natürlich auch in diesem Jahr nicht fehlen. Was fehlt, ist leider der zehnte Klub. Wie bekannt, mußte der ECD Iserlohn vorzeitig aufgeben. Viele Spieler wechselten zu anderen Bundesligisten und sind bei ihren neuen Vereinen aufgeführt, natürlich unter Einbeziehung ihrer Leistungen vorher im ECD-Trikot. Nicht aufgeführt sind die Spieler, die in die zweite Liga abgewandert sind.

Wie schon in den Vorjahren, so blieben auch diesmal die Torhüter in den Vereinen dominierend. Auf Platz eins aber auch einige Stürmer. Zu beachten vor allem Erich Kühnhackl. Der Mannheimer Harold Kreis (Bild) rettete die Ehre der Verteidiger. Eintracht Frankfurt brachte gleich 20 Spieler in die Wertung.

Berliner SC Preussen
 1. Gates Malo (S) 2,83
 2. Dietmar Habnitt (T) 2,95
 3. Franz-Xaver Müller (V) 2,97
 4. Engelbert Grzesiczek (V) 3,11
    Franz Steer (V) 3,11
 6. Andrzej Zabawa (S) 3,16
 7. Anthony Vogel (S) 3,18
 8. Andreas Brockmann (S) 3,19
 9. Robert Attwell (S) 3,22
10. Mark Sochatzky (S) 3,33
11. Klaus Gotsch (S) 3,34
12. Joe Wasserek (S) 3,39
    Gary Schwindt (S) 3,39
14. Erwin Jaworowski (S) 3,41
15. Axel Kammerer (S) 3,44
16. Lutz Schirmer (V) 3,52
17. Karl-Heinz Fliegauf (V) 3,54
    Marco Rentzsch (V) 3,54
19. Jan Tabor (S) 3,72

Düsseldorfer EG
 1. Thomas Bornträger (T) 2,06
 2. Peter John Lee (S) 2,20
 3. Chris Valentine (S) 2,27
 4. Josef Heiß (T) 2,33
 5. Andreas Niederberger (V) 2,37
 6. Manfred Wolf (S) 2,40
 7. Miroslav Nentvich (S) 2,72
 8. Roy Roedger (S) 2,77
 9. Rick Amann (V) 2,81
    Uli Hiemer (V) 2,81
11. Bruce Hardy (S) 2,83
12. Mike Schmidt (V) 2,86
13. Tony Brenner (S) 2,97
14. Oliver Kasper (S) 3,05
    Craig Topolnisky (V) 3,05
16. Ralph Krueger (S) 3,10
17. Boguslaw Maj (S) 3,16

Eintracht Frankfurt
 1. Cestmir Fous (T) 2,21
 2. Uli Egen (S) 2,47
 3. Harald Birk (S) 2,51
 4. Peter Zankl (T) 2,53
 5. Don Langlois (S) 2,62
 6. Jaroslav Mucha (V) 2,68
 7. Jerzy Potz (V) 2,69
 8. Trevor Erhardt (S) 2,76
 9. Jörg Hiemer (S) 2,81
    Dany Held (S) 2,81
11. Toni Forster (V) 2,83
12. Milan Mokros (V) 2,89
13. Ralph Pöpel (S) 2,92
14. Christian Baier (S) 3,00
15. Jiri Smicek (S) 3,15
16. Klaus Birk (S) 3,28
17. Stephan Sinner (V) 3,29
18. Thomas Werner (S) 3,34
19. Jürgen Adams (S) 3,50
20. Justyn Denisiuk (V) 3,57

ESV Kaufbeuren
 1. Pavel Richter (S) 2,32
 2. Gerhard Hegen (T) 2,35
 3. Dieter Medicus (V) 2,37
 4. Karel Holy (S) 2,40
 5. Thomas Hölzel (T) 2,41
 6. Jochen Mörz (S) 2,47
 7. Manfred Schuster (V) 2,58
 8. Rochus Schneider (S) 2,74
 9. Josef Riefler (S) 2,87
10. Stefan Steinecker (V) 2,94
11. Dietrich Adam (S) 3,05
12. Klaus Micheller (V) 3,06
    Milos Vanik (S) 3,06
14. Heinrich Römer (S) 3,08
15. Thomas Dropmann (V) 3,18
16. Christian Reuter (V) 3,27
17. Horst Heckelsmüller (S) 3,40
18. Alexander Schnöll (S) 3,80

Kölner EC
 1. Helmut de Raaf (T) 1,89
 2. Gerd Truntschka (S) 2,00
 3. Udo Kießling (V) 2,13
 4. Doug Berry (S) 2,17
 5. Dieter Hegen (S) 2,24
 6. Miro Sikora (S) 2,36
 7. Tom Thornbury (V) 2,41
 8. Helmut Steiger (S) 2,43
 9. Robert Sterflinger (V) 2,52
10. Roger Nicholas (S) 2,57
11. Holger Meitinger (S) 2,65
12. Marcus Beeck (T) 2,90
13. Andreas Pokorny (V) 2,95
14. Udo Schmid (S) 2,98
15. Werner Kühn (V) 3,02
16. Thomas Brandl (S) 3,03
17. Peter Romberg (V) 3,24

EV Landshut
 1. Erich Kühnhackl (S) 2,10
 2. Bernd Englbrecht (T) 2,19
 3. Daniel Naud (V) 2,21
 4. Tom O'Regan (S) 2,45
 5. Bernd Truntschka (S) 2,54
 6. Christian Brittig (S) 2,56
 7. Jiri Poner (S) 2,69
 8. Bernd Seyller (V) 2,85
 9. Thomas Gandorfer (V) 2,86
10. Bernd Wagner (V) 2,95
    Thomas Schinko (S) 2,95
12. Pavel Prokes (S) 3,00
13. Viteszlav Duris (V) 3,03
14. Fritz Brunner (S) 3,07
15. Ewald Steiger (S) 3,10
16. Bob Murray (V) 3,11
17. Andreas Lupzig (S) 3,13
18. Petr Kopta (S) 3,17
19. Frank Hirtreiter (S) 3,22

Mannheimer ERC
 1. Harold Kreis (V) 1,73
 2. Josef Schlickenrieder (T) 2,03
 3. David Silk (S) 2,14
 4. Paul Messier (S) 2,23
 5. Marcus Kuhl (S) 2,30
 6. Jörg Hanft (V) 2,40
 7. Peter Schiller (S) 2,41
 8. Peter Draisaitl (S) 2,42
 9. Georg Holzmann (S) 2,44
10. Peter Obresa (S) 2,53
11. Ron Jonkhans (S) 2,72
12. Michael Eggerbauer (V) 2,77
13. Peter Gailer (V) 3,00
    Andreas Volland (S) 3,00
15. Josef Klaus (V) 3,07
16. Anton Raubal (V) 3,12
17. Wolfgang Oswald (V) 3,28

SB Rosenheim
 1. Karl Friesen (T) 1,54
 2. Ron Fischer (S) 1,79
 3. Ernst Höfner (S) 2,06
 4. Jaroslav Pouzar (S) 2,15
 5. Horst-Peter Kretschmer (V) 2,24
 6. Georg Franz (S) 2,27
 7. Manfred Ahne (S) 2,30
 8. Tom Roulston (S) 2,35
 9. Joachim Reil (V) 2,49
10. Rainer Blum (V) 2,53
11. Franz Reindl (S) 2,63
12. Raimond Hilger (S) 2,70
13. Markus Berwanger (S) 2,74
14. Michael Pohl (S) 2,77
15. Anton Maidl (V) 2,89
16. Rainer Lutz (V) 2,91
17. Jürgen Trattner (S) 3,00
18. Heinrich Schiffl (V) 3,14

ERC Schwenningen
 1. Matthias Hoppe (T) 1,75
 2. Don Dietrich (V) 2,22
 3. Tony Currie (S) 2,43
 4. George Fritz (S) 2,53
 5. Dieter Willmann (S) 2,62
 6. Mike Bukowski (S) 2,63
 7. Karl Altmann (V) 2,79
 8. Stefan Königer (V) 2,82
 9. Andreas Schubert (V) 2,85
10. Mike Lay (S) 2,89
11. Jiri Brousek (S) 2,94
12. Walter Kirchmaier (S) 2,98
13. Michael Stejskal (S) 3,11
14. Rudi Sternkopf (S) 3,13
15. Thomas Bürk (V) 3,26
16. Thomas Deiter (S) 3,44

Spieler des Monats

OKTOBER:
Christian Brittig

NOVEMBER:
Karl Friesen

DEZEMBER:
Karl Friesen

Im jetzt vierten Jahrbuch darf als bekannt vorausgesetzt werden: Eine »Experten-Jury« des SPORT-Kurier wählt von Oktober bis März jeweils einen »Spieler des Monats«.

Ein Jungstar eröffnete den Reigen der Stars im Oktober. Es war der Monat des EV Landshut, der Überraschungsmannschaft der Bundesliga. Gleich drei Niederbayern lagen vorn. Aber vor den Routiniers Erich Kühnhackl und Daniel Naud plazierte sich der Nachwuchsmann: Christian Brittig. War er früher ein Heißsporn, der auch mal außerhalb der Bande auf sich aufmerksam machte, so hat der 22jährige Landshuter seine Lektion inzwischen gelernt. Er trumpfte auch in der Nationalmannschaft auf und war am Ende der erfolgreichen Saison auch der »Aufsteiger des Jahres«.

Die Experten des SPORT-Kurier sorgten für eine gute Mischung. Zunächst ein Nachwuchsmann, dann ein etablierter Star. Karl Friesen ist ja fast in jedem Monat ein Kandidat. Der November brachte das überraschende Comeback des SB Rosenheim, obwohl es Probleme mit den Ausländern gab. Rückhalt der Mannschaft war – einmal mehr – Karl Friesen.

Er bekam gute Noten, ganz wenige Tore und kletterte mit seinem Verein nach oben, doch feiern lassen will sich ein Karl Friesen nicht: »Es war ein schwerer Monat für uns alle. Wir hatten viele Verletzte und keine Ausländer. Wir sind enger zusammengerückt. Jeder half jedem, der Torwart alleine kann es nicht machen«, wehrte der Nationaltorhüter in seiner bescheidenen Art allzu großes Lob ab.

Seit 1983 wird im SPORT-Kurier der »Spieler des Monats« gewählt – und bislang hat's nur einer geschafft, von der Jury zweimal hintereinander auf den ersten Platz gesetzt zu werden. Das Kunststück gelang Udo Kießling, er erhielt im Februar und März 1986 jeweils die meisten Stimmen.

Karl Friesen tat es ihm jetzt aber gleich. Die drei Leser, vier Kapitäne, ein Mitarbeiter des SK und die Redaktion entschieden sich erneut mit knapper Mehrheit für den Nationaltorhüter. Ein Vereinskamerad war ihm schon im Dezember auf den Fersen: Ron Fischer. Was aber Friesens Doppelerfolg besonders wertvoll macht: Es waren nicht die Play-Offs, wo oft Torhüter-Sterne leuchten, sondern er sorgte im normalen Punktspielbetrieb für Aufmerksamkeit.

Die Wahl im Oktober:
1. Christian Brittig (Landshut) — 17
2. Erich Kühnhackl (Landshut) — 9
3. Daniel Naud (Landshut) — 8
4. Peter John Lee (Düsseldorf) — 8
5. Harold Kreis (Mannheim) — 4
6. Tom O'Regan (Landshut) — 3
7. Paul Messier (Mannheim) — 2
   David Silk (Mannheim) — 2
   Peter Zankl (Frankfurt) — 2
10. Jerzy Potz (Frankfurt) — 1
    Rupert Meister (Iserlohn) — 1

Die Wahl im November:
1. Karl Friesen (Rosenheim) — 15
2. Daniel Naud (Landshut) — 11
3. David Silk (Mannheim) — 7
4. Harold Kreis (Mannheim) — 5
5. Chris Valentine (Düsseldorf) — 4
   Josef Schlickenrieder (MERC) — 4
7. Paul Messier (Mannheim) — 3
8. Georg Franz (Rosenheim) — 1
   Ron Fischer (Rosenheim) — 1
   Gerd Truntschka (Köln) — 1
   Doug Berry (Köln) — 1
   Jaroslav Pouzar (Iserlohn) — 1

Die Wahl im Dezember:
1. Karl Friesen (Rosenheim) — 12
2. Ron Fischer (Rosenheim) — 11
3. Helmut de Raaf (Köln) — 10
4. Georg Franz (Rosenheim) — 6
5. Dieter Hegen (Köln) — 5
6. Uli Egen (Frankfurt) — 3
   Josef Schlickenrieder (MERC) — 3
8. Georg Holzmann (Mannheim) — 1
   Klaus Merk (Berlin) — 1
   Tom O'Regan (Landshut) — 1
   Elias Vorlicek (Kassel) — 1

Spieler des Monats

JANUAR:
Ron Fischer

Er ist der »Mann für alle Fälle«: Mit Ron Fischer machte der beste Allrounder der Bundesliga im Januar den Rosenheimer Hattrick bei der Wahl zum »Spieler des Monats« perfekt.
Der 29jährige Deutschkanadier steht eigentlich als Verteidiger im Kader des SBR. Als die Oberbayern aber Stürmerprobleme hatten, da wurde der »Bulle« in die vorderste Linie geschickt, weil sein Offensivdrang sowieso kaum zu bremsen war. Ron Fischer sorgte für Furore. Und als Rosenheim im Play-Off-Finale Probleme mit den Mittelstürmern hatte, da füllte Fischer auch diese Lücke. Gefürchtet ist seine Kraft. Der 1,90 m große und 94 kg schwere Kerl rammt seine Gegenspieler oft mit Vehemenz in die Bande. Aber er kann auch leichtfüßig an seinen Gegnern vorbeiziehen. Ein Allrounder auch in seinem Spiel. Und das macht ihn für jede Mannschaft wertvoll.

Die Wahl im Januar:
1. Ron Fischer (Rosenheim) 17
2. Miro Sikora (Köln) 9
3. Matthias Hoppe (Schwenningen) 6
   Josef Schlickenrieder (MERC) 6
5. Gerd Truntschka (Köln) 5
6. Uli Egen (Frankfurt) 4
7. Dieter Hegen (Köln) 3
   Harald Birk (Frankfurt) 3
9. Doug Berry (Köln) 1

FEBRUAR:
Gerd Truntschka

Der Kölner »Eis-Rastelli« ist bei der Wahl zum »Spieler des Monats« Dauergast in der Siegerliste. Das Votum für ihn im Februar hatte aber dennoch etwas Besonderes an sich: Es war eine Bildschirm-Wahl. Gerd Truntschka konnte nicht in der nationalen Meisterschaft glänzen, dafür tat er es aber um so mehr bei den Olympischen Spielen in Calgary.
Es war beeindruckend, was der kleine Kölner bei Olympia bot. Er war der »Kopf« der deutschen Mannschaft, führte den besten DEB-Sturm an und stand manchmal im Dauereinsatz. Eine Tatsache, die ihm später in der Play-Off-Runde noch Probleme bereitete. Aber spätestens in Calgary hat sich Truntschka auch auf internationalem Parkett durchgesetzt. Bei der Wahl zum »Spieler des Monats« siegte er für diese Saison mit der Rekordpunktzahl. Nur Karl Friesen konnte mithalten.

Die Wahl im Februar:
1. Gerd Truntschka (Köln) 24
2. Karl Friesen (Rosenheim) 18
3. Andreas Niederberger (DEG) 3
4. Harold Kreis (Mannheim) 2
   Dieter Hegen (Köln) 2
   Georg Holzmann (Mannheim) 2
7. Peter Schiller (Mannheim) 1
   Wieslaw Jobczyk (Ratingen) 1
   Klaus Merk (Berlin) 1

MÄRZ:
Georg Franz

Von Jungstar zu Jungstar – der Kreis schloß sich im März. Georg Franz hat mit dem Landshuter Christian Brittig vieles gemeinsam, aber der 23jährige ist schon ein Stückchen weiter. Der Rosenheimer ist in der Bundesliga und auch in der Nationalmannschaft inzwischen etabliert. Sowohl bei Olympia als auch in den Play-Offs bewies er wieder einmal, ja der Franz der kann's... Und auch er sorgte für einen Rekord: Er gewann in dieser Saison mit dem größten Abstand. Vier von sechs Titeln gingen übrigens nach Rosenheim!
An Georg Franz hat es nicht gelegen, daß es für den SBR mit der Meisterschaft dennoch nichts wurde. Der Flügelflitzer bereitete seinen Gegnern teilweise erhebliche Kopfschmerzen. Von den einst gerühmten Youngstern mit Ahne, Berwanger und Kammerer ist er sicherlich am weitesten.

Die Wahl im März:
1. Georg Franz (Rosenheim) 22
2. Tom Thornbury (Köln) 8
3. Klaus Merk (Berlin) 7
4. Gerd Truntschka (Köln) 4
5. Karl Friesen (Rosenheim) 3
   Ernst Höfner (Rosenheim) 3
   Matthias Hoppe (Schwenningen) 3
8. Peter Obresa (Mannheim) 2
   Jiri Crha (Freiburg) 2

Spieler des Jahres

Gerd Truntschka ist der Größte

Spieler des Jahres

Eishockey-Deutschland hat einen neuen Superstar: Gerd Truntschka. Nur 1,74 m groß ist der inzwischen 30jährige Kölner, aber er ist ab sofort der Größte: Als erster Spieler wurde der gebürtige Landshuter von den Lesern des SPORT-Kurier zum dritten Mal zum »Eishockeyspieler des Jahres« gewählt. Schon 1984 und 1987 siegte Truntschka, 1988 schaffte er zudem den Doppelerfolg, wie vor ihm auch der damalige Nationaltorhüter Erich Weishaupt 1979 und 1980.

Ein ganz persönlicher Triumph für den Mittelstürmer, der im Verein glänzte, vor allem aber die führende Persönlichkeit im deutschen Team bei den Olympischen Spielen in Calgary war. Für den Kölner EC gab es aber einen Triumph auf der ganzen Linie. Nachdem die Rheinländer zum dritten Mal hintereinander den Titel geholt hatten, sorgten Gerd Truntschka und Doug Berry als »beliebtester Ausländer« auch für einen Doppelsieg bei der Wahl zum »Spieler des Jahres«.

Bei Truntschka war das Votum der SPORT-Kurier-Leser keine Überraschung mehr, wohl aber bei Doug Berry. Der 31jährige Kanadier ist ja beileibe kein spektakulärer Spieler. Er ist aber Kölns Mann für alle Fälle, spielt bei Über- oder Unterzahl auch mal als Verteidiger. Vor allem aber ist er ein »Zwei-Wege-Spieler«, der es versteht, sowohl Tore zu schießen, als auch einzuleiten, der sich aber auch nicht zu schade ist, vor dem eigenen Tor »Dreckarbeit« zu verrichten. Berry glänzte vor allem auch in den entscheidenden Play-Off-Spielen, was vielleicht den Ausschlag gegeben hat. Die nachfolgenden Torjäger, Vorjahressieger Paul Messier und Chris Valentine (der Skorerkönig der Saison), stehen normalerweise jedenfalls weit mehr im Blickpunkt. Mit Mark Kosturik vom ESC Wolfsburg fand auch ein Spieler aus der zweiten Liga wieder Aufnahme in die »Top-Ten« der beliebtesten Ausländer.

Die Wahl zum »Spieler des Jahres« war wieder einmal ein Spiegelbild der sportlichen Kräfteverhältnisse in der Bundesliga. Die führenden Klubs aus Köln (fünf Spieler unter den Top-Ten), Rosenheim (vier) und Mannheim (sechs) dominierten auch hier. Die Wahl zeigte aber auch, daß in der deutschen Eliteliga langsam neue Persönlichkeiten heranwachsen. Der »Shooting Star« diesmal war wohl der 23jährige Rosenheimer Flügelflitzer Georg Franz, der sich mit seiner herzerfrischenden Spielweise im Verein und in der Nationalmannschaft in die Herzen der Fans gespielt hat. Auf ähnlichem Wege befindet sich der 22jährige Landshuter Christian Brittig. Bezeichnend, daß er noch vor dem Landshuter »Eishockey-Denkmal« Erich Kühnhackl landete. Die Mannheimer Jörg Hanft und Peter Draisaitl sowie der Berliner Torhüter Klaus Merk unterstreichen die These, daß sich die Jugend auf dem Vormarsch befindet.

Eine besondere Rolle spielte in der vergangenen Saison zweifellos der Rosenheimer Allrounder Ron Fischer. Noch vor einem Jahr mischte er bei den Ausländern mit, jetzt war er gleich Dritter bei den deutschen Spielern, nachdem er nach dreijähriger Wartefrist als Deutscher spielen darf. Er hat eine forsche, unkomplizierte Spielweise, die den Fans gefällt. Er befindet sich in der Popularitätsskala schon auf der Spur von Karl Friesen. Insgesamt waren die Unterschiede zwischen den ersten drei Spielern allerdings schon noch beachtlich. *Klaus-Peter Knospe*

Spieler des Jahres

1.	Gerd Truntschka (Köln)	6738
2.	Karl Friesen (Rosenheim)	4140
3.	Ron Fischer (Rosenheim)	2280
4.	Harold Kreis (Mannheim)	2195
5.	Udo Kießling (Köln)	2039
6.	Georg Franz (Rosenheim)	1913
7.	Matthias Hoppe (SERC)	1814
8.	Christian Brittig (Landshut)	1131
9.	Andreas Niederberger (DEG)	828
10.	Dieter Hegen (Köln)	812
11.	Ernst Höfner (Rosenheim)	479
12.	Jörg Hanft (Mannheim)	472
13.	Erich Kühnhackl (Landshut)	465
14.	Miro Sikora (Köln)	330
15.	Klaus Merk (Berlin)	323
16.	Josef Schlickenrieder (MERC)	276
17.	Georg Holzmann (Mannheim)	255
18.	Peter Schiller (Mannheim)	234
19.	Peter Draisaitl (Mannheim)	220
20.	Helmut de Raaf (Köln)	199

Die beliebtesten Ausländer

1.	Doug Berry (Köln)	887
2.	Paul Messier (Mannheim)	563
3.	Chris Valentine (Düsseldorf)	451
4.	Daniel Naud (Landshut)	410
5.	Tom Thornbury (Köln)	288
6.	Peter John Lee (Düsseldorf)	282
7.	Tony Currie (Schwenningen)	245
8.	Dave Silk (Mannheim)	229
9.	Tom O'Regan (Landshut)	187
10.	Mark Kosturik (Wolfsburg)	159

Alle Spieler des Jahres
1976: Erich Kühnhackl
1977: Udo Kießling
1978: Ignaz Berndaner
1979: Erich Weishaupt
1980: Erich Weishaupt
1981: Holger Meitinger
1982: Karl Friesen
1983: Harold Kreis
1984: Gerd Truntschka
1985: Ernst Höfner
1986: Udo Kießling
1987: Gerd Truntschka
1988: Gerd Truntschka

Ein Doppelerfolg für den Kölner EC: Gerd Truntschka (linke Seite) wurde »Spieler des Jahres«, Doug Berry war der »beliebteste Ausländer«.

Abschlußtabellen der Saison 1987/88

Das bedeuten die Zahlen:
Bei allen Tabellen in dieser Reihenfolge:
Anzahl der Spiele, Siege, Unentschieden, Niederlagen, Tore, Punkte.
Skorerwertung: Tore + Assists = Skorerpunkte.
Strafen der Spieler: Strafminuten + Disziplinarstrafen = Gesamtstrafminuten.

Bundesliga siehe Seite 153!

Qualifikation zur Bundesliga I

1.	Berlin. SC Preussen	18	16	1	1	107:48	33:3
2.	EHC Freiburg	18	15	0	3	92:38	30:6
3.	Krefelder EV	18	10	2	6	90:81	22:14
4.	SV Bayreuth	18	9	2	7	75:67	20:16
5.	EC Hedos München	18	9	2	7	93:87	20:16
6.	EC Kassel	18	8	3	7	104:98	19:17
7.	EHC Essen-West	18	7	2	9	66:84	16:20
8.	EC Bad Nauheim	18	5	3	10	78:82	13:23
9.	EC Ratingen	18	1	2	15	67:115	4:32
10.	EV Füssen	18	1	1	16	67:139	3:33

Berlin bleibt in der Bundesliga I, Freiburg steigt auf.

Skorerwertung

1. Greg Evtushevski (Nauheim) 25 + 18 = 43
2. Scott MacLeod (München) 13 + 28 = 41
3. Bob Crawford (Krefeld) 25 + 11 = 36
4. Doug Morrison (München) 20 + 16 = 36
5. Wieslaw Jobczyk (Ratingen) 18 + 18 = 36
6. Elias Vorlicek (Kassel) 10 + 25 = 35
7. Douglas Morton (Kassel) 13 + 21 = 34
8. Thomas Barczikowski (Nauheim) 12 + 22 = 34
9. Karel Svoboda (Füssen) 12 + 21 = 33
10. Vic Stanfield (Krefeld) 3 + 29 = 32

Strafen der Spieler

1. Greg Evtushevski (Nauheim) 54 + 0 = 54
2. Frederik Carroll (Nauheim) 43 + 10 = 53
3. Franz Ibelherr (München) 28 + 20 = 48
4. Uwe Fabig (Krefeld) 47 + 0 = 47
5. Bernhard Kaminski (Bayreuth) 46 + 0 = 46
6. René Ledock (Essen) 45 + 0 = 45
7. John Glynne (Kassel) 43 + 0 = 43
   Peter Weigl (München) 43 + 0 = 43
9. Harry Pflügl (Kassel) 32 + 10 = 42
10. Josef Preuß (Kassel) 30 + 10 = 40

Skorerkönig der Qualifikation:
Greg Evtushevski vom EC Bad Nauheim.

Bundesliga II Nord

1.	Krefelder EV	36	27	2	7	240:127	56:16
2.	EC Bad Nauheim	36	22	6	8	183:110	50:22
3.	EC Kassel	36	24	2	10	268:151	50:22
4.	EHC Essen-West	36	18	3	15	166:171	39:33
5.	EC Ratingen	36	16	4	16	162:159	36:36
6.	ESC Wolfsburg	36	13	3	20	171:180	29:43
7.	Neusser SC	36	11	5	20	139:208	27:45
8.	Duisburger SV	36	11	3	22	159:231	25:47
9.	SC Solingen	36	9	7	20	139:188	25:47
10.	Herner EV	36	11	1	24	138:240	23:49

Skorerwertung

1. Mark Kosturik (Wolfsburg) 55 + 56 = 111
2. Dave O'Brien (Kassel) 40 + 59 = 99
3. John Markell (Wolfsburg) 36 + 62 = 98
4. Greg Evtushevski (Nauheim) 33 + 60 = 93
5. Elias Vorlicek (Kassel) 40 + 48 = 88
6. Vic Stanfield (Krefeld) 20 + 64 = 84
7. Jarin Sceviour (Duisburg) 41 + 38 = 79
8. Heiko Awizus (Ratingen) 22 + 53 = 75
9. Wieslaw Jobczyk (Ratingen) 42 + 31 = 73
10. Thomas Barczikowski (Nauheim) 33 + 39 = 72

Strafen der Spieler

1. Armin Schnitzler (Duisburg) 90 + 20 = 110
2. Jens Fischer (Duisburg) 89 + 20 = 109
3. Olaf Scholz (Solingen) 81 + 20 = 101
4. John Markell (Wolfsburg) 70 + 30 = 100
5. Greg Evtushevski (Nauheim) 74 + 20 = 94
6. Wolfram Schnürr (Duisburg) 81 + 10 = 91
7. Dave O'Brien (Kassel) 61 + 30 = 91
8. Harry Pflügl (Kassel) 56 + 30 = 86
9. Wolfgang Fischer (Krefeld) 68 + 10 = 78
10. Peter Kaluza (Herne) 57 + 20 = 77

Qualifikation zur Bundesliga II Nord

1.	ESC Wolfsburg	20	15	2	3	160:90	32:8
2.	Neusser SC	20	12	2	6	116:77	26:14
3.	Duisburger SV	20	10	3	7	142:93	23:17
4.	SC Solingen	20	11	1	8	116:92	23:17
5.	EC Hannover	20	10	2	8	92:67	22:18
6.	Westf. Dortmund	20	9	4	7	92:74	22:18
7.	1. EHC Hamburg	20	9	3	8	103:118	21:19
8.	Dinslakener EC	20	9	3	8	113:106	21:19
9.	Herner EV	20	10	0	10	101:91	20:20
10.	ESC Ahaus	20	4	2	14	79:125	10:30
11.	EC Nordhorn	20	0	0	20	72:253	0:40

Wolfsburg, Neuss, Duisburg, Solingen und Hannover für die Bundesliga II Nord qualifiziert.

Skorerwertung

1. Tom St. James (Duisburg) 39 + 47 = 86
2. Mark Kosturik (Wolfsburg) 47 + 33 = 80
3. John Markell (Wolfsburg) 26 + 52 = 78
4. Jarin Sceviour (Duisburg) 35 + 34 = 69
5. Mark MacKay (Neuss) 32 + 28 = 60
6. Henry Marcoux (Dinslaken) 39 + 19 = 58
7. Klaus Guggemos (Wolfsburg) 25 + 32 = 57
8. John Neeld (Nordhorn) 30 + 26 = 56
9. Oleg Islamow (Hamburg) 27 + 25 = 52
10. Brad Bennett (Neuss) 27 + 24 = 51

Strafen der Spieler

1. Jens Fischer (Duisburg) 75 + 0 = 75
2. Michael Schreiber (Nordhorn) 38 + 30 = 68
3. Armin Schnitzler (Duisburg) 47 + 20 = 67
4. Thomas Reichel (Ahaus) 44 + 20 = 64
5. Frantisek Chlpac (Hamburg) 51 + 10 = 61
6. John Markell (Wolfsburg) 59 + 0 = 59
7. Paul Otto (Duisburg) 57 + 0 = 57
8. Olaf Scholz (Solingen) 54 + 0 = 54
9. Frank Gentges (Wolfsburg) 43 + 10 = 53
10. Jörg Böhme (Dinslaken) 41 + 10 = 51

Bundesliga II Süd

1.	EHC Freiburg	36	29	2	5	221:115	60:12
2.	EC Hedos München	36	25	1	10	258:189	51:21
3.	EV Füssen	36	20	1	15	196:180	41:31
4.	SV Bayreuth	36	17	5	14	166:157	39:33
5.	EC Heilbronn	36	16	5	15	168:163	37:35
6.	EC Bad Tölz	36	17	2	17	194:203	36:36
7.	SC Riessersee	36	15	2	19	168:180	32:40
8.	EV Stuttgart	36	13	5	18	184:194	31:41
9.	EV Landsberg	36	11	2	23	145:218	24:48
10.	EHC 80 Nürnberg	36	4	1	31	106:207	9:63

Skorerwertung

1. Scott MacLeod (München) 60 + 81 = 141
2. David Morrison (Stuttgart) 62 + 61 = 123
3. Doug Morrison (München) 64 + 55 = 119
4. John Samanski (Stuttgart) 50 + 69 = 119
5. Rick Boehm (Bad Tölz) 28 + 72 = 100
6. Frederik Ledlin (Riessersee) 39 + 52 = 91
7. Georg Kislinger (München) 29 + 46 = 75
8. Karel Svoboda (Füssen) 32 + 42 = 74
9. Korbinian Reiter (Bad Tölz) 34 + 36 = 70
10. Richard Laycock (Freiburg) 43 + 26 = 69

Strafen der Spieler

1. Rejean Cloutier (Riessersee) 104 + 20 = 124
2. Bernhard Kaminski (Bayreuth) 76 + 10 = 86
3. Scott MacLeod (München) 75 + 10 = 85
4. Florian Jäger (Heilbronn) 65 + 20 = 85
5. Frederik Ledlin (Riessersee) 66 + 10 = 76
6. Doug Morrison (München) 61 + 10 = 71
7. Josef Wassermann (Riessersee) 58 + 10 = 68
8. Franz Ibelherr (München) 65 + 0 = 65
9. Georg Kislinger (München) 53 + 0 = 63
10. Thomas Müller (Nürnberg) 51 + 10 = 61

Qualifikation zur Bundesliga II Süd
GRUPPE A

1.	Heilbronner EC	12	9	1	2	65:37	19:5
2.	EV Stuttgart	12	8	2	2	74:43	18:6
3.	EV Landsberg	12	6	3	3	58:41	15:9
4.	EHC Klostersee	12	4	1	7	56:52	9:15
5.	ERC Ingolstadt	12	4	1	7	52:65	9:15
6.	TEV Miesbach	12	4	1	7	54:82	9:15
7.	EC Peiting	12	2	1	9	37:76	5:19

Heilbronn, Stuttgart und Landsberg für die Bundesliga II Süd qualifiziert.

Skorerwertung

1. John Samanski (Stuttgart) 11 + 24 = 35
2. David Morrison (Stuttgart) 21 + 12 = 33
3. Adam Parsons (Ingolstadt) 19 + 11 = 30
4. Robert Geale (Heilbronn) 13 + 16 = 29
5. Garry Sampson (Landsberg) 14 + 11 = 25
6. Ken Petrash (Klostersee) 13 + 12 = 25
7. Jeff Vaive (Miesbach) 11 + 14 = 25
8. Jürgen Lechl (Heilbronn) 9 + 14 = 23
9. Bob Attwell (Heilbronn) 14 + 8 = 22
10. Trojan Cazacu (Stuttgart) 10 + 10 = 20

Strafen der Spieler

1. Jeff Vaive (Miesbach) 42 + 0 = 42
2. Robert Sterba (Miesbach) 13 + 20 = 33
3. Christian Rohrbach (Peiting) 10 + 20 = 30
4. Sascha Kaefer (Klostersee) 18 + 10 = 28
5. Max Ostermeier (Miesbach) 16 + 10 = 26
6. George Quinn (Miesbach) 14 + 10 = 24
7. Gerhard Petrussek (Landsberg) 23 + 0 = 23
8. Daniel Prokop (Stuttgart) 22 + 0 = 22
9. Jürgen Schaal (Landsberg) 12 + 10 = 22
10. Trojan Cazacu (Stuttgart) 10 + 11 = 21

Jetzt hat auch das deutsche Eishockey sein Museum. Bundestrainer Xaver Unsinn zeigt die Puppen mit den Ausrüstungen aus den 20er Jahren und von heute. Auch seinen Pepita-Hut von den Olympischen Spielen von 1976 hat er der deutschen »Hall of Fame« gestiftet.

GRUPPE B

1.	EHC 80 Nürnberg	12	8	2	2	69:35	18:6
2.	SC Riessersee	12	8	1	3	86:37	17:7
3.	EC Bad Tölz	12	6	3	3	79:48	15:9
4.	ERC Sonthofen	12	5	3	4	54:54	13:11
5.	EV Dingolfing	12	5	2	5	58:59	12:12
6.	Deggendorfer EC	12	2	2	8	40:84	6:18
7.	TuS Geretsried	12	1	1	10	44:113	3:21

Nürnberg, Riessersee, Bad Tölz und Sonthofen für die Bundesliga II Süd qualifiziert.

Skorerwertung

1.	Rick Boehm (Bad Tölz)	14 + 24 = 38
2.	Martin Müller (Nürnberg)	22 + 15 = 37
3.	Duanne Moeser (Sonthofen)	20 + 13 = 33
4.	Anton Krinner (Riessersee)	16 + 16 = 32
5.	Brian Varga (Sonthofen)	13 + 15 = 28
6.	Frederik Ledlin (Riessersee)	12 + 16 = 28
7.	Cary Cummins (Riessersee)	14 + 11 = 25
8.	Daryl Coldwell (Nürnberg)	11 + 14 = 25
	Korbinian Reiter (Bad Tölz)	11 + 14 = 25
10.	Tim Dunlop (Bad Tölz)	5 + 20 = 25

Strafen der Spieler

1.	Michael Weinfurtner (Nürnberg)	30 + 10 = 40
2.	Thomas Müller (Nürnberg)	28 + 10 = 38
3.	Frederik Ledlin (Riessersee)	22 + 10 = 32
4.	Michael Alexander (Dingolfing)	21 + 10 = 31
5.	Hubert Jellen (Geretsried)	17 + 10 = 27
6.	Brian Varga (Sonthofen)	16 + 10 = 26
7.	Michael Buchecker (Geretsried)	14 + 10 = 24
8.	Harry Mahood (Geretsried)	12 + 10 = 22
9.	Rejean Cloutier (Riessersee)	21 + 0 = 21
	Peter Gehrmann (Nürnberg)	21 + 0 = 21

Oberliga Nord

1.	Westf. Dortmund	36	28	6	2	319:129	62:10
2.	EC Hannover	36	28	3	5	247:102	59:13
3.	ESC Ahaus	36	26	3	7	327:172	55:17
4.	1. EHC Hamburg	36	22	5	9	270:171	49:23
5.	Dinslakener EC	36	17	7	12	279:197	41:31
6.	EC Nordhorn	36	14	3	19	213:266	31:41
7.	Herforder EG	36	10	1	25	166:303	21:51
8.	EC Braunlage	36	9	2	25	168:277	20:52
9.	EHC Unna	36	6	2	28	132:339	14:58
10.	ERSC Karben	36	4	0	32	127:292	8:64

Skorerwertung

1.	Henry Marcoux (Dinslaken)	84 + 66 = 150
2.	John Neeld (Nordhorn)	84 + 60 = 144
3.	Oleg Islamow (Hamburg)	72 + 62 = 134
4.	Edward Lee (Ahaus)	71 + 55 = 126
5.	Damian Steiert (Ahaus)	63 + 54 = 117
6.	Vladimir Golubovich (Hamburg)	46 + 69 = 115
7.	Francis Mateschuk (Dortmund)	63 + 45 = 108
8.	Heinz-D. Brüggemann (Ahaus)	46 + 62 = 108
9.	Frantisek Chlpac (Hamburg)	52 + 47 = 99
10.	Ron Sanko (Nordhorn)	38 + 58 = 96

Strafen der Spieler

1.	Volker Loschek (Unna)	63 + 60 = 123
2.	Jörg Boehme (Dinslaken)	90 + 30 = 120
3.	Roman Sindelar (Unna)	102 + 10 = 112
4.	Thomas Reichel (Ahaus)	78 + 30 = 108
5.	Ron Sanko (Nordhorn)	107 + 0 = 107
6.	Frantisek Chlpac (Hamburg)	94 + 10 = 104
7.	Andreas Höhl (Unna)	101 + 0 = 101
8.	John Neeld (Nordhorn)	81 + 20 = 101
9.	Damian Steiert (Ahaus)	56 + 40 = 96
10.	Michael Muus (Dortmund)	79 + 10 = 89

Qualifikation zur Oberliga Nord
GRUPPE I

1.	EHV Wesel	18	15	0	3	155:69	30:6
2.	EC Braunlage	18	13	2	3	153:92	28:8
3.	Grefrather EC	18	13	0	5	142:83	26:10
4.	Herforder EG	18	11	1	6	150:88	23:13
5.	ERSC Karben	18	8	1	9	114:119	17:19
6.	REV Bremerhaven	18	9	1	8	128:116	17:19
7.	VERC Lauterbach	18	7	2	9	87:102	16:20
8.	EHC Unna	18	6	2	10	93:110	14:22
9.	ERB Bremen	18	4	1	13	75:143	9:27
10.	Eintr. Frankfurt Ib	18	0	0	18	32:207	0:36

Wesel, Braunlage, Grefrath und Herford für die Oberliga Nord qualifiziert.

Skorerwertung

1.	Stanislaus Klocek (Braunlage)	40 + 37 = 77
2.	Stefan Job (Herford)	42 + 34 = 76
3.	Mark Hegart (Braunlage)	36 + 35 = 71
4.	Kevin Galan (Herford)	29 + 40 = 69
5.	Craig O'Connor (Karben)	28 + 32 = 60
6.	Josef Chrastek (Wesel)	35 + 24 = 59
7.	David McBurney (Karben)	35 + 23 = 58
8.	Wladiislav Zolnowski (Wesel)	26 + 22 = 48
9.	Andreas Sauli (Herford)	27 + 20 = 47
10.	Günter Kaczmarek (Grefrath)	33 + 11 = 44

Strafen der Spieler

1.	Craig O'Connor (Karben)	79 + 10 = 89
2.	David McBurney (Karben)	66 + 20 = 86
3.	Marian Csorich (Bremen)	56 + 20 = 76
4.	Ole Geelhaar (Lauterbach)	36 + 40 = 76
5.	Christian Flügge (Grefrath)	53 + 20 = 73
6.	Stanislaus Klocek (Braunlage)	54 + 10 = 64
7.	Bogdan Csorich (Bremen)	34 + 30 = 64
8.	Jacek Kawka (Bremen)	51 + 10 = 61
9.	Hilmar Krebs (Bremerhaven)	27 + 30 = 57
10.	Marcus Antrecht (Wesel)	44 + 10 = 54

Oberliga Süd

1.	ERC Sonthofen	30	22	4	4	205:99	48:12
2.	EHC Klostersee	30	22	1	7	213:120	45:15
3.	TEV Miesbach	30	22	1	7	177:135	45:15
4.	EV Dingolfing	30	18	4	8	196:132	40:20
5.	Deggendorfer EC	30	18	4	8	154:130	40:20
6.	EC Peiting	30	15	5	10	134:120	35:25
7.	ERC Ingolstadt	30	15	3	12	179:135	33:27
8.	TuS Geretsried	30	16	1	13	170:163	33:27
9.	TSV Peißenberg	30	14	3	13	114:123	31:29
10.	EV Ravensburg	30	14	2	14	119:140	30:30
11.	Augsburger EV	30	11	3	16	157:163	25:35
12.	EV Regensburg	30	9	3	18	125:151	21:39
13.	TSV Königsbrunn	30	9	2	19	148:186	20:40
14.	EV Pfronten	30	7	3	20	131:189	17:43
15.	EHC Straubing	30	5	4	21	144:215	14:46
16.	EA Schongau	30	1	1	28	99:264	3:57

Skorerwertung

1.	Duanne Moeser (Sonthofen)	64 + 63 = 127
2.	Ken Petrash (Klostersee)	62 + 53 = 115
3.	Jeff Vaive (Miesbach)	51 + 49 = 100
4.	Brian Varga (Sonthofen)	40 + 56 = 96
5.	Troy Thrun (Geretsried)	50 + 29 = 79
6.	Michael Alexander (Dingolfing)	35 + 41 = 76
7.	Franz Müller (Sonthofen)	40 + 35 = 75
8.	Ken Latta (Peiting)	46 + 28 = 74
9.	Harry Mahood (Geretsried)	36 + 36 = 72
10.	Andreas Römer (Augsburg)	40 + 28 = 68

Strafen der Spieler

1.	Andreas Römer (Augsburg)	125 + 30 = 155
2.	Brand MacNeil (Pfronten)	81 + 20 = 101
3.	Thomas Niedermeier (Dingolf.)	70 + 10 = 80
4.	Jeff Vaive (Miesbach)	64 + 10 = 74
5.	Bernd Vorderbrüggen (Reg'b.)	71 + 0 = 71
6.	James Quinlan (Klostersee)	57 + 10 = 67
7.	Ken Latta (Peiting)	56 + 10 = 66
	Georg Hetmann (Augsburg)	56 + 10 = 66
9.	Brian Varga (Sonthofen)	65 + 0 = 65
10.	Harry Doyle (Straubing)	42 + 20 = 62

Qualifikation zur Oberliga Süd
GRUPPE A

1.	TSV Königsbrunn	14	11	1	2	107:47	23:5
2.	TSV Peißenberg	14	10	1	3	103:39	21:7
3.	SC Memmingen	14	9	1	4	76:50	19:9
4.	TSV Erding	14	9	1	4	109:70	19:9
5.	EV Regensburg	14	8	1	5	94:59	17:11
6.	EA Schongau	14	3	1	10	52:72	7:21
7.	EV Pegnitz	14	2	1	11	39:101	4:24
8.	EV Stuttgart Ib	14	1	0	13	48:190	2:26

Königsbrunn, Peißenberg und Memmingen für die Oberliga Süd qualifiziert.

Skorerwertung

1.	Martin Irvine (Erding)	37 + 15 = 52
2.	Robert Huber (Erding)	18 + 31 = 49
3.	Ivan Morin (Regensburg)	21 + 20 = 41
4.	Wolfgang Obermeier (Peißenberg)	23 + 15 = 38
5.	Paul Bifano (Memmingen)	13 + 22 = 35
6.	Borislav Capla (Königsbrunn)	12 + 21 = 33
7.	Rodney Heisler (Peißenberg)	14 + 18 = 32
8.	Bernd Möller (Regensburg)	19 + 11 = 30
9.	Mario Cutone (Königsbrunn)	13 + 17 = 30
10.	Peter Schuster (Regensburg)	11 + 19 = 30

Strafen der Spieler

1.	Roland Heger (Schongau)	34 + 20 = 54
2.	Timo Favorin (Stuttgart Ib)	33 + 20 = 53
3.	Udo Ried (Memmingen)	52 + 0 = 52
4.	Ralph Sprenzel (Schongau)	23 + 10 = 33
	Ivan Morin (Regensburg)	22 + 10 = 32
6.	Kevin Weremy (Memmingen)	31 + 0 = 31
	Lars Gerricke (Stuttgart Ib)	31 + 0 = 31
8.	Roland Althammer (Königsbrunn)	29 + 0 = 29
9.	Karl Sajdl (Königsbrunn)	27 + 0 = 27
	Christian Kollmeder (Regensburg)	27 + 0 = 27

GRUPPE B

1. Augsburger EV	14	11	0	3	142:59	22:6
2. EHC Straubing	14	11	0	3	109:73	22:6
3. EV Ravensburg	14	10	0	4	129:65	20:8
4. EV Pfronten	14	9	0	5	101:88	18:10
5. EA Kempten	14	8	0	6	75:77	16:12
6. ESC Dorfen	14	4	0	10	75:108	8:20
7. Schwenn. ERC Ib	14	1	2	11	47:143	4:24
8. EC Oberstdorf	14	0	2	12	59:124	2:26

Augsburg, Straubing, Ravensburg und Pfronten für die Oberliga Süd qualifiziert.

Skorerwertung

1. Steve Pepin (Ravensburg)	35 + 26	= 61
2. Berry Burkholder (Augsburg)	32 + 29	= 61
3. Ron Amyotte (Augsburg)	30 + 29	= 59
4. Henryk Pytel (Pfronten)	29 + 21	= 50
5. Jan Piecko (Ravensburg)	28 + 17	= 45
6. Mike Dobberthien (Straubing)	28 + 16	= 44
7. Guido Holzmann (Pfronten)	17 + 22	= 39
8. Gerhard Alber (Ravensburg)	8 + 31	= 39
9. Frantisek Krejcir (Oberstdorf)	14 + 22	= 36
10. Eduard Endras (Oberstdorf)	19 + 13	= 32

Strafen der Spieler

1. Bernhard Retzer (Dorfen)	28 + 20	= 48
2. Wilhelm Viereckl (Dorfen)	37 + 10	= 47
3. Milan Sako (Augsburg)	32 + 10	= 42
4. Markus Mensching (Schwenn. Ib)	21 + 20	= 41
5. Blaine Whiteside (Kempten)	40 + 0	= 40
6. Mike Dobberthien (Straubing)	30 + 10	= 40
7. Oliver Würthner (Schwenn. Ib)	38 + 0	= 38
8. Steve Pepin (Ravensburg)	28 + 10	= 38
Armin Steigenberger (Augsburg)	28 + 10	= 38
10. Peter Endras (Oberstdorf)	27 + 10	= 37

Regionalliga Nord

1. REV Bremerhaven	12	10	1	1	129:41	21:3
2. ERB Bremen	12	6	3	3	95:65	15:9
3. TSV Salzgitter	12	6	0	6	66:88	12:12
4. BSC Preussen Ib	12	5	1	6	58:65	11:13
5. FASS Berlin	12	5	1	6	69:75	11:13
6. ESC Wedemark	12	4	1	7	57:83	9:15
7. 1. EHC Hamburg Ib	12	2	1	9	53:110	5:19

Qualifikation zur Regionalliga Nord
GRUPPE I

1. TSV Salzgitter	10	8	1	1	101:38	17:3
2. Hamburger SV	10	8	0	2	51:48	16:4
3. ESC Wedemark	10	5	1	4	61:36	11:9
4. FASS Berlin	10	5	0	5	84:52	10:10
5. REV Bremerhav. Ib	10	3	0	7	46:86	6:14
6. TSV Adendorf	10	0	0	10	31:114	0:20

Salzgitter, HSV, Wedemark und FASS für die Regionalliga Nord qualifiziert.

GRUPPE II

1. ETC Timmendorf	8	8	0	0	82:22	16:0
2. BSC Preussen Ib	8	5	1	2	66:32	11:5
3. 1. EHC Hamburg Ib	8	3	2	3	42:35	8:8
4. ESC Wolfsburg Ib	8	2	1	5	46:42	5:11
5. Berliner SC	8	0	0	8	22:127	0:16

Timmendorf, BSC Preussen Ib und EHC Hamburg Ib für die Regionalliga Nord qualifiziert.

Regionalliga West

1. EHV Wesel	28	27	0	1	360:93	54:2
2. Grefrather EC	28	23	1	4	356:109	47:9
3. TuS Wiel	28	14	3	11	128:139	31:25
4. GSC Moers	28	13	5	10	180:159	31:25
5. SV Brackwede	28	12	1	15	160:225	25:31
6. 1. Hennefer EC	28	7	3	18	127:252	17:39
7. EHC Netphen	28	4	2	22	89:248	10:46
8. EC Bergkamen	28	4	1	23	86:261	9:47

Qualifikation zur Regionalliga West

1. EC Eschweiler	14	13	0	1	122:60	26:2
2. GSC Moers	14	9	1	4	130:64	19:9
3. EHC Netphen	14	9	0	5	61:43	18:10
4. SV Brackwede	14	7	1	6	95:101	15:13
5. TuS Wiehl	14	6	0	8	54:55	12:16
6. 1. Hennefer EC	14	5	1	8	66:79	11:17
7. Schalker Haie 1987	14	2	2	10	48:93	6:22
8. EC Bergkamen	14	2	1	11	46:127	5:23

Bis auf Bergkamen alle Mannschaften für die Regionalliga West qualifiziert.

Regionalliga Mitte

1. Eintr. Frankfurt Ib	12	11	0	1	107:48	22:2
2. VERC Lauterbach	12	8	2	2	123:50	18:6
3. EC Bad Nauheim Ib	12	6	1	5	91:79	13:11
4. ESV Trier	12	5	1	6	110:98	11:13
5. EC Dillingen	12	4	0	8	76:102	8:16
6. ERC Ludwigshafen	12	3	1	8	57:118	7:17
7. EHC Neuwied	12	2	1	9	46:115	5:19

Qualifikation zur Regionalliga Mitte
GRUPPE I

1. EC Bad Nauheim Ib	8	8	0	0	85:33	16:0
2. Tornado Luxemburg	8	4	1	3	64:44	9:7
3. ESV Kaiserslautern	8	4	0	4	49:55	8:8
4. ERC Ludwigshafen	8	3	0	5	37:47	6:10
5. EHC Neuwied	8	0	1	7	20:76	1:15

Bad Nauheim Ib und Kaiserslautern für die Regionalliga Mitte qualifiziert.

Gruppe II

1. ESV Trier	8	7	0	1	100:32	14:2
2. EC Diez-Limburg	8	6	0	2	58:34	12:4
3. EC Dillingen	8	5	0	3	61:46	10:6
4. EHC Zweibrücken	8	2	0	6	46:96	4:12
5. EV Wiesbaden	8	0	0	8	24:81	0:16

Trier, Diez-Limburg und Dillingen für die Regionalliga Mitte qualifiziert.

Regionalliga Süd/West

1. Schwenning. ERC Ib	14	12	0	2	127:48	24:4
2. EV Stuttgart Ib	14	11	1	2	125:74	23:5
3. EC Konstanz	14	8	0	6	103:111	16:12
4. EHC Freiburg Ib	14	7	0	7	81:98	14:14
5. ESG Esslingen	14	6	0	8	72:74	12:16
6. ESV Hügelsheim	14	6	0	8	80:93	12:16
7. Mannheim. ERC Ib	14	4	0	10	68:107	8:20
8. EC Eppelheim	14	1	1	12	42:93	3:25

Qualifikation zur Regionalliga Süd/West
GRUPPE A

1. ESC Wernau	10	9	0	1	80:26	18:2
2. Mannheim. ERC Ib	10	6	0	4	51:51	12:8
3. EC Konstanz	10	6	0	4	79:51	12:8
4. ESV Hügelsheim	10	6	0	4	63:57	12:8
5. EV Lindau	10	2	0	8	50:80	4:16
6. Spfr. Neckarsulm	10	1	0	9	20:78	2:18

Wernau, Mannheim Ib, Konstanz und Hügelsheim für die Regionalliga Süd/West qualifiziert.

Gruppe B

1. ESG Esslingen	10	9	0	1	85:39	18:2
2. EHC Freiburg Ib	10	6	2	2	79:42	14:6
3. EC Eppelheim	10	6	2	2	68:36	14:6
4. EC Ulm/Neu-Ulm	10	5	0	5	82:70	10:10
5. TSV Adelberg	10	1	0	9	54:104	2:18
6. IGES Reutlingen	10	1	0	9	38:109	2:18

Esslingen, Freiburg Ib, Eppelheim und Ulm/Neu-Ulm für die Regionalliga Süd/West qualifiziert.

Regionalliga Süd

1. SC Memmingen	22	22	0	0	173:53	44:0
2. ESC Dorfen	22	17	1	4	171:67	35:9
3. EA Kempten	22	14	2	6	145:90	30:14
4. TSV Erding	22	13	2	7	146:92	28:16
5. EV Pegnitz	22	13	1	8	138:105	27:17
6. EC Oberstdorf	22	13	0	9	123:117	26:18
7. SC Reichersbeuern	22	11	0	11	108:135	22:22
8. EV Fürst'feldbruck	22	9	1	12	140:118	19:25
9. DEC Frillens./Inzell	22	5	1	16	52:97	11:33
10. B. Reichenhaller EG	22	5	0	17	84:176	10:34
11. TSV Schliersee	22	3	1	18	88:170	7:37
12. EV Moosburg	22	2	1	19	76:224	5:39

Qualifikation zur Regionalliga Süd
GRUPPE A

1. Kulmbacher EC	10	8	0	2	73:36	16:4
2. EV Germering	10	6	0	4	58:56	12:8
3. SC Reichersbeuern	10	5	2	3	58:42	12:8
4. B. Reichenhaller EG	10	3	3	4	48:53	9:11
5. SV Gendorf	10	4	0	6	55:62	8:12
6. TSV Schliersee	10	1	1	8	35:78	3:17

Kulmbach und Germering für die Regionalliga Süd qualifiziert.

GRUPPE B

1. VfL Waldkraiburg	10	8	1	1	86:30	17:3
2. DEC Frillens./Inzell	10	7	2	1	52:24	16:4
3. EV Fürst'feldbruck	10	5	1	4	53:42	11:9
4. ERC Lechbruck	10	3	1	6	36:45	7:13
5. ESC Holzkirchen	10	3	1	6	26:46	7:13
6. EV Moosburg	10	1	9		18:84	2:18

Waldkraiburg, Frillensee-Inzell und Fürstenfeldbruck für die Regionalliga Süd qualifiziert.

Deutsche Meisterschaft Nachwuchs

Endrunde Junioren

1. ESV Kaufbeuren	14	12	1	1	94:47	25:3
2. SB Rosenheim	14	11	0	3	79:32	22:6
3. EV Landshut	14	10	1	3	87:41	21:7
4. Düsseldorfer EG	14	7	3	4	76:66	17:11
5. EC Bad Tölz	14	4	0	10	53:77	8:20
6. Krefelder EV	14	3	1	10	44:64	7:21
7. Kölner EC	14	3	0	11	44:87	6:22
8. SC Riessersee	14	3	0	11	35:98	6:22

Finalturnier Jugend
1. SB Rosenheim   3 2 1 0 11:7   5:1
2. EV Landshut   3 2 0 1 11:9   4:2
3. Mannheimer ERC   3 1 1 1 13:15 3:3
4. Düsseldorfer EG   3 0 0 3 11:18 0:6

Finalturnier Schüler
1. SB Rosenheim   3 3 0 0 19:7   6:0
2. Neusser SC   3 1 1 1 12:9   3:3
3. EV Landshut   3 1 0 2   3:11 2:4
4. Berliner SC Preussen 3 0 1 2   8:15 1:5

Knaben-Pokal, Endturnier
1. EV Landshut   3 1 2 0 12:6   4:2
2. Mannheimer ERC   3 2 0 1 13:13 4:2
3. ESV Kaufbeuren   3 1 1 1 12:10 3:3
4. ECD Iserlohn   3 0 1 2   8:16 1:5

Damen-Meisterschaft
Endrunde
Gruppe A: Bergkamener Bären – ERC Mannheim 0:5, ESV Kaufbeuren – Bergkamener Bären 2:3, ERC Mannheim – ESV Kaufbeuren 7:1.
Gruppe B: ESG Esslingen – EHC Eisbären Düsseldorf 1:5, EV Füssen – ESG Esslingen 2:2, EHC Eisbären Düsseldorf – EV Füssen 7:1.
Halbfinale: ERC Mannheim – ESG Esslingen 2:0, EHC Eisbären Düsseldorf – Bergkamener Bären 3:1.
Spiel um Platz 5: ESV Kaufbeuren – EV Füssen 0:8.
Spiel um Platz 3: ESG Esslingen – Bergkamener Eisbären 4:1.
Finale: ERC Mannheim – EHC Eisbären Düsseldorf 3:2.

Dies sind die jüngsten Meisterspieler auf Bundesebene: Die Knaben des EV Landshut gewannen den DEB-Pokal.

Baden-Württemberg
Baden-Württemberg-Liga
GRUPPE NORD
1. EHC Wernau   10 129:12 20:0
2. TSV Adelberg   10   55:37 15:5
3. ESF Neckarsulm   10   45:44 10:10
4. TSV Plattenhardt   10   35:91   6:14
5. ERC Waldbronn   10   36:75   5:15
6. SC Kornwestheim   10   45:86   4:16

GRUPPE SÜD
1. EV Ravensburg Ib   10 108:17 18:2
2. EC Ulm/Neu-Ulm   10 103:34 16:4
3. EV Lindau   10   77:42 12:8
4. IGES Reutlingen   10   63:57   8:12
5. EHC Rottweil   10   25:90   4:16
6. EHC Schwenningen   10   20:156 2:18

Plazierungsspiele
EHC Wernau – EV Ravensburg Ib 9:4, 5:5, TSV Adelberg – EC Ulm/Neu-Ulm 11:13, 5:13, ESF Neckarsulm – EV Lindau kampflos für Lindau, TSV Plattenhardt – IGES Reutlingen kampflos für Reutlingen, ERC Waldbronn – EHC Rottweil kampflos für Rottweil, SC Kornwestheim – EHC Schwenningen 5:3, 5:8.
Endstand: 1. EHC Wernau, 2. EV Ravensburg Ib, 3. EC Ulm/Neu-Ulm, 4. TSV Adelberg, 5. EV Lindau, 6. ESF Neckarsulm, 7. IGES Reutlingen, 8. TSV Plattenhardt, 9. EHC Rottweil, 10. ERC Waldbronn, 11. EHC Schwenningen, 12. SC Kornwestheim.

Qualifikationsrunde
1. EV Ravensburg Ib   6 68:8   12:0
2. SC Kornwestheim   6 45:43   6:6
3. EHC Schwenningen   6 29:39   4:8
4. EHC Rottweil   6 26:78   2:10

Damen-Meisterschaft
1. ERC Mannheim   6 50:3   10:2
2. ESG Eßlingen   6 85:7   10:2
3. EHC Freiburg   6 16:72   4:8
4. EC Stuttgart   6 11:80   0:12

Bayern
Bayernliga
1. VfL Waldkraiburg   22 298:59 44:0
2. EC Kulmbach   22 195:85 40:4
3. EV Germering   22 143:125 29:15
4. ERC Lechbruck   22 120:107 26:18
5. ESC Holzkirchen   22   92:117 21:23
6. SV Gendorf   22 101:123 21:23
7. EV Bad Wörishofen 22 108:123 20:24
8. ESV Buchloe   22   91:128 18:26
9. ESV Burgau   22 104:142 15:29
10. TSV Trostberg   22   97:134 14:30
11. EHC Bad Aibling   22   65:186 9:35
12. EC Pfaffenhofen   22   62:147 7:37

Bayernliga-Abstiegsrunde
1. EC Pfaffenhofen   10 51:48 13:7
2. EV Bad Wörishofen   10 55:49 12:8
3. ESV Burgau   10 50:56 11:9
4. TSV Trostberg   10 79:45 10:10
5. ESV Buchloe   10 62:52   8:12
6. EHC Bad Aibling   10 41:88   6:14

Absteiger in die Landesliga: ESV Buchloe und EHC Bad Aibling.

Landesliga-Meisterschaft
1. ERC Selb   8 90:10 16:0
2. EV Berchtesgaden   8 44:23 10:6
3. ASV Dachau   7 35:56   6:8
4. VfL Denklingen   8 24:56   5:11
5. TSV Kottern   7 21:69   1:13

Aufsteiger in die Bayernliga: ERC Selb und EV Berchtesgaden.

Landesliga
GRUPPE I
1. ERC Selb   18 215:33 34:2
2. ERV Schweinfurt   18 199:49 32:4
3. ERSC Amberg   18 177:60 28:8
4. SC Bad Kissingen 18 134:90 20:16
5. EV Weiden   18   82:97 18:18
6. EC Erkersreuth   18 100:123 16:20
7. ESC Höchstadt   18 120:99 16:20
8. ERC Haßfurt   18 121:130 12:34
9. ESV Würzburg   18   51:250 4:32
10. EC Kulmbach Ib   18   24:292 0:36

GRUPPE II
1. ASV Dachau   14 91:46 26:2
2. ESC Vilshofen   14 87:44 22:6
3. EV Aich   14 98:84 18:10
4. EV Regensburg Ib   14 89:76 16:12
5. ESV Gebensbach   14 65:62 13:15
6. ERC Regen   14 68:91   9:19
7. EV Bruckberg   14 73:105 6:22
8. SC Ergolding   14 45:108 2:26

GRUPPE III
1. EV Berchtesgaden   16 124:48 30:2
2. EC Schwaig   16 116:53 26:6
3. TC 60 Rosenheim   16 119:69 23:9
4. ETC Höhenk.-Siegertsbrunn 16 116:61 21:11
5. SC Gaißach   16   72:71 17:15
6. EC Planegg-Geisenbrunn   16   74:93 13:19
7. EV Fürstenfeldbruck Ib   16   43:133 7:25
8. ERSC Ottobrunn   16   68:117 6:26
9. USC München   16   34:121 1:31

GRUPPE IV
1. ESV Bayersoien   12 78:53 21:3
2. EV Mittenwald   12 74:59 17:7
3. VfL Denklingen   12 61:61 13:11
4. SC Eibsee-Grainau   12 68:74   9:15
5. MTV Dießen   12 62:76   8:16
6. SV Hohenfurch   12 79:72   8:16
7. SC Forst   12 46:73   8:16

GRUPPE V
1. ESV Marktoberdorf   12 65:43 19:5
2. TSV Hopferau-Eisenberg   12 61:41 17:7
3. ESV Kottern   12 48:48 12:12
4. ESV Türkheim   12 48:45 12:12
5. TSV Oberbeuren   12 62:51 11:13
6. SC Memmingen Ib   12 59:81   8:16
7. SV Cambodunum Kempten   12 53:87   5:19

Kreisliga-Meisterschaft
1. EC Thanning   4 31:22 8:0
2. ASV Hirschzell 4 28:31 2:6
3. ESC Dorfen Ib   4 23:29 2:6

Kreisliga
GRUPPE A
1. ESC Dorfen Ib   8 52:34 13:3
2. EV Dingolfing Ib 8 62:27 10:6

3. ESV Gebensbach Ib	8	40:39	10:6
4. SB Geisenhausen	8	33:53	5:11
5. EHC Neuching	8	20:54	2:14

GRUPPE B

1. EC Thanning	6	61:12	12:0
2. EC Tegernsee	5	45:14	8:2
3. SV Apfeldorf	6	50:16	8:4
4. EHC Weilheim	7	39:45	4:10
5. EAC Bad Reichenhall	8	13:121	0:16

GRUPPE C

1. ASV Hirschzell	8	54:24	14:2
2. TSV Haunstetten	8	50:36	8:8
3. ERC Lechbruck Ib	8	21:28	7:9
4. TV Lindenberg	8	20:39	6:10
5. EV Aalen	8	36:54	5:11

Damen-Meisterschaft

Vorrunde

1. EV Füssen	10	110:10	17:3
2. ESV Kaufbeuren	10	88:17	16:4
3. ERC Sonthofen	10	71:20	15:5
4. TuS Geretsried	10	27:54	7:13
5. SV Cambodunum Kempten	10	6:106	3:17
6. DEC Tigers Königsbrunn	10	6:101	2:18

Endrunde

1. EV Füssen	4	16:4	8:0
2. ESV Kaufbeuren	4	10:12	4:4
3. ERC Sonthofen	4	7:17	0:8

Damen-BEV-Pokal

GRUPPE 1

1. DEC Tigers Königsbrunn	2	6:3	2:2
2. ERSC Ottobrunn	2	4:5	2:2
3. EV Landshut	2	3:5	2:2

GRUPPE 2

1. SC Riessersee	2	6:0	4:0
2. SV Cambodunum Kempten	2	2:2	2:2
3. EV Regensburg	2	1:7	0:4

Das Pokalfinalturnier mit Königsbrunn, Ottobrunn, Riessersee und Kempten fand erst im Herbst 1988 statt.

Berlin

Landesliga

1. SC Berlin	6	63:24	10:2
2. FASS Berlin Ib	6	61:29	10:2
3. OSC Berlin	6	37:32	4:8
4. DEC Eishasen Berlin	6	14:90	0:12

Kreisliga

1. SC Berlin Ib	4	37:7	8:0
2. FASS Berlin Ic	4	19:12	5:3
3. OSC Berlin Ib	4	15:11	5:3
4. PSV Berlin	4	16:23	2:6
5. ERSC Berliner Bären	4	2:36	0:8

Landesliga-Qualifikation

GRUPPE I

1. OSC Berlin Ib	3	13:2	5:1
2. FASS Berlin Ib	3	20:10	5:1
3. SC Berlin Ib	3	13:15	2:4
4. DEC Eishasen Berlin	3	5:24	0:6

GRUPPE II

1. OSC Berlin	3	45:7	6:0
2. FASS Berlin Ic	3	16:11	4:2
3. PSV Berlin	3	12:21	2:4
4. ERSC Berliner Bären	3	4:38	0:6

Damen-Meisterschaft

| 1. SC Berlin | 3 | 12:5 | 5:1 |
| 2. DEC Eishasen Berlin | 3 | 5:12 | 1:5 |

Hamburg/Schleswig-Holstein

Landesliga

1. SV Hamburg	12	165:31	22:2
2. ETC Timmendorfer Strand	12	287:22	22:2
3. EC Flensburg-Harrislee	12	98:97	14:10
4. SV Hamburg Ib	12	51:85	12:12
5. SV Altona 93	12	40:123	7:17
6. ETC Timmendorfer Strand Ib	12	24:118	5:19
7. EHC Hamburg Ic	12	29:218	2:22

Wer ist wer? Im Sommer besucht der NHL-Profi Mark Messier (links) oft seinen Bruder Paul in Mannheim. Jeder ist in seiner Liga ein Star.

Hessen

Landesliga

1. EC Dietz-Limburg	12	130:41	22:2
2. VERC Lauterbach Ib	12	106:41	20:4
3. SGE Frankfurt Ic	12	57:64	14:10
4. EV Wiesbaden	12	48:64	10:14
5. SC Hexengeist Roßdorf	12	65:84	8:16
6. EC Eisteufel Frankfurt	12	74:150	6:18
7. WSV Aschaffenburg	12	46:82	4:20

EC Bad Nauheim-Jun. (außer Konkurrenz) hat die Runde nicht beendet.

Hessen/Baden-Württemberg

Deutsche Damen-Meisterschaft

Qualifikation

1. ERC Mannheim	8	53:3	16:0
2. ESG Eßlingen	8	83:10	12:4
3. SGE Frankfurt	8	55:18	8:8
4. EHC Freiburg	8	19:81	4:12
5. EC Stuttgart	8	13:111	0:16

Eishockeyvereine der Bundesrepublik Deutschland seit 1978/79

a) Zahlenmäßige Erfassung:

LEV Saison	78/79	79/80	80/81	81/82	82/83	83/84	84/85	85/86	86/87	87/88
Baden-Württemb.	16	17	18	22	27	25	28	28	30	25
Bayern	94	103	105	105	107	102	102	105	107	105
Berlin	5	4	6	6	6	6	6	6	6	8
Hamburg	3	3	4	4	4	3	5	5	5	4
Hessen	4	4	4	7	6	8	9	10	10	9
Niedersachsen	12	12	16	18	18	17	18	18	18	15
Nordrhein-Westf.	19	26	27	30	35	44	47	46	49	48
Rheinland-Pfalz	3	5	7	8	7	7	8	8	8	8
Bremen	3	3	4	4	4	2	2	3	3	2
Saarland	2	2	2	2	2	1	1	1	1	1
Schlesw.-Holstein	–	–	–	–	–	–	–	2	2	2
Gesamt	161	179	193	206	216	215	226	232	239	227

b) Prozentuale Erfassung:

LEV Saison	78/79	79/80	80/81	81/82	82/83	83/84	84/85	85/86	86/87	87/88
Baden-Württemb.	9,9	9,5	9,3	10,7	12,5	11,6	12,4	12,1	12,6	11,0
Bayern	58,4	57,6	54,4	51,0	49,5	47,4	45,1	45,3	44,8	46,3
Berlin	3,1	2,2	3,1	2,9	2,8	2,8	2,7	2,6	2,5	3,5
Hamburg	1,9	1,7	2,1	1,9	1,9	1,4	2,2	2,1	2,1	1,8
Hessen	2,5	2,2	2,1	3,4	2,8	3,7	4,0	4,3	4,2	4,0
Niedersachsen	7,5	6,7	8,3	8,7	8,3	7,9	8,0	7,8	7,5	6,6
Nordrhein-Westf.	11,8	14,5	14,0	14,6	16,2	20,5	20,8	19,8	20,5	21,1
Rheinland-Pfalz	1,9	2,8	3,6	3,9	3,2	3,3	3,5	3,4	3,3	3,5
Bremen	1,9	1,7	2,1	1,9	1,9	0,9	0,9	1,3	1,3	0,9
Saarland	1,2	1,1	1,0	1,0	0,9	0,5	0,4	0,4	0,4	0,4
Schlesw.-Holstein	0,0	0,0	0,0	0,0	0,0	0,0	0,0	0,9	0,8	0,9

Niedersachsen

Landesliga

GRUPPE A

1. ESC Wolfsburg Ib	12	166:26	22:2
2. REV Bremerhaven Ib	12	106:39	21:3
3. TSV Adendorf	12	66:58	15:9
4. TuS Harsefeld	12	41:95	10:14
5. ESC Wedemark Ib	12	34:91	6:18
6. ERB Bremen Ib	12	44:93	5:19
7. PSV Wilhelmshaven	12	33:88	5:19

GRUPPE B

1. EC Hannover Ib	10	83:42	16:4
2. EHG Bad Lauterberg	10	104:35	16:4
3. ESG Vienenburg/Wiedelah	10	50:56	10:10
4. ESG Braunschweig	10	59:39	9:11
5. USC Clausthal-Zellerfeld	10	65:77	8:12
6. EHC Osterode	10	27:139	1:19

Niedersachsen-Pokal

GRUPPE A

1. TuS Harsefeld	6	43:22	10:2
2. EHG Bad Lauterberg	6	28:23	8:4
3. ESG Braunschweig	6	17:28	5:7
4. PSV Wilhelmshaven	6	20:35	1:11

GRUPPE B

1. ESC Wedemark Ib	4	30:6	8:0
2. USC Clausthal-Zellerfeld	4	28:20	4:4
3. EHC Osterode	4	8:40	0:8

Niedersachsen-Pokal-Finale
TuS Harsefeld – ESC Wedemark Ib 10:1.

Nordrhein-Westfalen

NRW-Liga

1. EC Eschweiler	12	133:34	24:0
2. EV Gelsenkirchen/Schalke 87	12	108:44	20:4
3. ESC Ahaus Ib	12	82:81	12:12
4. ESC Soest	12	58:59	12:12
5. EC Duisburg	12	61:132	6:18
6. ECL Rheine	12	65:112	5:19
7. Joggers 83 Essen	12	51:96	5:19

Aufstieg zur NRW-Liga

GRUPPE 1

1. EF Iserlohn	8	71:59	11:5
2. Joggers 83 Essen	8	57:46	11:5
3. ESC Ahaus Ib	8	61:47	10:6
4. EHC Grizzlies Köln	8	56:59	7:9
5. EC Duisburg	8	55:89	1:15

GRUPPE 2

1. SC Solingen Ib	6	36:24	10:2
2. ESC Soest	6	32:26	9:3
3. ECL Rheine	6	35:31	4:8
4. EC Dorsten	6	22:44	1:11

Landesliga-Meisterschaft

1. SC Solingen Ib	2	18:6	4:0
2. EC Dorsten	2	6:18	0:4

Landesliga

GRUPPE NORD

1. EC Dorsten	10	89:42	18:2
2. EF Iserlohn	10	102:37	14:6
3. EHC Seilersee	10	77:62	10:10
4. EC Bergkamen Ib	10	53:73	8:12
5. EHV Wesel Ib	10	53:87	7:13
6. TSVE Bielefeld	10	38:111	3:17

GRUPPE SÜD

1. SC Solingen Ib	10	90:26	18:2
2. EHC Grizzlies Köln	10	82:36	16:4
3. EHC Bergisch Gladbach	10	57:33	12:8
4. EHC Wuppertal	10	43:69	7:13
5. CT Dellwig	10	28:103	5:15
6. EHC Mülheim	10	35:68	2:18

Landesliga-Pokal

GRUPPE 1

1. EHC Seilersee	8	126:31	16:0
2. EC Aachen	8	53:42	11:5
3. EC Bergkamen Ib	8	37:45	8:8
4. TSVE Bielefeld	8	38:59	5:11
5. EC Eschweiler Ib	8	18:95	0:16

GRUPPE 2

1. EHC Bergisch Gladbach	6	36:15	12:0
2. EHC Eisbären Düsseldorf	6	49:28	8:4
3. EHV Wesel Ib	6	28:35	2:10
4. CT Dellwig	6	11:46	2:10

Finalspiele zwischen Seilersee und Bergisch Gladbach fanden nicht statt.

Bezirksliga

1. EHC Eisbären Düsseldorf	10	81:34	16:4
2. EC Eschweiler Ib	10	79:53	16:4
3. EC Aachen	10	94:35	16:4
4. SC Neuß Ib	10	66:69	8:12
5. Eisbären Duisburg	10	30:110	3:17
6. Joggers 83 Essen Ib	10	25:74	1:19

Bezirksliga-Pokal

1. SC Neuß Ib	4	40:15	6:2
2. Joggers 83 Essen Ib	4	22:18	6:2
3. ESC Dorsten	4	5:34	0:8

Damen-NRW-Liga

1. EHC Eisbären Düsseldorf	14	160:6	28:0
2. EC Bergkamen	14	83:30	23:5
3. SC Berlin	14	40:52	15:13
4. EDM Köln	14	45:74	13:15
5. EHC Unna	14	49:92	11:17
6. ERC Westfalen Dortmund	14	38:64	8:20
7. EC Grefrath	14	29:80	8:20
8. DEC Eishasen Berlin	14	35:81	6:22

Aufstieg Damen-NRW-Liga

1. DEC Eishasen Berlin	6	40:4	12:0
2. EC Grefrath	6	18:9	7:5
3. SC Solingen	6	10:36	4:8
4. GSC Moers	6	6:25	1:11

Damen-Landesliga

GRUPPE 1

1. SC Solingen	8	55:19	15:1
2. EF Netphen	8	33:14	10:6
3. EC Hennef	8	26:25	8:8
4. EV Herne	8	20:19	7:9
5. ESC Dorsten	8	4:61	0:16

GRUPPE 2

1. GSC Moers	8	53:2	16:0
2. SC Neuß	8	34:17	12:4
3. EHC Eisbären Düsseldorf Ib	8	21:31	8:8
4. DEC Hamburg	8	16:39	2:14
5. SV Brackwede	8	12:47	2:14

Rheinland-Pfalz

Landesliga

1. Tornado Luxemburg	12	158:43	21:3
2. EHC Zweibrücken	12	181:72	20:4
3. ESV Kaiserslautern	12	198:56	19:5
4. ESV Kaiserslautern Ib	12	46:142	8:16
5. EC Dillingen Ib	12	56:105	7:17
6. EHC Speyer	12	61:113	7:17
7. ESV Trier	12	22:191	2:22

Rheinland-Pfalz-Pokal

1. ESV Kaiserslautern Ib	8	62:32	14:2
2. ESV Bitburg	8	56:50	10:6
3. EHC Speyer	8	47:41	6:10
4. EC Dillingen Ib	8	35:35	6:10
5. ESV Trier Ib	8	19:61	4:12

Aktive im DEB

Spielberechtigte Spieler nach Altersgruppen

Landesverband	Senioren	Junioren	Jugend	Schüler	Knaben	Kleinschüler	Kleinstschüler	Damen	Gesamt	Prozent
Baden-Württemb.	548	167	125	113	102	110	101	53	1319	9,0
Bayern	2292	861	726	721	704	706	647	113	6770	48,0
Berlin	295	43	41	36	52	54	77	27	625	4,0
Hamburg	136	35	17	24	28	13	20	7	280	2,0
Hessen	330	82	63	60	57	54	55	11	712	5,0
Niedersachsen	373	125	66	61	52	31	18	20	746	5,0
Nordrhein-Westf.	1107	370	217	232	198	231	268	140	2763	20,0
Rheinland-Pfalz	187	54	32	19	14	9	10	3	328	2,0
Bremen	75	30	7	13	19	6	12	1	163	1,0
Saarland	18	14	4	2	1	3	2	–	44	0,0
Schlesw.-Holstein	57	10	8	6	–	–	–	3	84	0,0
Gesamt	5418	1791	1306	1287	1227	1217	1210	378	13834	

Aufstellung der Vereine nach Landeseissportverbänden

Landesverband	Bundesliga I	Bundesliga II	Oberliga	Regionalliga	Untere Klassen	Gesamt	Prozent
Baden-Württemb.	2	3	1	4	11	25	11,0
Bayern	3	7	15	12	61	105	46,3
Berlin	1	–	–	1	5	8	3,5
Hamburg	–	–	1	–	2	4	1,8
Hessen	1	2	1	1	3	9	4,0
Niedersachsen	–	1	3	2	8	15	6,6
Nordrhein-Westf.	2	7	5	8	19	48	21,1
Rheinland-Pfalz	–	–	–	3	5	8	3,5
Bremen	–	–	–	2	–	2	0,9
Saarland	–	–	–	1	–	1	0,4
Schleswig-Holstein	–	–	–	–	2	2	0,9
Gesamt 1987/88	9	20	26	34	116	227	
1986/87	10	19	31	31	103	239	

Internationale Turniere

Olympische Spiele

13.–28. Februar in Calgary

Gruppe A: Schweden – Frankreich 13:2, Polen – Kanada 0:1, Schweiz – Finnland 2:1, Schweden – Polen 1:1, Kanada – Schweiz 4:2, Finnland – Frankreich 10:1, Frankreich – Polen 2:6, Schweiz – Schweden 2:4, Kanada – Finnland 1:3, Finnland – Schweden 3:3, Kanada – Frankreich 9:5, Polen – Schweiz 1:4, Finnland – Polen 5:1, Schweden – Kanada 2:2, Frankreich – Schweiz 0:9.

1. Finnland	5	3	1	1	22:8	7:7
2. Schweden	5	2	3	0	23:10	7:3
3. Kanada	5	3	1	1	17:12	7:3
4. Schweiz	5	3	0	2	19:10	6:4
5. Polen	5	0	1	4	3:13	1:7
6. Frankreich	5	0	0	5	10:47	0:10

Polen wurden die gegen Frankreich erzielten Punkte wegen eines Dopingvergehens aberkannt, Frankreich aber keine Punkte zuerkannt.

Gruppe B: CSSR – Deutschland 1:2, Norwegen – UdSSR 0:5, Österreich – USA 6:10, Deutschland – Norwegen 7:3, UdSSR – Österreich 8:1, USA – CSSR 5:7, Deutschland – Österreich 3:1, CSSR – Norwegen 10:1, UdSSR – USA 7:5, CSSR – Österreich 4:0, Deutschland – UdSSR 3:6, USA – Norwegen 6:3, UdSSR – CSSR 6:1, Österreich – Norwegen 4:4, Deutschland – USA 4:1.

1. UdSSR	5	5	0	0	32:10	10:0
2. Deutschland	5	4	0	1	19:12	8:2
3. CSSR	5	3	0	2	23:14	6:4
4. USA	5	2	0	3	27:27	4:6
5. Österreich	5	0	1	4	12:29	1:9
6. Norwegen	5	0	1	4	11:32	1:9

Endrunde: Deutschland – Finnland 0:8, Schweden – CSSR 6:2, Kanada – UdSSR 0:5, Kanada – Deutschland 8:1, UdSSR – Schweden 7:1, CSSR – Finnland 5:2, Kanada – CSSR 6:3, Deutschland – Schweden 2:3, Finnland – UdSSR 2:1.

1. UdSSR	5	4	0	1	25:7	8:2
2. Finnland	5	3	1	1	18:10	7:3
3. Schweden	5	2	2	1	15:16	6:4
4. Kanada	5	2	1	2	17:14	5:5
5. Deutschland	5	1	0	4	8:26	2:8
6. CSSR	5	1	0	4	12:22	2:8

Bei Punktgleichheit zählt der direkte Vergleich. Die Vorrunde-Ergebnisse untereinander wurden übernommen.

Plazierungsspiele: Um Platz 7: USA – Schweiz 8:4, um Platz 9: Polen – Österreich 2:3, um Platz 11: Frankreich – Norwegen 6:6 (Penaltyschießen 2:0 für Frankreich).

Skorerwertung
1. Wladimir Krutow (UdSSR) 6 + 9 = 15
2. Igor Larionow (UdSSR) 4 + 9 = 13
   Wjatsch. Fetisow (UdSSR) 4 + 9 = 13
4. Corey Millen (USA) 6 + 5 = 11
   Dusan Pasek (CSSR) 6 + 5 = 11
6. Sergej Makarow (UdSSR) 3 + 8 = 11
7. Erkki Lehtonen (Finnland) 4 + 6 = 10
   Anders Eldebrink (Schweden) 4 + 6 = 10
   Igor Liba (CSSR) 4 + 6 = 10
10. Gerd Truntschka (Deutschland) 3 + 7 = 10

Fair-Play-Cup: 1. Kanada 8 Spiele/56 Strafminuten/Schnitt 7,00, 2. Polen 6/45/7,50, 3. Schweden 8/62/7,75, 4. Österreich 6/52/8,67, 5. Finnland 8/70/8,75, 6. UdSSR 8/76/9,50, 7. USA 6/64/10,67, 8. Deutschland 8/104/13,00, 9. Norwegen 6/87/14,50, 10. Schweiz 6/88/14,67, 11. Frankreich 6/90/15,00, 12. CSSR 8/120/15,00.

Strafbankkönige: 1. Paulin Bordeleau (Frankreich) 24, 2. Udo Kießling (Köln) 20, 3. Jiri Sejba (CSSR) 16, 4. Miroslav Hrdina (CSSR) 14, 5. Jean-Philippe Lemoine (Frankreich), Thomas Vrabec (Schweiz), Manfred Schuster (Kaufbeuren), Vladimir Ruzicka (CSSR), Petr Vlk (CSSR) und Jaroslav Benak (CSSR) je 12.

Thayer-Tutt-Trophy

20.–27. März in Eindhoven und Tilburg (Ersatzturnier für die nicht an Olympia teilnehmenden Nationen)

Gruppe A: Nordkorea – Bulgarien 0:5 (Wertung), China – Japan 3:5, Holland – Australien 11:1, Japan – Nordkorea 5:0 (Wertung), Bulgarien – Australien 4:3, Holland – China 11:3, Australien – China 1:10, Japan – Bulgarien 1:3, Holland – Nordkorea 11:0, Japan – Australien 15:2, China – Nordkorea 7:2, Holland – Bulgarien 8:1, Nordkorea – Australien 9:0, Bulgarien – China 2:6, Holland – Japan 2:5.

1. Japan	5	4	0	1	31:10	8:2
2. Holland	5	4	0	1	43:10	8:2
3. China	5	3	0	2	29:21	6:4
4. Bulgarien	5	3	0	2	15:18	6:4
5. Nordkorea	5	1	0	4	11:28	2:8
6. Australien	5	0	0	5	7:49	0:10

Gruppe B: Ungarn – Rumänien 3:5, DDR – Dänemark 7:2, Jugoslawien – Italien 2:4, Rumänien – Dänemark 3:3, Italien – Ungarn 8:2, DDR – Jugoslawien 6:1, Ungarn – DDR 1:7, Dänemark – Jugoslawien 1:5, Italien – Rumänien 10:0, Jugoslawien – Ungarn 5:2, Rumänien – DDR 0:6, Italien – Dänemark 8:0, Rumänien – Jugoslawien 3:3, Ungarn – Dänemark 4:2, DDR – Italien 2:3.

1. Italien	5	5	0	0	33:6	10:0
2. DDR	5	4	0	1	28:7	8:2
3. Jugoslawien	5	2	1	2	16:16	5:3
4. Rumänien	5	1	2	2	11:25	4:6
5. Ungarn	5	1	0	4	12:27	2:8
6. Dänemark	5	0	1	4	8:27	1:9

Plazierungsspiele: Um Platz 1: Italien – Japan 3:0, um Platz 3: Holland – DDR 4:2, um Platz 5: Jugoslawien – China 9:6, um Platz 7: Rumänien – Bulgarien 9:3, um Platz 9: Nordkorea – Ungarn 6:3, um Platz 11: Dänemark – Australien 8:1.

Junioren-Weltmeisterschaft

GRUPPE A

26. Dezember 1987 bis 4. Januar 1988 in Moskau

Schweden – Kanada 2:4, USA – Polen 3:4, Finnland – Deutschland – 6:0, CSSR – UdSSR 4:6, Polen – Schweden 0:13, USA – Deutschland – 6:4, Kanada – CSSR 4:2, Finnland – UdSSR 6:2, Deutschland – Schweden 1:5, Finnland – Kanada 4:4, CSSR – Polen 6:1, USA – UdSSR 3:7, Polen – Finnland 1:9, Deutschland – Kanada – USA 5:4, UdSSR – Schweden 4:2, Deutschland – Polen 6:3, Schweden – CSSR 5:5, Finnland – USA 8:6, Kanada – UdSSR 3:2, Kanada – Deutschland 8:1, Schweden – Finnland 2:5, USA – CSSR 1:11, UdSSR – Polen 7:2, Schweden – USA 7:5, Polen – Kanada 1:9, Finnland – CSSR 2:1, Deutschland – UdSSR 2:12.

1. Kanada	7	6	1	0	37:16	13:1
2. UdSSR	7	6	0	1	44:18	12:2
3. Finnland	7	5	1	1	36:20	11:3
4. CSSR	7	3	1	3	36:23	7:7
5. Schweden	7	3	1	3	36:24	7:7
6. USA	7	1	0	6	28:46	2:12
7. Deutschland	7	1	0	6	18:47	2:12
8. Polen	7	1	0	6	12:53	2:12

Polen steigt in die Gruppe B ab.

GRUPPE B

12. bis 21. März in Sapporo

Japan – Rumänien 2:3, Norwegen – Holland 5:1, Österreich – Frankreich 1:3, Schweiz – Jugoslawien 6:5, Holland – Österreich 5:5, Jugoslawien – Japan 8:6, Rumänien – Norwegen 0:8, Frankreich – Schweiz 5:6, Norwegen – Österreich 5:2, Schweiz – Rumänien 2:4, Frankreich – Jugoslawien 4:4, Holland – Rumänien 4:4, Holland – Jugoslawien 2:2, Österreich – Japan 7:10, Norwegen – Schweiz 3:2, Rumänien – Frankreich 3:6, Jugoslawien – Norwegen 7:6, Schweiz – Holland 9:2, Österreich – Rumänien 4:6, Japan – Frankreich 7:1, Frankreich – Holland 7:5, Rumänien – Jugoslawien 5:4, Norwegen – Japan 3:4, Schweiz – Österreich 8:3, Frankreich – Norwegen 2:8, Holland – Rumänien 1:3, Jugoslawien – Österreich 5:4, Japan – Schweiz 1:1.

1. Norwegen	7	5	0	2	38:18	10:4
2. Rumänien	7	5	0	2	24:27	10:4
3. Schweiz	7	4	1	2	34:23	9:5
4. Japan	7	3	2	2	34:27	8:6
5. Frankreich	7	4	0	3	31:36	8:6
6. Jugoslawien	7	3	1	3	37:36	7:7
7. Holland	7	0	3	4	20:35	3:11
8. Österreich	7	0	1	6	26:42	1:13

Norwegen steigt in die Gruppe A auf, Österreich in die Gruppe C ab. Den Platz nimmt Dänemark als Sieger der Gruppe C ein.

Die finnischen Spieler jubeln über Silber bei Olympia.

Junioren-Europameisterschaft

GRUPPE A
9. bis 17. April in der CSSR

Gruppe A: Finnland – Schweiz 11:1, Schweden – Rumänien 21:0, Schweiz – Schweden 4:9, Finnland – Rumänien 13:1, Schweden – Finnland 3:7, Rumänien – Schweiz 2:4.

1. Finnland	3	3	0	0	31: 4	6:0
2. Schweden	3	2	0	1	33:11	4:2
3. Schweiz	3	1	0	2	9:22	2:4
4. Rumänien	3	0	0	3	3:38	0:6

Gruppe B: UdSSR – Polen 12:0, CSSR – Norwegen 5:2, Polen – Norwegen 0:6, UdSSR – Norwegen 9:0, CSSR – UdSSR 4:6, Norwegen – Polen 7:3.

1. UdSSR	3	3	0	0	27:4	6:0
2. CSSR	3	2	0	1	15:8	4:2
3. Norwegen	3	1	0	2	9:17	2:4
4. Polen	3	0	0	3	3:25	0:6

Finalrunde: CSSR – Schweiz 10:1, UdSSR – Schweden 3:3, Schweden – Norwegen 8:2, Finnland – CSSR 3:5, Schweiz – UdSSR 1:12, CSSR – Schweden 6:2, Finnland – UdSSR 3:2, Schweiz – Norwegen 2:11.

1. CSSR	5	4	0	1	36:12	8:2
2. Finnland	5	4	0	1	31:12	8:2
3. UdSSR	5	3	1	1	32:11	7:3
4. Schweden	5	2	1	2	25:22	5:5
5. Norwegen	5	1	0	4	15:37	2:8
6. Schweiz	5	0	0	5	9:53	0:10

Abstiegs-Play-Offs: Polen – Rumänien 3:7, 6:1, 2:2 (3:2 im Penaltyschießen für Rumänien, Polen steigt ab).

GRUPPE B
25. März bis 1. April in Briançon/Frankreich

Gruppe A: Frankreich – Jugoslawien 3:4, Deutschland – Holland 5:0, Jugoslawien – Deutschland 3:8, Frankreich – Holland 11:1, Holland – Jugoslawien 3:8, Deutschland – Frankreich 3:2.

1. Deutschland	3	3	0	0	16:5	6:0
2. Jugoslawien	3	2	0	1	15:14	4:2
3. Frankreich	3	1	0	2	16:8	2:4
4. Holland	3	0	0	3	4:24	0:6

Gruppe B: Dänemark – Großbritannien 7:0, Italien – Österreich 0:3, Österreich – Dänemark 5:0, Italien – Großbritannien 3:3, Großbritannien – Österreich 3:9, Dänemark – Italien 6:2.

1. Österreich	3	3	0	0	17:3	6:0
2. Dänemark	3	2	0	1	13:7	4:2
3. Italien	3	0	1	2	5:12	1:5
4. Großbritannien	3	0	1	2	6:19	1:5

Finalrunde: Österreich – Jugoslawien 2:2, Deutschland – Dänemark 6:0, Dänemark – Jugoslawien 3:5, Deutschland – Österreich 5:1.

1. Deutschland	3	3	0	0	19:4	6:0
2. Österreich	3	1	1	1	8:7	3:3
3. Jugoslawien	3	1	1	1	10:13	3:3
4. Dänemark	3	0	0	3	3:16	0:6

Deutschland steigt in die Gruppe A auf.

Abstiegsrunde: Italien – Holland 9:6, Frankreich – Großbritannien 8:6, Großbritannien – Holland 2:7, Frankreich – Italien 3:5.

5. Italien	3	2	1	0	17:12	5:1
6. Frankreich	3	3	0	1	22:12	4:2
7. Holland	3	1	0	2	14:22	2:4
8. Großbritannien	3	0	1	2	11:18	1:5

Großbritannien steigt in die Gruppe C ab.

Iswestija-Cup

16. bis 22. Dezember in Moskau

Finnland – CSSR 1:2, UdSSR – Deutschland 10:1, Kanada – Schweden 3:2, Schweden – Deutschland 3:2, CSSR – Kanada 3:1, UdSSR – Finnland 3:3, CSSR – Schweden – Deutschland 1:2, Kanada – UdSSR 3:2, Deutschland – Kanada 1:2, Schweden – Finnland 2:2, UdSSR – CSSR 5:3, Finnland – Kanada 1:4, Deutschland – CSSR 4:3, Schweden – UdSSR 1:4.

1. Kanada	5	4	0	1	13:9	8:2
2. UdSSR	5	3	1	1	24:11	7:3
3. Schweden	5	2	1	2	10:12	5:5
4. CSSR	5	2	0	3	12:13	4:6
5. Finnland	5	1	0	4	15:13	4:6
6. Deutschland	5	1	0	4	10:26	4:6

Canada Cup

28. August bis 15. September 1987 in Kanada

Kanada – CSSR 4:4, USA – Finnland 4:1, UdSSR – Schweden 3:5, Kanada – Finnland 4:1, UdSSR – CSSR 4:0, Schweden – USA 2:5, UdSSR – Schweden – CSSR 4:0, UdSSR – Finnland 7:4, Kanada – Schweden 5:3, UdSSR – USA 5:1, Finnland – CSSR 2:5, Kanada – UdSSR 3:3, USA – CSSR 1:3, Schweden – Finnland 1:3.

1. Kanada	5	3	2	0	19:13	8:2
2. UdSSR	5	3	1	1	22:13	7:3
3. Schweden	5	3	0	2	17:14	6:4
4. CSSR	5	2	1	2	12:15	5:5
5. USA	5	2	0	3	13:14	4:6
6. Finnland	5	0	0	5	9:23	0:10

Halbfinale: Kanada – CSSR 5:3, UdSSR – Schweden 4:2.
Finale (Best of three): Kanada – UdSSR 5:6, 6:5, 6:5.

Die CSSR wurde Junioren-Europameister.
Hier ein Tor gegen Finnland.

Deutschland-Cup

28. bis 30. Dezember in Stuttgart

Deutschland – Polen 5:1, Polen – CSSR 2:3, CSSR – Deutschland 3:2.

1. CSSR	2	2	0	0	6:4	4:0
2. Deutschland	2	1	0	1	7:4	2:2
3. Polen	2	0	0	2	3:8	0:4

Spengler-Cup

26. bis 31. Dezember in Davos

Tesla Pardubitz – Team Canada 2:3, Davos Selects – Krilija Moskau 1:7, Davos – Färjestads BK 4:2, Färjestad – Pardubitz 3:1, Canada – Färjestad 2:1, Moskau – Pardubitz 3:6, Davos – Pardubitz 5:6, Canada – Moskau 2:5, Davos – Moskau 5:6, Davos – Canada 4:5.

1. Krilija Moskau	4	4	0	0	21:10	8:0
2. Team Canada	4	3	0	1	12:12	6:2
3. Davos Selects	4	1	0	3	14:20	2:6
4. Färjestads BK	4	1	0	3	11:13	2:6
5. Tesla Pardubitz	4	1	0	3	11:14	2:6

Finalspiel 1–2: Moskau – Team Canada 3:4 nach Penaltyschießen.

Europacup

Finalrunde 1986/87
(24. bis 27. September 1987 in Lugano):

ZSKA Moskau – Färjestads BK (Schweden) 4:4, HC Lugano (Schweiz) – VSZ Kosice (CSSR) 4:5, Moskau – Kosice 9:0, Lugano – Färjestad 3:7, Lugano – Moskau 2:10, Kosice – Färjestad 5:4.

1. ZSKA Moskau	3	2	1	0	23:6	5:1
2. VSZ Kosice	3	2	0	1	10:17	4:2
3. Färjestads BK	3	1	1	1	15:22	3:3
4. HC Lugano	3	0	0	3	9:22	0:6

Wettbewerb 1987/88:
Vorrunde in Varese/Lugano: HC Varese (Italien) – Tesla Pardubitz (CSSR) 0:6, HC Lugano (Schweiz) – HK Jesenice (Jugoslawien) 5:1, Varese – Jesenice 3:1, Lugano – Pardubitz 4:5, Pardubitz – Jesenice 8:3, Varese – Lugano 2:2.

1. Tesla Pardubitz	3	3	0	0	19:7	6:0
2. HC Lugano	3	1	1	1	11:8	3:3
3. HC Varese	3	1	1	1	5:9	3:3
4. HK Jesenice	3	0	0	3	5:16	0:6

Vorrunde in Rotterdam: IF Björklöven (Schweden) – Kölner EC 3:1, Turbana Pandas (Holland) – Murrayfield Racers (Großbritannien) 17:2, Racers – Björklöven 3:8, Pandas – Köln 3:8, Racers – Köln 0:24, Pandas – Björklöven 1:10.

1. IF Björklöven	3	3	0	0	21:5	6:0
2. Kölner EC	3	2	0	1	33:6	4:2
3. Turbana Pandas	3	1	0	2	21:20	2:4
4. Murrayfield Racers	3	0	0	3	5:49	0:6

Vorrunde in Mégève/St. Gervais: Tappara Tampere (Finnland) – Steaua Bukarest (Rumänien) 5:1, KS Podhale (Polen) – HC Montblanc (Frankreich) 3:5, Podhale – Bukarest 3:2, Tampere – Montblanc 2:11, Bukarest – Montblanc 0:7, Tampere – Podhale 5:1.

1. Tappara Tampere	3	3	0	0	21:4	6:0
2. HC Montblanc	3	2	0	1	14:14	4:2
3. KS Podhale	3	1	0	2	7:12	2:4
4. Steaua Bukarest	3	0	0	3	3:15	0:6

Vorrunde in Oslo: Dynamo Berlin (DDR) – ZSKA Moskau (UdSSR) 0:13, Valerengen IF (Norwegen) – IC Herning (Dänemark) 12:3, Moskau – Herning 13:0, Valerengen – Berlin 3:2, Herning – Berlin 3:5, Moskau – Valerengen 5:0.

1. ZSKA Moskau	3	3	0	0	31:0	6:0
2. IF Valerengen	3	2	0	1	15:10	4:2
3. Dynamo Berlin	3	1	0	2	7:19	2:4
4. IC Herning	3	0	0	3	6:30	0:6

Finalturnier in Davos mit Pardubitz, Björklöven, Tampere und Moskau erst in der neuen Saison.

Nationale Meisterschaften Europas

Erklärung: Tabellen-Schema wie üblich, Reihenfolge: Spiele, Siege, Unentschieden, Niederlagen, Tore, Punkte. Die Skorerwertung beinhaltet Tore + Assists = Skorerpunkte.

UdSSR

Vorrunde

1.	ZSKA Moskau	26	21	2	3	149:67	44:8
2.	Krilija Moskau	26	16	1	9	102:80	33:19
3.	Spartak Moskau	26	13	5	8	89:78	31:21
4.	Dynamo Moskau	26	13	4	9	111:91	30:22
5.	Tr. Tscheljabinsk	26	11	5	10	77:67	27:25
6.	Aut. Swerdlowsk	26	9	8	9	88:96	26:26
7.	Sokol Kiew	26	10	5	11	107:96	25:27
8.	Ch. Woskresensk	26	10	5	11	90:100	25:27
9.	SKA Leningrad	26	11	2	13	82:91	24:28
10.	Dynamo Riga	26	10	4	12	88:92	24:28
11.	Torpedo Jaroslawl	26	11	2	13	81:100	24:28
12.	Torpedo Gorki	26	9	4	13	89:109	22:30
13.	Izhstal Izhewsk	26	7	2	17	85:141	16:36
14.	Ust-Kamenogorsk	26	5	3	18	91:121	13:39

Qualifikation für Play-Off-Runde

1.	ZSKA Moskau	18	11	5	2	81:44	27:9
2.	Dynamo Moskau	18	11	4	3	67:45	26:10
3.	Dynamo Riga	18	11	3	4	66:46	25:11
4.	Krilija Moskau	18	9	5	4	63:43	23:13
5.	Spartak Moskau	18	9	3	6	63:46	21:15
6.	Sokol Kiew	18	9	2	7	77:68	20:16
7.	Tr. Tscheljabinsk	18	6	4	8	49:55	16:20
8.	Ch. Woskresensk	18	5	3	10	60:74	13:23
9.	SKA Leningrad	18	2	2	14	47:86	6:30
10.	Aut. Swerdlowsk	18	0	3	15	42:106	3:33

Play-Off-Runde

Halbfinale: Dynamo Riga – Dynamo Moskau 2:1 Siege (2:0, 3:5, 4:2), ZSKA Moskau – Krilija Moskau 2:1 (2:2 n. V. – 3:4 Penaltyschießen – 7:5 Penaltyschießen, 4:4 n. V. – 6:4 Penaltyschießen).
Finale: ZSKA – Riga 3:1 (7:3, 1:2, 4:2, 5:2).

Skorerwertung

1.	Sergej Makarow (ZSKA)	23 + 45	= 68
2.	Igor Larionow (ZSKA)	25 + 32	= 57
3.	Nikolai Suchanow (Tscheljabinsk)	22 + 29	= 51
4.	Wjatcheslaw Bykow (ZSKA)	17 + 30	= 47
5.	Valeri Kamensky (ZSKA)	26 + 20	= 46
6.	Alexander Koschewnikow (Krilija)	25 + 20	= 45
7.	Andrej Chomutow (ZSKA)	29 + 14	= 43
8.	Vladimir Krutow (ZSKA)	19 + 23	= 42
9.	Anatoli Stepanischew (Kiew)	27 + 14	= 41
10.	Anatoli Chistjakow (Tscheljab.)	14 + 27	= 41

Auf- und Abstiegsrunde

1.	Torpedo Gorki	36	23	3	10	157:99	49:23
2.	Torpedo Jaroslawl	36	23	2	11	151:102	48:24
3.	Dynamo Minsk	36	22	2	12	148:116	46:26
4.	Metalist Charkow	36	21	2	13	138:107	44:28
5.	Kamenogorsk	36	19	4	13	172:135	42:30
6.	Ishewsk	36	15	3	18	131:156	33:39
7.	SKA Kazan	36	12	7	17	102:102	31:41
8.	Sibir Nowosibirsk	36	12	3	21	126:171	27:45
9.	Dynamo Togliatti	36	12	3	21	96:154	27:45
10.	Salawat Ufa	36	6	1	29	92:171	13:59

Die ersten vier steigen auf. Damit sind Minsk und Charkow zum ersten Mal in der I. Liga.

CSSR

Vorrunde

1.	Motor Budweis	34	20	5	9	124:85	45
2.	VSŽ Košice	34	19	7	8	138:106	45
3.	Sparta Prag	34	19	6	9	139:102	44
4.	Dukla Iglau	34	17	7	10	132:113	41
5.	CHZ Litvínov	34	18	3	13	137:149	39
6.	Tesla Pardubitz	34	15	7	12	131:113	37
7.	Dukla Trenčín	34	14	5	15	128:120	33
8.	Poldi Kladno	34	11	8	15	125:136	30
9.	Skoda Pilsen	34	12	4	18	120:141	28
10.	TJ Gottwaldov	34	9	7	18	116:135	25
11.	Slovan Preßburg	34	7	7	20	87:134	21
12.	Zetor Brünn	34	6	8	20	86:129	20

Play-Off-Runde

Viertelfinale: VSŽ Košice – Dukla Trenčín 3:1 Siege (5:2, 4:3, 2:5, 5:2), Dukla Iglau – CHZ Litvínov 3:0 (5:3, 4:3, 6:4), Motor Budweis – Poldi Kladno 1:3 (8:6, 5:6, 1:2, 2:7), Sparta Prag – Tesla Pardubitz 3:1 (2:5, 3:2, 4:2, 5:4).
Halbfinale: Košice – Kladno 3:1 (8:3, 2:3, 4:2, 6:3), Sparta – Iglau 3:2 (4:0, 1:7, 2:1 n. V., 1:3, 5:1).
Finale: Košice – Sparta 3:1 (0:2, 4:0, 6:3, 6:5 n. V. und Penaltyschießen).
Um Platz 3: Iglau – Kladno 1:2 (4:6, 7:4, 7:8).
Um Platz 5: Budweis – Pardubitz 2:0 (9:1, 7:5).
Um Platz 7: Litvínov – Trenčín 0:2 (3:6, 5:7).

Skorerwertung

1.	Jiří Lála (Budweis)	30 + 38	= 68
2.	Vladimír Ružička (Trenčín)	38 + 27	= 65
3.	Jaroslav Kameš (Kladno)	33 + 25	= 58
4.	Igor Liba (Košice)	21 + 37	= 58
5.	Milan Nový (Kladno)	24 + 29	= 53
6.	Vladimír Caldr (Budweis)	17 + 35	= 52
7.	Jiří Dudáček (Kladno)	23 + 28	= 51
8.	Dárius Rusnák (Iglau)	17 + 34	= 51
9.	Otakar Janecký (Pardubitz)	20 + 29	= 49
10.	Radim Radevič (Trenčín)	17 + 32	= 49

Abstiegsrunde

1.	TJ Gottwaldov	12	6	2	4	46:39	16 (Bonus 2)
2.	Skoda Pilsen	12	5	2	5	40:46	15 (Bonus 3)
3.	Slovan Preßburg	12	6	0	6	45:42	13 (Bonus 1)
4.	Zetor Brünn	12	5	0	7	36:40	10 (Bonus 0)

Aufstiegsspiele der beiden Zweitliga-Meister zur 1. Liga: TJ Vitkovice – Plastika Nitra 2:1, 6:3, 4:2. Absteiger Zetor Brünn, Aufsteiger TJ Vitkovice.

Schweden

Vorrunde

1.	Djurgårdens IF	22	18	0	4	109:49	36:8
2.	IF Björklöven	22	14	2	6	84:73	30:14
3.	MoDo Domsjö	22	11	6	5	82:66	28:16
4.	Färjestads BK	22	10	4	8	101:77	24:20
5.	Brynäs IF Gävle	22	10	3	9	79:73	23:21
6.	Leksands IF	22	10	2	10	73:83	22:22
7.	Luleå HF	22	10	1	11	88:95	21:23
8.	Södertälje SK	22	9	2	11	70:80	20:24
9.	HV 71 Jönköping	22	9	2	11	83:97	20:24
10.	AIK Stockholm	22	8	3	11	64:68	19:25
11.	Skellefteå AIK	22	8	2	12	78:91	18:26
12.	Väsby IK	22	1	1	20	58:117	3:41

Meisterrunde

1.	Djurgårdens IF	40	27	2	11	193:116	56:24
2.	IF Björklöven	40	23	3	14	144:138	49:31
3.	Leksands IF	40	22	3	15	147:149	43:33
4.	Södertälje SK	40	21	2	17	153:143	44:36
5.	MoDo Domsjö	40	18	7	15	146:141	43:37
6.	Färjestads BK	40	17	6	17	167:143	40:40
7.	HV 71 Jönköping	40	17	5	18	149:166	39:41
8.	AIK Stockholm	40	17	4	19	142:139	38:42
9.	Luleå HF	40	17	4	19	154:160	38:32
10.	Brynäs IF Gävle	40	11	7	22	125:153	29:51

Skorerwertung

1.	Bo Berglund (AIK)	27 + 32	= 59
2.	Peter Gradin (AIK)	29 + 24	= 53
3.	Jens Öhling (Djurgården)	30 + 19	= 49
4.	Mikael Andersson (Björklöven)	23 + 26	= 49
5.	Anders Johnson (Djurgården)	24 + 24	= 48
6.	Peter Nilsson (Djurgården)	14 + 32	= 46
7.	Conny Jansson (Södertälje)	19 + 25	= 44
8.	Håkan Södergren (Djurgården)	17 + 26	= 43
9.	Jan Viktorsson (Djurgården)	24 + 18	= 42
10.	Lars Hurtig (Luleå)	24 + 18	= 42

Play-Off-Runde

Viertelfinale: AIK Stockholm – Djurgårdens IF 2:1 Siege (6:5, 2:3, 3:1), Färjestads BK – Leksands IF 2:1 (3:4, 6:1, 4:1), IF Björklöven – HV 71 Jönköping 2:0 (6:3, 5:4), MoDo Domsjö – Södertälje SK 2:0 (6:2, 4:3).
Halbfinale: Färjestad – AIK 2:0 (4:2, 3:2), Björklöven – MoDo 2:0 (3:2, 4:2).
Finale: Färjestad – Björklöven 3:1 (5:6, 6:2, 3:0, 6:3).
Aufstiegs-Play-Off: Skellefteå AIK – Västra Frölunda Göteborg 3:2 (4:2, 5:1, 5:6, 5:6, 10:1).

Finnland

1.	Ilves Tampere	44	30	3	11	227:143	63:25
2.	IFK Helsinki	44	29	1	14	192:127	59:29
3.	Tappara Tampere	44	24	6	14	195:147	54:34
4.	Lukko Rauma	44	24	1	19	168:140	49:39
5.	TPS Turku	44	22	3	19	206:182	47:41
6.	Kärpät Oulu	44	22	2	20	187:172	46:42
7.	Ässät Pori	44	19	4	21	183:195	42:46
8.	Kalpa Kuopio	44	16	4	24	164:206	36:52
9.	Jyp HT Jyväskylä	44	12	5	27	132:199	29:59
10.	KooKoo Kouvola	44	7	1	36	123:252	15:73

Skorerwertung

1.	Esa Keskinen (Turku)	14 + 55	= 69
2.	Arto Javanainen (Turku)	47 + 20	= 67
3.	Mark Jooris (Ässät)	29 + 34	= 63
4.	Jukka Vilander (Turku)	25 + 37	= 62
5.	Risto Jalo (Ilves)	25 + 35	= 60
6.	Matti Hagman (Ilves)	17 + 43	= 60
7.	Darren Boyko (IFK)	14 + 40	= 54
8.	Jari Lindroos (Kärpät)	18 + 35	= 53
9.	Dale Derkatch (Ilves)	28 + 24	= 52
10.	Jouni Rinne (Kalpa)	26 + 26	= 52
11.	Janne Ojanen (Tappara)	21 + 31	= 52

Play-Off-Runde

Halbfinale: Tappara Tampere – IFK Helsinki 3:2 Siege (1:4, 3:0, 2:6, 15:3, 6:5), Lukko Rauma – Ilves Tampere 3:0 (4:1, 4:3, 6:2).
Um Platz 3: Helsinki – Ilves 6:2.
Finale: Tappara – Lukko 4:1 (2:3, 4:1, 3:1, 3:0, 5:2).

2. Liga – Endstand

1.	HPK Hämeenlinna	44	36	2	6	302:98	74:14
2.	SaiPa Lappeenran.	44	30	3	11	239:166	63:25
3.	Kiekkoreipas Lahti	44	27	4	13	212:161	58:30
4.	JoKP Joensuu	44	28	0	16	217:173	56:32
5.	Sport Vaasa	44	25	0	19	218:173	50:38
6.	TuTo Turku	44	20	6	18	236:224	49:39
7.	Jokerit Helsinki	44	20	6	18	193:182	46:42
8.	SaPKo Savonlinna	44	15	4	25	191:230	34:54
9.	Ketterä Imatra	44	14	0	30	181:291	28:60
10.	FoPS Forssa	44	13	2	29	185:276	28:60
11.	Karhu-K. Helsinki	44	13	1	30	175:267	27:61
12.	VaKi Vantaa	44	4	3	37	123:289	11:77

Qualifikation zur 1. Liga: KooKoo Kouvola – Kiekkoreipas Lahti 3:2 (4:3, 1:5, 3:4, 4:3, 8:5).
Die erste Liga spielt in der Saison 1988/89 mit 12 Mannschaften. Hämeenlinna und Lappeenranta steigen auf, Kouvola gewann die Qualifikation.

Schweiz

Endstand Nationalliga A

1. HC Lugano	36	27	4	5	209:108	58:14
2. EHC Kloten	36	25	4	7	210:114	54:18
3. HC Ambri-Piotta	36	22	5	9	184:133	49:23
4. HC Davos	36	19	5	12	172:140	43:29
5. EHC Biel	36	17	5	14	157:140	39:33
6. EHC Zug	36	13	5	18	136:178	31:41
7. SC Bern	36	12	4	20	130:148	28:44
8. HC Fribourg	36	11	3	22	152:200	25:47
9. SC Langnau	36	9	4	23	163:234	22:50
10. HC Sierre	36	4	3	29	108:226	11:61

Skorerwertung

1. Dupont (Biel)	50 + 39 = 89
2. Sauvé (Fribourg)	33 + 53 = 86
3. Johansson (Lugano)	32 + 44 = 76
4. Yates (Kloten)	31 + 40 = 71
5. Nethery (Davos)	38 + 26 = 64
6. Malinowski (Langnau)	30 + 33 = 63
7. Jaks (Lugano)	38 + 21 = 59
8. Hollenstein (Kloten)	26 + 32 = 58
9. M. Celio (Kloten)	26 + 31 = 57
10. McCourt (Ambri)	33 + 22 = 55

Play-Off-Runde

Halbfinale: EHC Kloten – HC Ambri-Piotta 3:1 Siege (7:4, 8:3, 2:5, 6:5), HC Lugano – HC Davos 3:1 (10:1, 3:4, 8:1, 4:3).
Finale: Lugano – Kloten 3:0 (5:3, 10:4, 4:3).
Um Platz 3: Ambri-Piotta – Davos 2:0 (8:1, 9:3).

Endstand Nationalliga B

1. Zürcher SC	36	22	6	8	202:133	50:22
2. EHC Rapperswil-J.	36	21	3	12	180:119	45:27
3. EHC Olten	36	21	1	14	176:143	43:29
4. HC Ajoie Pruntrut	36	19	4	13	174:146	42:30
5. HC Herisau	36	16	5	15	168:159	37:35
6. EHC Chur	36	15	3	18	148:165	33:39
7. EHC Uzwil	36	13	6	17	147:161	32:40
8. HC Martigny	36	12	7	17	129:156	31:41
9. La-Chaux-de-Fonds	36	10	7	19	144:194	27:45
10. EHC Basel	36	9	2	25	119:211	20:52

Play-Off-Runde

Halbfinale: HC Ajoie – Zürcher SC 3:1 Siege (6:1, 2:1, 2:4, 5:4), EHC Olten – HC Rapperswil 3:0 (3:2, 8:3, 3:1).
Finale: Olten – Ajoie 2:0 (6:3, 7:3).

Langnau und Sierre steigen aus der Nationalliga A ab, Olten und Ajoie steigen auf.

Österreich

Endstand Meisterrunde

1. Klagenfurter AC	10	6	2	2	49:36	18 (4)
2. Wiener EV	10	5	2	3	45:34	15 (3)
3. Villacher SV	10	5	1	4	43:41	11 (0)
4. VEU Feldkirch	10	4	2	4	39:45	10 (0)
5. EC Innsbruck	10	3	2	5	36:46	10 (2)
6. Salzburger EC	10	2	1	7	42:52	6 (1)

Stand nach dem Grunddurchgang (24 Spiele): 1. KAC 32/4 Bonuspunkte (129:85 Tore), 2. WEV 32/3 (100:83), 3. Innsbruck 30/2 (112:86), 4. Salzburg 29/1 (91:90), 5. Villach 25/0 (89:86), 6. Feldkirch 17/0 (112:134), 7. Lustenau 3 (67:136).

Skorerwertung

1. Nasheim (VEU)	49 + 27 = 76
2. Lavallee (ECI)	39 + 33 = 72
3. Hachborn (ECI)	32 + 38 = 70
4. Martin (VSV)	29 + 31 = 60
5. Cijan (KAC)	19 + 41 = 60
6. Schalimow (SEC)	27 + 29 = 56
7. Lukac (WEV)	31 + 24 = 55
8. Strong (VSV)	29 + 25 = 54
9. Mc Geough (KAC)	34 + 18 = 52
10. Holst (SEC)	31 + 20 = 51

2. Liga, Endstand Meisterrunde

1. SV Kapfenberg	10	10	0	0	95:32	24 (4)
2. UEC Mödling	10	6	1	3	55:41	15 (2)
3. WAT Stadlau	10	6	1	3	43:37	13 (0)
4. ATSE Graz	10	5	0	5	49:52	13 (3)
5. EK Zell am See	10	1	0	9	46:77	3 (1)
6. SC Zeltweg	10	1	0	9	35:84	2 (0)

Kapfenberg verzichtete auf den Aufstieg.

Italien

1. HC Bozen	36	30	3	3	256:103	63:9
2. HC Meran	36	20	6	10	208:160	46:26
3. HC Alleghe	36	19	3	14	171:152	41:31
4. HC Varese	36	17	6	13	165:125	40:32
5. HC Fassa-Canazei	36	16	5	15	163:165	37:35
6. SG Bruneck	36	15	3	18	133:183	33:39
7. HC Asiago	36	13	6	17	185:164	32:40
8. SG Cortina	36	12	8	16	180:164	32:40
9. HC Cavalese	36	11	3	22	167:244	25:47
10. SG Ritten	36	4	3	29	109:237	11:61

Ritten steigt in die Serie B ab.

Skorerwertung

1. Kent Nilsson (Bozen)	60 + 72 = 132
2. Errol Rausse (Alleghe)	43 + 50 = 93
3. Martin Pavlu (Bozen)	31 + 62 = 93
4. Gaetes Orlando (Meran)	49 + 43 = 92
5. Constant Priondolo (Alleghe)	40 + 49 = 89
6. Mario Simioni (Asiago)	37 + 52 = 89
7. Mustafa Besic (Fassa)	34 + 54 = 88
8. Steve Stoyanovich (Cavalese)	37 + 47 = 84
9. Bruno Basecotto (Bozen)	36 + 47 = 83
10. Santino Pellegrino (Asiago)	29 + 47 = 76

Play-Off-Runde

Viertelfinale: Alleghe – Bruneck 2:0 Siege (6:3, 6:3), Bozen – Cortina 2:0 (10:4, 5:2), Meran – Asiago 2:1 (4:7, 5:4 nach Penaltyschießen, 5:3), Varese – Fassa 2:1 (4 n. V., 1:3, 7:2).
Halbfinale: Bozen – Varese 3:0 (4:0, 3:2 nach Penaltyschießen, 4:0), Meran – Alleghe 3:1 (9:2, 3:6, 6:3, 5:3 nach Penaltyschießen).
Finale: Bozen – Meran 3:0 (12:1, 4:1, 9:3).
Um Platz 3: Alleghe – Varese 3:1 (5:4, 2:5, 5:1, 7:6).

Alpencup (Trostrunde)

1. HC Fassa	6	4	0	2	48:30	8:4
2. HC Asiago	6	4	0	2	37:32	8:4
3. SG Cortina	6	3	0	3	32:38	6:6
4. SG Bruneck	6	1	0	5	25:42	2:10

Serie-B-Finale

Mailand Saimex – Gröden 2:1 (1:3, 8:1, 3:1).

Mailand kehrt nach elfjähriger Abwesenheit aus der Serie A wieder in die höchste italienische Eishockeyspielklasse zurück.

DDR

Meisterschaft

1. Runde: Dynamo Berlin – Dynamo Weißwasser 3:1 Siege (1:3, 7:6 n. V., 5:3, 5:2).
2. Runde: Dynamo Berlin – Dynamo Weißwasser 3:1 Siege (1:5, 6:4, 5:3, 6:5 n. V.).
Berlin damit Meister.

Endstand Cup

1. Dynamo Berlin	6	3	1	2	18:19	7:5
2. Dynamo Weißwasser	6	2	1	3	19:18	5:7

Polen

Vorrunde

1. Polonia Bytom	28	23	5	0	168:66	51:5
2. GKS Tychy	28	17	2	9	161:108	36:20
3. Naprzod Janow	28	15	5	8	131:96	35:21
4. Zaglebie Sosnowiec	28	13	4	11	105:94	31:25
5. Podhale Nowy Targ	28	11	2	15	113:104	24:32
6. Stoczniow. Gdansk	28	8	5	15	84:140	21:35
7. Gornik Katowice	30	11	4	15	117:123	26:34
8. Unia Oswiecim	30	10	5	15	107:152	25:35
9. LKS Lodz	30	8	5	17	95:173	21:39
10. Cracovia Krakow	30	6	6	18	93:119	18:42

Play-Off-Runde

Viertelfinale: Polonia Bytom – Unia Oswiecim 2:0 Siege (12:2, 7:2), GKS Tychy – Gornik Katowice 2:1 (4:0, 2:6, 6:1), Naprzod Janow – Stocznowiec Gdansk 2:0 (10:1, 5:2), Zaglebie Sosnowiec – Podhale Nowy Targ 2:0 (4:2, 5:4 nach Penaltyschießen).
Halbfinale: Bytom – Sosnowiec 2:1 (4:6, 5:2, 10:1), Tychy – Janow 2:1 (3:1, 5:6, 4:2).
Finale: Bytom – Tychy 2:0 (5:2, 4:0).
Um Plätze 5–8: Katowice – Gdansk 2:1 (5:2, 3:4, 7:1), Nowy Targ – Oswiecim 2:1 (5:3, 3:6, 9:1).
Um Platz 5: Nowy Targ – Katowice 2:0 (9:2, 6:2).
Um Platz 7: Oswiecim – Gdansk 2:1 (6:7, 7:5, 4:1).
Um Platz 9 Krakow – Lodz 4:0 (6:1, 9:1, 7:1, 4:1).

Holland

Endstand Meisterrunde

1. Spitman Nijmegen	10	6	1	3	52:36	18 (5)
2. Fly. Heerenveen	10	5	2	3	49:36	18 (6)
3. Smoke E. Geleen	10	4	3	3	43:47	14 (4)
4. Pandas Rotterdam	10	4	1	5	45:51	13 (4)
5. Tilburg Trappers	10	5	1	4	61:49	13 (2)
6. Front. Amsterdam	10	1	2	7	47:78	5 (1)

Play-Off-Runde

Halbfinale: Spitman Nijmegen – Pandas Rotterdam 2:1 Siege (4:2, 3:4, 5:4), Flyers Heerenveen – Smoke Eaters Geleen 2:1 (2:4, 6:1, 6:5).
Finale: Nijmegen – Heerenveen 3:1 (2:3, 4:2, 5:1, 6:4).

Nach einer zweijährigen Pause sicherte sich der HC Bozen in Italien wieder den Titel. Es war der zehnte, und künftig schmückt das

Relegationsrunde

1. Drenthe Assen	12	8	2	2	99:55	18:6
2. Red Eagles den Bosch	12	9	0	3	108:50	18:6
3. Kemphan. Eindhoven	12	5	2	5	81:64	12:12
4. Trias Leeuwarden	12	0	0	12	28:147	0:24

Frankreich

Vorrunde

1. HC Montblanc	18	14	1	3	29:7	
2. CS Villard-de-Lans	18	12	0	6	24:12	
3. HC Briançon	18	9	4	5	22:14	
4. Français Vol. Paris	18	10	1	7	21:15	
5. HC Rouen	18	9	3	6	21:15	
6. HC Gap	18	8	0	10	16:20	
7. HC Chamonix	18	7	1	10	15:21	
8. ASG Tours	18	6	3	9	15:21	
9. SC Amiens	18	7	1	10	15:21	
10. CSG Grenoble	18	1	0	17	2:34	

Meisterrunde

1. HC Montblanc	10	5	5	0	49:26	15:5
2. HC Briançon	10	5	2	3	58:33	12:8
3. HC Gap	10	4	3	3	41:40	11:9
4. CS Villard-de-Lans	10	4	1	5	39:51	9:11
5. Français Vol. Paris	10	2	4	4	40:46	8:12
6. HC Rouen	10	2	1	7	40:71	5:15

Play-Off-Runde
Halbfinale: HC Montblanc – CS Villard-de-Lans 2:0 Siege (4:2, 4:2), HC Briançon – HC Gap 2:0 (9:2, 6:2).
Finale: Montblanc – Briançon 2:0 (6:1, 5:4).
Um Platz 3: Gap – Villard-de-Lans 2:1 (4:5, 6:3, 7:4).
Um Platz 5: Paris – Rouen 1:0 (9:8).

Abstiegsrunde

1. SC Amiens	30	13	5	12	31:29	
2. ASG Tours	30	12	5	13	29:31	
3. CSG Grenoble	30	8	2	20	18:42	
4. HC Chamonix	30	8	1	21	17:43	

...rikot des HCB jener heißbegehrte Stern, ...en das Nationale Olympische Komitee für ...ehn Meisterschaften vergibt!

Norwegen

1. Valerengen Oslo	36	30	1	5	223:122	61:11
2. Storhamar Hamar	36	23	2	11	177:124	48:24
3. Furuset Oslo	36	23	0	13	200:129	46:26
4. Frisk Asker	36	20	2	14	174:134	42:30
5. Trondheims IK	36	20	1	15	156:122	41:31
6. Sparta Sarpsborg	36	18	0	18	177:181	36:36
7. Stjernen Frederikstad	36	14	2	20	165:189	30:42
8. Viking Stavanger	36	13	1	22	149:199	27:45
9. Manglerud Star Oslo	36	11	2	23	137:184	24:48
10. Djerv Bergen	36	2	1	33	105:279	5:67

Play-Off-Runde
Halbfinale: Valerengen Oslo – Frisk Asker 2:0 Siege (7:4, 6:1), Furuset Oslo – Storhamar Hamar 2:0 (6:4, 3:2).
Finale: Valerengen Oslo – Furuset Oslo 3:2 (2:3, 4:2, 4:2, 1:3, 4:1).

Jugoslawien

Endstand Meisterrunde

1. Olympia Ljubljana	20	15	2	3	114:50	37 (5)
2. HC Jesenice	20	13	2	5	113:55	34 (6)
3. Medvescak Zagreb	20	14	1	5	128:50	33 (4)
4. Partizan Belgrad	20	11	0	9	95:71	25 (3)
5. Vojvodina Novisad	20	3	1	16	61:156	9 (2)
6. Crvena Zv. Belgrad	20	1	0	19	38:167	3 (1)

Endstand Abstiegsrunde

1. Cinkarna Celje	8	6	1	1	38:21	16 (3)
2. HC Kranjska Gora	8	2	1	5	30:36	9 (4)
3. Bosna Sarajevo	8	3	0	5	17:28	8 (2)

Play-Off-Runde
Finale: HC Jesenice – Olympia Ljubljana 3:1 Siege (4:0, 3:0, 5:6, 7:5).
Um Platz 3: Partizan Belgrad – Medvescak Zagreb 2:0 (4:0, 3:2).
Um Platz 5: Vojvodina Novisad – Crvena Zvezda Belgrad 1:0 (8:7).

Rumänien

1. Liga, Endstand: 1. Steaua Bukarest, 2. SC Miercurea Ciuc, 3. Dinamo Bukarest, 4. Dunarea Galati, 5. Progresul Miercurea Ciuc, 6. Viitorul Gheorghieni, 7. Electramures Tirgu Mures, 8. Sportul Studentesc Bukarest, 9. Metalul Radauti, 10. CSM Suceava.

Ungarn

1. Ujpest D. Budapest	24	21	2	1	241:55	44:4
2. Ferencv. Budapest	24	21	0	3	175:53	42:6
3. Volan Szekesfehervar	24	12	1	11	110:96	25:23
4. Kinizsi Miskolc	24	10	1	13	77:99	21:27
5. Koh. Dunaujvaros	24	9	1	14	82:170	19:29
6. Lehel Jaszbereny	24	6	1	17	65:141	13:35
7. Liget Budapest	24	2	0	22	53:189	4:44

Play-Off-Runde
Finale: Ujpest Budapest – Ferencvaros Budapest 2:1 Siege (2:1, 4:5, 7:0).
Um Platz 3: Volan Szekesfehervar – Kinizsi Miskolc 2:0 (2:0, 6:2).
Um Platz 5: Lehel Jaszbereny – Kohasz Dunaujvaros 2:0 (7:2, 7:1).

Bulgarien

Endstand Nationalliga

1. Slavia Sofia	16	10	5	1	133:49	25:7
2. TZSKA Sofia	16	11	3	2	106:40	25:7
3. Lewski/Spartak Sofia	16	9	4	3	87:37	22:10
4. Metalurg Pernik	16	2	1	13	42:138	5:27
5. Akademik Sofia	16	1	1	14	29:133	3:29

Endstand Cup

1. Lewski/Spartak Sofia	6	5	0	1	47:18	10:2
2. TZSKA Sofia	6	5	0	1	39:22	10:2
3. Slavia Sofia	6	2	0	4	39:27	4:8
4. Metalurg Pernik	6	0	0	6	14:72	0:12

Belgien

1. Phantoms Deurne	20	14	2	4	175:72	30:10
2. Olympia Heist	20	13	1	6	185:73	27:13
3. CPL Lüttich	20	11	1	8	181:158	23:17
4. HYC Herentals	20	11	0	9	163:123	22:18
5. Griffoens Geel	20	9	0	11	142:92	18:22
6. Vorst HC	20	0	0	20	42:370	0:40

Spanien

1. FC Barcelona	12	9	0	3	79:46	18:6
2. Txuri U. S. Sebastian	12	7	2	3	73:51	16:8
3. CH Jaca	12	6	1	5	49:44	13:11
4. CH Puigcerda	12	0	1	11	32:92	1:23

Großbritannien

1. Murrayfield Racers	36	29	0	7	361:216	58:14
2. Whitley Warriors	36	27	2	7	371:256	56:16
3. Fife Flyers	36	26	2	8	323:215	54:18
4. Durham Wasps	36	26	1	9	393:214	53:19
5. Solihull Barons	36	19	3	14	329:303	41:31
6. Nottingh. Panthers	36	15	3	21	243:298	28:44
7. Ayr Bruins	36	10	2	24	233:324	22:50
8. Dundee Rockets	36	8	2	26	254:389	18:54
9. Streatham Redskins	35	8	1	26	201:320	17:53
10. Peterb'rough Pirates	35	4	3	28	172:345	11:59

1. Liga, Play-offs

Gruppe A

1. Fife Flyers	4	4	0	0	42:20	8:0
2. Murrayfield Racers	4	2	0	2	35:30	4:4
3. Solihull Barons	4	0	0	4	21:48	0:8

Gruppe B

1. Durham Wasps	4	3	0	1	42:18	6:2
2. Whitley Warriors	4	3	0	1	37:35	6:2
3. Nottingham Panthers	4	0	0	4	19:45	0:8

Play-Off-Runde
Halbfinale: Durham Wasps – Murrayfield Racers 11:8, Fife Flyers – Whitley Warriors 13:5.
Finale: Durham Wasps – Fife Flyers 8:5.

Dänemark

Vorrunde

1. Esbjerg IK	24		152:89	37:11
2. AaB Aalborg	24		117:94	31:17
3. Frederikshavn IK	24		105:106	24:24
4. Herlev IK	24		105:93	23:25
5. Herning IK	24		108:115	23:25
6. Rödovre SIK	24		70:152	16:32
7. Gladsaxe SF	24		87:135	14:34

Gladsaxe SF Absteiger, Hellerup IK Aufsteiger.

Meisterrunde

1. Esbjerg IK	6	6	0	0	39:17	15 (3)
2. Herlev IK	6	3	1	2	32:24	7 (0)
3. AaB Aalborg	6	1	4	1	21:31	5 (2)
4. Frederikshavn IK	6	1	0	5	18:38	3 (1)

Qualifikation 1./2. Liga: 1. Herning IK, 2. Rödovre SIK, 3. Vojens IK, 4. Rungsted IK (Herning und Rödovre bleiben in der 1., Vojens und Rungsted in der 2. Liga).

Bundesliga I, Doppelrunde 1988/89

Freitag, 23. September
19.30: Eintr. Frankfurt – Schwenninger ERC
19.30: EV Landshut – SB Rosenheim
19.30: EHC Freiburg – ESV Kaufbeuren
19.30: Düsseldorfer EG – Preussen Berlin
19.30: Kölner EC – Mannheimer ERC

Sonntag, 25 September
15.30: Preussen Berlin – Kölner EC
18.00: Schwenninger ERC – EHC Freiburg
19.00: ESV Kaufbeuren – EV Landshut
19.00: Mannheimer ERC – Düsseldorfer EG
19.00: SB Rosenheim – Eintracht Frankfurt

Freitag, 30. September
19.30: Schwenninger ERC – EV Landshut
19.30: Mannheimer ERC – SB Rosenheim
19.30: Düsseldorfer EG – ESV Kaufbeuren
19.30: Preussen Berlin – EHC Freiburg
19.30: Kölner EC – Eintracht Frankfurt

Sonntag, 2. Oktober
15.30: SB Rosenheim – Preussen Berlin
18.30: EV Landshut – Mannheimer ERC
19.00: ESV Kaufbeuren – Schwenninger ERC
19.00: Eintracht Frankfurt – Düsseldorfer EG
19.00: EHC Freiburg – Kölner EC

Freitag, 7. Oktober
19.30: Mannheimer ERC – Schwenninger ERC
19.30: Düsseldorfer EG – EV Landshut
19.30: Preussen Berlin – Eintracht Frankfurt
19.30: EHC Freiburg – SB Rosenheim
19.30: Kölner EC – ESV Kaufbeuren

Sonntag, 9. Oktober
15.30: EV Landshut – Preussen Berlin
18.00: Schwenninger ERC – Düsseldorfer EG
19.00: ESV Kaufbeuren – Mannheimer ERC
19.00: Eintracht Frankfurt – EHC Freiburg
19.00: SB Rosenheim – Kölner EC

Freitag, 14. Oktober
19.30: SB Rosenheim – Schwenninger ERC
19.30: Preussen Berlin – ESV Kaufbeuren
19.30: Eintr. Frankfurt – Mannheimer ERC
19.30: EHC Freiburg – EV Landshut
19.30: Kölner EC – Düsseldorfer EG

Sonntag, 16. Oktober
16.00: Mannheimer ERC – Preussen Berlin
18.00: Schwenninger ERC – Kölner EC
18.30: EV Landshut – Eintracht Frankfurt
19.00: Düsseldorfer EG – EHC Freiburg
19.00: ESV Kaufbeuren – SB Rosenheim

Dienstag, 18. Oktober
19.30: Preussen Berlin – Schwenninger ERC
19.30: Eintracht Frankfurt – ESV Kaufbeuren
19.30: EHC Freiburg – Mannheimer ERC
19.30: SB Rosenheim – Düsseldorfer EG
19.30: Kölner EC – EV Landshut

Freitag, 21. Oktober
19.30: Schwenninger ERC – Eintr. Frankfurt
19.30: SB Rosenheim – EV Landshut
19.30: ESV Kaufbeuren – EHC Freiburg
19.30: Preussen Berlin – Düsseldorfer EG
19.30: Mannheimer ERC – Kölner EC

Sonntag, 23. Oktober
15.00: Kölner EC – Preussen Berlin
18.30: EV Landshut – ESV Kaufbeuren
19.00: Eintracht Frankfurt – SB Rosenheim
19.00: Düsseldorfer EG – Mannheimer ERC
19.00: EHC Freiburg – Schwenninger ERC

Freitag, 28. Oktober
19.30: Schwenninger ERC – SB Rosenheim
19.30: ESV Kaufbeuren – Preussen Berlin
19.30: Mannheimer ERC – Eintr. Frankfurt
19.30: EV Landshut – EHC Freiburg
19.30: Düsseldorfer EG – Kölner EC

Sonntag, 30. Oktober
15.30: Preussen Berlin – Mannheimer ERC
17.00: Kölner EC – Schwenninger ERC
19.00: SB Rosenheim – ESV Kaufbeuren
19.00: EHC Freiburg – Düsseldorfer EG
19.00: Eintracht Frankfurt – EV Landshut

Dienstag, 1. November
15.30: Schwenninger ERC – Preussen Berlin
18.30: EV Landshut – Kölner EC
19.00: ESV Kaufbeuren – Eintracht Frankfurt
19.00: Düsseldorfer EG – SB Rosenheim
19.00: Mannheimer ERC – EHC Freiburg

Freitag, 4. November
19.30: EV Landshut – Schwenninger ERC
19.30: SB Rosenheim – Mannheimer ERC
19.30: ESV Kaufbeuren – Düsseldorfer EG
19.30: EHC Freiburg – Preussen Berlin
19.30: Eintracht Frankfurt – Kölner EC

Sonntag, 6. November
15.30: Preussen Berlin – SB Rosenheim
17.00: Kölner EC – EHC Freiburg
18.00: Schwenninger ERC – ESV Kaufbeuren
19.00: Düsseldorfer EG – Eintracht Frankfurt
19.00: Mannheimer ERC – EV Landshut

Freitag, 11. November
19.30: Schwenninger ERC – Mannheimer ERC
19.30: EV Landshut – Düsseldorfer EG
19.30: Eintracht Frankfurt – Preussen Berlin
19.30: SB Rosenheim – EHC Freiburg
19.30: ESV Kaufbeuren – Kölner EC

Sonntag, 13. November
15.30: Preussen Berlin – EV Landshut
17.00: Kölner EC – SB Rosenheim
19.00: Düsseldorfer EG – Schwenninger ERC
19.00: EHC Freiburg – Eintracht Frankfurt
19.00: Mannheimer ERC – ESV Kaufbeuren

Dienstag, 15. November
19.30: Preussen Berlin – Kölner EC

Freitag, 18. November
19.30: SB Rosenheim – Eintracht Frankfurt
19.30: ESV Kaufbeuren – EV Landshut
19.30: Schwenninger ERC – EHC Freiburg
19.30: Mannheimer ERC – Düsseldorfer EG

Sonntag, 20. November
15.30: Düsseldorfer EG – Preussen Berlin
18.30: EV Landshut – SB Rosenheim
19.00: Eintr. Frankfurt – Schwenninger ERC
19.00: EHC Freiburg – ESV Kaufbeuren

Dienstag, 22. November
19.30: Kölner EC – Mannheimer ERC

Freitag, 25. November
19.30: ESV Kaufbeuren – SB Rosenheim
19.30: Mannheimer ERC – Preussen Berlin
19.30: EV Landshut – Eintracht Frankfurt
19.30: Düsseldorfer EG – EHC Freiburg
19.30: Schwenninger ERC – Kölner EC

Sonntag, 27. November
15.30: Preussen Berlin – Schwenninger ERC
17.00: Kölner EC – EV Landshut
19.00: Eintracht Frankfurt – ESV Kaufbeuren
19.00: SB Rosenheim – Düsseldorfer EG
19.00: EHC Freiburg – Mannheimer ERC

Freitag, 2. Dezember
19.30: Schwenninger ERC – Düsseldorfer EG
19.30: EV Landshut – Preussen Berlin
19.30: ESV Kaufbeuren – Mannheimer ERC
19.30: Eintracht Frankfurt – EHC Freiburg
19.30: SB Rosenheim – Kölner EC

Sonntag, 4. Dezember
15.30: Preussen Berlin – Eintracht Frankfurt
17.00: Kölner EC – ESV Kaufbeuren
19.00: Düsseldorfer EG – EV Landshut
19.00: EHC Freiburg – SB Rosenheim
19.00: Mannheimer ERC – Schwenninger ERC

Freitag, 9. Dezember
19.30: SB Rosenheim – Preussen Berlin
19.30: EV Landshut – Mannheimer ERC
19.30: ESV Kaufbeuren – Schwenninger ERC
19.30: Eintracht Frankfurt – Düsseldorfer EG
19.30: EHC Freiburg – Kölner EC

Sonntag, 8. Januar
15.00: Kölner EC – Eintracht Frankfurt
15.30: Preussen Berlin – EHC Freiburg
18.00: Schwenninger ERC – EV Landshut
19.00: Mannheimer ERC – SB Rosenheim
19.00: Düsseldorfer EG – ESV Kaufbeuren

Freitag, 13. Januar
19.30: Schwenninger ERC – Preussen Berlin
19.30: ESV Kaufbeuren – Eintracht Frankfurt
19.30: Mannheimer ERC – EHC Freiburg

Bundesliga-Termine 1988/89

19.30: Düsseldorfer EG – SB Rosenheim
19.30: EV Landshut – Kölner EC

Sonntag, 15. Januar
15.00: Kölner EC – Düsseldorfer EG
15.30: Preussen Berlin – ESV Kaufbeuren
19.00: SB Rosenheim – Schwenninger ERC
19.00: EHC Freiburg – EV Landshut
19.00: Eintr. Frankfurt – Mannheimer ERC

Freitag, 20. Januar
19.30: Eintracht Frankfurt – SB Rosenheim
19.30: EV Landshut – ESV Kaufbeuren
19.30: EHC Freiburg – Schwenninger ERC
19.30: Düsseldorfer EG – Mannheimer ERC
19.30: Kölner EC – Preussen Berlin

Sonntag, 22. Januar
15.30: Preussen Berlin – Düsseldorfer EG
18.00: Schwenninger ERC – Eintr. Frankfurt
19.00: ESV Kaufbeuren – EHC Freiburg
19.00: SB Rosenheim – EV Landshut
19.00: Mannheimer ERC – Kölner EC

Freitag, 27. Januar
19.30: Preussen Berlin – SB Rosenheim
19.30: Mannheimer ERC – EV Landshut
19.30: Schwenninger ERC – ESV Kaufbeuren
19.30: Düsseldorfer EG – Eintracht Frankfurt
19.30: Kölner EC – EHC Freiburg

Sonntag, 29. Januar
14.00: EHC Freiburg – Preussen Berlin
18.30: EV Landshut – Schwenninger ERC
19.00: ESV Kaufbeuren – Düsseldorfer EG
19.00: SB Rosenheim – Mannheimer ERC
19.00: Eintracht Frankfurt – Kölner EC

Freitag, 3. Februar
19.30: SB Rosenheim – ESV Kaufbeuren
19.30: Preussen Berlin – Mannheimer ERC
19.30: Eintracht Frankfurt – EV Landshut
19.30: EHC Freiburg – Düsseldorfer EG
19.30: Kölner EC – Schwenninger ERC

Sonntag, 5. Februar
15.30: ESV Kaufbeuren – Preussen Berlin
18.00: Schwenninger ERC – SB Rosenheim
18.30: EV Landshut – EHC Freiburg
19.00: Mannheimer ERC – Eintr. Frankfurt
19.00: Düsseldorfer EG – Kölner EC

Freitag, 10. Februar
19.30: Düsseldorfer EG – Schwenninger ERC
19.30: Preussen Berlin – EV Landshut
19.30: Mannheimer ERC – ESV Kaufbeuren
19.30: EHC Freiburg – Eintracht Frankfurt
19.30: Kölner EC – SB Rosenheim

Sonntag, 12. Februar
15.30: Eintracht Frankfurt – Preussen Berlin
18.00: Schwenninger ERC – Mannheimer ERC
18.30: EV Landshut – Düsseldorfer EG
19.00: SB Rosenheim – EHC Freiburg
19.00: ESV Kaufbeuren – Kölner EC

Play-Off-Runde

Die Plazierten 1 bis 8 der Doppelrunde spielen laut Terminplan den Deutschen Meister und die Plazierungen nach folgendem Schema aus:

a) Spiele A bis G
Paarungen siehe Terminplan.
Bei den Spielen A bis G sind drei Siege erforderlich, um eine Runde weiterzukommen bzw. um Deutscher Meister zu werden. Erzielt eine Mannschaft vorzeitig drei Siege, entfallen die restlichen Spiele. Die in der Doppelrunde besser plazierte Mannschaft hat jeweils im ersten Spiel Heimrecht.
Ein Unentschieden gibt es bei diesen Spielen nicht. Endet ein Spiel nach 60 Minuten eff. Spielzeit unentschieden, wird es um 2×10 Minuten verlängert; jedoch nur bis das erste Tor fällt.
Fällt in der Verlängerung kein Tor, erfolgt ein Penaltyschießen.

b) Spiele E und F
Bei den Spielen E und F können die Paarungen und das erste Heimrecht vom Terminplanschema abweichen. Der Bestplazierte der Doppelrunde wird dem Schlechtestplazierten und der Zweitbestplazierte dem Zweitschlechtestplazierten zugeordnet.

c) Spiele G
Bei den Spielen G kann das erste Heimrecht vom Terminplanschema abweichen, da dieses dem Besserplazierten der Doppelrunde zusteht.

d) Spiele H
Die Spiele um den Platz 3 und 4 werden im Hin- und Rückspiel ausgetragen.
Sind beide Mannschaften nach dem zweiten Spiel punkt- und torgleich, wird dieses Spiel um 2×10 Minuten verlängert. Fällt in der Verlängerung ein Tor, ist das Spiel beendet. Fällt in der Verlängerung kein Tor, erfolgt ein Penaltyschießen.
Das erste Heimrecht kann vom Terminplanschema abweichen, da dieses die in der Doppelrunde schlechter plazierte Mannschaft erhält.

Viertelfinale	Spiele A	Spiele B	Spiele C	Spiele D
Freitag, 17. Februar 1989	1 – 8	2 – 7	3 – 6	4 – 5
Sonntag, 19. Februar 1989	8 – 1	7 – 2	6 – 3	5 – 4
Dienstag, 21. Februar 1989	1 – 8	2 – 7	3 – 6	4 – 5
Freitag, 24. Februar 1989	8 – 1	7 – 2	6 – 3	5 – 4
Sonntag, 26. Februar 1989	1 – 8	2 – 7	3 – 6	4 – 5

Halbfinale	Spiele E	Spiele F
Freitag, 3. März 1989	Sieger A – Sieger D	Sieger B – Sieger C
Sonntag, 5. März 1989	Sieger D – Sieger A	Sieger C – Sieger B
Dienstag, 7. März 1989	Sieger A – Sieger D	Sieger B – Sieger C
Freitag, 10. März 1989	Sieger D – Sieger A	Sieger C – Sieger B
Sonntag, 12. März 1989	Sieger A – Sieger D	Sieger B – Sieger C

Endspiele	Spiele G	Spiele H
Freitag, 17. März 1989	Sieger E – Sieger F	Verlierer E – Verlierer F
Sonntag, 19. März 1989	Sieger F – Sieger E	Verlierer F – Verlierer E
Dienstag, 21. März 1989	Sieger F – Sieger E	
Donnerstag, 23. März 1989	Sieger E – Sieger F	
Samstag, 25. März 1989	Sieger E – Sieger F	

Int. Eishockey-Verband

International Ice Hockey Federation (IIHF)
Bellevuestraße 8, A-1190 Wien,
Telefon 222-325252, Telex 232-3222399
Council: Dr. G. Sabetzki (Präsident), M. Subrt (Vizepräsident), G. Renwick (Vizepräsident), C. Berglund (Schatzmeister), W. Bush, M. Luxa, G. Pasztor, Dr. H. Dobida, F. Schweers, R. Fasel, S. Tomita (Mitglieder). – *Generalsekretär:* Jan-Ake Edvinson. – *Sportdirektor:* Roman Neumayer.

Deutscher Eishockey-Bund e. V. (DEB)

Sitz und Geschäftsstelle:
Betzenweg 34, Haus des Eissports, 8000 München 60, Telefon (089) 8182-0, Teletex/Telex 17898625 debmuc

Ehrenpräsident: Dr. Günther Sabetzki, Herderstraße 18, 4000 Düsseldorf, Telefon (0211) 665353 und 660084, Telex 0858-6319

Ehrenmitglieder: Herbert Kunze, Steinsdorfstraße 18, 8000 München 22, Telefon (089) 292900 □ Heinz Henschel, Charlottenstraße 22, 1000 Berlin 46, Telefon (030) 7742053 □ Franz Widmann, Anton-Pichler-Straße 12, 8000 München 60, Telefon (089) 885244 □ Hans Unger, Aliceplatz 5, 6350 Bad Nauheim, Telefon (06032) 2495 □ Georg Zeller, Hochkalterweg 10, 8300 Landshut, Telefon (0871) 61221 □ Dr. Ernst Eichler, Wilhelm-Furtwängler-Straße 30, 6800 Mannheim 51, Telefon (0621) 792672 □ Helmut Perkuhn, Heinrichstraße 143, 4000 Düsseldorf, Telefon (0211) 620840 □ Ernst Gabriel, Josef-Götz-Straße 13, 8300 Landshut, Telefon (0871) 63862

Hauptgeschäftsführer: Walter Hussmann, Betzenweg 34, 8000 München 60, Tel. (089) 8182-0, Telex: 17898626 debmuc; Privat: Karwinskistraße 43, 8000 München 60, Telefon (089) 818276

Stellvertr. Geschäftsführerin: Elisabeth Westermeier, Portenschlagerweg 4, 8068 Pfaffenhofen a. d. Ilm, Telefon (08441) 9617

Sportdirektor: Helmut Bauer, Adlerstraße 9, 8100 Garmisch-Partenkirchen, Telefon (08821) 72683

Bundestrainer: Xaver Unsinn, Leisenmahd 39, 8900 Augsburg, Telefon (0821) 83208

Bundesnachwuchstrainer: Hans Rampf, Bergbahnstraße 10, 8172 Lenggries, Telefon (08042) 8420

Nachwuchsreferent: Jürgen Reuter, Auf der Herze 9, 8962 Pfronten, Telefon (08363) 1839

Bundesleistungszentrum für Eishockey: Am Kobelhang, 8958 Füssen, Telefon (08362) 3310

Gästehaus des Eissports: Birkstraße 3, 8958 Füssen, Telefon (08362) 37251

Vorstand:
Präsident: Otto Wanner, Rathaus, 8958 Füssen, Telefon (08362) 50530
1. Vizepräsident: Wilfred Wegmann, Ankerstraße 8, 4100 Duisburg 1, Telefon (0203) 373586, G: 72951
2. Vizepräsident: Rudolf Gandorfer, Grasgasse 321, 8300 Landshut, Telefon (0871) 8570
Schatzmeister: Walter Matthes, Goethestraße 35, 6082 Mörfelden-Walldorf, Telefon (06105) 5744

Sportausschuß/Verbandsausschuß:
Ligenvorsitzender: Fritz Brechenmacher, Watzmannstraße 8, 8000 München 70, Tel. (089) 6912811
Bundesliga-Obmann: Josef Pfügl, Stegmühle, 8951 Biessenhofen b. Kaufbeuren, Telefon (08341) 2396
Bundesliga-II-Obmann: Günther Knauss, Galgenbichlweg 4, 8958 Füssen, Telefon (08362) 1775, G: 4036
Oberliga-Obmann: Richard Ott, Otto-Hahn-Str. 6, 8123 Peißenberg, Telefon (08803) 3021
Regionalliga-Obmann: Wolfgang Sorge, Wiesenwinkel 9, 5060 Bergisch Gladbach 1, Telefon (02204) 52715, G: (0211) 622193

Schiedsrichter-Obmann: Helmut Böhm, Fürstenstraße 53, 8300 Ergolding, Telefon (0871) 72153 G: 83686
Jugend-Obmann: Toni Fischhaber, Am Hoheneck 56, 8170 Bad Tölz, Telefon (08041) 9283

Kontrollausschuß:
Vorsitzender: Wilfried Wurtinger, Umgehungsstraße 30, 6420 Lauterbach, Telefon (06641) 3172, G: (06641) 8862
Mitglieder: Walter Ambros, Sonnenhang 5, 8958 Hopfen am See, Telefon (08362) 2283, G: 6285 □ Manfred Albrecht, Rilkestraße 32, OT Vöhrum, 3150 Peine, Telefon (05171) 22718 G: (0511) 815060

Spielgericht:
Vorsitzender: RA Reinhold Gosejacob, Stadtring 17, 4460 Nordhorn, Telefon (05921) 35110, G: 5019
Stellvertreter: RA Hans-Peter Reimer, Bogengasse 1, 7730 VS-Villingen, Telefon (07712) 25002 □ RA Dr. J. Boulanger, Elisabethstraße 4, 6800 Mannheim 1, Telefon (06201) 51475, G: (0621) 442045
Mitglieder: Hilmar Röser, Bahnhofstraße 37, 8100 Garmisch-Partenkirchen, Telefon (08821) 2926, Telex: 592401 □ Dieter Grätz, Weigandufer 33/34 B, 1000 Berlin 44, Telefon (030) 6812040 □ Günther Herold, Starkenburger Straße 69, 6000 Frankfurt 61, Telefon (069) 411615 oder 411950 □ Fritz Medicus, Wielandstraße 16, 8950 Kaufbeuren, Telefon (08341) 3244 □ Bruno Schicks, Bengerplad 7, 4150 Krefeld 29, Telefon (02154) 427373, G: 1588 □ Nicolaus Pethes, Buchholzer Weg 22, 2000 Hamburg 90, Telefon (040) 7688497

Verbandsgericht:
Vorsitzender: Dr. Roland Götz, Postfach 1727, Kemptener Straße 2, 8958 Füssen, Telefon (08362) 6898.
Stellvertretender Vorsitzender: Lutz Schwiegelshohn, Südstraße 22, 4130 Moers 1, Telefon (02841) 30094, G: (0203) 331032
Mitglieder: A. P. Krekel, Ganghoferstraße 2, 8950 Kaufbeuren, Telefon (08341) 8555 □ Dr. Hans-G. Leonhardt, Vethackeweg 4, 4600 Dortmund 30, Telefon (0231) 460621 □ RA Wolfgang Schlüter, Königswall 26, 4600 Dortmund 1, Telefon (0231) 141082

Schiedsgericht:
Vorsitzender: Dr. Bernhard Reichert, Richter am Bayer. Obersten Landesgericht, Schleißheimer Str. 139, 8000 München 35, Tel. (089) 3867-337
Vertreter: Rudolf Schmitt, Richter am Bayer. Obersten Landesgericht, Höhenweg 70, 8800 Ansbach
Beisitzer: RA Rainer Blechschmidt, Oberdorfstraße 3, 4300 Essen 1, Telefon (0201) 620030 □ Horst Tichy, Hauptstraße 120, Postfach 108, 3422 Bad Lauterberg, Telefon (05524) 1215/3014

Rechnungsprüfer: Dr. Wilhelm Ammerling, Lochnerstraße 21, 4030 Ratingen-Süd, Telefon (02102) 25901 □ Josef Niederberger, Hindenburgstraße 7, 8170 Bad Tölz, Telefon (08041) 2216

Landesverbände

Eissport-Verband Baden-Württemberg
LZE Eissport, Käthe-Kollwitz-Straße 34, 6800 Mannheim 1, Telefon (0621) 302922
1. Vorsitzender: Dr. Dieter Fingerle

Bayerischer Eissport-Verband
Georg-Brauchle-Ring 93/IV, Postfach 500120, 8000 München 50, Telefon (089) 154027, 15702-439 (BLSV)
Präsident: Dieter Hillebrand

Berliner Eissport-Verband
Postfach 330110, 1000 Berlin 33, Telefon (030) 8234020
1. Vorsitzender: Herbert Strehl

Bremer Eis- und Rollsport-Verband
Louise-Schroeder-Straße 14, 2850 Bremerhaven,
Telefon (0471) 60202 und 52021 (Stadthalle)
1. Vorsitzender: Claus Steinberg

Hamburger Eis- und Rollsport-Verband
Hohe Bleichen 21, 2000 Hamburg 36, Telefon (040) 343589
1. Vorsitzender: Günther Lindemann

Hessischer Eissport-Verband
in Fa. Hartmut Heilmann, Eduard-Rüppell-Straße 6–8, 6000 Frankfurt 18, Telefon (069) 564017-19
1. Vorsitzender: Hartmut Heilmann

Niedersächsischer Eissport-Verband
Kolliestraße 2, 3389 Braunlage 1, Telefon (05520) 1230
1. Vorsitzender: Bernhard Wendel

Eissport-Verband Nordrhein-Westfalen
Herderstraße 18, 4000 Düsseldorf, Telefon (0211) 660084, Telex 08586319
1. Vorsitzender: Dr. Günther Sabetzki

Rheinland-Pfälzischer Eis- und Rollsport-Verband
Pariser Straße 93, 6750 Kaiserslautern, Telefon (0631) 15336
1. Vorsitzender: Gottfried Steiner

Saarländischer Eis- und Rollsport-Verband
Saarufferstraße 16, Haus des Sports, 6600 Saarbrücken, Telefon (0681) 57055 App. 22 und 23
1. Vorsitzender: Heinz Müllenbach

Landeseissport-Verband Schleswig-Holstein
Alter Schulweg 11, 2302 Techelsdorf, Telefon (04347) 2011
1. Vorsitzender: Peter Frantz

Bundesliga

Berliner SC Preussen, Kamenzer Damm 34, 1000 Berlin 46, Telefon (030) 7751051

Düsseldorfer EG, Brehmstraße 27a, 4000 Düsseldorf, Telefon (0211) 622193

Eintracht Frankfurt, Starkenburger Straße 69, 6000 Frankfurt/Main 61, Telefon (069) 411615 oder 411950

EHC Freiburg, Ensisheimer Straße 1, 7800 Freiburg

ESV Kaufbeuren, Postfach 1221, 8950 Kaufbeuren, Telefon (08341) 3300

Kölner EC, Lentstraße 30, 5000 Köln 1, Telefon (0221) 720666

EV Landshut, Gutenbergweg 32, 8300 Landshut, Telefon (0871) 62011/13

Mannheimer ERC, Bismarckstraße 6, 6800 Mannheim 1, Telefon (0621) 106466

SB Rosenheim, Postfach 1042, Jahnstraße 28, 8200 Rosenheim, Telefon (08031) 16322

ERC Schwenningen, Rottweiler Straße 6, 7730 VS-Schwenningen, Telefon (07720) 66147 + 66148

Verband Deutscher Eishockey-Fan-Clubs e. V.

Präsident: Reinhard Hintermayr, Bergstr. 2, 8901 Langweid-Achsheim, Telefon (08230) 7182, G: (0821) 4102226

Vizepräsident: Ernst Zellner, Tölzer Straße 29, 8172 Lenggries, Telefon (08042) 3161

Schatzmeister: Klaus Hartmann, Ferdinand-Miller-Platz 15, 8000 München 2, Telefon (089) 1297430, G: 3884 3555

Schriftführer: Christa Maly, Wolkerweg 9/III, 8000 München 70, Telefon (089) 7003920

Organisation und Planung: Bruno Wauro, Dahlstr. 61, 5800 Hagen 8, Telefon (02337) 2163

Öffentlichkeitsarbeit: Michael Maly, Wolkerweg 9/III, 8000 München 70, Telefon (089) 7003920, G: (089) 554781-82

Hintere Reihe von links:
Peter Schiller
Harold Kreis
Horst-Peter Kretschmer
Roy Roedger
Dieter Medicus
Manfred Schuster
Ron Fischer

Mittlere Reihe:
Co-Trainer Peter Hejma
Betreuer Bernd Haake
Physiotherapeut Wilhelm Günthner
Peter Obresa
Georg Holzmann
Manfred Wolf
Dieter Hegen

Peter Draisaitl
Bernd Trautschka
Materialwart Alfred Bauer
Mannschaftsarzt Dr. Rodamer
Bundestrainer Xaver Unsinn
Sportdirektor Helmut Bauer